중국의 郡望제도와 한국의 本貫제도 연구

한중 전통기 사회의 성격 비교

안 광 호

지식산업사

안광호安光鎬

　전북대학교 사학과를 졸업하고 한국학중앙연구원 한국학대학원에서 석사, 중국 南開大學 歷史學院에서 박사를 받았다. Harvard대학교 Yenching연구소 방문연구원(Visiting Fellow, 2005~2007)이었으며, 현재 한국고전번역원 연구원으로 재직 중이다.

　주요 논저로는 〈李圭景의 '姓氏譜牒辨證說'에 나오는 중국 譜牒의 종류와 성격〉(《역사학보》 229, 2016), 〈朝鮮 後期 品官 집안과 그들의 삶-전라도 萬頃縣의 豊川任氏와 興陽縣의 水原白氏를 중심으로-〉(《고문서연구》 48, 2016), 〈中韓古代地方志的本貫記錄比較-以中國江西省吉安府的《吉安府志》和韓國全羅道南原府的《龍城續志》爲中心-〉(《安徽史學》 2014年 6期, 中國安徽省社會科學院) 등이 있다.

중국의 郡望제도와 한국의 本貫제도 연구
한중 전통기 사회의 성격 비교

초판 1쇄 인쇄 2019. 10. 21.
초판 1쇄 발행 2019. 10. 29.

지은이 안 광 호
펴낸이 김 경 희
펴낸곳 　㈜ 지식산업사
　　　　본사 • 10881, 경기도 파주시 광인사길 53(문발동)
　　　　전화 (031) 955－4226~7 팩스 (031) 955－4228
　　　　서울사무소 • 03044, 서울시 종로구 자하문로6길 18－7
　　　　전화 (02) 734－1978, 1958 팩스 (02) 720－7900
　　　　영문문패 www.jisik.co.kr
　　　　전자우편 jsp@jisik.co.kr
　　　　등록번호 1－363
　　　　등록날짜 1969. 5. 8.

책값은 뒤표지에 있습니다.

ⓒ 안광호, 2019

　ISBN 978－89－423－9073－1(93910)

이 책에 대한 문의는
지식산업사로 연락 바랍니다.

중국의 군망제도와 한국의 본관제도 연구

한중 전통기 사회의 성격 비교

안 광 호 지음

지식산업사

삼가 부끄러움을 무릅쓰고,

나는 이 책을

故 宋俊浩 선생님께 바칩니다.

서 문

　내가 한국사회와 중국사회를 비교하기로 결심하게 된 계기는 참으로 우연에서 비롯되었다. 나는 본래 소견이 좁고 우둔해서 넓은 시각을 가지고 역사를 고찰하려고도 하지 않았고, 다양한 시각으로 사회를 비교하려고도 하지 않았다. 하지만 2천 년대 중반에 들어와, 미국의 한 대학에서 수학할 수 있는 기회가 우연히 나에게 찾아왔고, 나는 그곳에서 다양한 사회를 전공하는 사람들이 서로의 역사를 비교하면서 각 사회의 특징을 규명해 가는 모습에 깊은 감명을 받았다. 그래서 나 또한 한국사회의 특징에 대해 고민하게 되었고, 그 고민을 해결하기 위하여 중국사를 공부하게 되었다.

　한국사회만을 알고 있던 나에게 중국사를 혼자서 공부한다는 것은, 그것도 중국의 宗族에 관해 홀로 공부한다는 것은 그리 쉽지만은 않았다. 그중에서도 무엇보다 힘들었던 점은 중국사회를 공부하면서 난관에 부딪혔을 때, 그 난관에 관해 여쭤볼 선생님이 내 주변에는 계시지 않는다는 사실이었다. 그래서 나는 중국 南開大學에 계시는 常建華 선생님을 찾아갔다.

　이 연구는 常建華 선생님의 도움이 없었다면 결코 이루어질 수 없었을 것이다. 내가 유학을 결심하고 常建華 선생님께 연구계획서를 보내드렸을 때 그분께서는 좋은 주제라며 반겨주셨다. 그리고 내가 박사과정에 진학한 이후로는 나의 학위 논문이 잘 진행될 수 있도록 많은

8

도움과 격려를 아끼지 않으셨다. 이 자리를 빌어 다시 한 번 감사드린다.

이 책을 살펴본 독자들 가운데에는 이 책에서 宋俊浩 선생님의 견해를 자주 인용하고 있는 사실에 의아해 할지 모르겠다. 내가 이 책에서 宋俊浩 선생님의 견해를 자주 인용하였던 이유는, 그분께서 나에게 恩師가 되신다는 단순한 이유 때문만은 아니다. 돌이켜 보면, 내가 그분께서 재직하셨던 대학에 입학한 것은 그분이 그 대학을 떠나시고도 한참 뒤의 일이었다. 그래서 나는 그분께 공식적으로 수업을 받아본 적도 없고, 정식으로 師弟의 緣을 맺어 본 적도 없다.

그분이 돌아가시고 난 뒤, 내가 학문적으로 나름대로의 갈래를 타기 시작했을 때, 《朝鮮社會史研究》는 나에게 특별히 다가왔다. 나는 역사를 공부하다가 의문점이 생길 때면 언제나 그 책을 펼쳐보았고, 그때마다 그 책은 나에게 명확한 해답을 제시해 주었다. '良書 한 권이 사람의 인생을 바꾼다'는 말이 사실이라면, 나에게 良書는 바로 《朝鮮社會史研究》가 된다.

내가 학문적으로 본래 목표하였던 바는 《朝鮮社會史研究》를 능가하는 수준의 성과를 세상에 내놓는 것이었다. 이제 와 출판에 미쳐 내 원고를 살펴보니, 부족한 점이 너무 많아 그저 어디론가 숨고 싶은 마음뿐이다. 독자들의 많은 양해와 질책을 바란다.

옛 사람들이 후학들에게 학문에 힘쓸 것을 당부하면서 하였던 말 가운데에는 "經史道德은 如採菽中原이니 勤者多得이라"는 문구가 있다. 이 문구에 나오는 "經史"와 "道德"은 오늘날의 학문에 해당한다고 할 수 있다. 그리고 "中原"은 가을날 풍성한 수확을 기대하는 너른 들판이 아니라, 남들이 다 수확해 가고 남은 콩들이 여기저기에 흩어져 있는 황량하기 그지없는 들판을 의미한다. 그래서 학문을 한다는 것은, 남들이 다 수확해 간 자리에서 홀로 앉아 한 알 한 알 콩을 줍는 것과 같아서, 그것을 성취하는 데에는 특별한 王道가 없고 오로지 부지런한 사람만이 많은 성취를 이룰 수 있다는 뜻이다. 내가 이 연구를 진행하는 동안 이 문구의 의미에 얼마나 충실하면서 생활하였는지 다시 한 번 생각해 본다.

끝으로, 이 책을 출판할 수 있도록 도와주신 재단법인 솔벗 이온규 이사장님, 책의 제목을 결정하는 데 많은 도움을 주신 지식산업사 김경희 사장님, 그리고 책의 내용을 수정하여 편집해 주신 지식산업사 김연주 선생님께 감사드린다. 김연주 선생님께서는 제 부족함을 드러내고 싶지 않아 서문을 쓰지 않겠다는 나를 끝내 설득해서 서문을 쓸 수 있게 해주셨다. 이 연구가 세상에 나오기까지 오랜 세월 기다려 준 가족들에게도 감사드린다.

2019년 9월

저자 삼가 쓴다.

차 례

12

일러두기

1. 중국의 지명, 인명, 사료 명칭은 한자식 발음으로 표기하였고, 한자를 병기해야
   할 경우 모두 번체를 사용하였다.
2. 사료의 원문을 인용하면서 추가적인 설명이 필요하다고 생각될 경우에는 '安註'라
   기록하고 설명하였다.
3. 선행 연구에서 사용한 표현이나 단어 가운데 해당 연구의 독창적인 표현이라고
   생각되거나 이 책의 취지와 맞지 않다고 생각되는 경우에는 '' 표시를 하였다.
4. 본문을 서술하면서 용어에 대한 설명이 필요할 경우에는 괄호 안에 '-' 표시를 하
   였다. 하지만 용어에 대한 설명이 아니라 전체 단락에서 추가적인 설명이 필요할
   경우에는 괄호로만 표기하였다.
5. 이 책은 필자가 중국 南開大學 歷史學院을 졸업하면서 작성한 박사학위논문(-〈从
   中国的郡望到韩国的本贯-中韩古代社会比较-〉)을 수정·보완한 것이다. 졸업을 전후로
   발표하였던 소논문은 아래 표와 같다.

傳統期 韓·中 地方志에 나오는 本貫 기록 비교 -江西省 吉安府《吉安府志》와 全羅道 南原府《龍城續誌》를 중심으로-	《대동문화연구》81 2013
전통기 韓·中 姓氏制度를 바라보는 두 知識人의 시각 -宋나라 시대 鄭樵와 朝鮮 시대 柳馨遠을 중심으로-	《사학연구》113 2014
韓國 本貫制度의 起源과 '土姓分定'說에 관한 검토 -'土姓分定'說에서 언급된 중국 역사 관련 내용을 중심으로-	《전북사학》44 2014
韓國 本貫制度의 起源과 '土姓分定'說에 관한 검토 -'土姓分定'說에서 언급된《世宗實錄地理志》관련 내용을 중심으로-	《전북사학》45 2014
中國의 郡望制度와 韓國의 本貫制度 비교 -중국의 淸河崔氏와 한국의 南陽洪氏를 중심으로-	《역사와경계》98 2016
宋代《紹興十八年同年小錄》에 나오는 本貫의 의미 -比較史의 觀點에서 한국의 本貫制度를 바라보다-	《사림》56 2016
현대 漢字語 辭典에 나오는 '郡望'의 의미 검토	《동양학》67 2016
淸나라 시기 方東樹(1772~1851)의 시각을 통해 본 중국 郡望制度의 한 성격	《명청사연구》47 2017
中韓古代地方志的本貫記錄比較-以中國江西省吉安府的《吉安府志》和韓國全羅道南原府的《龍城續志》爲中心-	《安徽史學》2014年 6期
從兩介知識人的視覺看古代中韓姓氏制度-以中國宋朝的鄭樵和朝鮮時期的柳馨遠爲中心-	《社會科學》4 17期
宋朝《紹興十八年同年小錄》中出現的本貫意義	《中國社會歷史評論》16卷
關于現代漢字語辭典中'郡望'含義的探析	《中國社會歷史評論》17卷

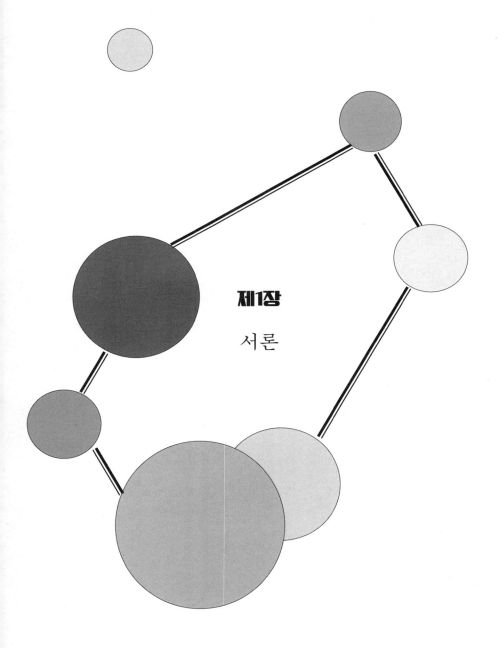

제1장

서 론

제1절 연구 목적

우리가 현대 한국인들이 사용하고 있는 성씨姓氏와 현대 중국인들이 사용하고 있는 성씨를 유심히 살펴보면, 현대 양국 사회의 구성원들이 사용하고 있는 성씨가 상당수 일치하고 있다는 사실에 놀라게 된다. 물론 그러한 사실이 생겨나게 된 원인은 여러 방면에서 고찰해 볼 수 있겠지만, 그중에서도 우선적으로 고려해 볼 수 있는 점은 한국인들이 그들의 역사 속 그 어느 시기부터인가 이른바 '한자식漢字式 성씨'(-이를 두고 '중국식 성씨'라고도 한다)를 사용하기 시작하면서 생겨나게 되었다는 것이다.

그리고 우리가 현대 중국사회와 현대 한국사회에서 만들어진 성씨 관련 자료를 살펴보면, 재미있는 또 다른 사실을 발견하게 된다. 그것은 현대 중국사회에서 간행된 성씨 관련 자료에서는 단순히 현대 중국사회의 구성원들이 사용하고 있는 성씨만을 기록하고 있는 데 비하여, 현대 한국사회에서 편찬된 성씨 관련 자료에서는 한국사회의 구성원들이 사용하고 있는 성씨와 함께 그들이 가지고 있는 본관을 함께 기록하고 있다는 점이다.

이러한 사실을 좀 더 구체적인 자료를 통해서 소개해 보자면, 1991년 중국에서 간행된 한 성씨 관련 사전을 살펴보면, 현대 중국사회에는 총 8155종의 성씨가 있음을 알 수 있다.[1] 하지만 2000년에 조사된

한 한국 성씨 관련 자료를 살펴보면, 오늘날 한국사회에는 총 286종
의 성씨가 존재하고 있으며 이 성씨들과 함께 총 4179종의 본관이
함께 존재하고 있음을 알 수 있다.[2]

　한국사회에서 말하는 본관이란 한국인들이 자신들이 소속된 씨족을
밝히는 데 있어 자신들의 성씨와 함께 칭하는 특정 지역의 지명을 의
미한다.[3] 예를 들면, 한국사회에는 하나의 최씨崔氏라 하더라도 삭녕
최씨朔寧崔氏니, 경주최씨慶州崔氏니, 전주최씨全州崔氏니 하는 많은 혈
연 집단이 존재하고 있으며, 같은 이씨李氏라 하더라도 전주이씨全州
李氏니, 연안이씨延安李氏니, 전의이씨全義李氏니 하는 여러 혈연 집단
이 존재하고 있는데, 이 혈연 집단들이 칭하는 삭녕이니, 경주니, 전
주니, 연안이니, 전의니 하는 특정 지역의 지명이 바로 본관이 된다.

　그리고 한국사회에서 이 본관은 씨족 구성원들이 거주하고 있는 지
역과는 전혀 무관한 지역일 때가 많다. 예를 들면 조선 후기 한국의
실학實學을 집대성한 것으로 알려진 정약용丁若鏞(1762～1836)의 경우,
그의 가까운 조상이 경기도 양근楊根(-오늘날 경기도 남양주시) 일대
에 자리를 잡은 이후 그의 집안은 그곳에서 대대로 살았고 그 역시
그곳에서 태어나서 생활하였지만 그의 본관은 나주羅州(-오늘날 전라
남도 나주시)였으며, 근대에 들어 항일 투쟁으로 한국사회와 중국사회

1 王萬邦 編,《姓氏詞典》, 河南人民出版社, 1991.
2 통계청,《2000 인구주택총조사:성씨 및 본관 보고서》, 2003.
3 여기서 말하는 '씨족'이라는 용어는 현대 한국사회에서 일반적으로 하나의 혈연 집
　단으로 일컬어지는 집단을 지칭한다. 일반적으로 이들은 하나의 '始祖'(-한국 씨족사
　에서 말하는 시조와 중국 씨족사에서 말하는 시조는 그 의미가 다르다)를 두고, 하
　나의 성씨와 함께 하나의 본관을 둔 집단 즉 "同姓同本"을 기반으로 한 집단으로
　알려져 있다. 하지만 반드시 그러한 것은 아니다.
　또 엄밀한 의미에서 현대 중국사회에는 한국의 씨족에 상당할 만한 혈연 집단이
　존재하지 않는다고 할 수 있으나, 중국 사학계에서 일반적으로 지칭되는 '宗族' 또
　는 '家族'이 이에 상응할 만한 용어가 될 수 있을 것 같다. 이에 관해서는 아래에
　서술될 "씨족에 관한 한·중 역사용어 비교"를 참고하길 바란다.

에서 모두 명성을 떨친 안중근安重根(1879~1910)의 경우, 황해도 해주海州에서 태어났지만 그의 본관은 순흥順興(-오늘날 경상북도 영주시)이었다.[4]

이처럼 한국사회에서 본관이 씨족 구성원들의 거주 지역과 전혀 무관한 지역이 되어 버린 이유는, 한국사회에서 본관이라는 것이 그들의 먼 조상, 즉 수백 년 이전 심지어는 수천 년 이전에 생존한 것으로 알려진 그들의 먼 조상이 살았던 지역을 의미하기 때문이다. 다시 말해, 수백 년 또는 수천 년 전에 살았던 조상이 본관 지역에 정착한 이후 그 조상의 후손들이 그 지역을 떠나 다른 지역으로 이주하여 살더라도 그들의 거주지와 무관하게 그 본관 지역을 계속해서 칭하였기 때문이다.

또 현대 한국사회에서 본관은 한국인들이 자신들이 소속된 씨족을 드러내면서 반드시 밝혀야만 하는 것이기도 하다. 이러한 점을 앞서 예로 들었던 최씨와 이씨를 중심으로 다시 한 번 살펴보면, 한국인들은 자신들이 소속된 씨족을 드러내려 할 때 자신들이 최씨와 이씨라는 사실 이외에도, 본관이 삭녕인지, 경주인지, 전주인지, 연안인지, 전의인지를 반드시 밝혀야만 하고, 또 본관과 함께 칭해진 삭녕최씨, 경주최씨, 전주최씨 또는 전주이씨, 연안이씨, 전의이씨니 하는 혈연집단들은 비록 그들이 최씨나 이씨라는 동일한 성씨를 사용하고 있다고 하더라도 각기 별개의 씨족으로 생각되고 있다. 요컨대, 현대 한국인들에게 본관은 자신들이 소속된 씨족을 밝히려 할 때 그들의 성씨와 함께 '절대絕對 불가분不可分'의 것으로 여겨지고 있다.

이처럼 본관이 현대 한국사회에서 차지하고 있는 의미를 알고 있는 사람들은 이 본관을 통하여 한국 씨족제도의 성격을 규명하기 위하여

---

4 한국학중앙연구원, 《한국민족문화대백과사전》, '丁若鏞'條와 '安重根'條.

노력하고 있으며, 또 그들 가운데 일부는 중국 역사상 존재하는 군망郡望에 관심을 보이고 있기도 하다. 그 이유는 한국사회에서 일컬어지는 삭녕최씨니, 경주최씨니, 전주최씨니, 또는 전주이씨니, 연안이씨니, 전의이씨니 하는 호칭들이 중국 역사 문헌에 등장하는 청하최씨淸河崔氏니, 박릉최씨博陵崔氏니, 농서이씨隴西李氏니, 조군이씨趙郡李氏니, 태원왕씨太原王氏니, 낭야왕씨瑯琊王氏니 하는 호칭과 유사하게 보이기 때문이다.

그리고 중국 역사 문헌에 기록된 군망을 살펴보면, 현대 한국사회에서 본관이 지니고 있는 성격이 그러한 것처럼, 이 군망 또한 씨족 구성원들이 살고 있는 지역과 무관해 보일 때가 많이 있다. 이러한 사실을 청하최씨를 예로 하여 확인해 보면, 청하최씨의 구성원 가운데 한 사람인 최섬崔暹(?~559)은 그의 아버지인 최울崔蔚이 남조南朝로부터 북조北朝로 올라와 형양滎陽(-오늘날 하남성 형양시)에 정착한 이후 그곳에서 계속해서 생활하였던 것으로 보이는데, 그의 열전에는 그를 "청하인淸河人"으로 기록하고 있으며, 또 최섬의 아우인 최욱崔彧은 형양을 떠나 허주許州 언릉鄢陵(-오늘날 하남성 허창시許昌市 언릉현)에 정착하였음에도 불구하고 그의 열전에서도 또한 그를 "청하인"으로 기록하고 있다.[5]

또 이 군망은 중국 역사상 위진남북조 시기 중국사회를 주도적으로 이끌어 갔던 계층인 '문벌사족門閥士族'과 밀접한 관련이 있는 것으로 알려져 있다.[6] 이 문벌사족은 '구품관인법九品官人法'이라는 새로운 인

---

[5] 《魏書》卷89 '崔暹'傳과 卷91 '崔彧'傳. 《魏書》에 수록된 '崔暹'傳과 卷91 '崔彧'傳에는 그들을 모두 "淸河東武城人"으로 소개하고 있다. 東武城은 淸河郡에 속한 하나의 지명이다. 崔暹과 崔彧 그리고 청하최씨에 관한 자세한 내용은 본문의 내용을 참고하길 바란다.

[6] 중국 사학계에서 위진남북조 시기 중국사회를 주도적으로 이끌었던 계층을 지칭하는 용어는 학자마다 다양하다. 그 가운데 대표적인 사례를 제시해 보면, 貴族, 門閥貴族, 士族, 門閥士族, 그리고 世家大族 등이 있다. 이 책에서는 문벌사족이라 칭하

재 등용법이 중국사회에 실시되면서 새롭게 등장한 계층으로, 그들이 소속된 가문의 문벌에 따라 그들의 사회적 지위도 결정되는 특징을 가지고 있었다. 그리고 이 문벌사족들은 그들이 소속된 씨족을 밝히기 위하여 자신들의 성씨와 함께 군망을 사용하였다. 하지만 이 문벌사족들은 당나라 말기에 이르러 중국사회에서 그 자취를 감추게 되었고, 문벌사족들이 중국 사회에서 자취를 감추게 되면서 그들이 사용하는 군망도 또한 사회적 의미를 잃어버리게 되었다.

아무튼 우리는 이상의 내용을 통하여, 현대 한국사회에 존재하고 있는 본관과 중국 역사 문헌 속에 나오는 군망은 유사한 것으로 보이며 또 그 본관과 군망으로 인해 생겨난 한국의 본관제도와 중국의 군망제도 역시 그 성격 면에서 흡사한 제도로 보이는데, 중국의 군망제도는 중국의 역사 속에서 약 1천 년 이전에 사회적으로 그 의미를 잃어버린데 비하여, 한국의 본관제도는 현재까지 계속해서 유지되고 있다고 생각해 볼 수 있다. 그리고 이러한 역사적 서술이 타당한 것이라고 한다면, 우리는 다음과 같은 역사적 의문점 두 개를 계속해서 제기해 볼 수 있을 것이다.

그 첫째는 이상의 역사적 서술에 따르면, 중국사회에서는 약 1천 년 전에 사라진 제도가 한국사회에서는 여전히, 그것도 중국의 그것보다도 더 발전된 형태로 오늘날까지 지속되고 있다는 사실인데, 그럼 어떠한 역사적 요인으로 인하여 동일해 보이는 두 사회적 제도가 중국에서는 약 1천 년 전에 사라지게 되었고 한국사회에서는 현재까지 지속되게 되었는가, 그리고 이러한 현상을 가져온 역사적 요인이 전통기 한·중 양국 사회의 성격과 밀접한 관련이 있는 것이라고 한다면 전통기 한·중 양국 사회의 성격을 각기 어떻게 정의내릴 수 있는

려 한다. 이에 관해서는 본문의 내용을 참고해 주길 바란다.

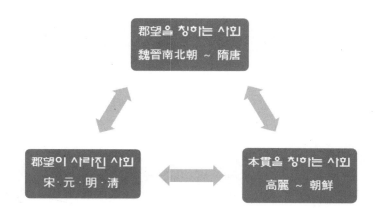

〈표 1〉 성격이 다른 3개 사회의 비교

가 하는 점이다.

그리고 둘째는 당나라 말기까지 유지되었던 군망제도가 송나라 이후 사라졌다고 한다면, 송나라 이후로는 중국사회에 생겨난 어떠한 사회적 변화로 인하여 군망제도를 필요로 하지 않게 되었으며, 또 그러한 사회적 변화는 송나라 이후 중국사회와 유사한 시기에 존재하였던, 그리고 본관제도가 유지되기도 하였던 고려 이후의 한국사회에서는 찾아볼 수 있는 것인가 하는 점이다.

이 책에서는 이상의 역사적 의문점을 해결하면서 전통기 한국사회가 가지고 있는 성격과 동시기 중국사회가 가지고 있는 성격을 서로 비교해 보고자 한다.

제2절 연구 방법 및 연구사 정리

1. 연구 방법

이 책은 크게 세 부분으로 나누어져 있다. 첫 번째 부분은 중국의 군망제도와 한국의 본관제도를 비교해 보고 이 두 사회적 제도 사이에 어떠한 유사점이 있는지를 살펴보려 한다. 두 번째 부분은 중국 역사 문헌 속에 나오는 '본관'의 의미와 한국 씨족제도에서 불리는 '본관'의 의미를 서로 비교하고 하나의 용어가 서로 다른 의미를 가지게 된 원인을 찾아보려 한다. 그리고 세 번째 부분은 전통기 중국사회에서 적관籍貫이 기록되는 방식과 동시기 한국사회에서 본관이 기록되는 방식을 비교해 보고 이 두 기록 방식이 동일한 형식으로 되어 있으면서도 서로 다른 의미를 지니게 된 배경을 분석하려 한다.

이 책에서는 중국의 군망제도와 한국의 본관제도를 비교하기 위하여, 중국의 청하최씨淸河崔氏와 한국의 남양홍씨南陽洪氏를 예로 제시하려 한다. 청하최씨는 위진남북조 시기부터 당나라 말기까지 존재하였다고 알려진 씨족이며, 남양홍씨는 삼국 시대부터 오늘날까지 그 명맥을 유지하고 있는 씨족이다. 이 두 씨족이 거주하던 지역을 역사적으로 고찰해 보고, 그들이 칭하였던 군망(-그리고 본관)과 거주지와의 관계를 밝혀보도록 하겠다.

필자는 중국의 군망제도와 한국의 본관제도를 비교하는 과정 속에서 군망에 대한 기존의 견해에 한 가지 문제가 있음을 알게 되었고, 이를 해결하기 위하여 현대에 들어와 편찬된 한자어 사전을 검토하였다. 대부분의 현대 한자어 사전에서는 군망이라는 용어를 "한 군郡 단위 내의 망족望族"이라 정의하고 있지만, 실제로 중국 역사 문헌 속의 군망은 그렇지 않은 경우가 많다. 따라서 이 책에서는 현대 한자어 사전에서 정의 내리고 있는 군망의 뜻을 검토해 보고, 중국 역사 문헌 속에서의 군망은 "원조遠祖의 본적지本籍地"를 의미하였음을 증명하려 한다.

아울러, 이 책에서는 전통기 중국의 지식인들이 군망에 대하여 어떠한 견해를 가지고 있는지를 살펴보기 위하여 청나라 시기에 활동하였던 방동수方東樹(1772~1851)의 견해를 제시해 보고자 한다. 방동수는 그가 작성한 족보의 서문에서 자신의 집안이 하남河南을 군망으로 칭하고 있으나 이를 증명할 수 있는 자료는 찾을 수 없다고 말하고 있다. 그리고 그는 그의 집안뿐만 아니라, 안휘, 복건, 절강, 강소, 사천, 호북과 호남, 그리고 광동과 광서 지역에 살고 있는 방씨方氏들이 대부분 하남을 군망으로 칭하고 있으나, 이 역시 증명할 만한 자료는 없다고 말하고 있다. 이러한 관점에서 보자면 송나라 이후 중국사회에서 칭해진 군망은 "習俗之可笑者"라 할 수 있다.

또 이 책에서는 중국 역사 문헌에 나오는 본관의 의미와 한국 씨족제도에서 말하는 본관의 의미를 비교하기 위하여, 현재 한국 사학계에서 언급되고 있는 '토성분정'土姓分定설을 검토하였다. 이 '토성분정'설에 따르면, 한국의 본관제도는 10세기 초에 국가에서 제정制定 분배分配된 '토성土姓'에 의해서 생겨난 것으로 이후 지방을 통치하기 위한 목적으로 실시된 것이다. 하지만 이 책에서는 한국사회에서 본관이라는 용어는 처음에는 중국 역사 문헌에 등장하는 본관이라는 용어와 동일한 의미로 사용되었지만, 이후 중국의 군망제도와 같은 의미로 변하여 갔다고 설명하려 한다.

이를 위하여 이 책에서는 중국 송나라 시대에 관련된 역사 문헌인 《소흥십팔년동년소록紹興十八年同年小錄》과 《경원조법사류慶元條法事類》에 나오는 본관의 의미를 분석하려 한다. 《소흥십팔년동년소록》은 1148년(소흥 18) 진사시에서 급제한 사람들의 명단과 그 인적 사항을 기록해 놓은 것으로, 그 인적 사항 안에는 급제자들의 본관도 기록되어 있다. 이 책에서는 이 급제자들의 본관에 관한 기록을 분석하여 송나라 시대 본관의 의미를 밝혀 보려 한다.

《경원조법사류》는 1202년(가태嘉泰 2)에 편찬된 송나라 법률집이다. 이 《경원조법사류》 안에는 송나라 시대에 개인의 신상을 증명하려 할 때 관官에 제출하였던 '가장家狀'이라는 문서 형식이 실려 있는데, 이 '가장' 안에는 본관을 기록하는 방식도 소개되어 있다. 그리고 북송 말기 서북 변경 지역에서 작성된 문서에서도 《경원조법사류》에서 소개되고 있는 '가장'과 유사한 문서가 발견되었다. 이 책에서는 이 '가장'에 나오는 본관 기록을 통하여 송나라 시대에 본관이라는 용어가 의미하였던 바를 밝히려 한다.

그리고 이 책에서는 전통기 중국사회에서 적관이 기록되는 방식과 동시기 한국사회에서 본관이 기록되는 방식을 비교해 보기 위하여, 청나라 시기에 작성된 강서성 길안부吉安府의 지방지인 《길안부지》와 20세기 초기에 작성된 전라도 남원부南原府의 지방지인 《용성속지龍城續誌》를 분석하려 한다. 즉, 《길안부지》와 《용성속지》는 모두 동일한 방식으로 적관籍貫과 본관을 기록하고 있지만, 《길안부지》에 실려 있는 4113명은 그들이 살고 있는 지역의 지명을 기준으로 적관을 기록하고 있는 데 비하여, 《용성속지》의 671명은 그들 "원조의 본적지"를 기준으로 본관을 기록하였다.

또 이 책에서는 송나라 시기 정초鄭樵(1104~1162)와 조선 시기 유형원柳馨遠(1622~1673)의 시각을 통하여,《길안부지》와《용성속지》에 수록된 내용을 분석하여 나온 내용 즉 전통기 한·중 양국 사회에서 작성된 지방지에서는 적관과 본관을 모두 동일한 방식으로 기록하고 있으면서도 그들이 의미하는 바는 각기 다르게 된 원인을 분석하였다. 정초는 그의 저서〈씨족략氏族略〉에서 중국사회에서 성씨제도가 발전해 온 과정을 설명하고 있으며, 유형원은 그의 저서《동국여지지 東國輿地志》에서 한국 성씨제도에서 본관이 의미하는 바를 언급하고 있다.

2. 연구사 정리

① 군망제도에 관한 연구사 정리

군망이라는 문제는 전통기, 중국학자들 사이에서도 많은 관심의 대상이 되었다. 그 이유는 그들이 중국의 성씨제도와 씨족제도가 생겨난 역사적 배경 그리고 그 제도들이 시대에 따라 변화하는 과정을 살펴보려 할 때 가장 두드러지게 나타나는 특징 가운데 하나가 바로 군망이라고 생각하였기 때문이다. 전통기 중국학자들 가운데 군망에 관심을 가진 대표적인 학자로는 송나라 시기의 정초鄭樵, 명나라 시기의 양신楊愼(1488~1559), 그리고 청나라 시기의 전대흔錢大昕(1728~1804)과 방동수方東樹를 들 수 있다.[7]

명나라 시기의 양신은, 오늘날 편찬된 한자어 사전에서 군성郡姓이

라는 용어와 군망郡望이라는 용어를 서로 유사한 의미로 정의하고 있
는 것과는 달리, 군성이라는 용어와 군망이라는 용어를 각기 별도의
의미로 이해하고 있으며, 군망은 남북조 시기의 북조에서 특히 대북
인代北人들이 세운 왕조인 북위北魏에서 크게 발달한 군성郡姓에서 생
겨난 것으로 이해하고 있다. 그리고 전대흔은, 군망은 위진 시대 이후
문벌에 따라 관리를 등용하기 시작하면서 크게 발달한 것으로, 송나
라 시대에 이르러서는 사사로이 작성한 가계 기록이 성행하고 또 과
거제도에 따라 관리를 등용하면서 더 이상 군망을 논하지 않게 되었
다고 말하고 있다.[8]

　현대 중국 사학계에서 군망에 관하여 이루어진 연구 성과를 살펴보
면, 현대 한국 사학계에서 본관에 관하여 이루어진 연구 성과에 비하
여 그 양이 비교적 적음을 알 수 있다. 그 이유는 아마도 본관이라는
것이 현대 한국사회의 구성원들에게는 자신이 소속된 씨족을 밝히는
데 있어 거의 절대적으로 필요한 것인데 비하여, 현대 중국인들에게
군망이란 단순히 먼 옛날 역사 속에 존재하는 하나의 사실史實에 불
과하기 때문일 것이다.

　군망에 관한 연구 성과 가운데 가장 주목이 되는 연구는 일본학자
들에 의해 이루어진 것이다. 우선, 죽전룡아竹田龍兒는 당나라 시대
사인士人의 행장行狀과 전기傳記에 나오는 이른바 'ㅇㅇ人'에 대한 기
록을 분석하고, 동일한 인물 또는 동일한 가계에 소속된 사람들이라
하더라도 그 'ㅇㅇ人'이 문헌에 따라 서로 다르게 기록되고 있다는 사
실에 주목하였다. 그리고 그는, 이러한 현상이 생겨나게 된 원인으로,

7　鄭樵와 方東樹가 군망에 대해 서술한 내용은 본문 제2장 제3절과 제4장 제2절을 참
　고하길 바란다.
8　楊愼, 《丹鉛總錄》 卷10 人品類 '郡姓'篇; 錢大昕, 《十駕齋養新錄》 卷12 '郡望'篇.
　楊愼과 錢大昕의 견해에 관해서는 이 책 제2장 제2절의 내용을 참고하길 바란다.

당나라 시대에 이르러서는 한 개인이 칭하였던 군망과 그들이 실제 살고 있는 지역이 서로 다른 경우가 많게 되었는데, 그럼에도 불구하고 당나라 시대의 사인들 사이에서는 한 인물의 행장이나 전기를 기록할 때 군망을 칭하는 경우가 많았기 때문이라고 주장하였다. 이러한 연구는 이후 한국학자 송준호宋俊浩와 이 연구에 많은 영향을 주었다.[9]

지전온池田溫은 중국 국가도서관(구 북경도서관)·대영박물관(British Museum)·프랑스국립도서관(la Bibliothèque nationale de France)에 소장되어 있는 돈황敦煌 관련 문서를 이용하여 중국의 군망을 분석하였는데, 그는 '각 군郡 단위에서 생겨난 군성郡姓을 기록한 자료'를 '군망표郡望表'라 명명하고, 중국국가도서관·대영박물관·프랑스국립도서관에 소장되어 있는 '군망표'의 내용을 《태평환우기太平寰宇記》·《고금성씨서변증古今姓氏書辯證》·《광운廣韻》에 기록되어 있는 군성郡姓들과 비교하여, 그들 '군망표'가 작성된 시기와 작성 배경에 관하여 분석하였다. 이러한 그의 연구는 이후 중국학자 왕중락王仲犖과 당경우唐耕耦 그리고 한국학자 이수건李樹健의 연구에 많은 영향을 주었다.[10]

월지중명越智重明은 '군망'이라는 용어에서 '망'의 의미에 주목하였다. 그에 따르면, 위魏나라 시대에 주대중정제州大中正制가 실시되기 이전에는 향당鄕黨에서 명망이 있는 사람을 칭하던 '망'이 주대중정제가 실시된 이후로는 일족의 가격家格이 높음을 의미하게 되었다. 다시 말해, 위나라 시대에 들어와 문벌을 숭상하는 풍조가 크게 발달하면서 '망'이 의미하는 바 또한 그것의 본래적인 의미에서 벗어나 문벌

---

9 竹田龍兒, 〈唐代士人の郡望について〉, 《史學》 第24卷 第4號, 慶應義塾大學文學部內三田史學會, 1951.

10 池田溫, 〈唐代の郡望表(上)-九·十世紀の敦煌寫本を中心として-〉, 《東洋學報》 第42 卷 3號, 東洋文庫, 1960; 池田溫, 〈唐代の郡望表(下)-九·十世紀の敦煌寫本を中心として-〉, 《東洋學報》 第42 卷4號, 東洋文庫, 1960.

사회에 맞게 변화하였다.[11]

실야주세失野主稅는 그의 논문에서 월지중명越智重明, 죽전룡아竹田龍兒, 지전온池田溫, 그리고 자신이 정의한 '군망'이라는 용어의 의미를 검토하고, 그가 생각하고 있는 '군망'의 의미를 다시 한 번 강조하였다. 그에 따르면, '군망'이라는 용어에서 '망'은 본래, '조망朝望'·'재망才望'·'덕망德望'과 같은 용어에서 볼 수 있듯이, '바라보다'〈のぞむ〉, '희망'〈のぞみ〉, '바라는 바'〈のぞむところのもの〉, '요구되는 것'〈のぞまれるもの〉 등을 의미하였다. 하지만 '군망'이라는 용어는 삼국 시대 이후 문벌을 숭상하는 풍조가 발달하면서 어느 일족의 가격家格이 높음을 의미하게 되었고, 당나라 시대에 이르러서는 특정 지명을 의미하는 용어 즉 어느 일족의 조상이 거주하던 지역을 의미하는 용어로 사용되게 되었다.[12]

일본 학자 목야손손牧野巽은 중국의 씨족제도에 관한 연구에서 커다란 업적을 남긴 것으로도 유명한데, 그는 중국의 씨족제도를 저 상고 시대부터 현대에 이르기까지 통사적으로 설명하면서 '중국 역사에서 삼국 시대 이후로는 문벌을 숭상하는 풍조가 두드러지게 나타나기 시작하였다'고 말하였다. 그리고 이 시기 문벌 숭상 풍조를 구체적으로 설명하면서 "각 지방에는 각각 유명 씨족이 존재하였으며, 그들은 다른 지방에 이주하여도 (자기들의 출신지를 밝히면서) 원주지명原住地

---

11 越智重明, 〈魏晉南朝の士大夫について〉, 《創立四十九周年紀念論文集》, 九州大學出版部, 1966.

12 失野主稅, 〈望の意義について〉, 長崎大學敎育學部 編, 《長崎大學敎育學部社會科學論叢》第21號, 1972. 이 논문에서 失野主稅는 자신이 작성한 〈北朝における民望の意義について〉, 長崎大學敎育學部 編, 《長崎大學敎育學部社會科學論叢》第6號, 1956의 내용을 검토하였다. 이외에도 失野主稅는 군망에 대하여 다음의 논문을 발표하였다. 〈郡望と土斷〉, 《史學研究》第113號, 廣島史學研究會, 1971; 〈北朝における郡望の性格(上)〉, 第一經濟大學經濟研究會 編, 《第一經大論集》第10卷 1號, 1980; 〈北朝における郡望の性格(下)〉, 第一經濟大學經濟研究會 編, 《第一經大論集》第10卷 2號, 1980.

名을 군망이라 하여 사용하였다. 그렇게 함으로써 그들은 같은 성姓을 가진 타족他族과 구분하였던 것이다. (따라서) 이 시대로부터 수당대에 걸쳐서는 … 이른바 관적貫籍은 출생지도 아니요 거주지도 아닌 경우가 많았다."라고 언급하였다.[13]

그리고 현대 중국 사학계에서는 군망을 주제로 한 연구가 아직까지 그리 많이 축적되지 않았으며, 단지 위진남북조 시대의 역사 또는 수당 시대의 역사를 서술하는 과정에서 군망에 관하여 단편적으로 언급한 연구가 주로 존재하고 있다. 그 가운데 대표적인 학자가 잠중면岑仲勉이다. 잠중면에 따르면, 하·상·주 시대 즉 삼대에는 '성'과 '씨'가 각기 별개의 의미로 사용되다가 서한 시대에 이르러 '성'과 '씨'를 구분하는 관행이 사라지고 '성'과 '씨'를 모두 '성씨'라 칭하는 새로운 관행이 생겨나게 되었는데, 이 새로운 관행이 당시 사회에 자리 잡게 되면서 군망이라는 것이 생겨난 것으로 그는 생각하고 있다. 다시 말해, 전국 시대까지만 하더라도 각 지역에 제후국이 많이 존재하고 있었고, 또 각 제후국의 후손임을 칭하는 혈연 집단들도 많이 존재하고 있었는데, 서한 시대에 이르러서는 이 혈연 집단 가운데 자신들이 살고 있는 군 단위의 지명을 칭하여 독립된 씨족으로 행동하는 사람들이 생겨나게 되었고, 이로 인해 중국 역사상 군망이 생겨나게 되었다. 그리고 이 시기 군망은 오늘날 중국인들이 자신의 본적지를 칭할 때 사용하는 용어인 적관籍貫과 그 의미가 크게 다르지 않았다.[14]

---

13 牧野巽,《アジア歴史事典》第2卷, 平凡社, 1970, 181b쪽.
14 岑仲勉,〈門第之見與郡望〉,《隋唐史》上冊, 中華書局, 1982, 121~126쪽; 岑仲勉,〈唐史中之望與貫〉,《唐史餘瀋(外1種)》, 中華書局, 2004, 229~233쪽. 위《隋唐史》에 수록된 '出版說明'에 따르면, 岑仲勉은 1957년 高等教育出版社를 통하여《隋唐史》를 1차적으로 발표하였으며 이후 부분적으로 수정을 가하였는데, 1982년에 中華書局에서 간행된《隋唐史》는 1957년 이후 岑仲勉이 수정한 내용을 출판한 것이다. 2004년에 中華書局에서 간행한《唐史餘瀋(外1種)》은 1960년에 中華書局上海編輯所에서 간행한《唐史餘瀋(外1種)》을 재간행한 것이다.

당경우는 일본학자 지전온이 소개한 자료, 즉 중국국가도서관·대영
박물관·프랑스국립도서관에 소장되어 있는 자료를 다시 언급하였는데,
그는 이 자료들을 '성망씨족보姓望氏族譜'라 명명하고, 이 자료들의 전
문을 소개하였다. 그리고 왕중락은 대영박물관에 소장되어 있는 "신집
천하성망씨족보新集天下姓望氏族譜"(-지전온이 언급한 '군망표' 그리고
당경우가 언급한 '성망씨족보' 가운데 하나임)의 내용을 분석하였는데,
그는 "신집천하성망씨족보"에 수록된 90개 군 단위의 '군성'을 소개하
고, 각 군 단위의 '군성'을 《광운廣韻》이나 《원화성찬元和姓纂》과 같은
중국 역대 성씨서의 내용과 비교하였다.15

그리고 우리가 군망제도가 중국사회에서 생겨나 소멸하는 과정을
살펴보려 할 때, 조위曹魏(-조조가 세운 위나라) 시대 이후 크게 발달한
문벌 숭상 풍조와 당나라 말기 이후 생겨난 새로운 사회 변화에 주목
할 필요가 있는데, 이에 관해서는 상건화常建華의 연구를 참고할 필요
가 있다. 상건화는 조위 시대 이후 발전하기 시작한 문벌 숭상 풍조
가 수당 시대에 와서 크게 약해졌다고 밝히고, 그 원인으로 구품중정
제가 폐지되고 과거제가 시행된 사실, 관롱사족關隴士族과 산동사족山
東士族 간의 지속적인 정쟁, 균전제의 폐지와 양세법의 시행, 그리고
당나라 말기에 일어난 농민 전쟁을 지적하였다. 그리고 송나라 이후로
는 이전과는 다른 형태의 종족제도가 발전하였으며, 이 새로운 종족
제도의 특징으로 '건사당建祠堂'·'선족장選族長'·'수족보修族譜'·'설족전設
族田'·'건족학建族學'을 통한 '종족의 조직화'였다고 말하였다.16

미국 학자 David G. Johnson은 중국 역사상 위진남북조 시대부터

---

15 唐耕耦, 〈敦煌四件唐寫本姓望氏族譜殘卷研究〉, 《敦煌吐魯番文獻研究論集》 第2輯, 北
    京大學出版社, 1983; 王仲犖, 〈《新集天下姓望氏族譜》考釋〉, 《敦煌吐魯番文獻研究論集》
    第2輯, 北京大學出版社, 1983.
16 常建華, 《宗族志》, 中華文化通志·制度文化典, 上海人民出版社, 1998, 35~38쪽.

당나라 시대까지 형성되어 있었던 문벌 사회를 고대 그리스의 '과두
정치寡頭政治'〈Oligarchy〉에 비유하였는데, 그는 그의 저서에서 '중국
중세 시기 씨족에 관련된 용어들이 역사 문헌 속에서 다소 애매한 뜻
으로 쓰이고 있다'고 지적하고, 그 대표적인 사례로 '망'이라는 표현을
제시하였다. 그리고 그 '망'과 관련된 용어로 '본망本望'과 '군망'을 언
급하며, 군망에 대하여 "그 군망이라는 용어는 본래 '한 군 단위 안에
있는 망족'을 뜻하였지만, 이후 당나라 시대에 이르러서는 점차 '망족
들이 그들 조상의 본적지라고 생각하는 곳이 있던 군의 명칭'을 지칭
하게 되었다. … 즉, 한 지역을 매개로 형성된 군망이 (이제는) 실질
적인 의미에서 벗어나 상징적인 의미 즉 씨족을 분별하는 부호符號로
변화하게 되었다."고 언급하였다.[17]

한국에서도 중국의 군망제도에 관심을 갖는 연구자가 있었다. 이들
연구에서는 중국의 군망제도를 본격적으로 연구하기보다는 한국의 본
관제도가 가지고 있는 성격을 규명하는 과정 속에서 중국의 군망제도
에 대한 다른 연구자들의 연구 성과를 부분적으로 인용하고 있다. 그
대표적인 연구자로는 이수건李樹健과 송준호宋俊浩가 있는데, 이수건
은 일본학자 지전온의 연구를 언급하며 당나라 시대에 작성된 '군망
표'가 고려사회에 유입되어 본관제도 형성에 많은 영향을 주었을 것
이라고 소개하였으며, 송준호는 그의 저서에서 일본학자 목야손과 미
국학자 David G. Johnson의 연구를 소개하였다.[18]

이상에서 소개한 연구 성과 이외에도 태원왕씨太原王氏, 낭야왕씨瑯

---

17 David G. Johnson, *The Medieval Chinese Oligarchy*, Westview Press, 1977, pp. 92~93.
　　David G. Johnson은 중국 역사를 고대, 중세, 근세, 근대, 현대 5단계의 시대로 구
　　분하는 방법에 입각하여 바라보고 있으며, 그가 말하는 '중세〈Medieval〉시기'는 구
　　체적으로 한나라 말기부터 당나라 말기까지를 가리키고 있다.
18 李樹健,《韓國中世社會史研究》, 一潮閣, 1984, 12쪽; _____,《한국의 성씨와 족보》,
　　서울대학교출판부, 2006, 83~84쪽; 宋俊浩,〈韓國의 氏族制에 있어서의 本貫 및 始
　　祖의 問題〉,《朝鮮社會史研究》, 一潮閣, 1987, 97~98쪽.

瑯王氏, 조군이씨趙郡李氏, 박릉최씨博陵崔氏, 청하최씨淸河崔氏 등으로 칭해지는 씨족을 중심으로 한 연구도 있다. 이 연구들은 주로 일본 학자 수옥미도웅守屋美都雄, 대만 학자 모한광毛漢光, 미국 학자 David G. Johnson과 Patricia Buckley Ebrey, 그리고 중국 학자 하염夏炎과 왕력 평王力平 등에 의해 이루어졌는데, 이들은 군망제도가 가지고 있는 성격과 그 의미에 관하여 직접적으로 언급하기보다는 군망과 성씨를 함께 칭하고 있는 하나의 씨족 집단을 통하여 당시 사회의 성격을 논한 것이라 할 수 있다.[19]

② 적관제도에 관한 연구사 정리

현재까지 중국 사학계에서 이루어진 적관籍貫에 관련된 연구 성과를 살펴보면, 그 상당수의 연구가 특정 인물의 적관을 고증하려 한다거나 또는 특정 집단의 적관을 분석하려는 것임을 알 수 있다. 예를 들면, 중국 역사상 유명한 인물인 관우關羽(?~220)나 오삼계吳三桂(1612~1678)과 같은 사람들의 적관을 역사적으로 고증하려는 연구, 진사시에 급제한 인물들의 적관이 지리적으로 어떻게 분포되어 있는지를 살펴보려는 연구, 재상이나 환관과 같이 특정 관직을 역임한 집단의 적관이 어떻게 분포되어 있는지 분석하려는 연구, 그리고 장서

---

19 하나의 씨족을 중심으로 한 연구 성과 가운데 대표적인 연구를 소개하면 다음과 같다. 守屋美都雄, 《六朝門閥の一研究:太原王氏系譜考》, 東洋大學學術叢書, 日本出版協同, 1951; 毛漢光, 〈我國中古大士族之個案研究-瑯琊王氏〉, 《歷史語言研究所集刊》 第37本, 下冊, 臺北, 中央研究院, 1967(中華民國56年. 이 논문은 후에 《中國中古社會史論》(上海書店出版社, 2002, 365-404쪽)에 재수록 되었다); David G. Johnson, The Last Years of A Great Clan:The Li Family of Chao Chün in Late T'ang and Early Sung, *Harvard Journal of Asiatic Studies* vol.37, No.1, 1977; Patricia Buckley Ebrey, *The Aristocratic Families of Early Imperial China; A Case Study of the Po-ling Ts'ui Family,* Cambridge Univ. Press, 1978; 夏炎, 《中古世家大族淸河崔氏研究》, 天津古籍出版社, 2004; 王力平, 《中古杜氏家族的變遷》, 商務印書館, 2006.

가장서가藏書家, 문사文士, 고승高僧 등과 같은 특정 집단들의 적관이 분포되어 있는 지역을 살펴보려는 연구가 상당수를 차지하고 있다.

그리고 이러한 연구 이외에도 "적관"이라는 용어가 가지고 있는 의미를 역사적으로 고찰하려는 연구가 이루어졌다. 그 대표적인 인물이 왕육전王毓銓이다. 왕육전에 따르면, 오늘날 중국인들이 자신의 본적지를 가리키는 용어로 사용하고 있는 "적관"이라는 용어는 청나라 이후에 생겨난 것으로, 청나라 이전에는 "적"과 "관"이 각기 별개의 의미로 사용되었다. 다시 말해, "적"은 해당 인물이 부담하고 있는 역役을 표시하는 "역적役籍"을 의미하였고 "관"은 해당 인물의 본적지 즉, 오늘날 중국인들의 칭하는 적관을 의미하는 "향적鄕籍"을 가리켰다.[20]

하지만 왕육전의 이러한 견해는 이후 고성顧誠, 심등묘沈登苗, 그리고 고수선高壽仙에 의해 비판을 받았다. 고성에 따르면, 명나라 시기에 들어서는 위소제도衛所制度가 실시되면서 군역軍役을 진 사람들이 해당 위소 지역으로 이주하여 거주하게 되었고 그중에는 그곳에서 대대로 머물면서 군역을 이행하는 자들이 생겨났다. 그리하여《명사》와 같은 역사 문헌에서는 그들의 적관을 기록하면서 때로는 그들이(또는 그들의 조상이) 본래 거주하였던 지역 즉 원적原籍을 적관으로 기록하기도 하고, 때로는 그들이 군역을 이행하고 있는 지역 즉 위적衛籍을 적관으로 기록하기도 하였으며, 또 때로는 원적과 위적을 함께 기록하기도 하는 등 역사 문헌에서 적관을 기록하는 데 많은 혼란이 생겨났다. 이러한 명나라의 사회상에 비추어 보면, "적"과 "관"을 각기 별개의 의미로 생각하여 "적"을 해당 인물이 부담하고 있는 역을 표시하는 "역적"으로, 그리고 "관"을 오늘날 적관에 해당하는 "향적"으로

---

20 王毓銓, 〈籍·貫·籍貫〉, 《文史知識》 1988年 第2期. 이 논문은 이후 王毓銓, 《王毓銓史論集》(下), 中華書局, 2005와 王毓銓, 《王毓銓集》, 新華書店, 2006에 재수록되었다.

이해하기에는 무리가 따른다고 고성은 주장하였다.[21]

심등묘는 명나라 시기 이른바 "쌍적진사雙籍進士"에 대하여 고찰하였는데, 그가 말하는 "쌍적진사"란 진사시에 급제한 자로서 '진사제명비록進士題名碑錄'에 기록되어 있는 사람들 가운데 이른바 "호적戶籍"과 "향적鄕籍"이 모두 기록되어 있는 사람들을 가리킨다. 그리고 그에 따르면, "호적"은 진사시 급제자의 호적이 등재되어 있는 곳을 의미하며 "향적"은 진사시 급제자의 조상이 거주하던 곳을 의미한다. 이런 관점에서 보자면, 명나라 시대 적관을 기록하는 방식을 "적"과 "관"으로 나누어 "적"은 "역적"을 가리키는 것으로, "관"은 "향관"을 의미하는 것으로 이해하게 될 경우, "향관"이 곧 호적이 등재되어 있는 곳으로 오해하게 될 수 있다고 그는 말하였다.[22]

고수선 역시 왕육전의 견해에 대하여 반론을 제기하였다. 즉 명나라 시대에 관련된 역사 문헌에 나오는 "적"과 "관"이라는 용어를 살펴보면, 왕육전이 말하고 있는 바와 같이 "적"이 "역적"을 의미하고 "관"이 "향관"을 의미하는 경우도 있지만, 많은 경우에는 "적"과 "관"이 혼용되어 사용되고 있으며 그들은 모두 "조거지祖居地"(-즉 해당 인물의 조상들이 대대로 거주하였던 지역) 또는 해당 인물의 출신지를 가리킨다. 그리고 명나라 시대의 등과록登科錄 등을 살펴보면 과거 시험과 같은 공식적인 경우에는 호적이 등재되어 있는 곳을 적관으로 기록하였지만, 실제 일상생활에서는 적관을 기록하면서 뚜렷한 기준이 없어 한 사람이 여러 개의 적관으로 기록되기도 하였다.[23]

---

21 顧誠, 〈談明代的衛籍〉, 《北京師範大學學報》 1989年 第5期.

22 沈登苗, 〈明代雙籍進士的分布·流向與明代移民史〉, 《歷史地理》 第20輯, 中國地理學會 歷史地理專業委員會《歷史地理》編委會, 上海人民出版社, 2004. 沈登苗는 그의 논고에서 1979년에 朱保炯과 謝沛霖에 의해 편찬된 《明淸進士題名碑錄索引》의 내용을 많이 참고하였음을 밝히고 있다.

23 高壽仙, 〈關于明朝的籍貫與戶籍問題〉, 《北京聯合大學學報》 2013年 01期.

그리고 이상에서 소개된 연구 이외에도 현대 중국인들이 자신의 조상이 살던 곳과 자신이 태어난 곳이 서로 달라 적관을 기록하면서 많은 불편함이 있음을 말해 주는 장전張箭의 연구, 적관과 군망이 역사상 서로 다른 의미로 사용되었음을 언급한 변유평卜幼平과 진숙령陳淑玲의 연구, 그리고 현대 지방지를 편찬하면서 인물의 적관을 기록하는데 발생하는 문제점과 그 해결 방안을 언급한 마홍파馬泓波와 장봉우張鳳雨의 연구 등이 있다.[24]

③ 본관제도에 관한 연구사 정리

본관에 관한 연구는 오늘날 연구자들 사이에서 주요한 관심 분야 가운데 하나이듯이, 조선 시대 학자들 사이에서도 많은 궁금증을 자아내는 주제 가운데 하나였다. 그리고 이 본관에 관한 연구는 한국의 성씨제도와 씨족제도가 변화하여 발전해 가는 과정 속에서 이해하려는 태도가 전통적인 방법이었다. 이러한 조선 시대 학자들 가운데 대표적인 인물로는 유형원柳馨遠과 이규경李圭景(1788~?)을 들 수 있다.

유형원은 그의 저서 《동국여지지東國輿地志》에서 한국의 본관제도가 가지고 있는 성격을 설명하였는데, 그는 한국의 씨족들은 그의 조상이 본관을 벗어나 다른 지역에 정착한 지 수백 년 또는 수천 년이 지났어도 여전히 본관을 칭하고 있다고 지적하고 이는 중국사회의 관습과는 다른 것이라 말하였다.[25] 그리고 이규경은 그의 저서 《오주연

---

24 張箭, 〈籍貫·祖居地·出生地〉, 《辭書研究》 2003年 第4期; 卜幼平, 〈郡望≠籍貫〉, 《語文學習》 1997年 第10期; 陳淑玲, 〈郡望·祖籍·貫〉, 《昌吉師專學報》 2000年 第2期; 馬泓波, 〈淺談地方志中人物的籍貫問題〉, 《中國地方志》 2004年 第10期; 張鳳雨, 〈地方志記人籍貫存在問題及其對策〉, 《廣西地方志》 2008年 第5期.
아울러, 陳淑玲은 그의 논문에서 歐陽修의 군망을 "廬陵郡"이라 말하고 있는데, 이는 이 절의 내용과 다름을 밝힌다. 구양수의 군망에 관해서는 이 책 제4장 제1절과 제2절의 내용을 참고하길 바란다.

문장전산고五洲衍文長箋散稿》에서 중국 역사에서 성씨, 군망, 그리고
방망房望이 생겨나는 과정을 고찰하고 한국의 본관제도는 중국의 군
망제도와 동일한 것이라고 주장하였다.[26]

그리고 이러한 전통적인 견해는 근대와 현대에 와서도 계속해서 이
어졌다. 일본 학자 금촌병今村柄은 본관이라는 용어는 본적本籍, 관적
貫籍, 향관鄕貫, 씨관氏貫, 적관籍貫, 성관姓貫, 족본族本이라고도 칭해
진다고 말하고, 한국 사회에서 본관을 칭하게 된 역사적 배경을 중국
사회에서 향관을 칭하게 된 역사적 배경과 유사하게 바라보았다. 그
에 따르면, 중국 고대에 각 지방에 할거하고 있던 대족大族들이 향관
을 칭하여 자신이 소속된 씨족을 밝혔던 것과 같이, 한국사회에서도
신라 말기에 이르러서는 동일한 현상이 나타났다. 그리고 고려 시대에
이르러서는 일반적으로 사족들이 본관을 칭하게 되었고, 조선 시대에
이르러서는 사족은 물론 서민들까지도 본관을 기록하게 되었다.[27]

김두헌金斗憲은 자신이 소속된 씨족을 밝히려 할 때에는 성과 함께
씨를 반드시 밝히고 또 이렇게 밝혀진 성과 씨를 각기 다른 의미로
생각하던 중국 상고 시대의 관행이 고대 한국사회에서도 행해졌다고
보고 있으며, 그리고 이처럼 성과 씨를 함께 밝히는 관행 이외에도
한국사회에서는 자신이 소속된 씨족을 말하려 할 때 본관을 밝혔다고
주장하였다. 하지만 성과 씨를 각기 별개의 의미로 사용하였던 중국
고대의 관행이 한국사회에서도 행해졌다는 견해에 관해서는 검토가
필요한 것으로 보인다.[28]

---

25 柳馨遠,《東國輿地志》凡例.
26 李圭景,《五洲衍文長箋散稿》人事篇1 人事類2 氏姓 '姓氏譜牒辨證說'篇.
27 今村炳,《朝鮮の姓名氏族に關する硏究調査》, 朝鮮總督府中樞院, 1934, 285~288쪽.
28 金斗憲,《朝鮮家族制度硏究》, 乙酉文化社, 1949, 64~66쪽.
   자신의 씨족을 밝혀야 할 때에는 姓과 함께 氏를 반드시 밝히고 또 이렇게 밝혀진
   姓과 氏를 각기 별개의 의미로 생각하였던 중국 상고 시대의 관행이 한국사회에

이기백李基白과 송준호는 한국사회에서 본관제도가 출현한 시기를
신라 말기까지 소급해서 생각하고 있으며, 또 본관제도가 출현한 배
경을 문벌사상과 결부시켜 동일한 성씨를 소유한 유력한 씨족들 사이
에서 서로를 구별하기 위해 출현한 것으로 이해하였다. 하지만 이기
백은 지방에서 거주하던 유력한 씨족이 수도로 올라와 수도에 살고
있는 씨족들과 서로를 구별하기 위하여 생겨난 것으로 이해한 데 비
하여, 송준호는 유력한 씨족이 출현함과 동시에 그들을 그들의 세거
지명이 붙여진 명칭으로 부르는 사회관습이 지극히 자연스럽게 생겨
났으며 그것이 곧 본관제도 출현의 배경이 된다고 생각하였다.[29]

그러나 1970년대 중반에 들어서는 한국 사회에 본관제도가 출현한
역사적 배경을 이른바 '토성분정土姓分定'이라는 국가적 정책과 연결시
켜 이해하려는 연구가 생겨났다.[30] 이러한 연구는 주로 이수건李樹健
에 의해서 이루어졌는데 그가 주장한 '토성분정'설에 따르면, 어수선
한 사회 분위기 속에서 후삼국을 통일한 고려 정부는 '군현제郡縣制'
라는 새로운 지방 제도를 실시하여 중앙집권화를 시도하였고 이러한
중앙집권화 과정 속에서 각 군현 단위로 이른바 '토성'을 '분정'하였는
데, 이 '토성'이 '분정'된 행정 단위가 바로 오늘날 한국 씨족들이 칭
하고 있는 본관의 기원이 되었다.[31]

행해졌다는 김두헌의 견해에 관해서 필자는 동의하지 않는다. 이러한 필자의 견해
에 관해서는 이 책 제3장 제1절의 내용을 참고하길 바란다.

29 李基白, 〈高麗 貴族社會의 形成〉, 국사편찬위원회 編, 《한국사》 4, 1981, 191~193
쪽; 宋俊浩, 〈韓國의 氏族制에 있어서의 本貫 및 始祖의 問題〉, 《朝鮮社會史研究》,
1987, 106쪽.

30 이러한 견해는 주로 李樹健이 제기했는데, 이수건이 1970년대 중반에 발표한 '토
성' 관련 연구는 아래와 같다.
《〈土姓〉研究(其一)》, 《東洋文化》 16, 嶺南大學校 東洋文化研究所, 1975; 〈後三國時代
支配勢力의 姓貫分析-〈土姓〉研究(其二의 Ⅰ)〉, 《大丘史學》 10, 大丘史學會, 1976; 〈高
麗時代 〈土姓〉研究(上)-土姓 研究(其二의 Ⅱ)-〉, 《亞細亞學報》 12, 亞細亞學術研究會,
1976; 〈高麗前期 土姓研究〉, 《大丘史學》 14, 大丘史學會, 1978. 이들 연구의 상당 부
분은 李樹健, 《韓國中世社會史研究》와 이수건, 《한국의 성씨와 족보》에 재수록되었다.

사실, 한국인들이 사용하고 있는 성씨가 생겨난 역사적 배경을 이해하기 위해서 한국 역사 문헌에 나오는, 그중에서도 15세기에 편찬된 지리지에 나오는 '토성'에 관심을 가진 사람은 일본 학자인 금촌병今村炳이었다. 그 후 또 다른 일본 학자인 기전외旗田巍는 신라 말기부터 형성된 족단族團들 간의 지배예속 관계에서 고려의 군현제가 기원하였으며, 이러한 고려 시대 군현제의 특수한 성격에 맞추어 즉 족단이 살고 있는 행정 단위의 위상에 따라 그 족단의 신분이 결정되는 고려 군현제의 성격(-이를 두고 기전외는 "신분적 지방편제"라고 하였다)에 맞추어 본관제도가 실시되었다고 보고 있다. 그리고 또 다른 일본 학자인 강원정소江原正昭 역시 이러한 기전외의 견해를 수용하고 있다.[32]

여하튼, 이수건이 1970년대 중반 이후 주장하기 시작한 이른바 '토성분정'설은 이후 허흥식許興植, 채웅석蔡雄錫, 박종기朴宗基 등에 의해 수용되었고, 현재는 한국 본관제도의 기원을 이해하는 데 있어 일반적인 견해로 받아들여지고 있다.[33] 특히 채웅석은 족단들 간의 지배예속 관계에서 고려의 군현제가 기원하였다는 기전외의 견해를 부정하고, 지방 행정 단위의 위상에 따른 신분적 차이(-이를 두고 채웅석은 "계서적階序的 성격"이라고 하였다.)를 고려 군현제의 특징으로 보았다. 그리고 이러한 성격을 가진 군현제를 바탕으로 고려사회에서는

31 이수건은 이상의 견해를 그의 연구 곳곳에서 피력하고 있다. 그 가운데, 그의 대표적 저술이라 할 수 있는 《한국의 성씨와 족보》에서 관련된 내용을 찾아보면 아래와 같다. 이수건, 《한국의 성씨와 족보》, 18·27·81·83·107·215~216쪽.

32 今村炳, 《朝鮮の姓名氏族に關する硏究調査》, 朝鮮總督府中樞院, 1934; 旗田巍, 〈高麗王朝成立期の府と豪族〉, 《法制史硏究》 10, 法制史學會, 1960; 江原正昭, 〈新羅末・高麗初期の豪族-學術史的檢討〉, 《歷史學硏究》 287, 靑木書店, 1964.

33 許興植, 《高麗社會史硏究》, 亞細亞文化社, 1981; 蔡雄錫, 《高麗時代의 國家와 地方社會-本貫制의 施行과 地方支配秩序-》, 서울대학교출판부, 2000; 박종기, 《새로 쓴 5백년 고려사: 박종기 교수의 살아 있는 역사 읽기》, 푸른역사, 2008.

점차 중앙집권화가 추진되었고, 중앙집권화가 추진되면서 중앙 정부
에서는 '토성'을 분정하여 중앙집권화를 더욱 강화하였다고 그는 보고
있다.[34]

　이러한 '토성분정'설은 한국의 본관제도가 처음으로 실시된 시기를
구체적으로 규명하려 했다는 점 그리고 그 본관제도가 역사상 처음으
로 출현하는 과정을 상세히 밝히려 했다는 점에서 큰 의미가 있다고
하겠다. 하지만 이 '토성분정'설은 그것이 출현한 이후 이태진李泰鎭,
김수태金壽泰, 안광호安光鎬 등 여러 연구자들의 비판을 받기도 하였
다. 그 비판적인 견해를 대략적으로 살펴보면, 그들의 견해가 일인학
자들의 견해와 너무나 유사하다는 점, '토성'을 '분정'하였다는 국가적
정책을 한국의 역사 문헌 속에서 확인할 수 없다는 점, 그리고 '토성
분정'설에서 그려지는 본관제도의 모습은 오늘날 우리가 알고 있는
본관제도의 모습과는 너무나 이질적이라는 점이다.[35]

　또, 한국사회에서 본관이 출현하게 된 역사적 배경을 이해하는 데
있어 '토성분정'설과 의견을 달리하는 연구로는 김수태의 연구가 있
다. 그에 따르면, 한국 역사 문헌 속에서 본관이라는 용어는 고려 초
기부터 나타나고 있지만, 본관이 성씨와 함께 쓰이기 시작한 시기는
고려 중기 이후부터이다. 따라서 고려 초기의 본관제도를 이해하기

---

34 蔡雄錫, 《高麗時代의 國家와 地方社會-'本貫制'의 施行과 地方支配秩序-》, 86~87・
　104쪽; _____, 〈고려의 중앙 집권과 지방자치, 본관제도를 통한 지배〉, 《역사비평》
　통권 65호, 2003, 42~43쪽.
35 李泰鎭 評, 〈李樹健 著, 《韓國中世社會史研究》, 一潮閣〉(서평) 《사회과학평론》 4, 한
　국사회과학연구협의회, 1986, 53~55쪽; 金壽泰, 〈高麗初期의 本貫制度-本貫과 姓의
　관계를 중심으로-〉, 《한국중세사연구》 8, 한국중세사학회, 2000, 47~60쪽; 安光鎬,
　〈韓國 本貫制度의 起源과 '土姓分定'說에 관한 검토-'土姓分定'說에서 언급된 중국 역
　사 관련 내용을 중심으로-〉, 《全北史學》 44호, 전북사학회, 2014; _____, 〈韓國 本
　貫制度의 起源과 '土姓分定'說에 관한 검토-'土姓分定'說에서 언급된 《世宗實錄地理
　志》 관련 내용을 중심으로-〉, 《全北史學》 45호, 전북사학회, 2014. 아울러, 이 책 제
　3장 제1절의 내용도 참고하길 바란다.

위해서는 본관제도와 성씨제도를 분리시켜 이해할 필요가 있다. 그래
서 그는 고려 초기 본관제도는 당시의 혼란한 사회 속에서 적籍을 재
정비하는 과정에서 생겨난 것으로 이해하였다.[36] 하지만 그가 말하는
고려 초기의 본관제도 역시 현대 한국사회에 존재하고 있는 본관제도
와는 커다란 차이가 있다.

   그리고 중국인의 입장에서 한국의 본관제도의 성격을 언급한 연구
가 있다. 상건화常建華는 15세기에서 20세기 초 사이에 간행된 한국
의 족보를 분석하였는데, 그는 이 연구에서 한국의 본관제도가 가지
고 있는 성격을 언급하였다. 즉,《해녕진씨보海寧陳氏譜》와《장향도주
씨보張香都朱氏譜》와 같은 중국 족보에는 해녕과 장향도에 실제로 살
고 있는 사람들이 주로 기록되고 있는 데 비하여, 한국의 안동권씨安
東權氏 족보에 수록된 대부분의 사람들은 안동이 아닌 다른 지역에
거주하고 있다. 그리고 그 이유는 해녕과 장향도는 모두 그들이 실제
로 거주하고 있는 지역 또는 그들과 직접적으로 관련 있는 지역을 의
미하지만, 안동은 그들이 실제로 거주하는 지역이 아닌 본관을 의미
하기 때문이다. 그리고 한국 씨족사氏族史에서 본관은 많은 경우가 고
려 시대에 활동하였던 그들의 조상이 살았던 지역으로, 중국에서 '지
망地望' 즉 '시거지始居地'와 같은 의미이다.[37]

---

36 金壽泰, 〈高麗 本貫制度의 成立〉,《震檀學報》52, 震檀學會, 1981; ____, 〈高麗初期
   의 本貫制度-本貫과 姓의 관계를 중심으로-〉,《한국중세사연구》8, 47~60쪽.
37 常建華,《朝鮮族譜研究》, 天津古籍出版社, 2005, 164~165·178쪽.

제3절 연구의 한계점과 씨족제도 관련 한중 역사 용어 비교

1. 연구의 한계점

이상에서 언급한 바와 같이, 이 책은 중국의 군망제도와 적관제도, 그리고 한국의 본관제도를 비교하여 전통기 한·중 양국 사회의 성격을 규명하려는 데 목적이 있다. 하지만 이러한 연구를 본격적으로 진행하기 위해서는 몇 가지 문제점을 우선적으로 언급하지 않을 수 없을 것 같다. 따라서 이 절에서는 중국의 군망제도와 적관제도, 그리고 한국의 본관제도를 본격적으로 비교하기에 앞서 우선적으로 전제해 두어야 할 몇 가지 문제점을 언급해 보려 한다.

필자의 과문인지는 몰라도, 현재 전 세계에 존재하고 있는 국가들 가운데, 한국과 중국만큼 서로 유사한 역사와 문화를 가지고 오랜 세월 동안 각기 독립된 사회로 존재하고 있는 사례는 많지 않을 것이다. 이 양국 사회의 구성원들은 자신들의 역사가 5000년 동안 지속되었다고 생각하고 있는데, 이 5000년 동안 지속된 역사를 들여다보면 佛敎, 儒敎, 道敎와 같은 사상들이 그들 문화 속에 깊게 자리 잡고 있음을 알 수 있다.

그리고 근세에 들어서는 양국 사회 모두 '6부部 체제'를 기반으로 한 중앙 정부를 구성하고, 그 '6부 체제'를 기반으로 한 중앙 정부에

들어가기 위해서는 '과거제도'라는 관리 선발 시험을 통과해야 했으며, 또 과거제도를 통과하기 위해서는 유교적 소양을 기본적으로 갖추어야만 했다. 그리고 근대에 들어서는 양국 사회 모두 서양과 일본이라는 제국주의의 침략으로 인해 많은 어려움을 겪어야만 했고 이러한 어려움을 극복하는 과정 속에서 각기 자신들에게 적합한 길을 선택하여 오늘날에 이르고 있다.

현재 한국사회에는 5천만에 가까운 사람들(-북한 지역에 살고 있는 사람들까지 포함할 경우 약 7천만 명. 북한의 인구는 2006년 기준 2,311만 3,019명으로 알려져 있다)이 살고 있으며, 그 면적은 모두 9만 9,720㎢(-북한을 포함할 경우 22만 258㎢. 북한의 면적은 12만 3138㎢로 알려져 있다)에 이르고 있다. 그리고 한반도에 살고 있는 사람들은 자신들이 모두 하나의 민족이라고 생각하고 있다.[38]

하지만 현재 중국사회에는 약 13억이 넘는 인구가 살고 있으며, 그 면적 또한 960만㎢에 이르는 것으로 알려져 있다. 이러한 사실을 한국과 단순히 비교해 보면, 중국의 인구는 한국에 비하여 약 26배(-한반도 인구의 18배)이며, 그 면적은 한국 면적의 96배(-한반도 면적의 약 43배)이다. 그리고 한반도에 살고 있는 사람들은 자신들이 하나의 민족이라고 생각하고 있는 데 비하여, 중국사회에 살고 있는 사람들은 자신들이 수많은 민족으로 구성되어 있으며 그중 대표적인 민족이 56개 민족이라고 생각하고 있다.[39]

이처럼 현대 중국사회는 동시기 한국사회에 비하여 그 규모가 크고

---

[38] 한국의 인구와 면적 그리고 북한의 인구와 면적에 관해서는 《한국민족문화대백과사전》(http://encykorea.aks.ac.kr/Contents/Index)을 참고하였음을 밝힌다. 한국학중앙연구원에서 간행한 《한국민족문화대백과사전》에 따르면, 1995년 한국 사회의 인구는 4,460만 8,726명이다.

[39] 중국의 인구와 면적에 관해서는 《百度百科》(http://baike.baidu.com/)를 참고하였음을 밝힌다.

비교적 다양한 문화가 공존하고 있는 곳이다. 그리고 이러한 사실은 두 사회의 역사 속에서도 크게 다르지 않았다. 이런 관점에서 바라본 다면, 한국사회와 중국사회 또는 전통기 한국사회와 동시기 중국사회 를 서로 비교한다는 것은 그 비교 대상부터 분명 무리가 따르는 일이 아닐 수 없다.

하지만 앞서 이야기하였듯이, 한국사회와 중국사회는 오랜 옛날부 터 하나의 독립된 사회로 존재하였다. 양국 사회는 5000년이라는 역 사를 거치는 동안에도 언제나 하나의 독립된 사회로 간주되었고, 또 근세에 들어 표면적으로 유사한 정치제도와 사회제도가 존재하고 있 었음에도 불구하고 그들 사회는 서로 독립된 하나의 사회로 존재하였 다. 그래서 이 책에서는 하나의 독립된 사회로서 양국의 사회를 비교 해 보고자 한다.

또 한국사회나 중국사회 또는 전통기 한국사회나 동시기 중국사회 를 비교하려 할 때, 한국사회라는 개념보다는 중국사회라는 개념이 다소 모호하게 들릴 수 있다. 그 이유는 중국이라는 사회에는 한국 사회에 비하여 다양한 문화와 민족이 존재하고 있기 때문이다. 따라 서 이 책에서는 중국사회라는 개념을 '정치적인 면에서나 문화적인 면에서 중국의 변방이 아닌, 전통적으로 중국의 중심에 있었던 곳 또 는 그 중심지와 성격을 크게 달리하지 않았던 곳'으로 정의하려 한다.

중국의 군망제도와 적관제도, 그리고 한국의 본관제도를 비교하려 할 때 생겨나는 또 다른 문제점은 이들 사회적 제도가 시기적으로 비교의 대상이 될 수 있는가 하는 점이다. 주지하다시피, 중국의 군망제도는 위진남북조 시기에 들어서 크게 발전하였고 당나라 말기에 이르러 그 사회적 의미를 잃어버렸다. 그리고 한국의 본관제도는 고려 시대에 들어 크게 발전하였고 오늘날까지도 계속해서 이어져 오고 있다.

따라서 중국의 군망제도와 한국의 본관제도는 그들이 존재하였던 시대로만 본다면 분명 비교의 대상이 될 수 없다. 하지만 중국의 군망제도나 한국의 본관제도는 그 표면적인 모습부터가 매우 흡사하게 보일 뿐만 아니라, 그 성격 면에서도 참으로 유사한 제도라 할 수 있다. 따라서 중국사회에서 일찍이 사라진 사회적 제도가 한국사회에 오늘날까지 지속되고 있는 이유를 밝히는 것은 한·중 양국 사회의 성격을 규명하는 데 큰 도움이 될 것으로 생각된다.

2. 씨족제도 관련 한중 역사 용어 비교

우리가 한국 사학계와 중국 사학계에서 씨족제도에 관해 이루어진 연구 성과를 정리하다 보면, 양국 사학계에서 사용하고 있는 역사 용어가 서로 다름을 발견하게 된다. 우선, 한국 사학계에서는 '근대' 이전의 역사 시대를 '전근대'라 칭하고, '전근대'를 다시 '고대', '중세', '근세'로 나누고 있다. 그리고 일반적으로 '고대'는 단군조선에서 통일신라 시기를, '중세'는 고려 시대를, 그리고 '근세'는 조선 왕조 시대를 의미하고 있다. 하지만 중국 사학계에서는 '근대' 이전의 역사 시대를 '고대'라 칭하고 있으며, 이 '고대'는 일반적으로 선진先秦 시대, 양한兩漢 시대, 삼국 시대, 위진남북조 시대, 수·당 시대, 5대10국 시대, 송·원·명·청 시대로 크게 나누어지고 있다. 따라서 이 책에서는 한국 사학계에서 '전근대'라 칭하는 시기와 중국 사학계에서 '고대'라 칭하는 시기를 '전통기傳統期'라 칭하려 한다.

한국 사학계에서는 일반적으로 동일한 성씨와 동일한 본관 즉 '동성동본同姓同本'으로 칭해지는 혈연 집단을 '가문家門', '씨족氏族', '문중門中', 그리고 '친족親族'이라는 용어로 일컫고 있다. 하지만 중국 사학계에서는 일반적으로 동일한 혈연 집단을 '종족宗族', '씨족氏族', '사족士族'으로 칭하고 있다. 그리고 중국 사학계에서는 당나라 이전에

존재하였던 종족과 송나라 이후에 존재하였던 종족을 구분하고 있는
데, 당나라 이전에 존재하였던 종족에 대하여는 '씨족氏族', '귀족貴族',
'세가대족世家大族', '문벌귀족門閥貴族', '문벌사족門閥士族', '사족士族'
등의 용어로 지칭하고 있으며, 송나라 이후에 존재하였던 종족에 대
해서는 '근세종족近世宗族', '종족宗族', '사족士族', '씨족氏族'(-전통기 중
국 학자, 예를 들면 정초, 고염무顧炎武, 방동수 같은 이들은 '씨족'이
라 칭하였다) 등의 용어로 부르고 있다. 따라서 이 책에서는 전통기
한국사회에 존재하였던 혈연 집단이나 동시기 중국사회에 존재하였던
혈연 집단을 모두 '씨족'이라 칭하려 한다.

한·중 양국 사회에는 이른바 '족보'라는 가계 기록이 존재하여 왔
고, 양국 사학계에서는 이를 모두 족보라 부르고 있다. 하지만 그 족
보에 기재되어 있는 명칭을 살펴보면, 중국 족보의 경우 '가보家譜',
'종보宗譜', '족보族譜' 등으로 기록되어 있는 데 비하여, 한국 족보의
경우에는 '세보世譜', '파보派譜', '족보族譜', '대동보大同譜', '가승家乘'
등으로 기록되어 있다. 이 책에서는 이를 모두 '족보'라 칭하려 한다.

또 자신의 호적이 등재되어 있는 곳을 칭하는 용어 또한 현대 한·
중 사회에서 각기 다른 용어로 쓰이고 있다. 한국사회에서는 2008년
에 '호적법'이 폐지되면서 '본적'을 칭하는 관행이 줄어들기는 하였지
만, 아직까지도 한국인들을 생활 속에는 자신의 호적이 등재되어 있
던 곳을 '본적'이라 칭하는 관행이 남아 있다. 그리고 현대 중국인들
은 자신의 호적이 등재되어 있는 곳을 '적관籍貫'이라 칭하고 있으며,
때로는 '본관'이라는 용어가 '적관'을 대신하여 사용되고 있기도 하다.
이 책에서는 호적이 등재되어 있는 곳을 지칭할 때 한국인의 경우
'본적'이라, 중국인의 경우 '적관'이라 칭하였다.

그리고 시조始祖라는 용어 또한 한·중 양국의 씨족사에서 유심히
살펴보아야 할 단어 가운데 하나이다. 중국의 씨족사에서 시조라는

용어는 일반적으로 시천조始遷祖를 의미하여 한국의 씨족사에서 의미하는 시조라는 용어보다 비교적 넓은 의미로 사용된다. 예를 들면, 이 책에서 살펴볼 청하최씨의 경우, 청하최씨 역사상 청하 지역에 처음으로 정착한 인물인 최업崔業이 청하최씨의 시조로, 최업의 8대손인 최우崔寓가 청하최씨의 한 지파인 중조최씨中祖崔氏의 시조로, 최우崔寓의 10대손인 최울崔蔚이 중조최씨의 한 지파인 정주최씨鄭州崔氏의 시조始祖로, 그리고 최울의 아들인 최욱崔彧이 정주최씨의 한 지파인 허주許州 언릉방鄢陵房의 시조로 불린다. 즉 최업, 최우, 최울, 최욱은 모두 청하최씨에 속하는 인물이지만 이들은 때로 시조로 칭해진다.

　하지만 한국의 경우는 그렇지 않다. 한국의 경우 일반적으로 하나의 씨족은 하나의 시조를 가지고 있으며, 그 씨족이 작성하는 족보는 그 시조를 기점으로 작성되는 게 일반적이다. 또 그 시조에서 갈라져 나온 여러 개의 지파, 그 지파의 이른바 창시자가 되는 인물이 바로 파조派祖가 된다. 또 시조와 파조라는 용어 이외에도 입향조入鄕祖라는 용어가 있는데, 이 입향조라는 용어는 한 지역에 몇백 년 동안 오랜 세월 살아온 씨족들이 그 지역에 처음으로 정착한 자신들의 선조를 지칭할 때 사용하는 용어이다. 예를 들면, 남양홍씨南陽洪氏 '당홍계唐洪系'의 경우, 시조는 언제나 홍은열洪殷悅 한 사람이다. 그리고 남양홍씨 '토홍계土洪系'에 속해 있는 여러 개의 지파들은 각기 그들의 파조를 가지고 있는데, 남양홍씨 '당홍계'의 대표적인 지파인 남양군파南陽君派의 파조는 언제나 홍주洪澍이다. 그리고 남양군파의 한 지파인 회정홍씨槐亭洪氏의 경우 회정 지역에 처음으로 정착한 홍제명洪濟明이 입향조라 칭해진다. 이 책에서는 한국 씨족제도에 따라 시조와 파조 그리고 입향조를 구별하여 사용하였다.[40]

---

[40] 이상의 내용에 관해서는 이 책 제1장 제1절과 제1장 제3절을 참고하길 바란다.

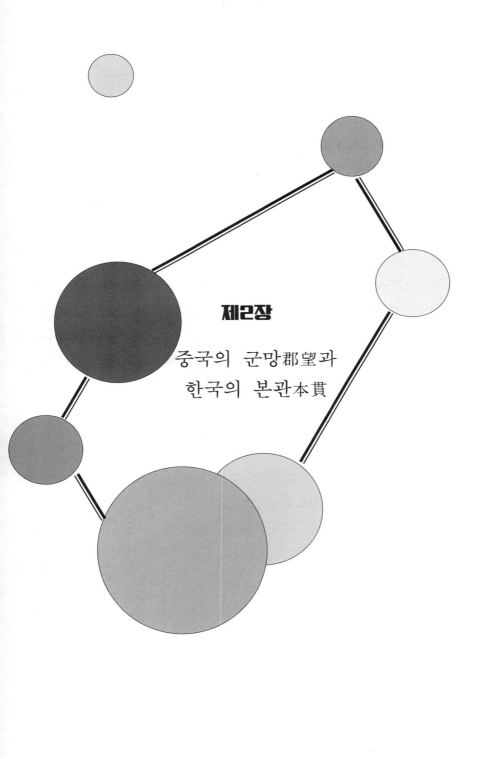

제2장

중국의 군망郡望과
한국의 본관本貫

제1절 중국의 군망제도와 한국의 본관제도 비교
-중국의 청하최씨淸河崔氏와 한국의 남양홍씨南陽洪氏를 중심으로-

한국의 본관제도에 관심을 가진 연구자들은 중국 역사에 나타나는 군망제도에 일찍부터 주목하여 왔다. 그 이유는 한국사회에서 씨족을 지칭하는 광산김씨光山金氏, 안동김씨安東金氏, 반남박씨潘南朴氏, 전주이씨全州李氏, 그리고 남양홍씨니 하는 명칭이 중국 역사에 나타나는 '문벌사족'을 지칭하는 범양노씨范陽盧氏, 형양정씨滎陽鄭氏, 농서이씨隴西李氏, 조군이씨趙郡李氏, 그리고 청하최씨니 하는 명칭과 유사하게 보였기 때문이다. 그리고 한국사회에서는 광산김씨, 안동김씨, 반남박씨, 전주이씨, 그리고 남양홍씨니 하는 명칭에서 광산, 안동, 반남, 전주, 남양을 본관이라 부르고 있지만, 중국 역사에서는 범양노씨, 형양정씨, 농서이씨, 조군이씨, 그리고 청하최씨니 하는 명칭에서 범양, 형양, 농서, 조군, 청하를 군망이라 칭하고 있다.[1]

하지만 우리가 현재 중국사회에 살고 있는 중국인들과 성씨에 관련된 이야기를 나누다 보면, 우리는 참으로 재미있는 현상 하나를 발견

---

1 이 책에서는 군망이라는 용어를 현대에 편찬된 한자어 사전들에서 정의하고 있는 바와는 다른 의미로 이해하고 있음을 밝혀둔다. 현대에 편찬된 한자어 사전들에서는 군망이라는 용어를 일반적으로 '한 郡 단위 안의 望族'이라는 뜻으로 정의하고 있지만, 이 책에서는 한자어 사전들에서 정의하고 있는 바와 달리 '遠祖의 本籍地'로 이해하였다. 이에 관해서는 이 책 제2장 제2절의 내용을 참고하길 바란다.

하게 된다. 그것은, 한국인들은 오늘날 한국사회에 살고 있는 사람들이 거의 그러하듯이, 현대 중국인들도 또한 모두 본관을 가지고 있을 것이란 생각에 그에 관한 이야기를 선뜻 꺼내보지만, 실제로 중국인들은 본관이라는 용어를 그들이 그들의 본적지를 지칭할 때 사용하는 용어인 '적관籍貫'으로 이해하는 경우가 많기 때문이다. 또, 현대 중국인들과 함께 군망에 관한 이야기를 하다보면, 우리는 더욱 놀라지 않을 수 없게 되는데, 그 이유는 현대 중국인들의 대다수는 군망이라는 것을 알지 못하고 있으며, 또 군망의 의미를 알고 있는 극소수의 사람이라 하더라도 실제로 그들이 소속된 씨족이 어떠한 군망을 칭하고 있는지 알지 못하는 경우가 태반이기 때문이다.

이처럼 현대 중국인들이 군망이라는 것을 낯설어 하는 이유는, 그 군망이라는 것이 중국사회에서는 이미 오래전부터 '사문화死文化'되었기 때문이다(물론 본관에 관련된 오해는 현재 중국사회에서 본관이라는 용어가 의미하는 바와 현재 한국사회에서 본관이라는 용어가 의미하는 바가 서로 다른 데서 비롯된 것이지만, 여하튼). 현재 중국사회의 상황이 이러함에도 불구하고 한국의 연구자들이 계속해서 중국의 군망제도에 대해서 관심을 가지고 있는 이유는, 앞서 말했듯이, 그 군망이라는 것이 한국 사회에서 씨족을 지칭할 때 나타나는 본관과 너무나 유사하기 때문이다.

실제로 한국의 본관제도에 관련된 연구 성과를 검토해 보면, 한국의 본관제도를 중국 역사상 존재하는 군망제도와 관련시켜 살펴보려는 연구가 나오는데, 그 가운데 대표적인 연구자가 송준호와 이수건이다. 송준호는 한국 본관제도의 성격을 규명하는 과정에서 중국 군망제도(-송준호는 이를 두고 '중국의 본관제'라 칭하였다)를 언급하며, '두 제도 모두 문벌 숭상의 사회 풍조로 인해 생겨난 역사적 산물이다'는 점을 강조하였다. 그리고 이수건은 '당나라 시대에 존재하는 군

망이 고려사회에 유입되어 고려사회에서 본관제도가 형성되는 데 영향을 주었을 것이다'라고 말하였다.[2]

이상의 연구는 한국사회에 존재하는 본관이 중국 역사에 존재하는 군망과 유사한 면이 있다는 사실을 밝혔다는 점에서 큰 의미가 있다고 하겠다. 특히 송준호는 한국의 본관제도가 지니고 있는 성격을 규명하기 위하여 중국의 군망제도를 살펴보고 또 그렇게 얻어진 두 제도의 성격을 통하여 전통기 한·중 양국 사회가 가지고 있는 성격을 서로 비교하였다는 점에서 우리 사학계의 커다란 업적이라 할 수 있다. 하지만 그는 주로 목야손牧野巽과 David G. Johnson의 연구 성과를 인용하여 중국의 군망제도를 소개하고 있을 뿐, 실제로 중국 역사에서 군망이 어떻게 출현하였는지 그리고 어떠한 형태로 변화하여 갔는지 하는 점은 밝히지 못하였다. 그리고 송준호가 중국의 군망제도에 관하여 언급한 이후, 한국 사학계에서는 아직까지 중국의 군망제도에 관해 연구가 이루어지지 않고 있다.

한국 사학계에서 이루어진 이상의 연구 성과 이외에도, 중국 군망제도에 관한 연구 성과는 많이 있다. 이를 그 성격에 따라 나누어 보면 크게 네 분야로 나누어 볼 수 있는데, 첫째는 '군망'이라는 용어가 가지고 있는 의미를 분석한 연구이고, 둘째는 위진남북조 시기에서

---

2 송준호의 연구는 〈韓國의 氏族制에 있어서의 本貫 및 始祖의 問題〉, 《朝鮮社會史研究》를, 이수건의 연구는 《한국의 성씨와 족보》, 83쪽을 살펴보길 바란다. 이수건은 당나라 시대의 '郡望表'가 고려사회에 유입되어 고려사회에서 본관이 형성되는 데 영향을 주었을 것이라고 말하였는데, 그가 말하는 '군망표'는 아마도 일본학자 池田 溫이 그의 연구〈唐代の郡望表(上)-九·十世紀の敦煌寫本を中心として-〉, 《東洋學報》 第42卷 4號에서 언급한 '군망표'로 생각된다.

또, 한국 본관제도에 관한 연구는 이미 많은 연구자들에 의해 이루어졌다. 그 가운데 대표적인 연구를 소개하면 다음과 같다. 金壽泰, 〈高麗 本貫制度의 成立〉, 《震檀學報》 52와 〈高麗初期의 本貫制度-本貫과 姓의 관계를 중심으로-〉, 《한국중세사연구》 8; 許興植, 《高麗社會史研究》; 李樹健, 《韓國中世社會史研究》; 宋俊浩, 《朝鮮社會史研究》; 이수건, 《한국의 성씨와 족보》; 蔡雄錫, 《高麗時代의 國家와 地方社會-本貫制의 施行과 地方支配秩序-》.

당나라 시기까지 중국 사회의 지배계층으로 활동하였던 '문벌사족'들 가운데 하나의 '문벌사족'을 중심으로 이루어진 연구이며, 셋째는 돈황敦煌에서 발견된 역사 문헌 가운데 군망에 관련된 기록을 분석한 연구이고, 넷째는 수나라와 당나라에 관련된 역사를 서술하면서 군망에 대한 내용을 단편적으로 언급한 연구이다.[3]

이 절에서는 이상의 연구 성과 위에, 중국 역사상 당나라 시기까지 존재하였다고 알려진 청하최씨와 한국사회에서 전통기부터 현재까지 이어져오고 있는 남양홍씨, 이 두 씨족의 역사를 우선적으로 살펴보고, 또 이를 통하여 중국의 군망제도와 한국의 본관제도를 비교해 보고자 한다. 특히, 이 두 제도가 그들이 각기 기반을 두고 있는 사회의 어떠한 역사적 배경 속에서 출현하였는지, 또 이 두 제도는 그들이 기반을 둔 사회에 출현한 이후 각기 어떠한 형태로 변화하여 갔는지, 그리고 그러한 변화 과정 속에서 이 두 제도는 어떠한 유사점과

---

3 '군망'이라는 용어가 가지고 있는 의미를 분석한 논문은 다음과 같다. 竹田龍兒, 〈唐代士人の郡望について〉, 《史學》 第24卷 第4號; 越智重明, 〈魏晉南朝の士大夫について〉, 《創立四十九周年紀念論文集》; 失野主稅, 〈望の意義について〉, 《長崎大學敎育學部社會科學論叢》 第21號; _____, 〈北朝における民望の意義について〉, 《長崎大學敎育學部社會科學論叢》 第6號. 하나의 문벌사족을 중심으로 이루어진 연구는 다음과 같다. 守屋美都雄, 《六朝門閥の一硏究:太原王氏系譜考》, 東洋大學學術叢書; 毛漢光, 〈我國中古大士族之個案硏究-瑯琊王氏〉, 《歷史語言硏究所集刊》 第37本, 下冊(이 논문은 후에 《中國中古社會史論》, 上海書店出版社, 2002, 365~404쪽에 재수록되었다); David G. Johnson, The Last Years of A Great Clan:The Li Family of Chao Chün in Late T'ang and Early Sung, Harvard Journal of Asiatic Studies vol.37, No.1; Patricia Buckley Ebrey, The Aristocratic Families of Early Imperial China; A Case Study of the Po-ling Ts'ui Family; 夏炎, 《中古世家大族淸河崔氏硏究》; 王力平, 《中古杜氏家族的變遷》. 또, 돈황문서를 분석한 연구로는 다음과 같다. 池田溫, 〈唐代の郡望表(上)-九·十世紀の敦煌寫本を中心として-〉, 《東洋學報》 第42卷 3號와 〈唐代の郡望表(下)-九·十世紀の敦煌寫本を中心として-〉, 《東洋學報》 第42卷 4號; 王仲犖, 〈《新集天下姓望氏族譜》考釋〉, 《敦煌吐魯番文獻硏究論集》 第2輯; 唐耕耦, 〈敦煌四件唐寫本姓望氏族譜殘卷硏究〉, 《敦煌吐魯番文獻硏究論集》 第2輯. 그리고 隋唐 관련 역사서에서 단편적으로 언급된 연구는 다음과 같다. 岑仲勉, 《隋唐史》 上冊, 中華書局, 1982, 121~126쪽; 岑仲勉, 《唐史餘瀋:外一種》, 中華書局, 2004; 章群, 〈論唐開元前的政治集團〉, 《(中華叢書)唐代硏究論集》, 臺灣: 中國唐代學會, 1992.

차이점을 가지게 되었는지 하는 점을 비교해 보려 한다.

1. 중국의 군망제도

중국 역사에서 말하는 '문벌사족'이란 위진남북조 시기부터 당나라 시기까지 중국사회를 주도적으로 움직였던 계층을 일컫는다. 이 계층은 유력한 몇몇 가문의 구성원들에 의해서 형성된 것으로, 그들은 주요 관직을 대대로 세습하며 국가의 정책 결정에서 그 결정권을 거의 전유하다시피 하였다. 그리하여 때로는 서양 역사학자들의 눈에 고대 그리스사회에 존재하였던 '과두정치寡頭政治(Oligarchy)'와 유사하게 비춰지기도 하였다.[4]

---

4 문벌사족이 주도한 중국사회를 고대 그리스의 과두정치에 비유한 연구로는 David G. Johnson, *The Medieval Chinese Oligarchy*, Westview Press, 1977이 있다.
   현재 역사학계에서 이 '문벌사족'을 지칭하는 용어는 학자마다 다양하다. '문벌사족'을 지칭하는 용어를 학자별로 살펴보면 아래와 같다.
   Patricia Buckley Ebrey는 그의 저서에서 위진남북조 시기의 지배 계층을 '귀족(Aristocrats)'이라 부르고 있다. 그에 따르면, 위진남북조 시기에 이르러서는 그 이전 시기인 漢나라 시기에 비해 '귀족 사회(Aristocracy)'의 성격이 더욱 강화되었는데, 이러한 사실은 조상이 누구인지에 따라 그들의 사회적 신분이 결정되고 또 동일한 문벌을 소유한 귀족 사이에서만 혼인이 이루어지는 현상이 더욱 강화된 점을 통하여 확인할 수 있다(Patricia Buckley Ebrey, *Cambridge Illustrated History: China*, Cambridge Univ. Press, 1996, pp.86·91). 또, Charles O. Hucker는 漢나라 시대부터 唐나라 시대에 이르기까지 중국사회는 '세습 귀족(Hereditary Great Families)' 계층에 의해 지배되었다고 보고, 漢나라 시대의 '세습 귀족'은 그 이전 시기인 周나라 시대의 '봉건귀족(Nobility 또는 Noblemen)'과는 그 성격이 다르다고 말하였다. 그리고 4·5세기에 이르러서는 '士族 계층(Shih Class)'이 사회의 주요한 세력으로 등장하게 되지만, 이 '사족 계층'은 '세습 귀족'에 의해 철저하게 통제를 받았다고 주장하였다(Charles O. Hucker, *China's Imperial Past*, Stanford Univ. Press, 1975, pp.176~180). 송준호는 그의 연구에서 한국의 양반 계층을 위진남북조 시대의 지배 계층과 비교하여 그 성격이 유사하다고 언급하면서 위진남북조 시대의 지배 계층을 '문벌귀족'이라 부르고 있다.(그는 이러한 견해를 그의 연구 곳곳에서 언급하였는데, 그 대표적인 사례로《朝鮮社會史研究》, 490쪽을 참고.) 또, 宮崎市定, 川勝義雄, 谷川道雄과 같은 일본 학자들 역시 위진남북조 시대의 지배 계층을 '귀족'이라 칭하고 있다(宮崎市定과 川勝義雄이 각기 집필한 平凡社 編,《アジア歷史事典》'九品官人法'條(第2卷 391a~392b쪽)

이 문벌사족에 의해 지배된 사회에서는 그들이 속한 가문의 사회적 지위에 따라 그들의 사회적 지위도 결정되었다. 그리하여 그들이 관직에 나아갈 때에도 그들이 속한 가문의 사회적 지위에 따라 그들이 나아갈 수 있는 관직도 일정 범위 안으로 한정되었으며, 또 이들이 혼인을 하려 할 때에도 그들 가문과 동일한 지위에 있는 가문 안에서 혼인의 대상자를 찾는 것이 일반적이었다.

이런 문벌사족이 중국사회에 출현하게 된 배경은 '구품관인법九品官人法'(-또는 '구품중정제九品中正制'라고도 한다)이라는 관리 등용법이 중국사회에 실시된 사실과 밀접한 관련이 있는 것으로 알려져 있다. 구품관인법이란 중국 삼국 시대에 존재하였던 국가 가운데 하나인 위魏나라 시기에 각 지방에 흩어져 있는 인재를 두루 등용하려는 목적으로 실시된 것으로, 이후 남북국 시기를 거쳐 수나라 초기까지 실시되었다.

이 구품관인법에 따르면, 중앙 정부에서는 각 주군州郡 단위에 중정中正이라는 관을 설치하고, 그 중정으로 하여금 해당 주군 단위 내에 살고 있는 인재들을 조사하여 그 인재들이 지니고 있는 재덕才德

와 '貴族'條(361b~362a쪽), 平凡社, 1970. 그리고 宮崎市定, 《九品官人法の硏究》, 同朋舍, 1977와 谷川道雄, 《中國中世社會と共同體》, 國書刊行會, 1976도 참고. 宮崎市定의 저서는 2002년 임대희 등에 의해 번역되었다).

이에 비하여, 錢穆은 그의 저서에서 위진남북조 시기부터 수·당 시기의 지배 계층을 '士的新貴族'이라 부르고 있다(錢穆, 《國史大綱》(下) 北京, 商務印書館, 2008(11次印刷本), 561쪽). 또, 唐長孺는 그의 저서에서 위진남북조 시기의 지배 계층을 '사족'이라 부르고 있으며, 馮爾康 역시 '사족'이라 칭하고 있다(唐長孺, 〈士族的形成和升降〉《魏晉南北朝史論拾遺》, 中華書局, 2011, 53~63쪽과 馮爾康, 〈南北朝的宗族結構與士族社會特質論綱〉, 《中國宗族制度與譜牒編纂》, 天津古籍出版社, 2011, 85~86쪽). 또 常建華는 그의 저서에서 '사족' 그리고 '문벌사족'이라 부르고 있다(常建華, 《宗族志》, 中華文化通志·制度文化典, 上海人民出版社, 1998, 5·26·30~35쪽). 이외에도 '世家大族'이라 칭하는 학자도 있다.

아울러, 위진남북조 시기부터 唐 시기까지 사족 계층을 지칭하는 다양한 용어와 그 의미에 관해서는 David G. Johnson, *The Medieval Chinese Oligarchy*, Westview Press, 1977, pp.5~17을 참고하길 바란다.

에 따라 그들을 9품(-이를 향품鄕品이라고 한다)으로 나누어 중앙에
보고하도록 하였다. 그럼 중앙 정부에서는 각 지방에서 보고해 온 향
품에 따라 관리를 등용하였다. 하지만 시간이 흐르면서 몇몇 가문을
중심으로 하여 향품이 고정되는 현상이 생겨났고, 이로 인해 몇몇 가
문의 구성원들이 고위 관직을 독차지하고 또 그들 사이에서만 혼인을
하는 풍조가 생겨났다. 중국 역사에서 말하는 문벌사족은 바로 이러
한 역사적 배경에서 생겨났다.

　그리고 이 문벌사족들은 그들이 소속된 씨족을 밝히면서 언제나 그
들의 성씨와 함께 특정 지역의 지명을 칭하였다. 이를 중국 역사상 '5
성姓7망望'으로 불리는 유명한 씨족을 예로 하여 살펴보면, 그들의 성
씨와 함께 박릉博陵이라는 지명을 칭한 박릉최씨, 청하淸河라는 지명
을 칭한 청하최씨, 농서隴西라는 지명을 칭한 농서이씨, 조군趙郡이라
는 지명을 칭한 조군이씨, 범양范陽이라는 지명을 칭한 범양노씨, 형
양滎陽이라는 지명을 칭한 형양정씨, 그리고 태원太原이라는 지명을
칭한 태원왕씨가 있었다. 그리고 후세 학자들은 이 문벌사족들이 그
들의 성씨와 함께 칭하였던 특정 지역의 지명을 군망이라 불렀다.[5]

　그리고 이 군망은 지방 통치 단위로서의 군郡 단위가 중국 역사상
존재하였던 시기에 출현하였다고 보는 것이 일반적인 견해이다. 이를
좀 더 구체적으로 설명해 보면, 지방 통치 단위로서의 군 단위가 각
지역에 설치되고 난 뒤, 각 군 단위 내에서는 그 군을 대표하는 망족
望族이 생겨났고 그 망족은 자신들의 본거지가 있는 군 단위를 벗어
나 다른 지역에 살게 되더라도 그들의 본거지가 있는 군 단위의 지명

---

5 문벌사족들이 그들의 성씨와 함께 칭한 특정 지역의 지명을 군망이라 부른 사례는
　중국 역사 문헌에서 얼마든지 찾아진다. 그 가운데 대표적인 사례를 소개하면 王
　昶,《金石萃編》卷88 '潘智昭墓誌銘'篇과 楊愼,《丹鉛總錄》卷10 人品類 '郡姓'篇이다.
　王昶은 그의 저서에서 "以郡望冠其姓"이라 말하였고, 楊愼은 그의 저서에서 "以姓配
　郡望"이라 표현하였다.

을 계속해서 성씨와 함께 칭하였는데, 이것이 바로 군망이 되었다는 것이다.

이러한 견해는 청나라 시기의 학자인 방동수方東樹의 설명에서도 찾아진다. 방동수는 그가 작성한 방씨 족보의 서문에서 '전국 시기까지는 '성', '씨', '족'이 각기 별개의 의미로 사용되다가 한나라 시기에 이르러서는 '성', '씨', '족'이 모두 '성'으로 칭해졌다'는 고염무顧炎武(1613~1682)의 말을 인용하고 난 뒤, 군망이 생겨난 역사적 배경에 대하여 다음과 같이 설명하고 있다.[6]

> 군망은 한나라 시기(-한 고조高祖 시기: 安註)에 각 지방의 호족豪族들을 關관중中 지역으로 옮겨 살게 하여 관중 지역의 내실을 도모한 데서 시작되었다. 관중 지역으로 이주한 대성大姓들은 (그들의 성씨와 함께) 자신들이 본래 살았던 지역의 지명을 사용하여 (동일한 성씨를 사용하는 또 다른 집단과) 스스로를 구별하였다. 이는 그들이 모군某郡 출신의 저명한 씨족이라는 사실을 밝히는 것과 같았다. 그 후 그들은 남북으로 흩어져 살고 또 그렇게 하기를 여러 세대 동안 하였어도, 그들이 성씨를 칭할 때에는 언제나 이 관행에 따라 각기 부르게 되었다.[7]

우리가 군망에 대한 방동수의 설명을 이해하기 위해서는 중국 역사상 지방 통치 단위로서의 군 단위가 진秦나라 시기에 처음으로 설치

---

6 方東樹가 顧炎武의 말을 인용하고 있는 부분은 아래와 같다.
　　顧氏亭林(-顧炎武를 말함: 安註)謂 古者 以祖之所自出 謂之姓 姓本於五帝 若嬀子姬姜之屬 春秋諸侯 於公子公孫卿大夫 有賜氏賜族 氏族本於春秋 若以字以諡以官以邑以伯仲之屬 戰國猶稱氏族 漢人則通謂之姓 於是 姓氏族混而爲一(方東樹,《攷槃集文錄》卷11 '族譜序').
　　아울러, 이 절에서는 續修四庫全書編纂委員會 編,《續修四庫全書》1497冊, 上海古籍出版社, 2002에 수록되어 있는《攷槃集文錄》을 이용하였음을 밝힌다.
7 方東樹,《攷槃集文錄》卷11 '族譜序'.
　　郡望之始 起於漢徒豪右實關中 大姓各繫其土 著以自別 若曰此某郡之著族耳 其後歷代南北遷徒 一時著姓 亦各相沿此制 以爲稱.

되었다는 사실을 상기할 필요가 있다. 진나라가 전국 시기를 통일하고 각 지방에 군을 설치한 뒤, 각 군 단위 안에는 그 군을 대표하는 망족이 생겨났다. 그리고 시간이 지나면서 그 망족 사이에서는 그들의 본거지가 있는 군 단위를 벗어나 다른 지역으로 이주하는 사람들이 점차 나타나기 시작하였는데, 방동수는 각 군 단위의 망족들이 다른 지역으로 이주하기 시작한 시점을 한 고조 시기로 보고 있다.

한 고조인 유방劉邦(B.C 256~B.C 195)은 B.C 202년에 황제로 등극하면서 수도를 장안長安으로 정하였다. 그리고 얼마 지나지 않아, 장안 지역이 흉노족匈奴族들이 머물고 있는 곳에서 그리 멀지 않기 때문에 흉노족의 침입에 대비하여 각 지방의 호족들을 관중 지역으로 옮겨 살게 해야 한다는 유경劉敬의 건의를 받아들여, 각 지방의 호족들을 관중 지역으로 옮겨 살게 하는 이민 정책을 실시하였다. 그리고 이러한 이민 정책으로 인해 10여만 명의 호족이 관중 지역으로 이주하였다고 역사 기록은 전하고 있다.[8]

또 방동수에 따르면, 이러한 한 고조의 이민 정책으로 인해 관중 지역에는 각 지방 출신의 호족들이 모여들게 되었는데, 이렇게 모여든 호족들은 그들의 성씨와 함께 그들이 본래 거주하였던 군 단위의 지명을 칭함으로서, 동일한 성씨를 사용하고 있는 또 다른 집단들과 자신들을 구별하였다. 그리고 이 시기 각 지방 출신의 호족들이 그들의 성씨와 함께 칭하였던 군 단위의 지명이 중국 역사상 존재하는 군

---

8 司馬遷,《史記》卷99 '劉敬'列傳. 유경이 건의한 내용을 살펴보면 아래와 같다.
　匈奴河南白羊樓煩王 去長安近者七百里 輕騎一日一夜 可以至秦中 秦中新破少民 地肥饒 可益實 夫諸侯初起時 非齊諸田·楚昭屈景莫能興 今陸下雖都關中實少人 北近胡寇 東有六國之族宗彊 一日有變 陸下亦未得高枕而臥也 臣願陸下徙齊諸田·楚昭屈景·燕·趙·韓·魏後及豪傑名家 居關中 無事可以備胡 諸侯有變 亦足率以東伐 此彊本弱末之術也("白羊"과 "樓煩王"은 匈奴族이 있는 지역을, "秦中"은 關中 지역을, "齊諸田"은 齊나라의 여러 田氏를, "楚昭屈景"은 楚나라의 昭氏·屈氏·景氏를 말한다).

망의 기원이 되었다고 방동수는 믿고 있다.

　여하튼, 방동수는 중국 역사상 존재하는 군망이 한 고조 시기에 실시된 이민 정책으로 인해 출현하였다고 믿고 있는데, 이렇게 생겨난 군망은 이후 중국사회에 지속적으로 존재하였다. 한 고조 시기 이후에도 각 군 단위의 망족들은 그들의 본거지가 있는 군 단위를 벗어나 다른 지역으로 이주하게 되면 자신들이 '모군某郡 출신의 저명한 씨족'임을 밝히기 위하여 으레 군망을 사용하였다. 그리고 이러한 군망은 이후 중국사회에서 자신이 소속된 씨족을 드러내야 할 때에는 자신의 성씨와 함께 반드시 밝혀야 하는 하나의 '사회적 제도'로 발전하였고, 하나의 '사회적 제도'인 군망제도는 위진남북조와 수나라 시기를 거쳐 당나라 말기까지 지속된 것으로 알려져 있다.

　실제로, 중국 전통기에 편찬된 성씨 관련 문헌들을 살펴보면, 많은 문헌들이 이 군망제도에 근거하여 씨족을 분류하고 있음을 알 수 있다. 그리하여 그 문헌을 읽는 사람들은 동일한 군망과 동일한 성씨를 사용하는 사람들을 동일한 씨족으로 간주하곤 한다. 하지만 동일한 군망과 성씨를 사용하는 씨족이라 하더라도, 그 모습을 자세히 들여다보면 그 안에 수많은 지파가 존재하고 있음을 알 수 있다. 그리고 이러한 모습은 앞서 언급하였던 '5성7망', 그 '5성7망' 가운데 하나인 청하최씨에서도 찾아진다.

　청하최씨는 한나라 초기에 동래후東萊侯에 봉해졌던 최업崔業이라는 인물을 시조로 하는 씨족이다. 이 청하최씨는 최업이 청하 동무성東武城에 정착한 이후 중국사회에 지속적으로 그 모습을 드러내어, 동한 시대에 이르러서는 산동 지역을 대표하는 씨족으로 성장하였으며, 이후 삼국 시기와 위진남북조 그리고 수당 시기를 거치는 동안에도 수많은 인물을 배출하여 중국 역사에서 대표적인 씨족이 되었다.

　이 청하최씨의 역사를 살펴볼 수 있는 대표적인 역사 문헌으로는

《신당서新唐書》에 수록되어 있는 〈재상세계표宰相世系表〉가 있다. 이 〈재상세계표〉에는 당나라 시기에 재상을 역임한 369명의 가계가 수록되어 있는데, 이 가운데 12명이 청하최씨이다.[9] 또, 이 표에는 청하최씨의 여러 지파가 언급되어 있는데, 그 지파와 파조派祖(-중국 역사 문헌에서는 이를 두고 시조라 한다. 하지만 이 절에서는 한국 씨족제도의 관행에 따라 파조라 지칭하였다)를 정리해 보면 아래와 같다.

〈**표 2-1**〉 청하최씨의 지파와 파조

支派	派祖	支派	派祖
東祖崔氏	崔雙	(南祖崔氏) 全節의 烏水房	崔靈茂
西祖崔氏	崔邯	南祖崔氏 別派	崔密
中祖崔氏	崔寓	(南祖崔氏 別派) 淸河大房	崔休
(中祖崔氏) 鄭州崔氏	崔蔚	(南祖崔氏 別派) 淸河小房	崔寅
(中祖崔氏) 許州鄢陵房	崔彧	(南祖崔氏 別派) 淸河靑州房	崔輯
南祖崔氏	崔濟	藍田의 南祖崔氏 別派	崔羣
(南祖崔氏) 烏水房	崔曠		

우선, 〈표 2-1〉에 나오는 청하최씨의 지파 가운데 중조최씨中祖崔氏를 살펴보면, 중조최씨는 후한 시대에 활동한 것으로 보이는 최우崔寓의 후손임을 알 수 있다. 최우는 청하최씨의 시조로 청하 동무성에 처음으로 정착한 최업의 8대손이자, 최업의 5대손으로 청하 동무성 지역을 벗어나 유현歈縣(-오늘날 산동성 덕주시德州市 평원현平原縣 일대)에 정착한 최태崔泰의 증손이다. 이 최우가 어떠한 이유로 청하최

9 《新唐書》〈宰相世系表〉에 수록되어 있는 재상의 수에 대해서는 趙超, 《新唐書宰相世系表集校》, 中華書局, 1998, 1쪽을 참고하였다. 그리고 〈宰相世系表〉에 수록되어 있는 청하최씨 12명은 高宗 시기의 崔知溫, 則天武后 시기의 崔元綜·崔詧·崔神基, 肅宗 시기의 崔圓, 憲宗 시기의 崔羣, 宣宗 시기의 崔愼由·崔龜從·崔鄲, 昭宗 시기의 崔昭緯·崔胤, 그리고 黃巢 시기의 崔璆이다. 《古今姓氏書辯證》에는 崔昭緯를 제외한 11명의 가계가 실려 있다.

씨들 사이에서 중조(-역사서에서는 최우를 남조南祖라 칭하기도 한다)
라 불리게 되었는지는 확실하지 않으나, 역사에서는 그를 청하최씨의
중조로 부르고 있으며, 이로 인해 그의 후손들은 중조최씨라 일컬어
졌다.

그리고, 이 최우의 10대손인 최울崔蔚은 오늘날 하남성 형양시 일
대인 형양滎陽에 정착하였다. 전하는 바에 의하면, 최울은 그의 종형
從兄인 최호崔浩(?~450)가 북위 황실의 역사를 잘못 기술하였다는 이
유로 그 일족이 모두 처형당하게 되자 이를 피하여 남조南朝로 도망
하였다. 남조로 도망한 그는 송나라에서 관직 생활을 하다가 연흥延興
(471~476) 연간에 다시 북위로 돌아왔다. 북위로 돌아 온 그는 영천
군수潁川郡守에 제수되었는데, 이러한 인연으로 인하여 그의 후손들은
영천 인근 지역인 형양에 자리 잡게 되었다.[10] 그리하여 세상에서는
최울의 후손들을 형양이 속해 있는 지명을 따라 "정주최씨鄭州崔氏"라
부르게 되었다.

또, 이 최울의 아들 가운데 한 사람인 최욱崔彧은 형양 지역을 벗
어나 허주許州 언릉鄢陵(-오늘날 하남성 허창시許昌市 언릉현 일대)에
거주하였다. 그가 어떠한 이유로 언릉에 자리 잡게 되었는지는 확실
하지 않으나, 그가 언릉에 정착한 이후 그의 후손들은 수나라와 당나
라에서 계속해서 명망을 얻게 되었고, 이로 인해 세상에서는 그들을
가리켜 "허주 언릉방"이라 칭하게 되었다.

그럼 다시 〈표 2-1〉로 돌아가 보면, 청하최씨의 지파 가운데 또 다
른 지파인 남조최씨南祖崔氏는 최제崔濟의 후손임을 알 수 있다. 최제

---

10 崔蔚에 관해서는《新唐書》〈宰相世系表〉이외에도,《周書》卷36 '崔彦穆'傳을 참고하
　　였다. 최울의 손자인 최언목의 열전에서 최울에 관하여 기술된 내용은 아래와 같다.
　　　祖蔚 遭從兄司徒浩之難 南奔江左 仕宋爲給事黃門侍郎汝南義陽二郡守 延興初
　　　復歸於魏 拜潁川郡守 因家焉 後終於郢州刺史.

는 후한 시기에 간의대부諫議大夫를 지낸 것으로 알려져 있는데, 그는 청하최씨의 시조인 최업의 9대손이자 유현歔縣에 처음으로 정착한 최태崔泰의 현손이다. 그리고 역사에서는 어떠한 이유에서인지는 몰라도 그를 남조라 부르고 있으며, 이로 인하여 그의 후손들은 "남조최씨"라 불리게 되었다.

그리고, 이 최제의 10대손인 최광崔曠은 오늘날 강소성 연운항시連云港市 일대인 제군齊郡 오수烏水에 정착하였다. 전하는 바에 의하면, 그는 역사상 '남연南燕'이라 불리는 왕조를 수립하였던 모용덕慕容德(336~405)을 따라 남으로 내려오게 되었고, 이로 인해 제군 오수에 정착하게 되었다. 그가 오수에 정착한 이후 그의 후손들은 오수 지역을 중심으로 크게 번창하게 되었고, 이로 인해 세상 사람들은 그들을 "오수방"이라 부르게 되었다(-제군 오수의 위치 비정에 관해서는 이 절 주석 14번을 참고하길 바란다).

또, 이 최광의 손자 가운데 한 사람인 최영무崔靈茂는 제군 오수 지역을 떠나 오늘날 산동성 제남시 동북부 일대인 전절全節에 정착하였다. 비록 그는 남조南朝인 송나라에서 관직 생활을 하였지만, 그가 북으로 올라가 전절에 정착한 이후 그의 후손들은 북위北魏, 북제北齊, 북주北周, 그리고 당나라에서 많은 관직자를 배출하여 중국사회에서 유명한 가문으로 알려지게 되었다.

그리고 이 남조최씨라 불리는 사람들 가운데에는 최제의 후손이 아닌 사람들도 있었다. 그들은 최밀崔密을 파조로 하는 사람들인데, 최밀은 청하최씨의 시조인 최업의 8대손으로 전해지고 있다. 이 절은 이들을 '남조최씨 별파'라 부르려 한다. 여하튼 전하는 바에 의하면, 최밀은 최패崔覇와 최염崔琰 2명의 아들을 두었는데, 둘째 아들인 최염의 8대손인 최휴崔休와 최인崔寅 형제가 각기 "청하대방淸河大房"과 "청하소방淸河小房"의 파조가 되었다.

또, 최염崔琰의 현손인 최집崔輯은 남조로 내려가 송나라에서 관직
생활을 하다가 오늘날 강소성 양주시揚州市 일대인 청주靑州에 정착하
였다. 그가 청주에 정착한 이후 그의 후손들은 많은 관직자를 배출하
는 등 중국사회에서 명망을 얻게 되었고, 이로 인해 그들은 세상에 "청
하청주방"이라 알려졌다. 또 최밀의 큰 아들 최패의 5대손인 최군崔羣
은 오늘날 섬서성 서안시西安市 남전현藍田縣 일대인 남전藍田에 정착
하였다. 그리고 최군의 현손인 최찰崔詧은 측천무후 시절에 재상을 역
임하였는데, 역사서에서는 그를 "남전최찰"이라 칭하기도 하였다.[11]

이상에서살펴 본 중조최씨와 남조최씨 그리고 남조최씨 별파의 분
파 과정을 통하여 우리는, 청하최씨가 여러 개의 지파로 나누어져 있
으며 그 지파들은 또다시 그 하위 단위의 지파들로 계속해서 분화되
어 있음을 알 수 있다. 이러한 사실을 다시 정리해 보면, 같은 청하
최씨 안에서 중조최씨와 남조최씨 그리고 남조최씨 별파가 나누어지
고, 중조최씨 안에서 정주최씨가 생겨나며, 정주최씨 안에서 허주 언
릉방이 분화되어 나왔다. 그리고 남조최씨 안에서 오수방이 생겨나고,
오수방 안에서 전절에 거주하는 청하최씨가 분화되어 나왔으며, 남조
최씨 별파 안에서 청하대방, 청하소방, 청하청주방 그리고 남전에 거
주하는 청하최씨가 생겨났다.

이러한 사실을 다른 각도에서 생각해 보면, 허주 언릉방은 정주최
씨 안에 존재하는 여러 지파들 가운데 하나이고, 정주최씨는 중조최
씨 안에 존재하는 여러 지파들 가운데 하나이며, 중조최씨는 청하최
씨 안에 존재하는 여러 지파들 가운데 하나라는 사실을 알 수 있을
것이다. 그리고 동일한 방식으로, 전절에 거주하는 청하최씨는 오수방
에 존재하는 여러 지파들 가운데 하나이고, 오수방은 남조최씨 안에

---

11 "藍田崔詧"이라는 기록은 《資治通鑑》 卷203 唐紀19 '則天順聖皇后上之上'에 나온다.

존재하는 여러 지파들 가운데 하나이며, 남조최씨는 청하최씨 안에 존재하는 여러 지파 가운데 하나라고 말할 수 있을 것이다. 또, 청하대방, 청하소방, 청하청주방 그리고 남전에 거주하는 청하최씨 역시 남조최씨 별파에 존재하는 여러 지파들 가운데 일부이며 남조최씨 별파 역시 청하최씨 안에 존재하는 여러 지파들 가운데 하나라는 사실도 알 수 있을 것이다.

그리고 이러한 사실을 염두에 두고 다시 〈표 2-1〉로 돌아가, 이 표에 나오는 여타의 지파들 즉 동조최씨東祖崔氏와 서조최씨西祖崔氏를 생각해 보면, 그 지파들 또한 청하최씨 안에 존재하는 여러 지파 가운데 일부라는 사실을 알 수 있으며 그 지파들 역시 그 내부에 수많은 하위 단위의 지파가 존재하였을 것이라는 사실을 그리 어렵지 않게 생각해 볼 수 있다. 따라서 우리는 당나라 시기 청하최씨 안에는 위 〈재상세계표〉에서 언급된 동조최씨, 서조최씨, 중조최씨, 남조최씨 그리고 남조최씨 별파 이외에도 많은 지파가 있었으며, 이 각 지파들 안에는 수많은 하위 단위의 지파가 존재하고 있었다는 사실을 충분히 짐작할 수 있을 것이다.

그리고 이처럼 무수한 청하최씨의 지파들 가운데 극히 일부 지파의 가계만이 오늘날까지 전해지게 된 이유는, 그들 가계에서 당나라 시기에 재상을 역임한 인물이 배출되었기 때문이다. 다시 말하면, 당나라 시기 재상을 역임한 청하최씨 12명의 가계, 즉 정주최씨의 최원종崔元綜 가계, 허주 언릉방의 최지온崔知溫 가계, 전절의 최소위崔昭緯 가계와 최신유崔慎由·최윤崔胤 부자 가계, 남조최씨 별파의 최신기崔神基 가계, 청하대방의 최귀종崔龜從 가계, 청하소방의 최군崔羣 가계·최단崔鄲 가계·최구崔璆 가계, 청하 청주방의 최원崔圓 가계, 그리고 남전의 최찰崔瑩 가계를 중심으로 〈재상세계표〉의 편찬자가 청하최씨의 가계를 작성하였기 때문이다. 따라서 우리가 《신당서》의 〈재상세계표〉

에 수록되어 있는 청하최씨의 가계를 이해하려 할 때에는, 당나라 시기 청하최씨 안에는 무수한 지파가 존재하고 있었다는 점과 그 지파들 가운데 극히 일부만이 〈재상세계표〉에 수록되어 있다는 사실을 반드시 명심해야 한다.

여하튼, 당나라 시기 청하최씨 안에는 무수한 지파가 존재하고 있었다는 것인데, 사실 이러한 점은 중국 역사에서 씨족제도가 변화하며 발전하는 과정을 이해하고 있는 사람들에게는 어쩌면 너무나 당연하게 받아들일 수 있는 사실이기도 하다. 주지하다시피, 중국 상고 시기에 몇몇 엘리트 계층을 중심으로 서로를 구분하기 위하여 '성姓'을 사용하기 시작하였고, 동일한 '성'을 사용하고 있는 사람들 사이에서 여러 지파가 생겨나게 되면서 '씨氏'가 등장하였다. 그리하여 하·상·주 시기에 이르러서는 자신이 소속된 씨족을 밝히면서 으레 '성'과 '씨'를 함께 칭하게 되었다. 그러나 동일한 '씨'를 가진 사람들 사이에서도 여러 지파가 생겨나면서 '성'과 '씨'를 구분하지 않고 '성'과 '씨'를 모두 '성씨'라 부르게 되었다. 그리고 동일한 '성씨'를 소유한 사람들 사이에서도 또다시 여러 지파가 생겨나면서 성씨 앞에 군망을 밝혀 서로를 구분하게 되었다.[12] 그리고 시간이 지나면서 동일한 군망과 동일한 성씨를 사용하는 사람들 사이에서도 여러 지파가 생겨나게 되었고, 이러한 분파가 계속되면서 당나라 시기에 이르러서는 한 사람의 사회적 지위를 논하면서 '어느 군망을 사용하고 있느냐' 하는 점이 중요한 것이 아니라 '어느 군망을 사용하고 있는 누구의 후손이냐' 하는 점이 더욱 중요하게 되었다.

그리하여 중국의 씨족제도를 저 상고 시기부터 통찰하였던 송나라

---

12 한·중 양국 사회의 씨족제도가 '나'와 '남'을 구분하는 '배타성'을 기반으로 발전한다는 사실에 관해서는 아래의 연구를 참고하길 바란다.
宋俊浩, 〈韓國의 氏族〉, 《朝鮮社會史研究》, 112~113쪽; 이 책 제4장 제2절.

시기의 정초鄭樵는 중국의 씨족제도가 "이친별소以親別疏"·"이소별대以
小別大"·"이이별동以異別同"·"이차별피以此別彼"하는 방식을 통하여 끊
임없이 "무비변족無非辨族"하는 형태로 변화하고 있다고 말하였고, 또
중국의 씨족제도와 한국의 씨족제도를 비교한 조선 시기 이규경은
"(역사적으로 씨족제도가 발전하는 과정을 살펴보면) 하나의 족族 안
에서 여러 개의 성姓이 생겨나고, 하나의 성 안에서 여러 개의 망望
이 생겨나며, 또다시 하나의 망에서 여러 개의 방房이 생겨난다. 씨족
제도의 발전 과정이 이와 같기 때문에 하나의 족 안에 성이 많아지게
되면 그 족의 의미는 약해지게 되고, 하나의 성 안에 망이 많아지게
되면 그 성의 의미 또한 약해지게 되며, 또 하나의 망 안에 방이 많
아지게 되면 그 망의 의미 역시 약해지게 된다. 이러한 현상은 (씨족
제도가 발전하는 과정 속에서 나타나는) 필연지세必然之勢이기도 하
다"라고 밝히고 있다.[13]

또, 앞서 필자가 설명한 청하최씨의 분파 과정을 유심히 살펴본 독
자라면 어느 정도 눈치 채고 있는 사실이겠지만, 청하최씨들은 그들
이 속한 지파에 따라 여러 지역으로 이주하여 살게 되었고 또 그들
가운데에는 그들이 이주한 지역에 세거世居하는 사람들이 나타났는데,
이들은 청하 지역이 아닌 다른 지역에 살게 되더라도 청하를 계속해
서 군망으로 칭하였다. 이러한 사실을 확인하기 위하여, 《신당서》의
〈재상세계표〉에 기록되어 있는 그들의 세거지와 해당 지파를 정리해
보면 〈표 2-2〉와 같다.

전하는 바에 의하면, 청하최씨 가운데 처음으로 청하 동무성을 떠나

---

13 鄭樵, 《通志》卷25 氏族略 '氏族序'篇.
　　李圭景, 《五洲衍文長箋散稿》人事篇1 人事類2 氏姓 '姓氏譜牒辨證說'篇.
　　　自族(-姓·氏·族의 族이 아님: 安註)別而爲姓 姓別而爲望 望別而爲房 故姓多
　　　則訛其族 望多則訛其姓 房多則訛其望 此又必然之勢也.
　　아울러, 정초의 견해에 관해서는 이 책 제4장 제2절을 참고하길 바란다.

〈표 2-2〉 청하최씨의 세거지명와 그 위치 비정[14]

支派	世居地	오늘날 위치 비정
鄭州崔氏	滎陽	河南省 鄭州市 滎陽市 일대
許州 鄢陵房	鄢陵	河南省 許昌市 鄢陵縣 일대
烏水房	齊郡 烏水	江蘇省 連云港市 일대
全節의 烏水房	全節	山東省 濟南市 동북부 일대
淸河靑州房	靑州	江蘇省 揚州市 일대
藍田의 南祖崔氏 別派	藍田	陝西省 西安市 藍田縣 일대

다른 지역에 정착한 인물은 최태崔泰이다. 앞서 언급하였듯이, 최태는 시조인 최업의 5대손으로 유현歙縣에 정착하였는데, 이 최태의 10대손인 최올이 형양으로 이주하였고, 최올의 아들 가운데 한 사람인 최욱이 형양에서 허주 언릉으로 이주하였다. 그리고 시조 최업의 14대손이자 남조 최제의 10대손인 최광은 제군 오수에 정착하였고, 최광의 아들인 최영무는 오수에서 전절로 이주하였다. 또, 남조최씨 별파로 최밀의 5대손인 최집과 최군은 각기 청주와 남전에 정착하였다.

주지하다시피, 청하군淸河郡은 한 고조 4년인 B.C 203년에 역사상 처음으로 설치되었다. 그리고 이 당시 청하군은 오늘날 하북성 청하, 조강棗强, 남궁南宮 그리고 산동성 임청臨淸, 하진夏津, 무성武城, 고당高唐, 평원平原 일대에 위치하고 있었던 것으로 알려져 있다.[15] 이후

---

14 이 표에서 언급된 齊郡 烏水와 靑州는 東晉 시기 僑置된 지명이다. 주지하다시피, 晉나라는 317년 남쪽 지방으로 천도하여 이른바 '동진'이라는 왕조를 수립하였는데, 이 동진 시기에는 진나라가 본래 자리 잡고 있던 북방 지역의 지명을 남방 지역에 교치하는 일이 많았다. 齊郡 烏水와 靑州도 이 시기 僑置된 지명이다. 참고로, 제군 오수라는 지명은 본래 오늘날 산동성 臨博市 일대를, 청주라는 지명은 본래 오늘날 산동성 靑州市 일대를 지칭하였다. 이에 관해서는 夏炎,《中古世家大族淸河崔氏硏究》, 62·71쪽을 참고하길 바란다.
　그리고 全節은 남조에 교치된 지명이 아니라 오늘날 산동에 있는 본래의 지명으로 파악하였다. 그 이유는 전절에 처음으로 거주한 崔靈茂의 후손들, 예를 들면 아들인 崔稚寶, 손자인 崔逵, 그리고 曾孫인 崔德仁이 모두 북조에 참여하였기 때문이다. 따라서 이 절에서는 최영무 대에 다시 북으로 이주한 것으로 보았다.

15 士爲樂 主編,《中國歷史地名大辭典》'淸河郡'條, 中國社會科學出版社, 2005.

청하군은 지방 행정 구역 개편에 따라 치폐를 거듭하고 또 지방 행정 단위로서의 위상도 일정하지 않았지만, 747년(지덕至德 2)에 지방 통치 단위로서의 청하군이 역사상 그 운명을 다할 때까지는 오늘날 하북성 남부 일대와 산동성 북부 일대에 계속해서 위치해 있었다.

하지만 〈표 2-2〉에 나오는 청하최씨의 세거지, 즉 형양, 언릉, 제군 오수, 전절, 청주, 그리고 남전은 역사상 청하군이 위치해 있던 지역과는 일치하지 않는 지역들이다. 특히, 전절을 제외한 나머지 지역들은 청하군이 위치해 있던 지역에서 상당한 거리에 있는 지역들이다. 그럼에도 불구하고 청하최씨들은 그들의 세거지가 위치해 있는 지역과 무관하게 청하를 계속해서 그들의 군망으로 사용하였다.

실제로,《신당서》의 〈재상세계표〉에는 총 596명의 청하최씨가 수록되어 있는데, 이 596명 가운데 중국 역사상 '25사史'라 불리는 정사正史, 그 정사 가운데 당나라 이전 시기에 편찬된 정사들에서 그 열전이 확인되는 인물은 총 10명이다.[16] 그리고 그 열전들에서 그 열전의 주인공을 본격적으로 소개하기에 앞서 밝히고 있는 이른바 'ㅇㅇ人'을 살펴보면, 이 10명 모두 청하와 관련 있는 "청하동무성인", "청하무성인", 그리고 "청하인"으로 기록되고 있음을 알 수 있다.

이처럼 중국 정사에 수록된 열전에서 청하최씨의 인물을 소개하며 그들의 세거지를 밝히는 대신에 그들의 군망을 기록하는 이유는 당나라 이전 시기의 역사 기술 방식과 밀접한 관련이 있는 것이기도 하다. 당나라 이전 시기에는 한 인물의 열전이나 행장을 작성하면서 'ㅇㅇ人'을 기록할 때에는 그들의 군망에 따라 'ㅇㅇ人'을 기록하였다. 그

---

16 당나라 이전에 편찬된 정사로는《史記》,《漢書》,《後漢書》,《三國志》,《晉書》,《宋書》,《南齊書》,《梁書》,《陳書》,《魏書》,《北齊書》,《周書》,《隋書》,《南史》,《北史》가 있다. 참고로,《舊唐書》는 5代 가운데 하나인 後晉 시기에,《新唐書》는 宋나라 시기에 편찬되었다.

〈표 2-3〉 정사 열전에 나오는 청하최씨

正史名	姓名	'ＯＯ人'	支派	비고
三國志	崔琰	淸河東武城人	南祖崔氏 別派	
	崔林	淸河東武城人	中祖崔氏	
魏書	崔逞	淸河東武城人	南祖崔氏 別派	《北史》에도 수록됨
	崔亮	淸河東武城人	淸河靑州房	《北史》에도 수록됨
	崔休	淸河人	淸河大房	
	崔暹	淸河東武城人	鄭州崔氏	《北史》에도 수록됨
	崔㦤	淸河東武城人	許州鄢陵房	
北齊書	崔㥄	淸河東武城人	淸河大房	
周書	崔彦穆	淸河東武城人	鄭州崔氏	《北史》에도 수록됨
隋書	崔儦	淸河武城人	淸河大房	

리하여 〈표 2-3〉에 나오는 최섬崔暹의 경우, 그의 아버지인 최울이 북조로 올라와 형양에 정착한 이후 그와 그의 후손들이 형양과 영천 일대에 거주하였음에도 불구하고, 《위서魏書》에 수록되어 있는 그의 열전에서는 그를 "本云淸河東武城人也 世家于滎陽穎川之間"이라 소개하고 있다.

또, 〈표 2-3〉에 나오는 10명 이외에도, 즉《신당서》의 〈재상세계표〉에 수록되어 있는 596명 가운데 당나라 이전 시기에 편찬된 정사에서 그 열전이 확인되는 10명 이외에도, 그 정사의 열전에서 〈재상세계표〉에 수록되어 있는 인물들과 가족 관계가 확인되는 사람들은 총 6명인데, 그들 역시 "청하동무성인" 또는 "청하인"으로 소개되어 있다.[17] 그 가운데 대표적으로 최할崔劼을 예로 하여 살펴보면 다음과 같다.

---

17 崔劼 이외의 5명은 〈宰相世系表〉에서 南祖崔氏로 분류되어 있는 崔悅의 손자이자 崔潛의 아들인 崔宏·崔玄伯 형제 그리고 최굉의 아들 崔浩, 〈宰相世系表〉에 南祖崔氏 別派로 분류되어 있는 崔諲의 손자인 崔祖思, 그리고 최할의 아버지인 崔光이 그들이다. 최굉은 《北史》에, 최현백과 최호는 《魏書》에, 최조사는 《南齊書》와 《南史》에 "청하동무성인" 또는 "청하인"으로 기록되어 있다. 그리고 최광은 《北史》에 "청하인"으로, 《魏書》에 "東淸河鄭人"으로 기록되어 있다.

최할은 오수방의 파조인 최광의 증손으로, 그의 조부는 최영연崔靈延이고 아버지는 최광崔光이다. 앞서 소개하였지만, 최광崔曠은 모용덕慕容德을 따라 남으로 내려갔다가 제군 오수에 정착하였다. 당시 제군 오수는 남조인 송나라 시기에 오늘날 강소성 연운항시連云港市 일대에 교치僑置되었던 기주冀州에 속한 지역이었다(-이 절 각주 14번도 참고할 것). 그리하여 《북제서北齊書》에 수록되어 있는 그의 열전에서는 그가 "본래 청하인"이라고 소개하고, "증조인 최광이 남으로 내려가 청주의 동쪽에 거하였는데, 이때 남조의 송나라에서는 황하 이남 지역에 기주를 교치하고 그 아래에 군현을 설치하였다. 그리하여 최씨 일가는 동청하군東淸河郡 지역에 살게 되었다. 그리고 그 뒤 군현이 개편되면서 다시 남평원南平原의 패구貝丘 지역에 거하게 되었다."고 밝히고 있다.[18]

여하튼 청하최씨는 그들의 세거지가 위치해 있던 지역과 무관하게 청하를 계속해서 군망으로 칭하였는데, 사실 청하최씨에서 발견되는 이러한 점은 비단 청하최씨뿐만이 아니라 동시기 중국사회에 존재하였던 여타의 씨족들에서도 동일하게 나타나는 현상이다. 그리고 청하최씨를 비롯한 여타의 씨족들이 자신들이 살고 있는 지역과 무관하게 특정 지역을 계속해서 군망으로 칭하였던 이유는, 무엇보다도 그러한 방식으로 자신들이 소속된 씨족을 밝히는 것이 하나의 '사회적 제도'로 당시 사회에 자리 잡고 있었기 때문이었는데, 이러한 '사회적 제도'가 생겨나게 된 원인을 사회사적 관점에서 좀 더 해석해보자면, 앞서 방동수가 그의 저서에서 밝히고 있듯이 자신들이 '모군 출신의 저

---

18 李百藥, 《北齊書》卷42 列傳34 '崔劼'傳.
　　本淸河人　曾祖曠　南渡河　居靑州之東　時宋氏於河南立冀州　置郡縣　即爲東淸河
　　郡人　南縣分易　更爲南平原貝丘人也("河南"은 黃河의 남쪽을 말한다. "南縣"
　　은 郡縣의 誤字로 보았다).

명한 씨족'이라는 사실이, 조금 바꾸어 말하면 자신들이 '모군에서 비롯된 저명한 씨족의 후예'라는 사실이 그들의 사회적 지위를 표현하면서 절대적으로 중요한 역할을 하였기 때문이었다.

그리고 청하최씨를 비롯한 여타의 씨족에서 동일하게 나타나는 이러한 현상은 송나라(-이때 송나라는 남조의 송이 아님) 이후 중국사회에 생겨난 관행, 즉 자신이 살고 있는 지역의 지명과 함께 성씨를 칭하여 자신이 소속된 씨족을 밝히는 송나라 이후의 새로운 관행과는 그 성격이 분명히 다른 것이다. 앞서 필자는 청하최씨들이 여러 지역으로 이주하여 살게 되었고 또 그들 가운데에는 그들이 이주한 지역에 세거하는 사람들이 생겨났다고 하면서, 대표적으로 형양에 세거하는 청하최씨, 언릉에 세거하는 청하최씨, 제군 오수에 세거하는 청하최씨, 전절에 세거하는 청하최씨, 청주에 세거하는 청하최씨, 그리고 남전에 세거하는 청하최씨를 언급하였는데, 만일 이 청하최씨의 지파들이 송나라 이후 중국사회에도 계속해서 존재하였다고 한다면, 이들은 청하최씨의 지파가 아닌 별도의 씨족으로, 다시 말해 형양최씨니, 언릉최씨니, 오수최씨니, 전절최씨니, 청주최씨니, 남전최씨니 하는 별도의 씨족으로 변하게 되었을 것이다.[19]

---

19 중국 씨족제도가 송나라 시기 이후 그 성격이 크게 변화하였다는 견해에 대해서는 常建華가 그의 연구에서 잘 정리해 두었다. 상건화는 邱漢生, 李文治, 徐揚杰, 王思治, 王善軍, 그리고 馮爾康 등 중국 학자들의 연구 성과를 소개하고, 그 연구 성과들이 "송나라 이전 시기에 존재하였던 종족과 또 그 종족을 바탕으로 형성되었던 사회에서는 '身份性'이 존재하였고, 또 그 '身份性'을 바탕으로 생겨난 사회 계층인 世家大族들이 그 사회를 주도적으로 이끌어 갔다. 하지만 송나라 이후의 사회에서는 그 '신분성'이 사라지게 되었고, 비록 낮은 관직을 소유한 관료나 일반 민중이라 할지라도 그 사회적 지위가 상승하여 종족을 가지게 되었다."는 점을 공통적으로 언급하고 있다고 말하였다. 또 그는 內藤湖南, 谷川道雄, 井上徹 등 일본 학자들의 견해를 소개하고 그들 역시 송나라 시기 이후 생겨난 종족의 성격에 관해서는 중국 학자들과 유사한 시각을 가지고 있음을 지적하였다. 이에 관해서는 常建華, 〈宋明以來宗族制形成理論辨析〉, 《宋以后宗族的形成及地域比較》, 人民出版社, 2013, 20~21쪽을 참고하길 바란다. 이 연구는 2007년 《安徽史學》에 게재되었으며, 이듬해 원정

2. 한국의 본관제도

이상에서 필자는 지방 통치 단위로서의 군 단위가 중국 역사상 출현한 이후 각 군 단위에는 그 군 단위를 대표하는 망족들이 생겨났고, 그 망족들은 동일한 성씨를 가진 또 다른 집단과 자신들을 구분하기 위하여 자신들의 본거지가 있는 군 단위의 지명을 성씨와 함께 칭하였는데, 이것이 바로 군망의 기원이 되었다고 말하였다. 또, 이처럼 자신이 속한 씨족을 밝히면서 성씨와 함께 군망을 칭하는 관행은 이후 중국사회에 하나의 '사회적 제도'로 자리 잡게 되었고, 그 관행이 '사회적 제도'로 자리 잡은 이후로는 그들이 군망 지역이 아닌 다른 지역에 세거하게 되더라도 그들은 그들이 속한 씨족을 밝히면서 언제나 군망을 칭하였다고 언급하였다.

그럼 한국의 본관제도의 경우는 어떠한가? 이제는 이에 관해서 살펴보도록 하자. 일반적으로 전통기 한국 학자들은 한국의 본관제도가 중국의 군망제도와 유사하다고 생각하였다. 그 가운데 대표적인 학자가 앞서 언급하였던 이규경이다. 앞서 소개하기도 하였지만, 이규경은 저서 《오주연문장전산고》에서 "(역사적으로 씨족제도가 발전하는 과정을 살펴보면) 하나의 족 안에서 여러 개의 성이 생겨나고, 하나의 성 안에서 여러 개의 망이 생겨나며, 또다시 하나의 망에서 여러 개의 방이 생겨난다. 씨족제도의 발전 과정이 이러하기 때문에 하나의 족 안에 성이 많아지게 되면 그 족의 의미는 약해지게 되고, 하나의 성 안에 망이 많아지게 되면 그 성의 의미 또한 약해지게 되며, 또 하나

식이 번역하여 《강원사학》 제22·23합집에 수록되기도 하였다.
아울러, 열전이나 행장에 나오는 'ㅇㅇ인'을 통하여 한·중 양국 사회를 비교한 宋俊浩,〈韓國의 氏族制에 있어서의 本貫 및 始祖의 問題〉,《朝鮮社會史研究》, 75~82쪽과 이 책 제4장 제1절도 참고하길 바란다.

의 망 안에 방이 많아지게 되면 그 망의 의미 역시 약해지게 된다.
이러한 현상은 (씨족제도가 발전하는 과정 속에서 나타나는) 필연지세
이기도 하다."고 하였는데, 그는 이와 같이 말하고 나서 중국의 군망
을 한국의 본관과 비교하며 다음과 같이 말하고 있다.

> 여기서 말하는 망望이란 하나의 씨족을 지칭하는 명칭이다. 예를 들어,
> 중국에 존재하는 이씨의 경우 농서隴西 지역을 망으로 삼는 이들이 있는데,
> 이 농서가 바로 망의 명칭이 된다. 그리고 우리나라에서는 이 망을 본本이
> 라 불렀다. 예를 들어, 이씨의 경우 전주全州 지역을 본으로 하는 이들이
> 있는데, 이 전주가 바로 본의 명칭이 된다. 그리고 우리나라의 본은 혹 관貫
> 이라고도 칭하는데, 이 관의 의미는 향관鄕貫을 의미한다. 이 본은 속칭 성
> 향姓鄕이라고도 하고 또 적籍이라고도 불린다.[20]

이규경이 말하고 있는 '망'과 '본'이란 두말할 필요도 없이 이 절에
서 살펴보고 있는 군망과 본관을 가리키는 것이다. 그리고 중국 당나
라 황실의 성씨로 알려진 농서이씨隴西李氏와 한국 조선 왕실의 성씨
인 전주이씨全州李氏를 예로 하여 살펴보면, 농서이씨의 농서나 전주
이씨의 전주는 모두 하나의 씨족임을 표현하기 위한 부호(-물론 이규
경은 이를 '명名' 즉 명칭으로 칭하였다)들인데, 중국에서는 이를 '망'
이라 부르고 있으며 한국에서는 '본'이라 부르고 있다는 것이 그의 생
각이다.

그리고 현대에 이루어진 본관에 관련된 연구 성과 가운데에는, 신
라의 수도인 경주에 살던 귀족들이 여러 가지 이유로 지방으로 내려
가 그 지역의 유력한 가문으로 성장하게 되고 그들이 고려의 건국과

---

20 李圭景,《五洲衍文長箋散稿》人事篇1 人事類2 氏姓 '姓氏譜牒辨證說'篇.
　　望卽氏之名 如中原李姓望隴西 則隴西爲望名 我東以望爲本 如李姓本全州 則
　　全州爲本名 本或稱貫 卽鄕貫也 俗稱姓鄕 又曰籍.

동시에 고려의 수도인 개성으로 모여들게 되면서 한국사회에 본관이
출현하게 되었다는 견해가 있다. 이러한 견해는 일찍이 송준호에 의
해 제기된 것으로, 그는 그가 한국사회에서 씨족이 출현한 시기를
고려 건국 이전으로 보는 이유를 설명하며 다음과 같이 이야기하고
있다.

> 저들 각 집단(- 즉 신라왕경新羅王京에 있었던 동족 집단, 예컨대 왕실계
> 인 박씨나 김씨 또는 귀족성으로 알려진 이李, 최崔, 손孫, 정鄭, 배裵, 설
> 薛 등 제 성씨의 동족 집단: 安註) 중에서는 여러 가지 이유로 왕경王京을
> 떠나 각 지방 예컨대, 밀양密陽이니 상주尙州니 또는 강릉江陵이니 선산善
> 山이니 하는 지역으로 내려가 그곳에 정착하고 그곳에서 세거世居하는 자들
> 이 나타났다고 보아야 하는데 그들 중에는 그 지방의 유력가문有力家門으로
> 성장한 자들이 분명히 있었을 것이기 때문이다. 그 결과 그들에게는 그 지
> 방명地名이 붙여진 호칭 즉, 밀양박씨니 상주박씨니 또는 강릉김씨니 선산
> 김씨니 하는 호칭이 생겼을 것이다. 말하자면 종전에 다 같이 왕경인王京人
> 이었던 박씨 또는 김씨들 사이에서 분적分籍의 현상이 일어난 것이다.[21]

이어 그는 한국의 씨족사에서 고려 왕조의 출현은 중요한 전환점을
가져왔다고 하면서 그 이유에 대하여 다음과 같이 설명하고 있다.

> 그때까지 경주를 기점으로 하여 그곳에서 각 지방으로 향하여 진행되었
> 던 주요씨족들의 이동이 이제는 경주를 포함한 각 지방으로부터 신왕도王都
> 개성을 향해서 모여드는 방향으로 전환하였다는 점에서 그렇게 말할 수 있
> 다. 물론 개성을 향해서 진행된 새로운 방향의 그 이동은 어느 지방의 어느
> 씨족에 있어서나 그 씨족 구성원 중의 극소수 인원이 신왕조의 통치기구에
> 참여할 기회를 얻어 올라가는 그러한 방식의 것이었지만 그 이동이 계기가

---

21 宋俊浩, 〈韓國의 氏族制에 있어서의 本貫 및 始祖의 問題〉, 《朝鮮社會史研究》, 101쪽.

되어 이제는 각 지방의 여러 씨족, 특히 여러 방족들의 《대표가 개경에 모여 들게 되었고 그들 중의 많은 사람들이 그곳에서 기반을 다지고 그곳에서 세 거하게 되었다. 그러나 위의 이동에는 분적이 수반되지 않았으며 이 점에 있어서도 고려가 출현한 10세기 초는 한국 씨족사에 있어서 큰 분기점이 된 다고 생각한다.22

그에 따르면, 신라 시기 경주에 세거하던 귀족들 사이에는 박씨니 김씨니 하는 성씨를 사용하는 집단이 있었는데 이들 사이에서 분봉分 封이나 여타의 정치적인 이유로 지방으로 내려가 살게 되는 사람이 생겨났다. 그리고 지방으로 내려간 경주 출신의 귀족들 사이에는 그 지방의 유력한 가문으로 성장한 이들이 있었다. 그 결과 그들에게는 그들이 살고 있는 지역의 지명이 붙여진 호칭, 즉 밀양박씨密陽朴氏니 상주박씨尙州朴氏니 또는 강릉김씨江陵金氏니 선산김씨善山金氏니 하는 호칭이 생겨났다. 그리고 한국의 씨족사에서는 이러한 현상을 두고 '분적分籍'이라 부르고 있다고 그는 소개하고 있다.

또, 이러한 방식으로 생겨난 씨족들은 고려가 건국된 이후 다시 개 성이라는 새로운 왕도로 모여들게 되었고 그들 사이에는 그곳에서 세 거하게 되는 경우도 많이 있었다. 하지만 개성에 정착한 씨족의 구성 원들 사이에서는 더 이상 분적의 현상이 나타나지 않았다. 그런 점에 서 고려 왕조가 출현한 10세기 초는 한국 씨족사에서 큰 분기점이 된다고 그는 말하고 있다.

이상에서 송준호가 밝힌 본관의 출현 배경과 앞서 방동수가 말한 군망의 출현 배경을 비교해 보면, 우리는 이 두 사람의 견해에 하나

---

22 宋俊浩, 〈韓國의 氏族制에 있어서의 本貫 및 始祖의 問題〉, 《朝鮮社會史研究》, 107 쪽. 송준호는 《朝鮮社會史研究》에서 이상의 내용은 "1983년의 국제 세미나에서 말한 대목"이라고 밝히고 있다. "1983년의 국제 세미나"는 1983년 9월 내장산에서 개최된 국제 세미나 A Conference on Korean Society로 생각된다.

의 유사점이 있음을 발견하게 된다. 물론 방동수는 한나라 초기 실시
된 이민 정책으로 인해 관중關中 지역으로 이주한 지방 출신의 호족
들 사이에서 군망이 출현하였다고 이해하고 있으며, 송준호는 신라의
경주에 살던 귀족들이 지방으로 내려가 유력한 가문으로 출현하게 됨
과 동시에 본관이 생겨났다고 본다는 점에서, 이 두 사람이 이해하고
있는 그 역사적 배경에는 차이가 있지만, 군망과 본관 모두 국가가
제정制定 분배分配한 것이 아니라 동일한 성씨를 가진 사람들 사이에
서 서로를 구분하기 시작하면서 자연스럽게 생겨난 것으로 이해하고
있다는 점에서는 두 사람 모두 동일한 입장을 취하고 있다.[23]

　여하튼, 통일 신라 시기 이후 고려 건국까지 일련의 역사적 과정을
거치면서 출현하기 시작한 한국의 본관은, 중국의 군망이 그러했던
것처럼, 하나의 '사회적 제도'로 변하여 갔다. 필자가 '하나의 '사회적
제도'로 변하여 갔다'라고 말하는 의미는 이전까지는 '모某 지역의 모
씨某氏'와 같이 사회 관습으로 칭해지던 호칭이 이제는 사회적으로
'제도화'되었다는 뜻으로, 예를 들면 자신이 소속된 씨족을 밝힐 때에
는 '以本貫冠其姓' 하는 방식으로 그들의 성씨와 함께 반드시 본관을
칭하게 되고, 또 호적과 같은 문서에서 자신의 신상을 밝힐 때에도
자신이 거주하는 지역과 함께 반드시 본관을 기록하게 되는 걸 가리
킨다.

　그리고 이 절에서는 이 본관제도의 구체적인 모습을 살펴보기 위하
여 한국사회에서 전통기부터 현재까지 계속해서 존재하고 있는 남양
홍씨를 제시해 보고자 한다. 남양홍씨는 크게 '당홍계唐洪系'와 '토홍
계土洪系'로 나누어지는데, '당홍계'는 당나라에서 건너온 '홍학사洪學士'

---

23 현재 한국 사학계에는 한국의 본관제도가 고려 초기 국가에서 제정 분배하였다고
　하는 '土姓'에서 비롯된 것으로 이해하고 있는 견해가 있다. 이러한 견해와 이 견해
　에 대한 비판적 입장에 관해서는 이 책 제3장 제1절을 참고하길 바란다.

〈**표 2-4**〉 남양홍씨의 지파[24]

지파	지파	지파
南陽君派	侍中公派	唐城君派
文正公派	侍郎公派	經歷公派
判密直公派	尙書公派	司諫公派
判中樞公派	繕工監令公派	中郎將公派
代言公派	益山君派	禮史公派

(-이름을 '천하天河'라고도 칭한다)의 후예로 알려진 홍은열洪殷悅을 시조로 하는 이들이고 '토홍계'는 고려 고종 때 금오위별장金吾衛別將을 지낸 홍선달洪先達을 시조로 하는 사람들이다. 이 절에서는 이 두 남양홍씨 가운데 '당홍계'를 주로 살펴보고자 한다.

　남양홍씨 '당홍계' 역시 중국의 청하최씨가 그러했듯이, 그 안에 수많은 지파가 존재하고 있다. 그리고 그러한 사실은 요 근래 간행된 그들의 족보에서도 확인이 되는데, 그 내용을 표로 정리해 보면 〈표 2-4〉와 같다.

　〈표 2-4〉는 남양홍씨 '당홍계' 가운데에서도 남양군파南陽君派에 속한 사람들이 중심이 되어 최근에 간행한 한 족보를 참고하여 작성한 것이다. 따라서 우리가 남양홍씨 '당홍계' 안에 존재하는 지파를 이해하기 위해서는 이 남양군파 족보에서 언급된 지파들 이외에도 역사상 다른 지파들이 얼마든지 있을 수 있다는 사실과, 또 그 족보에서 언급된 지파라 하더라도 그 지파 안에는 수많은 하위 단위의 지파가 존재하고 있다는 사실을 우선적으로 전제해 두어야 한다. 그리고 실제로 이 남양군파 족보에서는 남양군파에 속한 구성원을 38개의 지파(-

---

24　南陽洪氏南陽君派大宗中會 編,《南陽洪氏南陽君派世譜》, 2004.
　　이《南陽洪氏南陽君派世譜》에는 〈표 2-4〉에 나와 있는 15개의 지파 이외에도 宰臣公派가 소개되어 있다. 하지만 宰臣公派는《南陽洪氏南陽君派世譜》가 편찬되기 이전에 缶林洪氏로 분적되었다.

이 남양군파 족보에서는 이를 두고 문중門中이라 칭하였다)로 다시 나
누고 있다.

남양군파는 남양군 홍주洪澍(?~1342)를 파조로 하는 사람들이다.
홍주는 남양홍씨 '당홍계'의 시조인 홍은열의 12대손으로, 고려 말기
에 활동하였던 홍규洪奎(?~1316)의 손자이자 홍융洪戎(생몰년 미상)의
아들이다. 현재 이 남양군파는 오늘날 남양홍씨 '당홍계' 안에 존재하
고 있는 여러 지파들 가운데 가장 큰 지파로 알려져 있으며, 또 조선
시대 동안에도 '당홍계' 안에서 가장 많은 문과급제자와 관직자를 배
출한 것으로 알려져 있다.

전하는 바에 의하면, 홍주의 할아버지인 홍규는 슬하에 1남 5녀를
두었다. 그 가운데 아들은 앞서 언급한 홍융으로, 관직이 판삼사사判
三司事에 이르렀고, 셋째 딸은 충선왕의 비인 순화원비順和院妃(생몰년
미상)이며, 다섯째 딸은 충숙왕의 비인 명덕태후明德太后(1298~1380)
이다. 특히 명덕태후는 그의 아들이 뒤에 충혜왕과 공민왕이 된 것으
로도 유명하다. 또, 홍주의 아들 가운데에는 홍징洪徵(?~1388)이 있었
다. 홍징은 고려 말 권신으로 알려진 염제신廉悌臣(1304~1382)의 사
위이자 염흥방廉興邦(?~1388)의 매제이다. 그래서 그는 염흥방이 우왕
禑王과 이성계 일당에 의해 제거될 때 염흥방의 족당이라는 이유로
그의 세 아들 홍상빈洪尙濱, 홍상부洪尙溥, 홍상연洪尙淵과 함께 처형
되기도 하였다.

앞서 필자는 남양홍씨 '당홍계'와 그 '당홍계'의 한 지파인 남양군파
안에는 수많은 하위 단위의 지파가 존재하고 있다고 말하였는데, 이
많은 지파 가운데에서도 홍춘경洪春卿(1497~1548)의 후손들이 가장
잘된 것으로 알려져 있다. 홍춘경은 앞서 언급한바, 홍징이 처형될 때
함께 처형된 3명의 아들, 그 3명의 아들 가운데 둘째 아들인 홍상부
의 5대손으로, 이 홍춘경의 후손들 구체적으로는 그의 세 아들 홍천

민洪天民(1526~1574), 홍일민洪逸民(1531~1586), 그리고 홍성민洪聖民
(1536~1594)의 후손들이 역사적으로 가장 두각을 나타내었다. 그리고
이러한 사실은 남양홍씨의 구성원 가운데 조선 시대 동안 문과에 급
제한 인물이 모두 323명으로 알려져 있는데, 그 가운데 100명의 인물
(-홍천민의 후손이 23명, 홍일민의 후손이 50명, 그리고 홍성민의 후
손이 27명이다)이 이 세 사람의 후손이라는 사실을 통해서도 충분히
확인할 수 있다[25](-이 100명의 명단은 이 절의 〈부록 2-5〉 '남양홍씨
'춘경'계 문과급제자'를 참고하길 바란다).

이 홍춘경의 후손들은 조선 시대 동안 주로 경기도 적성현積城縣
남면南面 상수리湘水里(-오늘날 경기도 양주시 남면 상수리)와 경기도
여주목驪州牧 금사면金沙面 이포리梨浦里(-오늘날 경기도 여주시 금사
면 이포리)에 세거하였는데, 홍춘경의 세 아들 가운데에서도 큰 아들
인 홍천민의 후손과 둘째 아들인 홍일민의 후손들은 상수리에, 그리
고 셋째 아들인 홍성민의 후손들은 이포리에 세거하였다. 그리하여
조선 후기의 학자인 성해응成海應(1760~1839)은 그의 저서 《연경재전
서研經齋全書》에서 "호중湖中(-경기도와 충청도: 安註) 지역에는 사대부
들이 세거하는 곳이 많다"고 밝히고 그 사대부들의 세거지를 하나하
나 소개하면서 "積城之湘水村(-그 가운데에서도 역말〔驛村〕: 安註)"을
"今爲洪氏所居"라고, 그리고 "(여주驪州의) 이호梨湖"(-이호는 이포梨浦의
별칭임)를 "今爲洪氏物"이라고 말하고 있다.[26]

---

25 위 문과급제자의 수에 관해서는 Wagner선생님과 宋俊浩 선생님이 공동으로 추진
　하셨고, 지금은 宋萬午 선생님께서 추진하고 계시는 《(Wagner-宋 文科프로젝트)文科
　譜》의 내용을 참고하였다.

26 成海應, 《研經齋全書外集》 卷64 雜記類 '名塢志'篇. 성해응은 '名塢志'篇의 서문에서
　다음과 같이 밝히고,
　　"進則仕於朝 退則耕於野者 士之常分也 苟或狃於利而忘返 則有懷祿苟寵之誚
　　安於固而不出 則有違親絕俗之譏 君子之仕與耕 要以蹈於義而中於節爾 今之
　　士多世室之裔也 義當與國家同休 豈能屛跡山林 韜名江湖 以自絕於世也哉 然

홍춘경의 후손들이 상수리에 정착하게 된 경위는 홍춘경의 고조인 홍지洪智(생몰년 미상)와 관련이 있는 것으로 알려져 있다.(홍지는 고려 말에 화를 당한 홍징의 손자이자 홍상부의 아들이기도 하다. 아무튼,) 이러한 사실은 홍성민이 작성한 《모원록慕遠錄》에서도 확인된다. 홍성민은 《모원록》에서 홍지를 자신의 5대조라 밝히고, '5대조는 고려조 수연대군壽延大君 왕규王珪의 사위로, 조선 왕조가 건국된 후로 아주 힘든 역경을 견뎌야 했다' 그리고 '5대조와 그 부인 왕씨王氏는 모두 적성 상수역湘水驛 북쪽에 있는 송산松山 기슭에 묻혀 있다'고 기록하고 있다. 또 그는 홍지와 왕씨 부인의 묘표墓表를 인용하며, '5대조의 묘지는 본래 상수가 아닌 다른 지역에 있었는데 1438년 9월경에 상수로 이장하여 왔다. 하지만 그 묘지가 본래 어느 곳에 있었는지 또 어느 곳에서 현재 이곳으로 이장하여 왔는지는 알지 못하겠다.'고 밝히고 있다.[27]

또 현재 남양홍씨 집안에는 이 홍지의 묘지가 상수로 오게 된 전설이 전해 오고 있다. 그 전설에 따르면, 홍지는 고려 말에 할아버지와 아버지 3형제가 모두 화를 당하는 모습을 지켜봐야 했고 또 조선조에 들어 자신조차도 고려 왕실의 인척이라는 이유로 핍박을 당하게 되자 점차 세상일을 멀리하게 되었다. 그리고 그는 사후에 오늘날 동

簪組軒冕 要非治生養性之資 苟欲養鷄牧豕 躬耕自適 如徐孺子龐德公之倫者
亦不當遠離於京師 是故湖中多士大夫所居 故余記名塢特詳之"
"積城之湘水村"에 대해서는 "在縣南二十七里 積城卽新羅七重城也 匏盧河·紺岳山互相
映帶 而淸秀之氣 蘊于湘水驛村 故多名墓佳基 而今爲洪氏所居"라, "(驪州의)梨湖"에 대
해서는 "距州治二十里 長江自異入民 橫帶于前 東南之野甚曠遠 村人專仰舟楫商販以代
農 其嬴優於耕作 始爲韓氏所有 今爲洪氏物"이라 소개하고 있다.

27 洪聖民, 《拙翁集》卷9·10, '慕遠錄'篇. 洪智의 묘지에 관련된 관련 내용을 소개하면 아래와 같다.
祖考妣(-홍성민의 5代祖考妣 즉 洪智와 開城王氏)之塋 同在積城湘水驛北松山
麓 其墓表曰 直長某 戊午(-1438년 즉 세종 20년)九月初九日移葬 今未知移自
何地 王氏 天順己卯(-1459년 즉 世祖 5년)九月二十七日葬云.

구릉東九陵 일대(-경기도 구리시 인창동 일대)에 묻히게 되었는데 조선 왕실의 요구로 그곳을 떠나 상수로 오게 되었다. 그리고 조선 왕실에서는 그에 대한 답례로 상수 일대를 그의 후손들에게 하사하였다.

이후 홍지의 후손들, 그 가운데 홍지의 둘째 아들 홍경손洪敬孫과 홍경손의 셋째 아들 홍윤덕洪閏德으로 이어지는 후손들이 상수에서 살게 되었다(홍윤덕은 홍춘경의 할아버지이기도 하다. 아무튼,). 그리고 그 이후로는 홍춘경, 그의 아들 홍천민과 홍성민, 그리고 홍천민의 아들 홍서봉洪瑞鳳(1572~1645)이 3대에 걸쳐 이른바 '사가호당賜暇湖堂'을 하게 되면서 세상에 '3대4호당 집'으로 알려지게 되었고, 또 그 이후로도 선조와 광해군 대에 문장으로 이름을 떨쳤던 홍명원洪命元(1573~1623)과 병자호란 당시 강화도에서 김상용金尙容과 함께 순절한 것으로 유명한 홍명형洪命亨(1581~1636) 형제 등 많은 인물을 배출하여, 이 집안은 조선 시대 동안 세상이 알아주는 문벌이 되었다. 그리하여 세상에서는 이들이 세거하는 곳의 지명을 따라 이들을 상수홍씨'라 칭하게 되었다[28](-이 상수홍씨는 경기도 적성현 남면南面 상수리에서도 역말[驛村]에 세거하였다).

그리고 이 상수홍씨의 구성원 가운데 일부는 상수를 떠나 여주 이포에 정착하였다. 그들은 홍춘경의 셋째 아들 홍성민의 후손들로, 그들이 언제 어떠한 경위로 이포로 이주하게 되었는지는 현재로서 정확히 알 수 없으나, 아마도 그들은 홍성민의 손자인 홍명구洪命耈(1596~1637)와 관련하여 이포로 이주하였을 것으로 생각된다. 홍명구

---

28 湘水 지역과 湘水洪氏는 조선 시대 동안 많은 이들에 의해 언급되었는데, 이를 통해서도 조선사회에서 그들의 위상을 짐작할 수 있다. 상수 지역과 상수홍씨를 언급한 사람으로는, 앞서 언급한 成海應 이외에도, 俞拓基(1691~1767)를 들 수 있다. 유척기는 그의 자손들에게 遺言을 남기면서, '葬事를 지낼 때에는 헛되이 風水說을 따르지 말고 族山이나 族山에서 가까운 곳에 葬事를 지낼 것'을 당부하였다. 그러면서 廣州의 궁말[宮村]李氏 선산과 積城의 湘水洪氏 선산을 본받을 것을 말하였다. 이에 관해서는 俞拓基,《知守齋集》卷15 雜著 '遺戒'篇을 참고하길 바란다.

는 병자호란 당시 청나라 군대에 맞서 싸우다 순절한 인물로 유명한
데, 그가 순절한 이후 조선 왕실에서는 그의 충절을 기려 이포에 있
는 기천서원沂川書院에 그를 배향하였다. 그리고 그의 후손들은 이포
일대를 사패지賜牌地로 하사받았다고 한다.

　이 이포에는 홍씨들이 거주하기 이전에 한씨韓氏들이 살고 있었다.
이러한 사실은 앞서 언급한 성해응에 의해서도 확인이 되는데, 성해
응은 그의 저서에서 "큰 강이 남동쪽에서 흘러와 북동쪽으로 흘러가
면서 마을 앞을 감싸고 있고, 마을의 남동쪽으로는 넓은 들판이 펼쳐
져 있다. 마을 사람들은 농사를 짓는 대신에 오로지 배를 이용한 상
업에 종사하고 있는데, 그 상업에서 나오는 이윤이 농사를 짓는 것보
다 더 크다. 이 마을은 본래 한씨 소유였으나 지금은 홍씨가 차지하
고 있다."고 말하고 있다(-《연경재전서》의 내용을 인용한 이 절 각주
26번 참고).

　성해응이 말하는 한씨는 한란韓蘭을 시조로 하는 청주한씨淸州韓氏
로, 예종과 성종 대에 모두 공신功臣으로 책봉된 한계희韓繼禧(1423~
1482), 이 한계희의 현손인 한형길韓亨吉(1582~1644)과 그 후손들을
말하는 것으로 보인다.[29] 또 이 이포에는 김안국金安國(1478~1543)의
별장이 있었던 것으로 알려져 있는데, 김안국은 이곳에서 후학들과
함께 학문을 논하였고, 이로 인해 여주 지역의 유생들은 이포에 기천
서원을 지어 그의 학덕을 추모하였다.[30] 그리고 이후 이 기천서원에는

29　安鼎福,《順菴集》卷27 '司憲府執義贈吏曹參議漫隱韓公行狀'篇.
　　壬戌 捨京第 卜居于原州梨湖 卽柰判公桑梓鄕也("漫隱"은 韓㴥의 號를, "壬
　　戌"은 1682년을, "原州梨湖"는 驪州 梨浦를, "柰判公"은 韓㴥의 아버지 韓亨
　　吉을 말한다).
　　참고로, 韓亨吉의 8촌인 韓孝仲, 한효중의 5대손인 韓命興, 한명여의 손자 韓商新은
　　문과 급제 당시 그들이 驪州에 살고 있다고 밝히고 있다. 또, 洪命耉의 아들인 洪
　　重普, 이 홍중보의 딸 가운데 한 사람이 韓孝仲의 손자인 韓如愚와 혼인하였다.
30　金安國이 梨浦에 '泛槎亭'이라는 별장을 지었다는 사실은 그의 문집인 《慕齋集》을

병자호란 때 순절한 홍명구가 배향되기도 하였다.

이포에 정착한 홍씨들은 이후 많은 인물을 배출하여 '조선의 1급 문벌'로 알려지게 되었고, 세상 사람들은 이들을 '이포홍씨'라 부르게 되었다. 이 이포홍씨는 10대에 걸쳐 다섯 명의 재상을 배출한 것으로 유명한데, 홍성민의 손자로 현종 대에 영의정을 지낸 홍명하洪命夏 (1607~1667), 홍성민의 증손으로 현종 대에 우의정을 지낸 홍중보洪重普(1612~1671), 홍중보의 손자로 영조 대에 영의정을 지낸 홍치중洪致中(1667~1732), 홍치중의 7대손으로 고종 대에 영의정을 지낸 홍순목洪淳穆(1816~1884), 그리고 갑신정변 당시 우의정을 한 홍영식洪英植(1855~1884)이 바로 그들이다. 또 홍중보의 아들인 홍득기洪得箕(1635~1673)는 효종의 딸이자 현종의 누이인 숙안공주淑安公主를 아내로 맞이하기도 하였다[31](-이포홍씨는 경기도 여주목 금사면 이포리에서도 텃골에 세거하였다).

그리고 같은 남양군 홍주의 후손이라고 하더라도 즉 남양군파에 속하는 사람들이라 하더라도, 상수홍씨나 이포홍씨와 달리, 저 멀리 전라도 임실任實과 남원南原으로 내려가 살게 된 사람들도 있었다. 그들은 홍주의 증손이자 홍지의 아우인 홍척洪陟(생몰년 미상)의 후손들이다. 홍척의 아들인 홍연洪演(1403~1458, 호 호은湖隱)은 단종이 왕위

포함한 많은 역사 문헌에서 확인이 되는데, 그 가운데 대표적으로 申光漢(1484 ~1555)이 지은 '泛槎亭記'에 나오는 내용을 소개하면 아래와 같다.
　　或有問槎之說者曰　槎桴屬　乘之可以濟　昔漢有張騫者　嘗乘此以使西域　故後世
　　稱使者　遂爲之乘槎　今也有舊宰相金公安國罷官于朝　旣不得爲時所用　則作亭于
　　梨湖之陰　命以泛槎　亦何取於此哉.(申光漢,《企齋文集》卷1 '泛槎亭記')
31 梨浦 지역과 梨浦洪氏 역시, 湘水洪氏의 경우와 마찬가지로, 조선 시대 동안 많은 사람들에 의해 언급되었다. 그 대표적인 인물이 丁若鏞(1762~1836)이다. 정약용은 그의 아들들에게 '故家世族'은 모두 名勝地를 점유하고 있다는 점을 강조하며 그 대표적인 집안으로 渼陰金氏, 궁말이씨, 金灘鄭氏와 함께 梨浦洪氏를 예로 들고 있는데, 이러한 기록에서도 이포홍씨가 조선사회에서 차지하는 지위를 알 수 있다. 이에 관해서는 丁若鏞,《與猶堂全書》1集 卷18 '示二子家誡'篇을 참고하길 바란다.

에서 쫓겨나자 스스로 관직을 버리고 경기도 양주楊州 일대에 은거하였다. 그리고 그의 아들 홍휴洪休(1426~1492)는 막내아들 홍효종洪孝宗(1468~1526)을 데리고 그의 처가인 보안한씨保安韓氏의 전장田庄이 있는 오늘날 전라북도 임실군 청웅면靑雄面 가라실〔玉田〕로 낙향하였다. 그 후 홍휴의 손자인 홍석방洪碩舫(1508~1594)은 문과에 급제하여 원주목사原州牧使를 역임하였고, 또 홍석방의 아들 홍붕洪鵬(1539~1597)은 학행이 뛰어나 임실 학정서원鶴亭書院에 배향되기도 하였다.

또 홍휴의 8대손인 홍제명洪濟明(1678~1753)은 임실 가라실을 떠나 오늘날 전라북도 순창군淳昌郡 적성면赤城面 회정리槐亭里(-남원부南原府 동계면東溪面 회정리)에 살게 되었다. 그가 회정에 살게 된 계기는 그의 외가인 광주이씨廣州李氏가 회정에 살고 있었기 때문이다. 전하는 바에 의하면, 홍제명이 회정에 들어가 살기 얼마 전 회정 일대에는 극심한 전염병이 돌았고 이로 인해 광주이씨들은 회정을 버리고 다른 곳으로 이주하였다. 그리고 홍씨 일가가 회정에 들어가 살게 되었다.

홍제명의 외조는 이필방李必芳(1632~1687)인데, 그는 세조 대에 우의정을 지낸 이인손李仁孫(1395~1463)의 아들이자 이극돈李克墩(1453~1503)의 형인 이극감李克堪(1427~1465)의 6대손이다. 그리고 이필방의 증조 이유경李有慶(1497~1558)은 선조 대에 영의정을 역임한 이준경李浚慶(1499~1572)의 사촌이다. 하지만 이유경에게는 아들이 없었기 때문에, 이준경의 아들인 이덕열李德悅(1534~1599)이 이유경에게 양자로 들어가게 되었다. 앞서 필자는 회정에 사는 광주이씨들이 회정을 떠나 다른 곳으로 이주하였다고 하였는데, 그들이 이주해 간 곳 가운데 하나가 오늘날 남원시南原市 덕과면德果面 신양리新陽里 사립안〔扉村〕이다. 그리고 이 사립안에 사는 광주이씨들은 조선 시대 동안 이 이준경을 현조 顯祖로 내세우며 남원 지역에서 '1급 양반'으로 행세하였던 사람들이다.

또 광주이씨들이 회정에 들어가게 된 계기는 남원양씨南原楊氏와의 혼인 관계에 의해서였다. 이필방의 아버지인 이사헌李士獻(1598~1665)은 남원양씨 양시진楊時晉(1573~1615)의 사위가 되었는데, 이 양시진은 진사와 문과에 급제하고 사헌부 지평과 사간원 정언을 역임하는 등 장래가 총망받는 사람이었다. 하지만 광해군 대에 능창군綾昌君 역모 사건에 연루되어 유배를 가던 중 사망하였다. 양시진의 집안은 고려 말 이래로 오늘날 전라북도 순창군 동계면東溪面 귀미리龜尾里에 대대로 살아오고 있는 사람들로, 조선 시대 동안 경향京鄕 간 이른바 명문들과 혼인이 많이 이루어진 것으로 유명하다. 그리고 양시진, 그 아버지 양사형楊士衡(1547~1599), 그 할아버지 양홍楊洪(1508~1564), 그리고 그 증조 양공준楊公俊(1484~1525)이 모두 문과에 급제하고, 또 양시진, 양시우楊時遇(1563~1638), 양시정楊時鼎(1567~1633) 4촌 3명이 모두 문과에 급제하면서 세상에 더욱 알려지게 되었다.

이야기가 다소 복잡해진 듯한데, 경기도 양주에 살던 남양홍씨가 전라도 임실 가라실로 이주하고 또 가라실에 살던 남양홍씨가 남원 회정으로 이주할 수 있었던 주요한 계기는, 이들이 그 지역에 거주하는 유력한 가문들과 혼인 관계를 맺고 있었기 때문이다. 그리고 이 남양홍씨들은 전라도에 내려온 이후, 앞서 언급한 광주이씨나 남원양씨 이외에도 전라도 지역의 유력한 가문, 예를 들면 임진왜란 때 의병장으로 활약한 고경명高敬命(1533~1592) 집안인 장흥고씨長興高氏, 임진왜란과 정유재란 때 전주성을 지킨 이정란李廷鸞(1529~1600) 집안인 전의이씨全義李氏, 부안扶安 하서면下西面 청호리晴湖里에 세거하며 4대가 내리 공신에 책봉된 제주고씨濟州高氏, 그리고 '최崔·노盧·안安·이李'로 알려진 남원 지역의 양반, 삭녕최씨朔寧崔氏·풍천노씨豊川盧氏·순흥안씨順興安氏·전주이씨全州李氏 등 전라도 지역의 유력한 가문들과 계속해서 혼인을 맺게 된다.

그리고 임실 가라실에 살던 남양홍씨 가운데에는 회정이 아닌 다른 곳으로 이주한 사람들도 있었다. 그들은 홍제명의 숙부인 홍석주洪錫疇(1663~1725)의 후손들이었다. 그들은 지금은 저수지가 만들어져 수 몰되어 버린 전라북도 임실군 운암면雲岩面 텃골[基洞]에 살았는데, 그들은 텃골에 정착한 이후 '만석꾼'이라 불릴 정도로 많은 부를 가지게 되었고 고창高敞의 울산김씨蔚山金氏와 같은 전라도 일대의 부호들과 교류를 하였다. 그리하여 세상에서는 회정에 사는 남양홍씨를 그들이 거주하는 지역의 지명에 따라 '회정홍씨'라 부르듯이, 이들 또한 '텃골 홍씨'라 부르게 되었다.

남양홍씨 '당홍계唐洪系'는 당나라에서 건너온 '홍학사'의 후예라고 생각하며 살았던 사람들과 또 그렇게 믿으며 현재 살아가고 있는 사람들을 가리킨다. 이 '홍학사'는 당나라에서 동쪽으로 건너온 이후에 남양이라는 곳에 정착하였는데, 이 남양이라는 곳은 오늘날 경기도 남서부 일대, 좀 더 구체적으로는 오늘날 경기도 화성시華城市 남양읍 일대를 가리킨다. 물론 '홍학사'가 남양에 정착한 이후 남양이라는 지명은 역사 속에서 치폐를 거듭하였고 또 지방 통치 단위로서의 위상도 일정하지 않았지만, 역사상 언제나 오늘날 경기도 남서부 일대를 크게 벗어나지 않았다.

'홍학사'가 남양에 정착한 이후 그곳에서 생활하던 그의 후손들 가운데에는 시간이 흐르면서 차츰 남양을 벗어나 다른 곳으로 이주하는 사람들이 생겨났다. 남양을 벗어나 다른 곳에 정착한 사람들 가운데에는 고려의 수도인 개성으로 이주하여 그곳에서 크게 활약한 사람도 있었는데, 그 가운데 대표적인 인물이 남양홍씨 '당홍계'의 시조로 알려진 홍은열이다. 그리고 홍은열의 후손들은 대대로 개성에 살게 되었던 것으로 보이는데, 고려 말과 조선 초에 와서는 새로운 왕조의

〈표 2-5〉 남양홍씨 남양군파 세거지

世居地	오늘날 위치 비정
京畿道 積城縣 南面 湘水里	京畿道 楊州市 南面 湘水里
京畿道 驪州牧 金沙面 梨浦里	京畿道 驪州市 金沙面 梨浦里
全羅道 任實縣 玉田面 가라실[柯田]	全羅北道 任實郡 靑雄面 玉田里 가라실[柯田]
全羅道 南原府 東溪面 槐亭里	全羅北道 淳昌郡 赤城面 槐亭里
全羅道 任實縣 下雲面 텃골[基洞]	全羅北道 任實郡 雲岩面 텃골[基洞]

탄생 과정 속에서 커다란 시련을 겪게 되었고 그 자손들 가운데 일부가 경기도 적성현 남면 상수리에 정착하게 되었다. 그리고 상수리에 살던 남양홍씨 가운데 일부는 또다시 상수리를 떠나 경기도 여주목 금사면 이포리에 거주하게 되었다.

또 개성에 거주하던 홍은열의 후손 가운데에는 조선 왕조의 건국과 함께 한양 인근으로 오게 된 사람들도 있었을 것으로 생각되는데, 그 사람들 가운데에는 여러 가지 이유로 한양 인근을 떠나 지방으로 내려가 살게 되는 사람이 생겨났다. 그 가운데 대표적인 사례가 바로 단종이 왕위에서 쫓겨나자 그 불의함을 보지 못하고 양주로 은둔한 홍연과, 또 양주에서 저 멀리 전라도 임실 가라실로 옮겨 간 홍휴 부자이다. 그리고 가라실에 정착한 홍휴의 후손 가운데에는 또다시 가라실을 떠나 다른 곳에 정착하는 이들이 생겨나게 되었는데, 앞서 살펴본 회정홍씨와 텃골홍씨가 그 대표적인 경우라 할 수 있다.

'홍학사'가 남양에 정착한 이후 남양에 거주하던 홍씨들 가운데 남양을 떠나 다른 지역으로 이주하기 시작한 사람들이 언제부터 생겨나게 되었는지는 현재로서는 알 길이 없다. 하지만 그들의 역사에 비추어 보면, 지금으로부터 최소한 1천 년 전에는 이미 남양을 떠나 다른 지역에 정착한 사람들이 있었던 것으로 보인다. 그리고 그들은 시간이 흐르면서 전국 각지에 흩어져 살게 되었고 그곳에서 세거하는 사람들이 나타났다. 그리고 그들은 남양이 아닌 다른 지역에 세거지를 두고 생활을 하더라도 그들의 원조遠祖가 살았다고 전해지는 남양을 결코 버리지 않았다. 다시 말하면, 남양을 떠나 개성, 상수, 그리고 이포에서 1천 년 이상의 시간을 보냈다고 하더라도, 또 남양을 떠나 개성, 양주, 가라실, 회정, 그리고 텃골에서 1천 년 이상의 세월을 보냈다고 하더라도, 그들은 그들이 소속된 씨족을 밝히면서 성씨와 함께 언제나 남양을 칭하였다.

남양홍씨의 역사에서 나타나는 이와 같은 현상은 우리가 본고에서 살펴보았던 청하최씨의 역사에서도 찾아진다. 이를 청하최씨의 역사에 비추어 다시 한 번 더 정리해 보면, 한나라 시기에 최업이라는 인물이 청하 동무성에 정착한 후, 그의 후손들 가운데에는 청하 동무성을 떠나 유현에, 유현을 떠나 형양에, 형양을 떠나 허주 언릉에 정착한 사람들이 있었고, 또 유현을 떠나 제군 오수에, 제군 오수를 떠나 전절에 거주하는 이들이 있었으며, 그리고 청하를 떠나 청주와 남전에 각기 정착한 사람들이 있었는데, 이들은 청하최씨가 중국 역사상 문벌사족(-또는 세가대족)으로 존재하는 순간까지 그들이 소속된 씨족을 밝히면서 청하를 계속해서 칭하였다.

필자는 앞서 한국사회에서 본관이 출현하게 되는 역사적 배경을 이야기하면서 '종전에 다 같이 신라 왕경에 살았던 박씨니 김씨니 하는 사람들 사이에서 그들이 살고 있는 지역의 지명에 따라 밀양박씨니 상주박씨니 또는 강릉김씨니 선산김씨니 하는 호칭이 생겨났고, 이를 한국의 씨족사에서는 '분적'이라 부른다'는 송준호의 말을 인용하였는데, 남양홍씨의 역사와 청하최씨의 역사에서 이러한 분적의 현상을 찾아보면, 남양홍씨의 경우, 지금으로부터 적어도 1천 년 이전에 그들의 조상 가운데 남양을 떠나 다른 지역으로 이주한, 특히 개성으로 이주한 사람들을 중심으로 홍씨라는 성씨를 가진 또 다른 집단들과 자신들을 구분하기 위하여 그들의 성씨와 함께 남양을 칭하는 현상 즉 분적의 현상이 나타났고, 이후 그들이 개성, 양주, 상수, 이포, 가라실, 회정, 그리고 텃골, 그 어디로 이주하여 살아도 분적의 현상은 더 이상 나타나지 않았으며, 또 청하최씨의 경우, 한나라 시기 그들의 조상 가운데 청하를 떠나 다른 지역에 정착한 사람을 중심으로 최씨라는 성씨를 사용하는 또 다른 집단과 서로를 구분하기 위하여 그들의 성씨와 함께 청하를 칭하기 시작하였고, 이후 그들이 청하가 아닌 그 어느 지역에 살아도 문벌사족으로서 그들의 씨족이 중국사회에 존재하기까지 분적의 현상은 더 이상 생겨나지 않았다.

이처럼 남양홍씨와 청하최씨가 상당히 오랜 세월 동안 남양과 청하가 아닌 다른 지역에 흩어져 살았음에도 불구하고 그들 사이에서 분적의 현상이 나타나지 않은 이유는, 무엇보다도 '모군에서 비롯된 저명한 씨족의 후예'라는 사실을 밝히는 것이 하나의 '사회적 제도'로 그 당시 사회에 뿌리 깊게 자리 잡고 있었기 때문인데, 이 '사회적 제도'가, 바꾸어 말해 한국의 본관제도와 중국의 군망제도가 그 사회에 뿌리 깊게 자리 잡을 수 있었던 원인은, 그 당시 사회에 문벌을 숭상하는 사회 풍조가 크게 성행하였기 때문이라고 필자는 생각하고 있다. 다시 말해, 한국의 본관제도나 중국의 군망제도 모두 문벌을 숭상하는 사회 풍조의 산물이었다.[32]

그리고 남양홍씨의 역사와 청하최씨의 역사에서 나타나는 이러한 공통적인 모습은 송나라 이후 중국사회에 존재하였던 씨족(-일반적으

---

32 송준호 역시 '한국의 본관제도나 중국의 군망제도 모두 문벌을 숭상하는 사회 풍조의 산물이다'는 점을 언급하였다. 그는 그의 저술 곳곳에서 이러한 점을 언급하였는데, 그 가운데 대표적인 부분을 제시해 보면, 宋俊浩, 〈韓國의 氏族制에 있어서의 本貫 및 始祖의 問題〉,《朝鮮社會史硏究》, 82~90·96~99쪽이다.
　아울러, 송준호는 중국사회에서 군망을 칭하는 사회적 제도를 '중국의 본관제' 또는 '중국의 本貫制度'라 칭하였는데, 필자는 그와 달리 '군망제도'라 칭하였다. 이에 관해서는 이 책 제2장 제2절을 참고하길 바란다.

로 중국 사학계에서는 이 시기의 씨족을 종족이라 부른다)의 모습, 즉 그들의 원조遠祖가 살았던 지역의 지명이 아닌 그들이 살고 있는 지역의 지명과 함께 성씨를 칭하여 그들이 소속된 씨족을 밝히고 또 그렇게 칭해진 씨족을 분적(-물론 분적이라는 용어는 한국의 씨족사에서 쓰이는 용어이다)된 별개의 씨족으로 간주하는 모습과는 분명히 다른 것이었다. 이를 좀 더 강조해서 말해 보자면, 남양홍씨의 역사와 청하최씨의 역사에서 발견되는 이상의 모습은 상수홍씨, 이포홍씨, 회정홍씨, 그리고 텃골홍씨가 남양홍씨의 지파가 아닌 남양홍씨에서 분적된 별개의 씨족으로 간주되었을 송나라 이후 중국사회의 씨족의 모습과는 씨족의 존재 형태부터가 다른 것이었다.

소결론

우리는 이상에서 청하최씨의 역사와 남양홍씨의 역사를 통하여 중국의 군망제도와 한국의 본관제도가 역사상 존재하는 시기는 서로 다르지만 그들이 가지고 있는 성격은 참으로 비슷하다는 사실, 어찌 보면 그들을 지칭하는 용어는 서로 다를지 몰라도 그들이 가지고 있는 성격에서는 그들을 하나의 제도로 간주할 수 있을 정도로 참으로 유사하다는 사실을 확인하였다. 그리고 이러한 사실을 확인하는 동안 우리는 또다시 또 다른 역사적 의문점 하나를 떠올리지 않을 수 없었다. 그것은 중국의 군망제도가 중국사회에 출현한 이후 당나라 시기까지 존재하다가 사라진 데 비하여, 한국의 본관제도는 한국사회에 그것이 출현한 이후 지금까지도 계속해서 존재하고 있다는 것인데, 그럼 어떠한 이유로 또는 어떠한 역사적 요인으로 인하여 중국사회에서는 약 1천 년 전에 이미 사라진 제도가 한국 사회에서는 여전히 존재하고 있는가 하는 점이다.

필자는 이러한 역사적 의문점에 대하여, 앞서 중국의 군망이 출현하는 역사적 배경을 설명하기 위하여 언급하였던 청나라 시기의 학자 방동수의 견해를 다시 한 번 더 소개하면서 그에 대한 해답을 제시해 보고자 한다. 방동수는 자기 집안의 역사를 정리하면서 자신의 집안을 '노홍방씨魯䪼方氏'라 칭하였다. 그가 자기 집안을 '노홍방씨'라 칭한 이유는 그의 조상 가운데 동성桐城(-오늘날 안휘성 안경시安慶市에 속한 동성시桐城市 일대)에 처음으로 들어온 사람이 노홍에 정착하였기 때문이다(실제로 현재 중국에는 《동성노홍방씨족보桐城魯䪼方氏族譜》가 남아 있다). 그리고 그는 자기 집안이 동성으로 들어오게 된 과정을 이야기하면서, 자기 집안은 본래 하남河南을 군망으로 하는 방씨였는데, 수나라 시대에 '흡령歙令'을 역임한 인물이 있어 흡현歙縣에 정착하게 되었고, 이 흡현에 거주하는 방씨 가운데 일부가 휘주徽州 무원婺源(-휘주는 오늘날 안휘성 황산시黃山市를 말하고, 무원은 오늘날 강서성 상요시上饒市에 속해 있다)으로 이주하였으며, 그 무원에 살던 방씨 가운데 일부가 다시 동성으로 이주해 왔다고 말하고 있다.[33]

그리고 그는 자기 집안이 본래 하남을 군망으로 하는 방씨였다는 사실에 대하여, "지금은 애석하게도 수당 이전 시기에 작성된 역사문헌 속에서 우리 집안이 하남방씨라는 사실은 확인할 수 없다"고 말

---

[33] 이 절의 결론 부분에서 언급되고 있는 方東樹의 견해에 관해서는 이 책 제2장 제3절을 참고하길 바란다.

하고, "우리 집안이 하남을 군망으로 한다는 사실은 (이번에 족보를 간행하면서는) 그대로 기록해 두도록 하되 (그 사실 여부에 대해서는) 더 이상 논하지 않는 것이 좋을 듯하다"고 결론짓고 있다. 또 그는 자신의 선조가 무원에서 왔다는 사실에 대해서도, "우리 집안은 명나라 홍무洪武 연간에 휘주의 무원에서 동성으로 이주해 왔다. 하지만 우리 집안 시천조始遷祖의 선대에 관련된 기록이 휘주에 살고 있는 방씨들의 족보에서 확인되지 않는다."고 말하고 있다.[34] 다시 말해, 방동수가 그의 선대에 관련하여 객관적으로 확인할 수 있는 사실은 동성으로 이주해 온 시천조와 그 후대에 관련된 것일 뿐, 그 시천조 윗대에 관한 기록은 찾을 수 없었던 것이다.

그리고 방동수는 오랜 보학譜學 활동을 통하여 자기 집안뿐만이 아니라 자기가 보아온 많은 집안들 또한 자기 집안과 같이 그 선대에 관한 기록이 절대적으로 부족하다는 사실을 잘 알고 있었다. 그리고 그는 중국 씨족들 사이에서 이러한 현상이 나타나게 된 원인을 역사적으로 고찰하기 시작하였고, 그에 대한 해답으로 '세변世變'과 '서실書失'을 언급하게 되었다. 그가 말하는 '세변'이란 중국 역사상 가계 기록이 온전하게 전해지지 못할 정도로 사회적으로 커다란 변화가 있었던 시기를 의미한다. 그는 이러한 '세변'을 크게 6개의 시기로 구분하고 있는데, 전국 시대 말기부터 진秦나라가 중국을 통일한 시기가 그 첫 번째요, 한나라가 중국을 통일하고 지방의 호족을 관중 지역으로 이주시킨 시기가 두 번째, 진晉나라부터 남북조에 이르는 시기가 세 번째, 당나라 건국 후 새로운 성격의 지배계층이 등장한 시기가

---

34 方東樹,《攷槃集文錄》卷11 '族譜序'篇.
　　至今惜乎 吾不得隋唐以前之書而考之以訂其是非 … 河南之望 則姑存而勿論
　　可也 … 吾族自明初洪武間 由徽之婺源遷桐 而其始遷之祖以上載於徽譜者 不
　　可考.

네 번째, 당나라 말기부터 시작된 '5대10국' 시기가 다섯 번째, 그리고 남송 이후 원나라에 이르는 시기가 여섯 번째이다.

또 그가 말하는 '서실'이란 이상의 '세변'을 거치는 동안 믿을 만한 가계 기록이 거의 사라지고 믿지 못할 가계 기록이 많이 생겨난 것을 가리킨다. 그에 따르면, 위나라 시대에는 '구품중정제'가 실시되면서 각 주군 단위에서 가계 기록을 직접 관리하였고, 그로 인해 이 시기에 작성된 가계 기록은 믿을 만한 것이었다. 그리고 이러한 위나라 시대의 관행은 남북조 시기 남조에 존재하였던 진晉·송宋·제齊·량梁 시기에도 이어졌다. 하지만 북조에서는 '대북인代北人'들이 그들이 본래 가지고 있는 성씨를 버리고 한족이 소유한 성씨를 취하기 시작하였고, 또 당나라 시기에 와서도 '사성賜姓'이니, '개성改姓'이니, '모성冒姓'이니 하는 방식으로 새로운 성씨가 계속해서 생겨나게 되면서, 그 이전부터 전해오던 가계 기록에는 일대 혼란이 생기게 되었다. 이러한 혼란 속에서 개인이 사사로이 작성한, 믿지 못할 가계 기록이 많이 생겨났다고 방동수는 말하고 있다. 여하튼, 방동수는 이상에서 말한 '세변'과 '서실'로 인해 중국 씨족들은 그 선대를 알 수 없을 만큼 혼란을 겪게 되었고, 이로 인해 중국사회에는 "千年可徵之氏族"이 존재할 수 없게 되었다고 믿고 있다.

하지만 한국사회의 경우는 달랐다. 다시 말해, 한국사회는 방동수가 말하고 있는 '세변'과 '서실'이 중국사회에 비하여 그 정도가 약했다. 필자가 그 정도가 약했다고 말하는 이유는, 예를 들면 군망제도가 크게 성행하였다고 말해지는 남북조 시기, 이 남북조 시기는 몇 십년을 단위로 기존의 왕조가 무너지고 새로운 왕조가 들어서는 대혼란의 시대였고 그 혼란의 시대 동안 한 개인은 평생 동안 몇 개의 왕조를 섬겨야 하는 경우도 많았는데(-그 대표적인 인물이 청하최씨 최령崔逞이다. 최령은 평생 동안 전연前燕, 전진前秦, 동진東晉, 적위翟魏, 후연

後燕, 북위北魏 6개의 왕조를 섬겼다. 아무튼), 이와 같은 대혼란의 시기가 한국의 역사 속에는 존재하지 않았기 때문이고, 또 중국사회의 경우, 당나라 말기에 이르러서는 정치적인 면에서나, 경제적인 면에서나, 사회적인 면에서나, 그리고 사상적인 면에서 그 사회의 근간을 흔드는 변화가 일어났다고 알려져 있는데, 전통기 한국사회에서는 이에 비견할 만한 변화가 나타나지 않았기 때문이다.

전통기 한국사회는 이러한 역사적 상황 속에서 중국사회에 비하여 그 사회를 비교적 안정적으로 지탱할 수 있었고, 한국의 씨족들 또한 중국의 씨족들에 비하여 그 가계를 비교적 지속적으로 유지할 수 있었다. 이를 방동수의 말과 연관시켜 이야기해 보자면, 조선 시대 동안 '내노라하는 양반'으로 행세하였던 가문 가운데에는 자기 집안이 밝히고 있는 본관이 불확실한 것이라고 말하는 사람이나, 또는 자기 집안이 대대로 살아오고 있는 지역 즉 세거지에 처음으로 정착한 입향조의 선대를 확인할 수 없다고 말하는 사람은 나타나지 않았다. 그리하여 조선 시대 학자 유형원은 "우리나라에서는 (옛날부터) 문벌을 중시하였기 때문에 씨족들이 으레 자기들의 원조의 출신지를 밝혀 그것으로 본관을 삼았으며 그리하여 그 자손들도 비록 전국 각지에 흩어져 살고 (그렇게 하기를 수십 세대 그리고 수백 년 또는 수천 년이 흘렀어도) 그 본관을 바꾸지 않았다"고 말하고 있다.[35]

요컨대, 중국의 군망제도는 그것이 중국사회에 출현한 이래 '단기간' 존재하다가 사라진, 다시 말해 문벌을 숭상하는 풍조가 중국사회에 성행하던 '짧은 시기'에 존재하다가 사라진 것이었지만, 한국의 본관제도는 그것이 한국사회에 출현한 이후 중국의 그것보다도 더 발전

---

35 柳馨遠의 견해는 그의 저서인 《東國輿地志》 '凡例'篇에 수록되어 있다. 아울러, 유형원의 견해를 이용한 연구인 宋俊浩, 〈韓國의 氏族制에 있어서의 本貫 및 始祖의 問題〉, 《朝鮮社會史硏究》, 一潮閣, 1987와 이 책 제4장 제2절도 참고하길 바란다.

된 형태로 변화하여, 마치 조상 대대로 전해오는 절대 불변의 유산인
양 오늘날까지 전해오고 있는데, 그 성격이 참으로 유사하다고 할 수
있는 두 제도가 이처럼 서로 다른 방향으로 변해갔던 이유는, 그 두
제도가 각기 기반을 두고 있던 두 사회, 즉 전통기 중국사회와 동시
기 한국사회가 각기 경험한 역사적 상황이 서로 달랐기 때문이며 또
각기 다른 역사적 상황 속에서 형성된 그들의 사회적 성격이 서로 달
랐기 때문이었다.

〈부록 2-1〉《원화성찬元和姓纂》에 나오는 성씨와 군망[36]

姓氏	郡望	姓氏	郡望	姓氏	郡望	姓氏	郡望	姓氏	郡望
劉[37]	彭城	劉	東陽	趙	下邳	郭	略陽	孫	河東
	沛國 相縣		長城		金城		廣平 邯鄲		華原
	蕭縣		廣陵		扶風		河東 聞喜		洛陽
	彭城 呂縣		汝南		平原		燉煌	韓	穎川 長社縣
	宏農		下邳		河間 蠡吾縣	徐	東海 郯州		南陽 堵縣
	河間		東海		中山		東陽		昌黎 棘成縣
	中山		京兆		新安		東莞 姑幕		陳留
	梁郡		河東 桑泉		南陽 穰縣		高平		河東
	南陽 沮陽		新安		酒泉		長城		廣陵
	高平		馮翊		陝郡 河北縣		琅琊		京兆
	廣平 陰城	陳	廬江		汲郡		濮陽		東郡
	東莞 姑幕		武當		河東		於潛		范陽
	高唐		廣漢 射洪		長平		新豐		長樂
	東平		臨淮		信都		瑕邱		宛句
	廣陵		會稽	杜	京兆	胡	安定	賈	洛陽
	臨淮		趙郡		襄陽		新蔡		河東
	琅琊		廣宗		中山		弋陽 定城		廣平
	東海		洛陽		濮陽		義陽 中州		樂陵
	南郡		萬年		洹水		洛陽		河內 野王
	高密		河南		京兆		鄂縣		濮陽
	竟陵		汝南 安城縣		陝郡		樂陵	袁	陳郡 夏陽縣
	范陽		沛國		安德		恒山		汝南
	東萊		陳留		扶風 鄠縣		河東		彭城
	丹陽		潯陽		偃師		河南		樂陵 東光縣
	蘭陵		臨川		成都	馮	穎川		京兆
	杼秋		廬江		河東		上黨		華陰
	宣城		太山		齊郡		長樂 信都		河東
	陳留		淮南		醴泉		京兆		襄陽
	武功	周	永安		河南		河間	朱	吳郡
	濮陽		河間 文安縣	郭	太原 陽曲		魏郡		錢塘
	尉氏		臨汝		馮翊		新平		沛國 相縣
	濟陰		華陰		京兆		高州		永城 譙郡
	京兆 武功		河東 汾陰		穎川		崗州		義陽
	廬陵		清河		華陰	孫	太原 中都		丹陽
	南康		江陵		中山 鼓城		樂安		大康
	譙郡		長安		館陶		東宛		河南
	東都		河南		曲沃		吳郡 富春		
	河南		昭州		河內		富陽		
	雕陰	趙	天水 西縣		武昌		清河		

36 중국 군망제도에 관한 연구에서는 주로 당나라 시대 林寶가 편찬하였다고 전해지는 《元和姓纂》, 송나라 시대 鄧名世가 편찬한 《古今姓氏書辯證》, 그리고 《新唐書》에

수록되어 있는 〈宰相世系表〉를 이용하고 있다. 이 가운데《元和姓纂》에는 총 1460종
의 성씨가 수록되어 있는데, 그중 387종의 성씨에 군망이 기록되어 있다. 이 표는
군망이 기록되어 있는 387종의 성씨 가운데 군망이 8개 이상 기록되어 있는 14개
성씨를 위주로 작성된 것이다.

참고로, 필자는《四庫全書》(臺灣商務印書館 編,《文淵閣四庫全書》第890冊)에 수록되
어 있는《元和姓纂》을 이용하였는데, 이《元和姓纂》은《永樂大典》에 실려 있는 내용
을 바탕으로《唐韻》과《古今姓氏書辯證》과 같은 성씨서의 내용을 참고하여《四庫全
書》편찬 당시에 재편집된 것으로 알려져 있다.

또,《元和姓纂》의 내용 가운데 이른바 '某郡諸氏'로 분류된 군망들은 이 표에 수록
하지 않았다. 예로 들면 劉氏의 경우, 이 표에서 소개하고 있는 40개의 군망 이외
에도 "諸郡劉氏"라 하여 역대 인물의 이른바 '某處人'을 소개하며 '中山人', '上邽人',
'洛陽人', '宣州人', '京兆人', '宋州 虞地人', '邵州 沙河人', '陳留 封邱人', '長安人', '岐
山人', '潤州 上元人', '東平人', '范陽人', '汴州人'을 언급하고 있는데, 이 경우는 모두
이 표에 수록하지 않았다.《元和姓纂》에는 劉氏 이외에도 馮氏, 徐氏, 陳氏, 樊氏,
呂氏, 趙氏, 馬氏, 段氏, 그리고 郭氏에 '諸郡某氏'가 실려 있다.

37《元和姓纂》의 편찬자는 丹陽, 蘭陵, 杼秋, 宣城, 陳留 5개의 군망에 대하여는 "檢未
獲"이라고 설명하고 있다. 또, 陳留 이상의 군망에 대해서는 "己上劉氏二十六郡 竝
舊望"(-실제는 28개 郡임: 安註)이라는 내용을 小註로 밝히고 있다.

〈부록 2-2〉 청하최씨 분파도

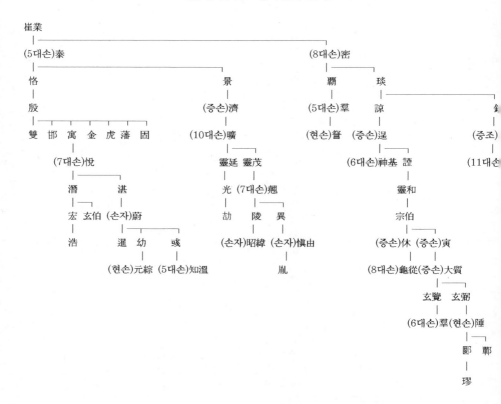

〈부록 2-3〉《백씨통보百氏通譜》에 나오는 성씨와 본관[38]

姓氏	本貫	姓氏	本貫	姓氏	本貫	姓氏	本貫	姓氏	本貫
鄭	東萊	李	慶州	金	江陵	吳	長興	趙	金堤
	溫陽		延安		金海		和順		咸安
	慶州		德水		原州		杞溪		白川
	草溪		全義		安山	韓	清州		淳昌
	海州		韓山		善山		平山	洪	南陽
	河東		廣州		靈光		谷山		豊山
	晉州		龍仁		海豊		漢陽		缶溪
	光州		星州		水原		安邊		洪州
	奉化		驪州		彦陽		唐津		懷仁
	清州		公州	吳	海州		交河		開城
	瑞山		富平		同福		保安		安山
	慶州		遂安		寶城		新平		義州
	羅州		青海		羅州		扶安	黃	昌原
	廣州		水原		高敞		楊州		長水
	盈德		清州		咸陽	趙	豊壤		尙州
金	海南	金	安東	趙	樂安		楊州		懷德
	長髻		光州		軍威		林川		紆州
	奉化		慶州		荳原		漢陽		平海
	延日		延安		迎日		平壤		黃州
李	全州		清風		朗山		稷山		善山

38　전통기 한국사회에서는 《氏族源流》(趙從耘 編), 《諸姓譜》(丁時述 篇), 《姓苑叢錄》(任慶昌 編)과 같은 綜合譜가 일찍부터 만들어졌다. 그 가운데 《百氏通譜》(具義書 編, 추정)는 그 내용에서나 분량 면에서 최고의 역작으로 뽑힌다. 이 《百氏通譜》에는 총 51개 성씨가 수록되어 있는데, 이 가운데 8개 이상의 본관이 기록된 성씨를 정리한 것이 〈부록 2-3〉이다.

〈**부록 2-4**〉 남양홍씨 분파도

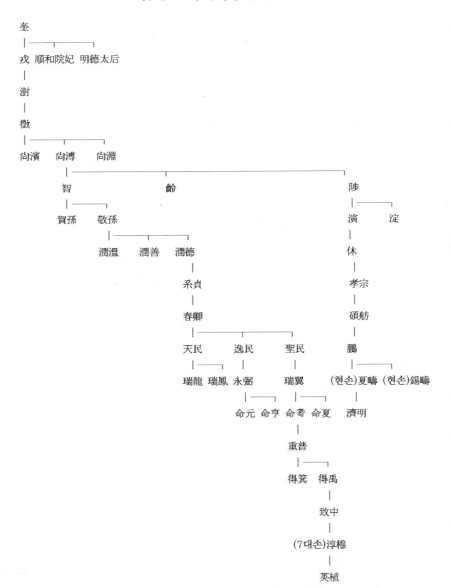

〈**부록 2-5**〉 남양홍씨 '춘경'계 문과급제자[39]

1. '천민天民'계 문과급제자

姓名	文科	姓名	文科	姓名	文科
天民	明宗08(1553)別試	學淵	純祖13(1813)增廣	重燮	純祖27(1827)增廣
瑞鳳	宣祖27(1594)別試	相益	英祖50(1774)庭試	遠燮	憲宗14(1848)增廣
命一	仁祖11(1633)增廣	柱翼	正祖02(1778)庭試	萬燮	高宗03(1866)別試
處亮	仁祖15(1637)庭試	秀晩	正祖14(1790)增廣	世燮	高宗18(1881)庭試
好人	肅宗32(1706)庭試	秉壽	憲宗13(1847)庭試	在瓚	高宗08(1871)別試
景顔	英祖35(1759)式年	晩燮	純祖03(1803)增廣	在九	高宗28(1891)增廣
聖淵	英祖51(1775)庭試	贊燮	哲宗12(1861)庭試	鍾運	高宗11(1874)增廣
樂淵	英祖44(1768)式年	翼燮	純祖34(1834)式年		

2. '일민逸民'계 문과급제자

姓名	文科	姓名	文科	姓名	文科
命元	宣祖30(1597)庭試	啓遠	英祖45(1769)耆老	在龍	憲宗01(1835)增廣
命亨	光海04(1612)式年	文海	英祖51(1775)庭試	在敏	純祖01(1801)增廣
處厚	仁祖07(1629)庭試	逑海	英祖35(1759)庭試	在喆	純祖26(1826)別試
處尹	仁祖17(1639)謁聖	準海	英祖27(1751)庭試	在重	憲宗03(1837)式年
處大	仁祖17(1639)謁聖	儀泳	正祖07(1783)增廣	鍾奭	哲宗02(1851)庭試
受河	顯宗05(1664)春塘	趾海	英祖28(1752)庭試	鍾大	高宗02(1865)式年
受灝	肅宗08(1682)增廣	景海	英祖27(1751)庭試	軒鍾	哲宗11(1860)庭試
受漸	肅宗10(1684)式年	纘海	英祖42(1766)庭試	原鐘	憲宗10(1844)增廣
受疇	肅宗08(1682)增廣	宗海	英祖30(1754)增廣	鍾榮	高宗25(1888)別試
禹瑞	肅宗28(1702)謁聖	相簡	英祖42(1766)庭試2	鍾燦	高宗19(1882)增廣
禹傳	肅宗45(1719)別試	相臣	英祖49(1773)庭試	鍾永	高宗12(1875)別試
禹寧	肅宗33(1707)別試	相聖	英祖41(1765)謁聖	鍾憲	高宗19(1882)增廣
禹行	肅宗25(1699)增廣	遇燮	純祖01(1801)增廣	鍾璨	高宗24(1887)庭試
啓迪	肅宗34(1708)式年	起燮	純祖02(1802)庭試3	淳馨	高宗11(1874)增廣
啓裕	英祖09(1733)式年	龜燮	純祖04(1804)式年	淳九	高宗26(1889)謁聖
啓禧	英祖13(1737)別試	冕燮	純祖03(1803)增廣	淳學	哲宗08(1857)庭試
啓謹	英祖35(1759)式年	在鉉	哲宗10(1859)增廣		

39 위 문과급제자의 수에 관해서는《(Wagner-宋 文科프로젝트)文科譜》의 내용을 참고
하였다.《(Wagner-宋 文科프로젝트)文科譜》를 필자가 이용할 수 있도록 제공해 주신
宋萬午 선생님께 감사드린다. 아울러, 어려운 상황 속에서도 'Wagner-宋 文科프로젝
트'를 계속해서 추진하고 계시는 송만오 선생님께 이 자리를 빌어 존경의 뜻을 표
한다.

3. '성민聖民'계 문과급제자

姓名	文科	姓名	文科	姓名	文科
聖民	明宗19(1564)式年	秉喆	純祖01(1801)增廣	鐘應	純祖28(1828)式年
瑞翼	光海01(1609)增廣	在臣	哲宗13(1862)庭試	鍾雲	憲宗11(1845)庭試
命耈	光海11(1619)謁聖	勝圭	純祖15(1815)庭試	鐘學	哲宗13(1862)庭試
命夏	仁祖22(1644)別試	楎圭	純祖27(1827)增廣	淳肯	高宗22(1885)增廣
重普	仁祖23(1645)別試	永圭	純祖29(1829)庭試	淳穆	憲宗10(1844)增廣
致中	肅宗32(1706)庭試	正圭	哲宗07(1856)別試	淳大	哲宗06(1855)庭試
益三	英祖16(1740)庭試	鍾序	哲宗01(1850)增廣	萬植	高宗03(1866)庭試
益聞	純祖13(1813)增廣	鍾遠	純祖31(1831)式年	英植	高宗10(1873)式年
相續	英祖47(1773)增廣	鍾英	憲宗09(1843)式年	性友	高宗29(1892)庭試

제2절 현대 한자어 사전에 나오는 '군망'의 의미 검토

　　중국 역사상 군망제도는 위진남북조 시기부터 당나라 시기에 이르기까지 중국사회를 주도적으로 움직였던 계층인 '문벌사족門閥士族'과 깊은 관계가 있는 것으로 알려져 있다.[40] 이 문벌사족은 유력한 몇몇 가문의 구성원들로, 이들은 대대로 고위 관직을 독점하며 국가의 정책 결정에서 그 결정권을 거의 전유하다시피 하였다. 이 문벌사족에 의해 지배된 사회에서는 그들이 속한 가문의 사회적 지위에 따라 그들의 사회적 지위도 결정되었다. 그리하여 그들이 관직에 나아갈 때에도 그들이 속한 가문의 사회적 지위에 따라 그들이 나아갈 수 있는 관직도 일정 범위 안으로 한정되었으며, 또 이들이 혼인을 하려 할 때에도 그들 가문과 동일한 지위에 있는 가문 안에서 그 대상자를 찾는 것이 일반적이었다.

　　또, 이 문벌사족들은 그들이 소속된 씨족(-중국 사학계에서는 이를 두고 '가족' 또는 '종족'이라 부른다)을 밝히면서 일반적으로 그들의 성씨와 함께 군망을 칭하였다. 이를 중국 역사상 '5성姓7망望'이라 불릴 정도로 그 명망이 높았던 씨족들을 예로 하여 살펴보면, 농서이씨, 조군이씨, 청하최씨, 박릉최씨, 태원왕씨, 범양노씨范陽盧氏, 그리고 형양정씨라 칭한 씨족들이 바로 그들이었다.[41]

---

40 현재 역사학계에서 이 '문벌사족'을 지칭하는 용어는 학자마다 다양하다. '문벌사족'을 지칭하는 용어에 관해서는 아 책 제2장 각주 4번을 참고하길 바란다.

이처럼 문벌사족들이 자신들이 소속된 씨족을 밝히면서 성씨와 함께 군망을 칭하는 관행은 일찍이 한국사를 연구하는 연구자들 사이에서 많은 관심의 대상이 되었다. 그 이유는 한국사회에 존재하는 씨족들 역시 자신들이 소속된 씨족을 밝히면서 광산김씨, 안동김씨, 반남박씨, 그리고 전주이씨와 같이 자신들의 성씨와 함께 본관을 칭하였는데, 이 본관이 중국의 문벌사족들이 칭하였던 군망과 유사하다고 생각하였기 때문이었다.[42]

하지만 지금까지 이루어진 군망에 관한 연구 성과를 살펴보면, 이 군망이라는 용어가 각 연구자들에 따라 서로 다른 의미로 쓰이고 있음을 발견하게 된다. 그러한 원인으로 필자는, 현대에 편찬된 한자어 사전들에서 그 군망이 가지고 있는 의미를 명확히 정의하지 못하고 있기 때문으로 생각하고 있다. 따라서 이 절에서는 현대 한자어 사전들에서 이 군망이라는 용어를 어떻게 정의하고 있는지 그리고 그러한 정의가 합당한 전거 위에 이루어진 것인지를 살펴보고, 아울러 그 한자어 사전들에서 정의하고 있는 군망의 의미로 인해 파생된 문제점이 무엇인지를 살펴보고자 한다.

1. 전거典據에 대한 검토(1)

현대에 편찬된 한자어 사전 가운데 대표적이라 할 수 있는 한자어

---

41 중국의 군망제도에 관해서는 이미 많은 연구자들이 언급하였다. 그중 하나의 유명씨족을 중심으로 한 연구 성과에 관해서는 제1장의 각주 19번을 살펴보길 바란다. 각주 19번에서 언급된 연구 성과 이외에도, 王仲犖, 〈《新集天下姓望氏族譜》考釋〉, 《敦煌吐魯番文獻研究論集》第2輯; 唐耕耦, 〈敦煌四件唐寫本姓望氏族譜殘卷研究〉, 《敦煌吐魯番文獻研究論集》第2輯이 있다. 그 밖의 연구에 관해서는 아 절의 내용을 참고하길 바란다.
42 중국의 군망제도에 관심을 가진 한국의 연구자로는 송준호와 리수건이 있다. 이들의 연구에 관해서는 이 책 제2장의 각주 2번을 참조하길 바란다.

사전들에서 군망에 대하여 정의하고 있는 바와 그들이 제시하고 있는
전거를 정리해 보면 〈표 2-6〉과 같다.

〈**표 2-6**〉 현대 한자어 사전에 나오는 군망의 의미와 그 전거

辭典名	郡望의 의미	典 據
大漢和辭典[43]	郡中の貴顯の氏族. 郡中の望族.	《丹鉛總錄》: 虛高族望 起於江南 言今之百氏郡望 起於元魏胡虜 何足據也.
中文大辭典[44]	郡中之望族也.	《丹鉛總錄》: 虛高族望 起於江南 言今之百氏郡望 起於元魏胡虜 何足據也.
漢語大詞典[45]	古稱郡中爲衆人所仰望的貴顯家族, 如隴西李氏·太原王氏·汝南周氏等.	明 楊愼《丹鉛總錄·郡姓》: 虛高族望 起於江南 言今之百氏郡望 起於元魏胡虜之事 何足據也. 清 錢大昕《十駕齊養新錄·郡望》: 自魏晉以門第取士 單寒之家 屛棄不齒 而士大夫始以郡望自矜. 魯迅《吶喊·阿Q正傳》: 第四, 是阿Q的籍貫了. 倘他姓趙 則据現在稱郡望的老例, 可以照《郡名百家姓》上的注解, 說是'隴西天水人'也.
漢韓大辭典[46]	郡內의 望族. 한 郡에서 세력과 名望이 높은 氏族.	明 楊愼《丹鉛總錄·郡姓》: 虛高族望 起於江南 言今之百氏郡望 起於元魏胡虜之事 何足據也. 清 錢大昕《十駕齊養新錄·郡望》: 自魏晉以門第取士 單寒之家 屛棄不齒 而士大夫始以郡望自矜.
辭海[47]	魏晉至隋唐時每郡顯貴的世族 稱"郡望", 意卽世居某郡爲當地所仰望 如淸河崔氏·太原王氏等.	(典據 없음)
辭源[48]	郡中顯貴的氏姓. 如魏晉時淸河的張姓·太原的王姓等.	(典據 없음)

43 諸橋轍次,《大漢和辭典》'郡望'條, (株式會社)大修館書店, 1986.

44 中文大辭典編纂委員會 編,《中文大辭典》'郡望'條, 中國文化大學出版部, 1993.

이 한자어 사전들에서 군망에 대하여 정의하고 있는 바를 살펴보면, 이 사전들이 군망이라는 용어에 대하여 대체적으로 '한 군 단위 안에서 추앙받는 씨족'을 의미하는 것으로 정의하고 있음을 알 수 있다. 그리고 한 사전의 경우에는 이 씨족들이 주로 위진 시기부터 당나라 시기까지 존재하였다고 밝히고 있다.

그리고 이 사전들에서 군망이라는 용어를 이해하고 있는 방식을 곰곰이 생각해 보면, 군망이라는 용어에서 '군'은 중국 역사상 진나라 시기부터 수나라 시기까지 지방 행정 단위로 존재하였던 '군'을, 그리고 군망이라는 용어에서 '망'은 '명망 있는 씨족' 즉 '망족望族'을 의미하는 것으로 보고 있음을 알 수 있다. 그리하여 지방 행정 단위를 의미하는 '군'과 망족을 의미하는 '망', 이 두 가지 의미가 결합된 군망이라는 용어는 '한 군 단위 안의 망족'을 뜻한다고 이 사전들은 보고 있다.

또, 이 사전들에서 군망을 설명하기 위하여 제시하고 있는 전거를 살펴보면, 명나라 시기 양신楊愼이 저술한 《단연총록丹鉛總錄》, 그 《단연총록》의 내용 가운데에서도 권10에 수록되어 있는 '군성郡姓'편, 또 청나라 시기 전대흔錢大昕이 서술한 《십가재양신록十駕齋養新錄》, 그 《십가재양신록》의 내용 가운데에서도 권12에 수록되어 있는 '군망'편, 그리고 근대 시기 소설가인 노신魯迅(1881~1936)의 작품집인 《눌함吶喊》에 실려 있는 《아Q정전阿Q正傳》의 내용임을 알 수 있다.

하지만 이 사전들에서 제시하고 있는 이상의 전거들이 그들이 정의하고 있는 군망이라는 용어의 의미, 즉 '한 군 단위 안의 망족'이라는

---

45 漢語大詞典編輯委員會 編,《漢語大詞典》'郡望'條, 漢語大詞典出版社, 1992.
46 檀國大學校 東洋學研究所 編,《漢韓大辭典》'郡望'條, 檀國大學校出版部, 2008.
47 辭海編輯委員會 編,《辭海》'郡望'條, 上海世紀出版股份有限公司, 2010.
48 商務印書館編輯部 編,《辭源》'郡望'條, 商務印書館, 1979.

뜻과 얼마나 부합하는 것인지는 검토해 볼 필요가 있다.

양신은 그의 저서 《단연총록》에서 남북조 시기에 한족 출신으로 북조에 참여하였던 문벌사족을 지칭하는 또 다른 용어이기도 한 '군성郡姓'에 대하여 다음과 같이 이야기하고 있다.

> 姓氏書 以姓配郡望 甚爲無謂 虛高族望 起于江南 侯景求婚於王謝而不允 遂詬曰 會須以吳兒女配奴 江東散亂 職此之由. 其後 河北亦效 尤以崔盧爲首 比江東之王謝 薛宗起不得入郡姓 至碎戟 爭於帝前 乃取入郡姓 今之百氏郡望 起於元魏胡虜之事 何爲據也 是時 韓顯宗上疏有云 門望者 乃其父祖之遺烈 亦何益於皇家 苟有才 雖屠釣可相 奴虜可將 苟非其才 雖三后之胤 墜於皂隷 矣 又曰 陛下豈可以貴襲貴賤襲賤 李沖(-《魏書》에 따르면 李沖이 아니라 李彪이다: 安註)曰 不審魯之三卿 孰若四科 眞名言哉[49]

"(지금 남아 있는) 성씨서들을 살펴보면 성씨와 함께 군망을 기록하고 있는데, 그 군망이라는 것은 그다지 믿을 만한 것이 되지 못한다" 〈姓氏書 以姓配郡望 甚爲無謂〉라고 시작되는 위 인용문에서 이 인용문의 저자인 양신이 '군성'이라는 용어와 '군망'이라는 용어가 서로 어떠한 관계에 있는 것인지 직접적으로 밝히고 있지 않아서, 그가 이 두 역사적 용어에 대하여 어떠한 견해를 가지고 있는지는 쉽게 파악되지 않는다.

하지만 위 인용문의 전체적인 흐름으로 보면, 양신은 '군망'이라는 용어가 위진남북조 시대에 발달한 그중에서도 특히 대북인代北人이 세운 왕조인 북위 시대에 크게 발달한 군성과 밀접한 관련이 있는 것으로 이해하고 있으며, 또 그 북위北魏 시대의 군성은 비슷한 시기 남조南朝사회에서 크게 유행하였던 문벌을 숭상하는 풍조의 영향을

---

49 楊愼,《丹鉛總錄》卷10 人品類 '郡姓'篇.

받아 생겨난 것으로 생각하고 있음을 알 수 있다(물론 북조北朝의 군
성은 남조의 영향으로 생겨난 것은 아니다).

　그리고 양신은 남조사회에 만연되어 있었던 문벌을 숭상하는 풍조
를 설명하기 위하여, 또 그 문벌을 숭상하는 풍조로 인해 생겨난 폐
단을 드러내기 위하여, 후경侯景(503~552)의 고사를 예로 들고 있다.
후경은 선비족鮮卑族 출신으로, 북조의 북위와 남조의 양梁나라에서
활약하였던 인물로 알려져 있다. 젊은 시절 북위의 군대에 들어가 호
족胡族의 반란을 진압한 공으로 명성을 얻게 된 후, 이 명성을 기반
으로 547년(양무제梁武帝 태청太淸 원년)에는 양나라로 투항하였으며,
그 이듬해인 548년에는 스스로 반란을 일으켜 양나라의 제위를 찬탈
하기도 하였다.

　후경은 양나라에 투항한 이후로 양나라에 형성되어 있는 문벌 사회
에 적응하기 위하여 수많은 노력을 하였던 것으로 보인다. 하지만 선
비족 출신인 그에게, 더욱이 북방 지역에서 군공軍功 하나만으로 명성
을 얻은 그에게 양나라의 문벌 사회는 그리 만만한 것이 아니었다.
그리하여 그는 양나라의 문벌 사회에서 많은 좌절을 맛봐야 했고, 이
런 좌절이 계속되면서 양나라 사회에 대한 그의 불만은 점점 커져갔
다. 그리고 이러한 불만이 반란으로 이어진 결정적인 계기가 바로 혼
인을 둘러싸고 발생하였던 양무제와의 갈등이었다.

　후경은 양나라의 문벌 사회에 적응하기 위해서는 당시 양나라 사회
에서 최고의 문지門地(-양신이 말하는 '문망門望'과 같은 의미이다.)를
자랑하던 왕씨王氏나 사씨謝氏와 혼인 관계를 맺어야 한다고 생각하였
다. 그리고 이를 위하여 당시 양나라의 황제인 무제에게 혼인을 주선
해 줄 것을 요청하였다. 하지만 그에게 돌아온 대답은 "왕씨와 사씨
는 문지가 너무 높아 너의 집안과 혼인할 수 없을 것이다. 그러하니
주씨朱氏나 장씨張氏 혹은 그 이하의 문지를 가진 가문에서 찾아보는

게 좋을 듯하다."였다. 목전에서 이러한 대답을 들은 후경은 양나라 사회에 깊은 환멸을 느끼게 되었고, "내가 장차 오吳 지방에 있는 망족의 딸들을 노예들에게 시집가도록 하겠다"라고 다짐하며 반란을 일으키게 되었다.[50] 양신이 위 기사에서 말하는 "侯景求婚於王謝而不允 遂詬日 會須以吳兒女配奴"는 바로 이러한 상황을 전제해 두고 한 말이다.

또, 양신은 남조사회에서 크게 유행하였던 문벌 숭상 풍조가 이후 북조사회에서 군성이 생겨나는 데 많은 영향을 주었던 것으로 생각하고 있다. 그리고 그는 이 군성이 가지고 있는 성격을 설명하기 위하여 설종기薛宗起(생몰년 미상)의 고사를 언급하고 있다. 설종기는 《북사北史》에 열전이 실려 있기도 한 설총薛聰(생몰년 미상)과 동일한 인물로 생각되며,[51] 주로 북위 효문제孝文帝 때 활동하였던 인물로 알려져 있다.

《자치통감資治通鑑》에 따르면, 어느 날 효문제는 그의 신하들과 함께 각 지역의 군성에 관하여 이야기하다가 '설씨薛氏가 하동河東 지역의 무성茂姓(-남북조 시대에는 각 지역의 군성을 그 문지에 따라 갑족甲族이니, 을족乙族이니, 병족丙族이니 하는 식으로 구분하였다. 설종

---

50 이러한 내용은 《南史》 卷80 列傳 第70 賊臣 '侯景'傳에 잘 기록되어 있다. 楊慎 역시 이 '侯景'傳의 내용을 참고했던 것으로 보인다. 그 내용을 소개하면 아래와 같다.
　　又(-'侯景이 반란을 꾀하게 된 원인으로 北魏의 침공을 받은 梁武帝가 侯景을 北魏로 송환하겠다는 편지를 보낸 것 이외에도, 또'라는 뜻임)請娶於王謝 帝日 王謝門高非偶 可於朱張以下訪之 景恚日 會將吳兒女以配奴.

51 필자가 薛宗起와 薛聰을 동일한 인물로 보는 이유는 《資治通鑑》에 실려 있는 기사의 내용과 《北史》 '薛聰'傳에 실려 있는 기사의 내용이 매우 유사하기 때문이다. 이 가운데 《北史》 卷36 列傳 第24 '薛聰'傳에 실려 있는 기사의 내용을 소개하면 다음과 같다(《資治通鑑》에 실려 있는 기사의 내용에 관해서는 아래 각주의 내용을 참고).
　　帝曾與朝臣論海內姓地人物 戱謂聰日 世人謂卿諸薛是蜀人 定是蜀人不 聰對日 臣遠祖廣德 世仕漢朝 時人呼爲漢 臣九世祖永 隨劉備入蜀 時人呼爲蜀 臣今事陸下 是虜非蜀也 帝撫掌笑日 卿幸可自明非蜀 何乃遂復苦朕 聰因投戟而出 帝日 薛監醉耳 其見知如此.('帝'는 孝文帝를, '薛監'은 薛宗起를 의미함)

기의 가문은 하동 지역의 무족戊族에 해당하였다: 安註)이다'는 사실을
알게 되었다. 마침 그 자리에는 설종기도 함께 하고 있었는데, 효문제
는 설종기의 재치를 시험하기 위하여 "설씨의 조상은 촉蜀땅의 사람
들인데, 어찌 군성에 포함될 수 있단 말인가!"라는 농담조의 질문을
던졌다. 이 소리를 들은 설종기는 자신이 들고 있던 창을 땅에 내던
지며 앞으로 뛰쳐나와 말하기를 "저의 조상은 (본래 하동 사람들로)
한나라 말기에 촉땅에 들어갔다가 두 세대를 그곳에서 보내고 다시
하동 지역으로 돌아와 지금까지 6세대에 걸쳐 살고 있습니다. 그러니
저희 조상은 촉인이라 할 수 없습니다. 또 생각해 보건대, 폐하께서는
황제黃帝의 후예(-효문제는 탁발씨拓跋氏로, 탁발씨는 황제의 후예로
알려져 있다: 安註)인데, 폐하의 조상이 북방 지역에 봉해졌다고 해서
또한 오랑캐라 할 수 있단 말입니까? 지금 시대에 군성에 들지 않고
어떻게 살아갈 수 있단 말입니까?"라고 하였다. 비록 농담으로 인해
생겨난 것이기는 하였지만 다소 당황스런 상황을 지켜보고 있던 효문
제는 "그럼 짐이 갑족이 되고 경이 을족이 되면 되겠구나", "그대의
이름은 '종기宗起'라기보다는 가문을 일으킨다는 뜻의 '기종起宗'이라
해야겠다"고 하면서 상황을 마무리하였다.[52] 그리고 이러한 사건이 있
고 나서 설종기의 가문은 계속해서 군성으로 남게 되었다고 양신은
생각하고 있다(위 기사에서 〈薛宗起不得入郡姓　至碎戟　爭於帝前　乃取入
郡姓〉 참고).

　그리고 양신이 군성이 가지고 있는 성격을 설명하기 위하여 제시하

52　이상은 《資治通鑑》卷140 齊紀6 '建武三年'條에 실려 있는 내용을 바탕으로 하되
　　필요에 따라 필자가 임의로 재구성한 것임을 밝힌다. 《資治通鑑》卷140 齊紀6 '建武
　　三年'條에 수록되어 있는 내용은 아래와 같다.
　　　衆議以薛氏爲河東茂族　帝曰　薛氏蜀也　豈可入郡姓　直閣薛宗起　執戟在殿下　出
　　　次對曰　臣之先人　漢末仕蜀　二世復歸河東　今六世相襲　非蜀人也　伏以　陛下黃
　　　帝之胤　受封北土　豈可亦謂之胡邪　今不預郡姓　何以生爲　乃碎戟於地　帝徐曰
　　　然則朕甲卿乙乎　乃入郡姓　仍曰　卿非宗起　乃起宗也("直閣"은 관직명이다).

였던 《자치통감》의 내용 그리고 그 내용에 출현하는 '군성'이라는 용어에 대해서는 후대의 학자인 호삼성胡三省(1230~1302)이 주석을 달아 설명하였는데, 그 주석에서는 "군성은 군의 대성大姓이자 저성著姓을 뜻하는 것으로, 오늘날 많은 성씨들이 가지고 있는 군망은 대개 여기에서 시작되었다"〈郡姓者 郡之大姓著姓也. 今百氏郡望 蓋始於此〉고 정의하였다.53

이러한 호삼성의 주석은 현대에 편찬된 한자어 사전들, 예를 들면 앞서 우리가 살펴보았던 《대한화사전大漢和辭典》, 《중문대사전中文大辭典》, 《한어대사전漢語大詞典》, 《한한대사전漢韓大辭典》 그리고 《사원辭源》 등에서 '군성'이라는 용어를 설명하기 위하여 그 전거로 제시하고 있는 것이기도 하다. 그리고 이들 한자어 사전에서 정의 내리고 있는 군성의 의미는, 앞서 우리가 살펴보았던 '군망'이라는 용어가 그러했듯이, 일반적으로 '망족'을 의미하는 것에서 크게 벗어나지 않고 있다. 이를 좀 더 구체적으로 살펴보면, 《대한화사전》은 "一郡中の名家をいふ"로, 《중문대사전》은 "謂郡之大姓著姓也"로, 《한어대사전》은 "一郡的大姓望族"으로, 《한한대사전》은 "한 군의 명문 귀족"으로, 그리고 《사원》은 "一郡之內的大姓望族"으로 군성을 정의하고 있다.

여하튼 이야기를 다시 양신으로 돌려 보자면, 양신은 현대에 편찬된 한자어 사전들이 '군망'과 '군성'이라는 용어를 모두 '망족'을 의미하는 것으로 정의하고 있는 것과는 달리, '군망'과 '군성'을 구분하여 사용하고 있으며, '군망'은 북조 시대에, 특히 대북인들이 세운 왕조인 북위 시대에 발달한 군성에서 출현한 것으로 이해하고 있다.

그리고 그 군성이라는 것은 한족의 입장에서 보자면 이민족이 중국

---

53 胡三省의 주석은 명나라 시대 嚴衍(생몰년 미상)이 편찬한 《資治通鑑補》에 실려 있다. 嚴衍, 《資治通鑑補》 卷140 齊紀6 '建武三年'條.

을 통치하던 혼란한 시기에 생겨난 것으로, 그 군성에서 비롯된 군망
이라는 것이 명나라 시기까지 이어져 온다는 것은 있을 수 없는 것이
었다. 그리하여 양신은 위 기사에서 "지금의 많은 성씨들이 가지고
있는 군망이라는 것은 북방 오랑캐가 지배하던 북위 시대에 생겨난
것으로 어찌 믿을 수 있단 말인가?"〈今之百氏郡望 起於元魏(-북위의 황
실은 본래 탁발씨라는 성씨를 가지고 있었지만 효문제 때에 원씨元氏
로 개성하였다.: 安註)胡虜之事 何爲據也〉라고 강조하여 말하고 있다.

또, 양신이 북위 시대에 생겨난 군망이 자신이 살던 명나라 시기까
지 계속해서 존재한다는 사실에 비판적이었던 또 다른 이유는, 군망
이 생겨나는 데 절대적인 영향을 미쳤던 군성 그 자체가 북위 사족들
에게 비판의 대상이 되기도 하였기 때문이었다. 북위의 일부 사족들
은 '군성이라는 것은 오로지 문지를 기반으로 하여 형성된 것으로, 이
군성을 지나치게 중시하게 되면 사회에 많은 폐단이 생겨나기 때문에
군성을 과도하게 중시하는 풍조는 빨리 시정되어야 한다'고 생각하였
는데, 양신은 이러한 북위 사족의 대표적인 견해로 한현종韓顯宗(?~
499)과 이표李彪(생몰년 미상)의 견해를 제시하고 있다.

한현종은 당시 북위 조정에서 너무나 지나치게 문지만을 따져 관리
를 등용하다 보니 재덕才德을 갖춘 인재가 제대로 등용되지 못하고
있다고 생각하고 있었다. 그리하여 문지에만 의지하여 관리를 등용하
기보다는 수재秀才와 효렴孝廉에 의거하여 재덕을 갖춘 인재를 폭넓게
등용하도록 효문제에게 상언하였는데, 그 상언의 내용 가운데 "문망門
望(-앞서 이야기하였듯이 문지라고도 한다: 安註)이라는 것은 조상이
물려준 유업일 뿐인데, (이것만을 근거로 하여 관리를 등용한다면) 황
실에 무슨 도움이 되겠습니까? 재덕을 제대로 갖춘 사람이라고 한다
면 비록 (그의 신분이) 짐승을 도살하고 물고기를 잡아 생계를 유지하
는 천한 사람이라 하더라도 가히 재상이 될 수 있을 것이며 (또 그의

신분이) 비록 노예와 같다고 하더라도 가히 장수가 될 수 있을 것입니다. 하지만 재덕을 제대로 갖춘 사람이 아니라고 한다면 비록 우왕이나 탕왕 그리고 문왕의 후예와 같이 훌륭한 가문의 후손이라 하더라도 그는 스스로 노예로 전락하게 될 것입니다."〈門望者 乃其父祖之遺烈 亦何益於皇家 苟有才 雖屠釣可相 奴虜可將 苟非其才 雖三后之胤 墜於皁隸矣〉라고 하였다.54

　남북조 시대에 들어서는 관리를 등용하면서 그가 속한 가문의 사회적 지위에 따라 차등을 두는 현상이 강화되었고, 이러한 현상은 특히 북위의 효문제 시대에 들어 더욱 강화되었다. 그래서 당시 사족들 사이에서는 이러한 현상에 대해 근심하는 목소리가 점점 커져갔다. 이에 효문제는 여러 신하들과 함께 이 문제를 논의해 보길 원하였고, 여러 신하들이 한자리에 모인 어느 날 다음과 같이 문제를 제기하였다. "요 근래 들어 그 사람이 고귀한 가문의 출신인지 아니면 비천한 가문의 출신인지를 따져 그 사람의 사회적 지위를 결정하는 관행이 강화되고 있으며, 또 그에서 더 나아가 그러한 관행으로 인해 결정된 지위가 사회적으로 거의 고정화되어 가는 경향이 나타나고 있다. 짐은

54　魏收,《魏書》卷60 列傳 第48 '韓顯宗'傳.《위서》에 나오는 내용을 모두 소개하면 아래와 같다.

顯宗又上言日 進賢求才 百王之所先也 前代取士 必先正名 故有賢良方正之稱 今之州郡貢察 徒有秀孝之名 而無秀孝之實 而朝廷但檢其門望 不復彈坐 如此 則可令別貢門望 以敍士人 何假冒秀孝之名也 夫門望者 是其父祖之遺烈 亦何益於皇家 益於時者 賢才而已 苟有其才 雖屠釣奴虜之賤 聖皇不恥以爲臣 苟非其才 雖三后之胤 自墜於皁隸矣 是以大才受大官 小才受小官 各得其所 以致雍熙 議者或云 今世等無奇才 不若取士於門 此亦失矣 豈可以世無周邵 便廢宰相 而不置哉 但當校其有寸長銖重者 即先敍 之 則賢才無遺矣('賢良'과 '方正'은 모두 인재를 선발하는 과목으로 賢良은 주로 才德을, 方正을 주로 正直을 평가하였다. 그리고 '周邵'(?~230)는 三國 시대 吳나라의 武將으로 騎都尉라는 비교적 낮은 관직으로 軍隊를 통솔한 것으로 알려져 있다. '貢察'은 '薦擧'를, '秀孝'는 '秀才'와 '孝廉'을, '彈坐'는 '彈劾'을, 雍熙는 '평화롭게 조화를 이루는 것'을, '寸長銖重'은 '아주 작은 차이까지도'를 의미한다).

이러한 현상이 한편으로는 바람직하지만 또 다른 한편으로는 바람직하지 못하다고 생각한다. (지금 이 자리에서) 서로 논의해 봄이 좋을 듯하다."라고.

이 자리에는 이표와 한현종 등이 함께하고 있었는데, 이러한 질문을 받은 이표는 "(폐하께서는 오로지 문지만을 따지시려 하십니다. 그럼) 노魯나라의 삼경三卿으로 알려진 계손씨季孫氏, 맹손씨孟孫氏, 숙손씨叔孫氏는 노나라 제후의 아들로 문지가 높다 할 수 있는데, 이런 이들 가운데 누가 공자가 강조한 문文·행行·충忠·신信 사과四科를 이루었단 말입니까? 저는 그러한 사실을 아직 들어보지 못하였습니다."〈不審魯之三卿 孰若四科〉라고 하였고, 또 한현종은 "왜 폐하께서는 고귀한 출신인 자들은 계속해서 고귀하게 하려 하시고 비천한 이들은 계속해서 비천하게 하려 하십니까?"〈陛下豈可以貴襲貴賤襲賤〉라고 하였다. 양신은 이 두 사람 가운데 특히 이표의 말을 "진명언眞名言"이라 칭찬하며, 군성에 대하여 비판적인 입장을 분명히 하였다.[55]

여하튼, 이상에서 양신이 언급한 내용 가운데, 현대에 편찬된 한자어 사전들에서는 군망이라는 용어를 설명하면서 "今之百氏郡望 起於元魏胡虜之事 何爲據也"라는 문구를 그 전거로 제시하고 있다. 하지만 그들이 전거로 제시하고 있는 "今之百氏郡望 起於元魏胡虜之事 何爲據也"라는 문구와 이 문구와 함께 양신이 언급하고 있는 "姓氏書 以姓配郡望 甚爲無謂"라는 또 다른 문구, 그리고 설종기의 고사에 나오는 '군성'이라는 용어에 대하여 설명한 "郡姓者 郡之大姓著姓也 今百氏郡望 蓋始

---

55 魏收,《魏書》卷60 列傳 第48 '韓顯宗'傳.《위서》에 나오는 내용 가운데 본문과 관련된 내용을 소개하면 아래와 같다.
　　高祖曾詔諸官曰 自近代已來 高卑出身 恒有常分 朕意一以爲可 復以爲不可 宜相與量之 … 李彪曰 師旅寡少 未足爲援 意有所懷 不敢盡言於聖日 陛下若專以門地 不審魯之三卿 孰若四科 … 顯宗曰 陛下 以物不可類 不應以貴承貴以賤襲賤('高祖'는 孝文帝를 말한다. '三卿'과 '四科'에 관해서는 본문의 내용을 참고하길 바란다).

於此"라는 호삼성의 문구, 이 문구들에 나오는 '군망'이라는 용어를 곰곰이 생각해 보면, 이 군망이라는 용어는 분명 현대 한자어 사전에서 언급하고 있는 '망족'의 의미와는 다른 뜻으로 쓰이고 있는 듯하며, 또 그 사전들에서 '망족'과 연관하여 정의하고 있는 또 다른 용어인 '군성'과도 그 의미가 다른 듯하다.

2. 전거에 대한 검토(2)

그럼 이번에는 현대 한자어 사전들 사이에서 '군망'이라는 용어가 지니고 있는 의미를 설명하기 위하여 제시하고 있는 또 다른 전거 즉 전대흔이 저술한 《십가재양신록》에 나오는 내용을 살펴보기로 하자. 전대흔은 청나라 시대에 활동했던 인물로, 19세에 진사시進士試에 급제하여 관직 생활을 하다가 40세가 넘어서는 고향으로 돌아가 학문에 전념한 것으로 전해지고 있다. 그는 특히 훈고학에 밝아서 《사기史記》와 《한서漢書》의 내용은 물론 《금사金史》와 《원사元史》의 내용에 이르기까지 방대한 내용을 교감하였다고 한다.[56]

《십가재양신록》은 이런 그의 학술 활동 가운데에서도 최고의 작품으로 뽑히는 것으로, 후대 학자들 사이에서는 고염무顧炎武의 《일지록日知錄》과 함께 흠모의 대상이 되기도 하였다. 이 《십가재양신록》은 전체적으로 하나의 주제를 가지고 체계적으로 엮은 것이 아니라 그가 여러 종류의 역사서와 고전을 살펴보던 가운데 생겨난 의문점들을 그때그때 정리하여 엮어 놓은 것이기도 하다. 이 책에는 다양한 주제를 소재로 한 내용이 실려 있는데, 그중 권12에는 현대 한자어 사전들

---

56 이 책에서는 錢大昕의 생애에 관하여 주로 中國大百科全書出版社編輯部 編, 《中國大百科全書(中國歷史 篇)》 '錢大昕'條, 1992의 내용을 참고하였다.

사이에서 '군망'의 의미를 설명하기 위하여 그 주요한 典據로 제시하고 있는 '군망'편이 실려 있다. 그 '군망'편의 내용 가운데 그 한자어 사전들에서 제시하고 있는 전거와 직접적으로 관련되는 부분을 소개하면 아래와 같다.

自魏晉 以門第取士 單寒之家 屏棄不齒 而士大夫始以郡望自矜 唐宋重進士科 士皆投牒就試 無流品之分 而唐世猶尙氏族 奉勅第其甲乙 勒爲成書 五季之亂 譜牒散失 至宋而私譜盛行 朝廷不復過而問焉 士旣貴顯 多寄居它鄉 不知有郡望者 蓋五六百年矣 唯民間嫁娶名帖 偶一用之 言王必琅邪 言李必隴西 言張必淸河 言劉必彭城 言周必汝南 言顧必武陵 言朱必沛國 其所祖何人 遷徙何自 槪置弗問 此習俗之甚可笑者也[57]

위진 시대에 들어서는 그 사람이 소속된 가문의 문지(-전대흔이 말하는 '문제門第')에 따라 그를 관리로 등용하게 되었고, 그로 인하여 사회적으로도 그 사람이 소속된 가문의 문지에 따라 그 사회적 지위를 결정하려는 현상이 일반화되었다. 그리하여 문지가 낮은 가문의 사족들은 사회 활동에 막대한 지장을 받게 되는 지경에 이르게 되었다. 이처럼 문지에 따라 개인의 사회적 지위가 철저하게 구분되는 시대에 문지가 높은 가문의 사족들을 중심으로 군망을 쓰기 시작하였고, 또 그 군망을 사용하는 것으로서 스스로 자부하는 현상이 나타났다. 전대흔이 말하는 "自魏晉 以門第取士 單寒之家 屏棄不齒 而士大夫始以郡望自矜"은 이러한 역사적 배경을 염두에 두고 한 말이었다.

수나라 시대에 들어서는 새로운 관리 채용 방식인 과거제도가 실시되었고, 그 과거제도는 당나라와 송나라 시대에 들어 더욱 확대 실시

---

57 錢大昕,《十駕齋養新錄》卷12 '郡望'篇.
    이 절에서는 續修四庫全書編纂委員會 編,《續修四庫全書》1151冊, 上海古籍出版社, 1995에 수록된《十駕齋養新錄》을 이용하였다.

되었다(물론 우리가 일반적으로 알고 있는 중국의 과거제도는 송나라 시대에 들어 정비된 것으로 알려져 있다). 그리고 이 과거제도가 관리를 채용하는 방식으로 일반화되면서, 사족들 사이에서는 이른바 '보첩譜牒'(-이 시기 보첩은 국가에서 작성하여 관리를 등용할 때 참고하였던 것으로 알려져 있다)에 근거하여 문지를 살펴보고 그 문지에 따라 개인의 사회적 지위를 논하려 하기보다는, 개인이 가지고 있는 능력을 중시하려는 풍조가 생겨났다. 하지만 당나라 시대까지도 여전히 '보첩'에 근거하여 문지를 논하고 또 그 문지를 따라 '갑족'이니 '을족'이니 '병족'이니 하는 따위로 가문(-전대흔이 말하는 '씨족')의 사회적 지위를 결정하려는 풍조가 여전히 남아 있었다. 이러한 사회적 분위기 속에서 군망이라는 것 또한 그 사회적 의미를 잃어버리지 않고 당나라 시대까지 계속해서 존재할 수 있었다.

하지만 당나라 말기부터 시작된 사회적 혼란 그리고 그 후 계속해서 이어진 5대10국 시기라는 대혼란을 경험하면서 문지를 따져 개인의 사회적 지위를 논하려는 풍조는 약해지게 되었고, 그로 인해 이른바 '보첩'이라는 것 또한 사라지게 되었다. 더욱이, 송나라 시대에 이르러서는 관官에서 관리하던 '보첩'을 대신하여 사가私家에서 임의로 만들어 낸 믿지 못할 가계 기록이 널리 유행하면서, 국가에서는 더 이상 문지를 철저히 따져서 관리를 등용하려 하지 않게 되었다. 또 사족들이란 관직에 나아가 한 번 현달하고 나면 그 현달한 관직과 관련된 지역에 정착하려는 경향이 강하였다. 그래서 이들이 자신의 군망이던 지역을 떠나 다른 곳으로 이주하는 사례가 빈번하게 발생하였다.

이러한 사회적 상황 속에서, 즉 문지에 기반하여 관리를 선발하는 기존의 방식에서 벗어나 과거제도라는 새로운 방식으로 관리를 등용하면서, 또 관에서 관리하던 이른바 '보첩'이라는 것이 더 이상 작성되지 않고 가계 기록이 사가에서 함부로 작성되면서, 그리고 관직 생활을 위하여 군망을 벗어나 다른 곳으로 이주하는 사족들이 늘어나면서, 문지를 따져 개인의 사회적 지위를 논하려는 풍조는 약해지게 되었고, 그로 인하여 군망이라는 것도 또한 사회적으로 그 의미를 잃어 자취를 감추게 되었다. 그리하여 청나라 시기에 살았던 전대흔은 "군망이 무엇인지 알지 못하게 된 지가 이미 5백 년 내지 6백 년이 되었다"〈不知有郡望者 蓋五六百年矣〉고 말하고 있다.

하지만 전대흔이 살던 청나라 시대에는 혼인 문서를 작성하면서 왕씨王氏는 낭야琅邪, 이씨李氏는 농서隴西, 장씨張氏는 청하淸河, 유씨劉氏는 팽성彭城, 주씨周氏는 여남汝南, 고씨顧氏는 무릉武陵, 그리고 주씨朱氏는 패국沛國을 각기 그들의 성씨 앞에 칭하는 풍습이 민간에 전해지고 있었다. 그리고 민간에 유행하던 이 풍습은 오랜 세월 연구 끝에 중국 역사를 통찰할 수 있었던 전대흔의 눈에는 위진 시대 이후 생겨나 당나라 시대까지 존재하였다고 알려져 있는 군망, 그 군망의 유산으로 보였다.

하지만 민간에서 유행하던 이러한 풍습은 전대흔의 눈에는 참으로 우습기 그지없는 것이기도 하였다. 왜냐하면, 군망이라는 것은 동일한 성씨 안에서 서로의 씨족(-앞서 밝혔듯이 중국사학계에서는 '가족' 또는 '종족'이라는 말을 쓴다)을 구분하기 위하여 생겨난, 다시 말하면 같은 성씨를 사용하더라도 그들의 조상이 누구인지 그리고 그 조상이 본래 거주하던 곳이 어디인지에 따라 씨족을 구분하기 위하여 생겨난 것으로, 하나의 성씨가 하나의 군망만을 사용하는 것은 극히 드문 사례임에도 불구하고, 앞서 말하였던 왕씨니, 이씨니, 장씨니, 유씨니, 주씨니, 고씨니, 주씨니 하는 많은 성씨들이 하나의 군망만을 칭하고 있었기 때문이었다. 그리하여 이러한 풍습을 유심히 지켜보던 전대흔은 "이 풍습은 풍습 가운데에서도 참으로 우습기 그지없는 것이다"〈此習俗之甚可笑者也〉라고 결론짓고 있다.

이상에서 전대흔이 밝히고 있는 '군망'편의 내용 가운데, 현대에 편
찬된 한자어 사전들에서 군망이라는 용어의 의미를 설명하기 위하여
그 전거로 제시하고 있는 문구는 "自魏晉 以門第取士 單寒之家 屛棄不
齒 而士大夫始以郡望自矜"이다. 하지만 그 한자어 사전들에서 정의하고
있는 '망족'의 의미를 가지고, 그들이 전거로 제시하고 있는 "自魏晉
以門第取士 單寒之家 屛棄不齒 而士大夫始以郡望自矜"이라는 문구와, 또
같은 '군망'편에 나오는 "士旣貴顯 多寄居它鄕 不知有郡望者 蓋五六百年
矣"라는 또 다른 문구를 이해하기에는 왠지 무리가 따르지 않을 수
없다는 것이 필자의 생각이다.

그럼 이쯤에서 우리는 전대흔이 '군망'편을 저술하면서 염두에 두었
던 '군망'의 의미가 무엇인지 궁금하지 않을 수 없는데, 우리가 이러
한 궁금증을 해결하기 위해서는 '군망'편의 내용을 좀 더 살펴볼 필요
가 있을 것 같다. 전대흔은 '군망'편에서 군망에 대한 설명을 "此習俗
之甚可笑者也"라고 1차로 마무리한 다음, 바로 그 뒤를 이어 "此習俗之
甚可笑者也"의 구체적인 사례를 제시하고 있는데, 그 구체적인 사례란
청나라 시기에 오중吳中 지역(-지금의 강소성 일대로, 여기에서는 역
사적으로 오군吳郡, 오흥군吳興郡, 회계군會稽郡으로 불리었던 지역을
말하는 듯하다)의 대표적인 성씨로 세간에서 "오중사성吳中四姓"이라
불리었던 성씨, 즉 주씨朱氏, 장씨張氏, 고씨顧氏, 그리고 육씨陸氏의
경우이다.

전대흔에 따르면, 역사적으로 주씨朱氏라는 성씨를 사용하는 사람들
은 패국沛國, 의양義陽, 오군吳郡, 그리고 하남河南 4개의 군망을 칭하
였는데, 당시 오군 지역에 거주하던 주씨들은 오로지 패국만을 군망
으로 칭하고 있었다.[58] 역사상 패국주씨의 현조顯祖로는 한나라 시대

---

58 일반적으로 중국 군망에 관한 연구에서는 당나라 시대 林寶(생몰년 미상)가 편찬하

때 대사마大司馬와 대사공大司空을 역임하고 신식후新息侯로 봉해지기
도 하였던, 그리하여 그의 열전이 《후한서後漢書》에 실리고 그 열전에
서 그를 "패국소인沛國蕭人"이라 칭하였던 주부朱浮(B.C.6~66 추정)였
다. 하지만 청나라 시대 오중 지역의 주씨들은 그 주부를 자신들의
조상으로 생각하고 있지도 않으면서, 혼인 문서를 작성할 때가 되면
으레 패국주씨라 칭하고 있다는 것이 전대흔의 생각이었다. 그리하여
그는 오군, 오흥군, 회계군 지역에 살고 있는 주씨들은 당연히 오군을
군망으로 칭해야 한다고 말하고 있다. 그리고 그는 더 나아가 주희朱
熹(1130~1200)를 조상으로 받들고 있는 주씨들의 경우에는 주희가
스스로를 신안주씨新安朱氏(-《송사宋史》 '주희'전에는 주희를 "휘주무원
인徽州婺源人"이라 칭하고 있는데, 신안은 휘주 지역을 지칭하는 고지
명이다)라 칭하고 있기 때문에, 이러한 사실에 근거하여 신안주씨라
칭하는 것이 옳다고 주장하였다.59

였다고 전해지는 《元和姓纂》, 송나라 시대 鄧名世(생몰년 미상)가 편찬한 《古今姓氏
書辯證》, 그리고 《新唐書》에 수록되어 있는 〈宰相世系表〉를 이용하고 있다. 필자의
조사에 의하면, 《元和姓纂》에는 錢大昕이 말한 沛國(-《元和姓纂》에는 沛國相縣으로
기록되어 있다), 義陽, 吳郡, 河南 4개의 군망 이외에도 錢塘, 永城譙郡, 丹陽, 大康
4개의 군망이 더 수록되어 있으며, 《新唐書》의 〈宰相世系表〉에는 沛國(-〈宰相世系
表〉에는 沛國相縣으로 기록되어 있다)과 丹陽 2개의 군망이 언급되고 있고, 《古今姓
氏書辯證》에는 朱氏에 관한 기록이 나오질 않는다.
　참고로, 필자는 《四庫全書》(臺灣商務印書館 編, 《文淵閣四庫全書》第890冊)에 수록되
어 있는 《元和姓纂》을 이용하였는데, 이 《元和姓纂》은 《永樂大典》에 실려 있는 내용
을 바탕으로 《唐韻》과 《古今姓氏書辯證》과 같은 성씨서의 내용을 참고하여 《四庫全
書》 편찬 당시에 재편집된 것으로 알려져 있다. 朱浮의 관직에 관해서는 《新唐書》
의 〈宰相世系表〉를 참고하였다.
59 錢大昕, 《十駕齋養新錄》 卷12 '郡望'篇.
　"朱張顧陸 號吳中四姓"으로 시작되는 문장에서 朱氏에 관련된 내용을 소개하면 아
래와 같다.
　　朱有沛國義陽吳郡河南四望 而今人但稱沛國 沛之顯者 在漢爲朱浮 今朱氏 不
　　皆祖浮也 子謂 三吳之朱 當稱吳郡 若稱文公之後 則依文公 自稱新安 可也(
　　"子"는 錢大昕을, "三吳"는 吳郡, 吳興郡, 會稽郡 3개의 지역을, "徽文公"은
　　朱熹를 말한다).
　그리고 朱浮의 列傳은 《後漢書》 卷33 列傳 第23에, 그리고 朱熹의 列傳은 《宋史》

이를 이어서 전대흔은 오중 지역에 거주하는 장씨들 이야기를 계속하고 있다. 그에 따르면, 역사적으로 장씨를 칭하였던 사람들은 청하清河, 남양南陽, 오군吳郡, 안정安定, 돈황燉煌, 무위武威, 범양范陽, 건위犍爲, 패국沛國, 양국梁國, 중산中山, 급군汲郡, 하내河內, 고평高平 14개 군망을 사용하였다.[60] 그러나 당시 오중 지역의 장씨들은 오로지 청하만을 군망으로 칭하고 있었다. 이러한 사실 역시 군망이라는 것은 그들이 받들고 있는 조상이 누구인지 그리고 그 조상이 거주하던 지역이 어디인지에 따라서 달라지는 것이라 믿고 있던 전대흔에게는 의아해 보이지 않을 수 없는 것이었다.

그래서 그는, 오중 지역의 장씨들 가운데 삼국 시대 오나라에서 대홍려大鴻臚를 역임한 장엄張儼(?~266)의 아들로 주로 서진西晋 시대에 활동한 장한張翰(생몰년 미상, 자 계응季鷹)과 한나라 시대의 인물인 장량張良의 9세손으로 그의 조부인 장무도張茂度(376~442)가 회계태수를 역임하여 그 인연으로 오군吳郡 지역에 살았던 장서張緒(생몰년 미상, 자 사만思曼), 이 두 사람을 조상으로 섬기고 있는 사람들은 그 군망을 오군으로, 그의 증조인 장우張宇가 범양范陽 방성方城에 정착한 이후 범양 지역을 근거로 서진 시대에 활동하였던 장화張華(232~300, 자 무선茂先)와 이 장화의 13세손이자 당나라 시기의 인물로 그 자신은 비록 낙양洛陽 지역에 살고 있었지만 그의 군망만은 계속해서 범양이라 칭하였던 장열張說(667~730, 자 도제道濟), 이 두 사람의 후손이라 칭하는 사람들은 그 군망을 범양으로, 또 서진 시대에

卷429 列傳 第188에 실려 있다.

60 《元和姓纂》에는 張氏에 관한 기록이 나오질 않는다. 하지만 《古今姓氏書辯證》에서는 당나라 시대 《元和姓纂》의 내용을 인용한다고 밝히면서 張氏의 군망이 43개가 있다고 말하고 있다(《古今姓氏書辯證》 卷13 '張氏'篇 참고). 또, 《新唐書》의 〈宰相世系表〉에는 范陽, 河東, 始興, 馮翊, 吳郡, 淸河東武城, 河間, 中山, 魏郡, 汲郡, 그리고 鄭州 11개의 군망이 기록되어 있다.

양주자사涼州刺史에 임명되었다가 이후 서평공西平公에 봉해지고 또 역사상 '전량前凉'이라 불리는 왕조를 세우는 데 실질적인 역할을 하였던 장궤張軌(255~314)를 조상으로 내세우는 사람들은 그 군망을 안정으로, 그리고 동한 시기에 문명을 크게 날리었던 장형張衡(78~139, 자 평작平子)의 후손이라 하는 사람들은 그 군망을 남양으로 해야 한다고 생각하였다.[61]

그리고, 이처럼 전대흔이 오중 지역의 장씨들을 그들이 내세우고 있는 조상에 따라 그들의 군망을 오군이니, 범양이니, 안정이니, 그리고 남양이니 하는 따위로 구분할 수 있었던 이유는, 오군 지역의 장씨들이 내세우고 있는 그들의 조상, 그 조상들의 본적지(-장열의 경우에는 말 그대로 군망)를 역사 문헌 가운데에서 찾을 수 있었기 때문으로 생각된다. 이를 좀 더 자세히 말해 보자면, 장한과 장서의 경우에는 각기 《진서晋書》와 《남제서南齊書》에 실려 있는 그들의 열전에서 그들을 "오군오인吳郡吳人"이라, 또 장화의 경우에는 《진서》에 실려 있는 그의 열전에서 그를 "범양방성인范陽方城人"이라 칭하고 있고, 장열의 경우에는 《구당서舊唐書》에 실려 있는 그의 열전에서 그를 "其先范陽人 代居河東 近又徙家河南之洛陽"이라 소개하고 있으며, 그리고 장궤와 장형의 경우에는 각기 《진서》와 《후한서》에 실려 있는 그들의 열전에서 그들을 "안정오씨인安定烏氏人"과 "남양서악인南陽西鄂人"이라

---

61 錢大昕, 《十駕齋養新錄》 卷12 '郡望'篇.
"朱張顧陸 號吳中四姓"으로 시작되는 문장에서 張氏에 관련된 내용을 소개하면 아래와 같다.
張有淸河南陽吳郡安定燉煌武威范陽犍爲沛國梁國中山汲郡河內高平十四望 而今人但稱淸河 子謂 張之顯者 多矣 當視其所祖何人 如季鷹思曼之裔 則當云吳郡 茂先道濟之裔 當云范陽 西平公軌之後 當云安定 平子之裔 當云南陽 不應槪稱淸河也("子"는 錢大昕을, "季鷹"과 "思曼"은 張翰과 張緒를, "茂先"과 "道濟"는 張華와 張說을, "平子"는 張衡을 말한다. 각 인물에 대해서는 본문을 참고).

기록하고 있기 때문으로 생각된다.[62]

또, 전대흔은 "《광운廣韻》에서 말하기를 '고顧라는 성씨는 오군吳郡에서 생겨났다'고 한다. (그리고 고라는 성씨 가운데 오군 이외) 다른 군망이 있다는 사실은 아직까지 들어 보지 못하였다"고 하면서 오중 지역의 고씨顧氏 이야기를 시작하고 있다.[63] 그에 따르면, 오군 지역의 고씨들은 삼국 시대 오나라에서 승상을 역임하였던 고옹顧雍 (168~243)과 그의 손자로 서진 시기에 사공司空을 역임하였던 고영顧榮(?~312)을 조상으로 생각하거나, 그게 아니면 남북조 시기 양梁나라에서 활동한 고야왕顧野王(519~581)이나 당나라 시기에 활동하였던 고황顧況(727~815 추정)을 조상으로 섬기고 있었다. 사실, 이들은 각기 《삼국지三國志》, 《진서晉書》, 《남사南史》, 그리고 《구당서舊唐書》에 "오군오인吳郡吳人" 또는 "오국오인吳國吳人"(-고영이 이에 해당한다) 그리고 "소주인蘇州人"(-고황顧況이 이에 해당한다)이라고 기록되어 있다. 그런데도 불구하고 오중 지역의 고씨들은 자신들의 군망을 무릉武陵이라 그릇되게 칭하고 있었다.[64]

---

62 張翰의 列傳은 《晉書》 卷92 列傳 第62에, 張緖의 列傳은 《南齊書》 卷33 列傳 第14에, 張華의 列傳은 《晉書》 卷36 列傳 第6에, 張說의 列傳은 《舊唐書》 卷97 列傳 第47에, 張軌의 列傳은 《晉書》 卷86 列傳 第56에, 그리고 張衡의 列傳은 《後漢書》 卷59 列傳 第49에 실려 있다.

63 《元和姓纂》에는 顧氏의 군망에 관한 기록이 없고, 《古今姓氏書辯證》에는 吳郡顧氏에 관한 기록만 실려 있다. 그리고 《古今姓氏書辯證》과 《新唐書》의 〈宰相世系表〉에서는 모두 顧氏는 본래 會稽 지역에 살았다고 기록하고 있다.

64 錢大昕, 《十駕齋養新錄》 卷12 '郡望'篇.
"朱張顧陸 號吳中四姓"으로 시작되는 문장에서 顧氏에 관련된 내용을 소개하면 아래와 같다.
　廣韻 顧姓出吳郡 不聞有它望 今顧氏所祖 不曰雍曰榮 則曰野王曰況 皆吳人也
　而改稱武陵 謬矣
顧雍의 列傳은 《三國志》 卷52 吳書7에, 顧榮의 列傳은 《晉書》 卷68 列傳 第38에, 顧野王의 列傳은 《南史》 卷69 列傳 第59에, 그리고 顧況의 列傳은 《舊唐書》 卷130 列傳 第80에 실려 있다. 《廣韻》에 관련된 내용은 송나라 시기 陳彭年(961~1017)이 편찬한 《重修廣韻》의 卷4에 나온다.

또, 오중 지역에 살고 있는 육씨 역시 군망을 그릇되게 칭하고 있기는 마찬가지였다. 전대흔에 따르면, 역사적으로 육씨陸氏라는 성씨를 소유한 사람들은 오군吳郡과 하남河南을 그들의 군망으로 칭하였는데, 청나라 시대에 오군 지역에 살고 있는 육씨들은 모두 하남만을 그들의 군망으로 칭하고 있었다.[65] 그러나 역사적으로 고찰해 봤을 때, 하남을 군망으로 하는 육씨들은 본래 북방의 선비족 출신으로 북위 시기 효문제 때 그들의 본래 성씨인 보륙고步陸孤라는 성씨를 버리고 육씨로 개성하였던 사람들이었다. 이러한 사실을 잘 알고 있는 전대흔에게는, 더욱이 오중 지역의 육씨들이 조상으로 섬기고 있는 육적陸積(생몰년 미상), 육속陸續(생몰년 미상), 육손陸遜(183~245), 그리고 육항陸抗(226~274)이라는 인물들이 역사 문헌 속에 있는 그들의 열전에서 "오군오인吳郡吳人" 또는 "회계오인會稽吳人"이라 기록되어 있는 사실을 이미 알고 있는 전대흔에게는, 오중 지역의 육씨들이 혼인 문서를 작성하며 그들을 하남육씨라 칭하고 있는 풍습이 마냥 우습기만 한 것이었다.[66]

이처럼 청나라 시기 오군 지역에 살고 있는 유력한 4개의 성씨가 그들의 조상에 관련된 사항이기도 한 군망에 대하여 명확히 인식하지 못하고 있는 현상은, 사실 중국의 씨족제도(-중국사학계에서는 이를

---

65 《元和姓纂》에는 錢大昕이 말한 吳郡과 河南 이외에도 嘉興이 陸氏의 군망으로 기록되어 있고, 《古今姓氏書辯證》에는 오군과 하남이, 그리고 《新唐書》의 〈宰相世系表〉에는 오군만 기록되어 있다. 또, 《古今姓氏書辯證》과 《新唐書》의 〈宰相世系表〉에서는 吳郡陸氏 안에 穎川枝, 荊州枝, 丹徒枝, 樂安枝, 魚圻枝, 諫議枝, 侍郎枝, 太尉枝(-《古今姓氏書辯證》에는 기록되어 있지 않다) 7개 지파가 있다고 기록하고 있다.

66 錢大昕, 《十駕齋養新錄》 卷12 '郡望'篇.
  "朱張顧陸 號吳中四姓"으로 시작되는 문장에서 顧氏에 관련된 내용을 소개하면 아래와 같다.
  陸有吳郡河南二望 河南之陸 出自鮮卑 本步陸孤氏 魏孝文時 改爲陸氏 今陸氏
  皆宗績續遜抗 則爲吳郡之陸 審矣 而轉有取于代北之陸 何哉("績"은 陸績을, "續"은 陸續을, "遜"은 陸遜을, "抗"은 陸抗을, "代北"은 北魏 정권을 세우는 데 결정적인 역할을 담당하였던 代北人들을 말한다).

두고 종족제도라 부르고 있다)가 역사적으로 변화하며 발전하는 모습
과 밀접한 관련이 있는 것이기도 하다. 당나라 말기에 이르러서는 중
국 사회에 많은 변화가, 예를 들면 전대흔이 말한바 과거제도가 실시
되고, 사사로이 작성한 가계 기록이 유행하며, 또 사족들의 이동이 빈
번해 지는 등 많은 변화가 생겨나게 되는데, 사실 이러한 변화는 전
대흔이 말하고 있는 것보다도 훨씬 크고 광범위한 것이어서 '당시 중
국 사회의 근간을 흔든 변화'였다고 알려져 있다.

이러한 변화 속에서 중국의 씨족제도 또한 그 성격이 많이 변하게
되었는데, 이러한 변화로 인해 송나라 시기 이후로는 중국사회에서
일반적으로 군망을 칭하지 않게 되었다.[67] 그리고 전대흔이 살았던 청
나라 시대에 이르러서는 그 군망이라는 것은 중국사회에서 거의 찾아
볼 수 없게 되었고, 설령 찾아볼 수 있다고 한들 혼인 문서를 작성할
때 형식적으로 기록하는 것과 같이 아주 사사로운 민간의 풍습에서나
존재하는 것이었다. 더욱이, 그들의 칭하고 있는 군망이라는 것 또한,
전대흔이 밝히고 있듯이, 그 근거를 찾아볼 수 없는 말 그대로 "習俗
之甚可笑者"일 뿐이었다.

그리고 청나라 사회의 씨족제도에서 나타나는 이러한 모습은 동일
한 시기 한국의 조선 시대에 존재하였던 씨족제도와 비교했을 때, 다
시 말해 본관이라는 것은 조상으로부터 물려받은 것으로 절대 불변의
것이요, 그리하여 절대로 버릴 수 없는 아니 절대 버려서는 안 되는
것으로 생각하고 있는 조선 시대의 씨족제도와 비교해 봤을 때, 가장
두드러지게 나타나는 특징 가운데 하나라고 필자는 생각하고 있다.[68]

---

67 중국 씨족제도가 당나라 말기부터 시작된 사회적 변화로 인해 그 성격이 크게 변
　화하였다는 견해에 대해서는 常建華가 그의 연구에서 잘 정리해 두었다. 상건화의
　연구에 관해서는 이 책 제2장 각주 19번을 참고하길 바란다.
68 이러한 내용에 관해서는 이 책 제4장 제1절과 제4장 제2절의 내용을 참고하길 바
　란다.

그럼 이쯤에서 다시 현대에 편찬된 한자어 사전으로 돌아가 이야기를 계속해 보자면, 그 한자어 사전들에서 '군망'이라는 용어가 지니고 있는 의미를 설명하기 위하여 그 전거로 제시하고 있는 "自魏晉 以門第取士 單寒之家 屏棄不齒 而士大夫始以郡望自矜"이라는 문구, 그리고 이 문구와 함께 전대흔의 '군망'편에 나오는 "士旣貴顯 多寄居它鄕 不知有郡望者 蓋五六百年矣"라는 문구, 이 두 문구에 나타나는 '군망'은 그 한자어 사전들에서 '군망'이라는 용어의 의미로 정의하고 있는 '망족'을 뜻하는 것이 아니다.

눈치 빠른 독자라면 이미 어느 정도 감을 잡고 있겠지만, 그 문구들에 나오는 '군망'이라는 용어는, 그리고 우리가 앞서 살펴보았던 양신의 '군성'편에 나오는 '군망'이라는 용어와 호삼성의 주석에 나오는 '군망'이라는 용어까지도, 아주 먼 옛날 각 씨족들의 조상이 그들의 본거지라 여기었던 지역 즉, 이를 후손의 입장에서 달리 표현해 보자면 '원조遠祖의 본적지本籍地'가 되는 지역을 뜻하는 것이었다.

이러한 사실을 전대흔이 언급하였던 "오중사성吳中四姓"을 예로 하여 살펴보면, 《후한서》 '주부'전에 나오는 "패국소인沛國蕭人"의 패국, 주희가 스스로를 칭하면서 말하였던 "신안주씨新安朱氏"의 신안, 《진서》 '장한'전과 《남제서》 '장서'전에 나오는 "오군오인吳郡吳人"의 오군, 《진서》 '장화'전과 《구당서》 '장열'전에 각기 나오는 "범양방성인范陽方城人"과 "기선범양인其先范陽人"의 범양, 《진서》 '장궤'전에 나오는 "안정오씨인安定烏氏人"의 안정, 《후한서》 '장형'전에 나오는 "남양서악인南陽西鄂人"의 남양, 그리고 《삼국지》 '고옹'전·《진서》 "고영"전·《남사》 '고야왕'전·《구당서》 '고황'전·《삼국지》 '육적'전과 '육손'전·《후한서》 '육속'전에 나오는 "오군오인吳郡吳人"(-물론 고영의 경우에는 "오국오인"이라, 고황의 경우에는 "소주인"이라, 그리고 육속의 경우에는 "회계오인"이라 기록되어 있다)의 오군이 군망을 의미하였다.

이처럼 '군망'이라는 용어가 '원조의 본적지'를 뜻하는 것이었기에, 전대흔은 그가 저술한 '군망'편의 말미에서 "오군 지역의 육씨들 가운데에는 하남을 (군망으로) 칭하지 않고 평원平原을 (군망으로) 칭하는 사람들이 있는데, 어떤 이유로 그들이 이와 같이 하는지는 알지 못하겠다. 만일 그들이 그들의 조상으로 생각하고 있는 육기陸機(261~303, 자 사형士衡)가 평원내사平原內史를 역임한 연유로 그 지명을 따라 군망을 칭하고 있다면, (그 조상이) 관직을 역임한 지역의 지명으로 군망을 칭하는 사례는 내가 아직까지 보지 못하였다."고 말하고 있다.69

3. 군망의 의미에 대한 검토

사실, 군망이라는 용어가 해당 씨족 구성원들의 '원조의 본적지'를 뜻하는 사례는 현대에 들어 이루어진 역사학자들의 연구에서도 발견된다. 그 가운데 대표적인 사례가 잠중면岑仲勉의 연구이다. 그의 연구는 당나라 역사에 대하여 해박한 지식을 가지고 청나라 말기에 활동하였던 노격勞格(1819~1864)의 영향을 많이 받은 것으로 알려져 있으며, 그는 이러한 영향으로 《원화성찬사교기元和姓纂四校記》, 《수당사隋唐史》, 그리고 《당사여심唐史餘瀋》과 같은 역사서를 저술하였다. 그리고 그는 《당사여심》에서 중국 역사상 군망이 출현하는 과정을 다음과 같이 밝히고 있다.70

---

69 錢大昕, 《十駕齋養新錄》 卷12 '郡望'篇.
　　間有不稱河南而稱平原者　未審其故　若以士衡爲平原内史而稱之　則吾未聞以所
　　歷之官爲郡望者也
　　《晉書》'陸機傳'과 '成都王穎'傳의 내용으로 볼 때 陸機는 302~303년 사이에 平原内史를 역임하였던 것으로 보인다. 참고로 《晉書》'陸機'傳에서는 육기를 "吳郡人"이라 소개하고 있다.
70 이 절에서는 岑仲勉의 생애에 관하여 주로 中國大百科全書出版社編輯部 編, 《中國大百科全書(中國歷史 篇)》 '岑仲勉'條, 1992의 내용을 참고하였다.

(하·상·주 삼대 시대에는 '성'과 '씨'가 각기 별도의 의미를 지니고 있었다. 하지만,) 서한 시대에 들어서는 '성'이 사라지고 '씨'만 사용하게 되었는데, 이 시기에 바로 군망이라는 것이 생겨나게 되었다. (그 군망이 생겨나게 된 역사적 배경을 살펴보면,) 왕실의 후손을 뜻하는 공손公孫, 그 공손을 칭하는 사람들이 제후국 사이에서 많이 생겨나게 되었고, 그 사람들 사이에서는 은나라 왕실과 주나라 왕실에서 떨어져 나와 그들이 살고 있는 군郡 단위의 지명을 칭하게 되는 경우가 나타났다. 그리고 그들이 이와 같이 하였던 이유는 그들이 소속된 씨족의 소종출所從出을 밝히기 위함이었다. 따라서 역사상 군망이 처음으로 생겨나던 시대로 말해 보자면, 군망과 적관(-중국인들은 본적지를 적관이라 부른다: 安註)은 하나의 의미를 지닌 것이요 별도의 의미를 지닌 것이 아니었다. … (하지만 동일한 성씨, 동일한 군망을 칭하던 사람들 사이에서도) 각기 처해진 상황에 따라 사방으로 흩어져 살게 되었고 이로써 군망과 적관이 점점 별개의 의미를 가지게 되었다. 그러나 많은 사람들이 계속해서 스스로 군망을 칭하였던 이유는 그들이 소속된 씨족의 소종출을 (계속해서) 밝히기 위함이었다.71

또, 우리는 현재 역사학자들 사이에서 군망이라는 용어가 어떠한 의미로 사용되고 있는지를 살펴보기 위하여 일본 학자인 목야손牧野巽의 연구를 살펴볼 필요가 있다. 목야손은 중국의 씨족제도에 관한 연구에서 커다란 업적을 남긴 것으로도 유명한데, 그는 그가 집필진으로 참여한 한 역사사전, 그 역사사전의 '가족家族'조에서 군망의 성격에 관하여 이야기하고 있다.

그는 이 '가족'조에서 '중국 고대의 경제는 전한 무제武帝 때부터 정체되기 시작하여 점차 자급자족하는 형태로 쇠퇴하여 갔으며, 이러

---

71 岑仲勉,《唐史餘瀋(外1種)》, 中華書局, 2004, 229쪽. 원문을 소개하면 아래와 같다.
　自西漢廢姓存氏 於是郡望代起 良以公孫之稱 偏於列國 王子之後 分自殷周 稱
　其本郡 所以明厥氏所從出也 故就最初言之 郡望籍貫是一非二 … 遂不能不各
　隨其便 散之四方 而望與貫漸分 然人仍多自稱其望者 亦以明厥氏所從出也.

한 변화와 함께 각 지방에서는 호족들이 생겨났고, 또 그 호족을 중심으로 누세공거累世共居하는 대가족이 출현하였다. 그래서 이런 관점에서 보자면, 중국 역사에서 중세는 후한 시기부터 시작되었다고 할 수 있지만, 뭐니 뭐니 해도 중세로서 확실해진 시기는 삼국 시기부터였다.'고 말을 한 뒤, 삼국 시기 이후에 나타난 변화에 대하여 다음과 같이 구체적으로 설명하고 있다.

(삼국 시기 무렵부터는) 관리의 임용에도 문지를 숭상하는 일이 두드러지게 나타났다. 각 지방에는 각각 유명 씨족이 존재하였으며, 그들은 다른 지방에 이주하여도 (자기들의 출신지를 밝히면서) 원주지명原住地名을 군망이라 하여 사용하였다. 그렇게 함으로써 그들은 같은 성을 가진 타족他族과 구분하였던 것이다. (따라서) 이 시대로부터 수당대에 걸쳐서는 … 이른바 관적貫籍은 출생지도 아니요 거주지도 아닌 경우가 많았다.72

또, 앞서 이 절의 서론에서 이야기하였듯이, David G. Johnson은 중국 역사상 위진남북조 시대부터 당나라 시대까지 형성되어 있었던 문벌사회를 고대 그리스의 '과두정치'〈Oligarchy〉에 비유하기도 하였는데, 그 역시 그의 연구에서 군망이라는 용어가 지니고 있는 의미에 대하여 이야기하고 있다. 그는 그의 저서에서 '중국 중세 시기 씨족에 관련된 용어들이 역사 문헌 속에서 다소 애매한 뜻으로 쓰이고 있다'고 말하고, 그 구체적인 사례로 '종宗'과 '족族' 그리고 '성姓'과 '가家'

---

72 平凡社 編,《アジア歴史事典》第2卷, 平凡社, 1970, 181b쪽. 원문을 소개하면 아래와 같다.
　　官吏の任用にも，門地を重視することがはっきりした．各地方には，それぞれ名族が存在し，他の地方に移住しても，原住地を郡望として，同姓の他族と區別した．この時代から，隋唐にかけては … いわゆる貫籍は生地でも，住地でもない場合が多い.
　이 번역은 송준호의 번역을 많이 참고하였다.

라는 용어를 먼저 설명한 뒤, 그 뒤를 이어 '망望'이라는 용어에 대하
여 이야기하고 있다. 그리고 '망'의 구체적인 용례로 '본망本望'과 '군망'
을 들었는데, 이 가운데 '군망'에 관하여 다음과 같이 언급하였다.

> (본망 이외에 역사 문헌에서) 자주 나타나는 용어로 군망이라는 용어가
> 있는데, 그 군망이라는 용어는 본래 "한 군 단위 안에 있는 망족"을 뜻하였
> 지만, 이후 당나라 시대에 이르러서는 점차 "망족들이 그들 조상의 본적지라
> 고 생각하는 곳이 있던 군의 명칭"을 지칭하게 되었다. … 즉, 한 지역을
> 매개로 형성된 군망이 (이제는) 실질적인 의미에서 벗어나 상징적인 의미 즉
> 씨족을 분별하는 부호로 변화하게 되었다. 그리하여 그 사람의 군망은 반드
> 시 그가 살고 있는 또는 그의 호적이 등재되어 있는 지역도 아니었고, 또
> 그가 태어난 곳도 아니었다. 오히려, 그것은 그가 소속되어 있는 씨족이 어
> 디인지를 밝혀주는 구실을 하게 되었다.[73]

이상에서 살펴본 세 역사학자의 견해를 정리해 보면, 잠중면은 서
한 시기 이후 각 씨족들이 자신들이 살고 있는 군 단위의 지명을 칭
하기 시작한 데서 중국 역사상 군망이 출현하게 된 것으로 이해하고
있으며(물론 잠중면도 '군망과 적관이 서로 다른 의미를 지니게 된 시
기가 있다'고 언급하였다. 아무튼), 목야손은 삼국 시기 이후 각 지방

---

[73] David G. Johnson, *The Medieval Chinese Oligarchy*, pp.92~93. 원문을 소개하면 아래와
같다.

> *Chin-wang*, a term frequently met, originally meant "the elite families of the
> prefecture", but by T'ang times gradually came to mean "the prefecture in
> which an elite family has its ancestral home". … geographical ties shifted
> from actual to symbolic significance. A man's *Chin-wang* therefore was not
> necessarily his place of residence or registry, nor the place where he was born.
> It was instead his claim to membership in a certain descent group.

David G. Johnson이 말하는 '中世〈Medieval〉 시기'란 한나라 말기부터 당나라 말기
까지를 이른다. 또, 필자는 David G. Johnson이 말하는 'Descent Group'을 '씨족'으
로 번역하였다. 하지만 현재 중국 사학계에서는 이를 두고 '大家族' 또는 '世家大
族' 등으로 표현하고 있다.

에서 생겨난 유명 씨족들이 그들의 본거지를 떠나 다른 곳으로 이주
하여도 계속해서 그들의 본거지명(-원주지명原住地名)를 칭한 것에서
군망이 출현한 것으로 생각하고 있다. 그리고 이 두 역사학자는 중국
역사상 군망이 출현한 시기와 그 역사적 배경을 이해하면서 서로 의
견을 달리하고 있지만, 그 군망이라는 용어가 본래부터 군 단위의 지
명과 밀접한 관련이 있다는 점에 있어서는 의견을 같이하고 있다.

또 David G. Johnson 역시 중국의 역사 문헌에 나타나는 군망이라
는 용어가 군 단위의 지명과 밀접한 관련이 있다는 점에서는 위 두
역사학자와 의견을 같이하고 있지만, 그 군망이라는 용어가 본래 가
지고 있었던 의미를 이해하는 데에서는 그들과 입장을 달리하고 있
다. 즉 그에 따르면, 군망이라는 용어는 본래 한 군 단위 안에 있는
명망 있는 씨족 즉 망족을 가리키는 것이었지만, 후대(-그는 구체적으
로 당나라 시기라고 밝히고 있다)에 이르러서는 그 군망이라는 용어
가 망족의 원조遠祖가 살았던 지역을 의미하는, 그리하여 그 용어가
가지고 있는 실질적인 의미는 사라지고 상징적인 의미만 남아 씨족을
분별하기 위한 부호로 변하였다고 말하고 있다.

여하튼, David G. Johnson은 위 두 역사학자 즉 잠중면이나 목야손
과는 달리, 군망이라는 용어가 본래는 '명망 있는 씨족' 즉 '망족'을
가리키는 용어였다고 생각하고 있는데, 그가 어떠한 사실을 바탕으로
이와 같이 말을 하였는지는 현재 필자로서는 명확히 알 수가 없으나,
단 하나 추측해 볼 수 있는 사실은 아마도 그가 우리가 앞에서 면밀
히 분석해 보았던 한자어 사전들에 실려 있는 군망의 의미를 보고 이
와 같이 말하지 않았을까 생각된다.[74]

---

74 David G. Johnson은 그의 저서에서 "군망이라는 용어는 본래 '한 郡 단위 안에 있
　는 望族'을 뜻하였지만, 이후 당나라 시대에 이르러서는 점차 '망족들이 그들 조상
　의 本籍地라고 생각하는 곳이 있던 군의 명칭'을 지칭하게 되었다"고 말하고, 이 문

그리고 한국의 송준호 역시, David G. Johnson이 그러했던 것처럼, 현대에 편찬된 한자어 사전들의 내용에 따라 군망이라는 용어를 이해하고 있다. 그는 그의 저서에서 한국의 본관제도가 중국의 군망제도(-송준호는 이를 두고 '중국의 본관제'라 칭하고 있다)와 많은 면에서 유사하다는 점을 밝히고, 한국의 본관제도와 중국의 군망제도 모두 문벌을 숭상하는 사회 풍조에서 생겨난 역사적 산물이라는 점을 강조하였는데, 그는 이러한 내용을 언급하는 과정 속에서 우리가 앞서 살펴보았던 목야손의 설명을 소개하고 있다.

> (중국에 있어서 삼국 시대의 무렵부터는) 관리의 임용에도 문지를 숭상하는 일이 두드러지게 나타났다. 각 지방에는 각각 유명 씨족이 존재하였으며 (이들을 군망이라 하였는데) 그들은 다른 지방에 이주하여도 (자기들의 출신지를 밝히면서) 원주지명을 그대로 사용하였다. 그렇게 함으로써 망족으로서의 자기들의 배경을 밝히고 또 같은 성을 가진 타족과 구별하였던 것이다. (따라서) 이 시대로부터 수당대에 걸쳐서는 … 이른바 관적은 출생지도 아니요 거주지도 아닌 경우가 많았다.75

송준호가 번역한 이상의 번역문을 앞에서 살펴본 목야손의 설명과 비교해 보면, 우리는 송준호가 "각 지방에는 각각 유명 씨족이 존재

구의 주석에서 그가 池田溫, 〈唐代의 郡望表(下)-九·十世紀의 敦煌寫本을 中心으로 해서-〉, 《東洋學報》第42 卷4號; 岑仲勉, 《隋唐史》, 120쪽; _____, 《唐史餘藩》, 229~233쪽; 章群, 〈論唐開元前的政治集團〉, 《新亞學報》 1956, 282~283쪽. 그리고 竹田龍兒의 연구를 참고하였다고 밝히고 있다. 이 가운데 필자의 입장에서 확인이 가능한 池田溫, 岑仲勉, 그리고 章群의 연구를 살펴보면, 군망이라는 용어가 본래 망족을 의미하였다는 내용이나 군망의 의미가 변화한 시기를 唐나라로 보는 견해는 나오지 않고 있다.
참고로, 필자는 1982년 中華書局에서 간행한 《隋唐史》上册 121~126쪽, 2004년에 中華書局에서 간행한 《唐史餘藩:外一種》, 229~233쪽, 그리고 1992년 臺灣 中國唐代學會에서 간행한 《中華叢書》唐代研究論集》第1輯에 실려 있는 〈論唐開元前的政治集團〉, 747~748쪽을 중심으로 살펴보았다.
75 宋俊浩, 〈韓國의 氏族制에 있어서의 本貫 및 始祖의 問題〉, 《朝鮮社會史研究》, 97쪽.

하였으며, 그들은 다른 지방에 이주하여도 (자기들의 출신지를 밝히면서) 원주지명을 군망이라 하여 사용하였다"고 번역해야 할 대목을, "각 지방에는 각각 유명 씨족이 존재하였으며 (이들을 군망이라 하였는데) 그들은 다른 지방에 이주하여도 (자기들의 출신지를 밝히면서) 원주지명原住地名을 그대로 사용하였다"고 번역하고 있음을 알 수 있다.

평소 역사를 연구하기 위해서는 무엇보다도 외국어에 능통해야 하고 또 외국어로 이루어진 연구 성과를 번역할 때에는 그 무엇보다 철저하고 꼼꼼하게 해야 한다는 점을 누구보다도 강조한 그이기에 이와 같은 그의 번역이 단순한 오역이었다라고 생각하기에는 석연치 않은 점이 있다. 아마도 그가 이처럼 번역하였던 이유는, 그가 이와 같이 번역함으로써 '삼국 시기에 이미 원주지명을 군망이라 칭하였다'는 목야손의 의견에 동의하지 않고 있음을 간접적으로 표현한 것이라 생각되는데, 아무튼 그가 목야손의 의견에 동의할 수 없었던 결정적인 원인으로는 그 또한, David G. Johnson이 그러했던 것처럼, 현대에 편찬된 한자어 사전들의 내용을 믿고 따랐기 때문이라고 필자는 생각하고 있다(물론 송준호 역시 그의 저서에서 군망이 '원조의 본적지'를 의미한다는 사실을 분명히 밝히고 있다). 그리고 송준호가 위진 시기부터 당나라 시기까지 하나의 사회적 제도로서 존재하였던 군망제도를 '군망제도'라 칭하지 못하고 한국의 본관제도에 빗대어 '중국의 본관제'라 그의 저서에서 칭하고 있는 사실 또한 저 한자어 사전들의 내용을 따랐기 때문이라고 필자는 생각하고 있다.

여하튼, 위 네 명의 역사학자들은 군망이 해당 씨족 구성원들의 '원조의 본적지'를 가리키고 있다는 점에서는 모두 동일한 입장을 취하고 있다. 하지만 David G. Johnson과 송준호는 군망이 후대에 이르러 해당 씨족 구성원들의 '원조의 본적지'를 의미하게 되었지만, 그 용어가 중국 역사상 처음으로 등장하는 시기에는 '한 군 단위 안의 망족'

이라는 뜻으로 쓰였다고 생각하고 있다. 그리고 그들이 이와 같이 생각할 수 있었던 원인은 그들이 현대에 편찬된 한자어 사전들에서 정의하고 있는 군망의 의미를 참고하였기 때문으로 생각된다.

또, 현대에 편찬된 한자어 사전들에서 군망이라는 용어를 '망족'과 연관 지어 설명하고 있기 때문에 생겨나는 또 다른 문제점으로는 현대인들이 근대에 출판된 문학 작품을 이해하는 데에서도 찾아진다. 그 대표적인 사례가 바로 《아Q정전阿Q正傳》이다(《아Q정전》에 나오는 군망에 관해서는 앞서 밝힌 《한어대사전》의 내용을 참고하라). 《아Q정전》은 《눌함訥喊》이라는 노신의 작품집에 실려 있는 소설 가운데 하나인데, 이 소설은 총 8장으로 구성되어 있으며 그 8장 가운데 첫 번째 내용이 "머리말〈序〉"이다.

이 "머리말〈序〉"에서는 《아Q정전》의 화자인 '내〈我〉'가 이 소설의 주인공 阿Q에 관한 이야기를 오래 전부터 집필하려 하였으나 망설일 수밖에 없었던 네 가지 이유를 밝히고 있다. 그 두 번째 이유가 阿Q의 성씨가 조씨趙氏인지 아닌지 정확히 판단할 수 없었기 때문이었고, 그 네 번째 이유가 그의 적관(-앞서 이야기하였듯이 한국의 본적지를 말한다)을 명확히 확인할 수 없었기 때문이었다. 《아Q정전》의 화자가 밝히고 있는 그 네 번째 이유를 살펴보면 아래와 같다.

> 네 번째는 阿Q의 적관이다. 만일 그의 성이 조씨이기라도 하다면 오늘날 군망을 칭하는 풍습에 따라 《군명백가성郡名百家姓》의 주해에 나오는 "농서천수인隴西天水人"이라도 칭해보겠지만, 그러나 애석하게도 그가 가진 성씨라는 것은 도무지 믿을 수 없는 것이어서, 그의 적관 또한 쉽게 단정할 수 없었다.76

---

76 魯迅, 《阿Q正傳》第一章'序'. 원문을 소개하면 아래와 같다.
　第四 是阿Q的籍貫了 倘他姓趙 則据現在好稱郡望的老例 可以照郡名百家姓上

여기서 노신이 말하는 군망이란 《군명백가성》이라는 책에서 조씨의 군망으로 밝히고 있는 "농서隴西 천수天水"를 말한다.[77] 실제로 중국의 역사 문헌 속에서 조씨의 군망을 찾아보아도, 《원화성찬》에서는 "천수天水 서현西縣"이라고, 《고금성씨서변증》에서는 "농서隴西 천수天水"라고, 그리고 《신당서》의 〈재상세계표〉에서는 '진秦나라 시기에 조공보趙公輔가 농서隴西 천수天水 서현西縣에 정착하였고 그 이후 자손들이 그곳에 세거하였다'고 밝히고 있다. 이러한 사실을 통해서도 노신이 위 인용문에서 말하는 군망은 "농서 천수"임을 분명히 알 수 있다.

하지만 요 근래 편찬된 《아Q정전》의 주석서나 번역서에서는 위 인용문에 나오는 군망을, 우리가 앞서 살펴보았던 한자어 사전들과 같이 '망족'의 의미로 보고 있다. 1998년에 중국에서 간행된 한 주석서에서는 "'군'은 지방 행정 구역을 의미하고 '망'은 '망족'을 줄여 말한 것이다. 따라서 군망은 지방에서 추앙받은 성씨를 말한다"〈郡 地方之區劃也. 望 卽望族之簡称, 言爲鄉黨所推重之姓也〉고 해석하고 있으며, 2013년 한국에서 출판된 한 번역서에서는 위 인용문을 "넷째, 阿Q의 본적이다. 그의 성이 조씨라면, 요새 고을에서 명망 있는 집안이라고 일컫기 좋아하는 전례를 따라, 《군명백가성》의 주해대로 '농서천수 사람이다'라고 말할 수 있겠지만, 애석하게도 믿을 만한 것은 못 되었다. 이 때문에 본적 역시 결정할 수 없었다."고 번역하며 군망이라는 용어를 "명망 있는 집안"이라 해석하고 있다.[78] 이 두 가지 사례 역시 현대에 편찬된 한자어 사전들의 내용에서 비롯된 것이라 할 수 있다.

的注解 說是隴西天水人也 但可惜這姓是不甚可靠的 因此籍貫也就有些決不定.

77 《百家姓》은 어린이들이 성씨를 쉽게 익힐 수 있도록 만들어 놓은 책으로 송나라 시대에 작성되었다고 알려져 있다. 《郡名百家姓》은 《백가성》에 실려 있는 각 성씨에 군망을 기록해 놓은 책으로 생각된다. 실제로, 현재 중국에는 《백가성》에 나오는 성씨를 기록하고 그 하나하나의 성씨 옆에 군망을 기록해 놓은 책이 남아 있다.
78 鄭子瑜, 《〈阿Q正傳〉鄭箋》, 中國社會出版社, 1998, 35쪽과 許世旭 역, 《阿Q正傳》(범우문고 194), 범우사, 2013, 25쪽.

소결론

잠중면과 목야손의 설명을 통해 알 수 있듯이, 군망이라는 용어가 그것이 중국 역사상 처음으로 쓰이기 시작한 시기부터 해당 씨족 구성원들의 '원조의 본적지'를 의미하였던 것인지, 아니면 David G. Johnson과 송준호가 말하고 있듯이, 그 용어 자체가 처음에는 '한 군 단위 안의 명망 있는 씨족' 즉 '한 군 단위 안의 망족'을 지칭하다가 후대에 이르러 해당 씨족 구성원들의 '원조의 본적지'를 가리키게 되었는지는 현재로서는 정확히 알 수 없다.

하지만 분명한 사실 하나는, 중국의 역사 문헌에서 군망이라는 용어가 의미하는 바는 '한 군 단위 안의 망족'을 의미하는 경우보다는 해당 씨족 구성원들의 '원조의 본적지'를 의미하는 경우가 훨씬 많다는 점이다. 그리하여 심지어는 현대에 편찬된 한자어 사전들에서 군망의 의미를 '망족'과 연관하여 정의하고 그 전거로 제시하고 있는 내용들 또한 모두 해당 씨족 구성원들의 '원조의 본적지'를 가리키는 것이었다.

이를 좀 더 구체적으로 이야기해 보자면, 중국의 역사 문헌에 나오는 군망이라는 용어는, 중국 역사상 '5성7망'으로 불리었던 농서이씨, 조군이씨, 청하최씨, 박릉최씨, 태원왕씨, 범양노씨, 형양정씨와 같은 망족이나 또는 현대에 편찬된 한자어 사전들에서 예시하고 있는 여남주씨汝南周氏와 청하장씨淸河張氏와 같은 망족을 지칭하는 것이 아니라, 이 망족들이 성씨와 함께 칭하였던 농서隴西, 조군趙郡, 청하淸河, 박릉博陵, 태원太原, 범양范陽, 형양滎陽, 그리고 여남汝南과 같은 지명, 즉 그들 '원조의 본적지'를 의미하는 것이었다. 그리하여 청나라 시기 학자인 왕창王昶(1725~1806)은 이를 두고 "以郡望冠其姓"이라 표현하기도 하였다.[79]

여하튼, 하나의 성씨를 소유한 사람들 사이에서 서로의 씨족을 구분하기 위해 생겨난 이 군망은 송나라 이후 중국사회에서 사실상 그 사회적 의미를 잃어버리고 중국인들의 머릿속에 그저 '잊혀진 기억'으로만 남게 되었다. 하지만 이 군망은 이후 한국사회에서 본관제도가 생겨나게 되는 데 많은 영향을 주었고, 이로 인하여 현대 한국인들이라면 거의 누구나 할 것 없이 본관을 소유하게 되었다. 그리하여 현대 한국인들은 성씨와 함께 본관을 가지는 것이 마치 당연한 일인양, 아니 이보다 조금 심하게 표현해 보자면, 자신의 씨족을 밝히면서 본관이라는 것이 없어서는 안 되는 거의 절대 불가분의 것인 양 생각하게 되었다.

---

[79] 王昶,《金石萃編》卷88 '潘智昭墓誌銘' 篇.

제3절 청나라 시기 한 지식인의 시각을 통해 본 중국의 군망제도
-청나라 시기 방동수方東樹(1772~1851)를 중심으로-

중국 역사상 군망은 위진남북조 시기부터 당나라 말기까지 중국사
회의 지배 계층으로 존재한 '문벌사족門閥士族'과 밀접한 관련이 있는
것으로 알려져 있다.[80] 이 시기의 문벌사족들은 자신들이 소속된 씨족
을 밝히기 위하여 자신들의 성씨 앞에 특정한 지명을 사용하였는데,
이 특정 지명을 중국 역사에서는 군망이라 부르고 있다. 예를 들면,
중국 역사상 '5성姓7망望'이라 불릴 정도로 유명한 씨족이었던 청하최
씨淸河崔氏, 박릉최씨博陵崔氏, 농서이씨隴西李氏, 조군이씨趙郡李氏, 형
양정씨滎陽鄭氏, 범양노씨范陽盧氏, 태원왕씨太原王氏의 경우, 청하, 박
릉, 농서, 조군, 형양, 범양, 태원이 바로 군망이 된다.

그리고 이 군망은 중국 학자들은 물론이고, 일찍이 한국 학자들 사
이에서도 관심의 대상이 되었다. 그 이유는 이 문벌사족을 지칭하는
명칭, 즉 앞에서 살펴본 청하최씨, 박릉최씨, 농서이씨, 조군이씨, 형
양정씨, 범양노씨, 태원왕씨니 하는 명칭이 현대 한국사회에 존재하고
있는 씨족을 지칭하는 명칭, 예를 들면 광산김씨光山金氏, 안동김씨安
東金氏, 반남박씨潘南朴氏, 전주이씨全州李氏와 같은 명칭과 유사하게
보였기 때문이다. 그래서 한국 학자들은 한국사회에 본관이 출현하게

---

80 위진남북조 시기 지배층을 지칭하는 용어와 '문벌사족'이라는 용어에 관해서는 이
   책 제2장 각주 4번을 참고하길 바란다.

된 역사적 배경을 논할 때 군망을 언급하기도 하였다.[81]

이 군망에 대하여 지금까지 이루어진 연구 성과를 살펴보면, 크게 4가지 분야로 나누어 볼 수 있다. 첫째는 군망이라는 용어가 지니고 있는 의미를 살펴보려는 연구, 둘째는 특정한 문벌사족의 역사를 통하여 위진남북조 시기의 성격을 규명하고 그 과정 속에서 군망을 언급한 연구, 셋째는 돈황 지역에서 발견된 문헌을 통하여 당나라 시기에 존재하고 있던 군망을 분석한 연구, 그리고 넷째는 수당 시대의 역사를 서술하는 과정에서 군망이 출현한 배경과 그 성격을 간단히 서술한 연구이다.[82]

그리고 군망은 전통기 중국 학자들 사이에서도 많은 관심의 대상이 되었다. 예를 들면, 송나라 시기에 활동한 정초는 중국의 씨족제도를 저 상고 시대부터 통사적으로 살펴보고 군망을 '지망地望'이라 언급하였고, 명나라 시기의 양신楊慎은 군망이 남북조 시기 북조에서 발달한 군성에서 생겨난 것으로 보았으며, 그리고 청나라 시기 전대흔錢大昕은, 군망은 위진 시대 이후 문벌에 따라 관리를 등용하기 시작하면서 크게 발달한 것으로, 송나라 시대에 이르러서는 사사로이 작성한 가계 기록이 성행하고 또 과거제도에 따라 관리를 등용하면서 더 이상 군망을 논하지 않게 되었다고 말하고 있다.[83]

하지만 이러한 전통기 중국 학자들의 견해는 아직까지 현대 연구자들 사이에서 크게 주목을 받지 못하고 있다. 따라서 이 절에서는 청나라 시기에 활동하였던 방동수라는 인물을 통하여, 그가 중국의 군망에 대하여 가지고 있던 견해가 무엇이며 그런 그의 견해가 중국의

---

81 한국 학자들의 연구 성과에 관해서는 이 책 제2장 각주 2번을 참고하길 바란다.
82 이상의 연구 성과에 관해서는 이 책 제2장 각주 3번을 참고하길 바란다.
83 鄭樵의 견해에 관해서는 이 책 제4장 제2절의 내용을, 楊慎과 錢大昕의 견해에 관해서는 이 책 제2장 제2절을 참고하길 바란다.

씨족제도를 이해하는 데 있어 어떠한 의미를 가지고 있는지 밝혀보려
한다.

1. 군망에 대한 견해

방동수는 청나라 중기 동성桐城이라는 곳에서 태어났다. 동성은 중
국 대륙의 중부에 위치해 있는 성省 가운데 하나인 안휘성에 속한 지
역으로, 안휘성의 남부, 그 남부 가운데에서도 장강長江의 이북에 자
리잡고 있다(-오늘날 안휘성 안경시安慶市에 속한 현급縣級 시이다).
동성은 지리적으로 안휘성의 성회省會인 합비合肥에서 비교적 가까운
거리에 위치해 있으며, 또 문화적으로 안휘 일대의 문화를 대표할 만
큼 유명한 도시로 알려져 있다. 특히 청나라 시기에는 '동성파桐城派'
라 불리는 학파가 이곳을 근거지로 하여 성립될 만큼 많은 인물을 배
출하기도 하였다.

방동수는 동성파의 일원으로 활동한 인물로 알려져 있다. 동성파는
청나라 시기 산문散文을 위주로 활동하였던 하나의 학파를 가리키는
것으로, 이들은 주로 송나라 시기 정호程灝와 정이程頤 그리고 주희를
통하여 형성된 이학理學을 숭상하였고 또 산문을 작성할 때에는 당송
팔대가唐宋八大家의 고문古文을 따를 것을 주장하였다. 이 동성파라는
명칭은 이 학파가 형성되던 시기에 활동하였던 인물들인 대명세戴名
世(1653~1713), 방포方苞(1668~1749), 유대괴劉大櫆(1698~1780), 요내
姚鼐(1731~1815)가 모두 안휘성 동성 출신이기 때문에 생겨난 것이
기도 한데, 이후 방동수, 요옥姚瑩(1785~1853), 증국번曾國藩(1811~1872)
등 청나라 시기 유명한 인물들이 동성파로 활동하게 되면서, 이 학파
는 청나라 시기 최고의 산문 학파로 알려지게 되었다. 그리고 방동수
는 이 동성파를 이끌었던 주요한 인물 가운데 하나로 알려져 있다.

또 방동수는 보학譜學에 관해 해박한 지식을 가졌던 인물로 알려진 요내의 제자이기도 하였다. 방동수에 따르면, 송나라 시기 소순蘇洵과 구양수歐陽脩에 의해 창안된 족보 편찬 방식은 그가 살았던 청나라 사회의 관습과는 어울리지 않는 점이 많았다. 그래서 그의 스승인 요내는 이러한 점을 보안하기 위하여 새로운 족보 편찬 방식을 고안해 내었고, 방동수는 소순과 구양수의 족보 편찬 방식 위에 그의 스승이 고안한 새로운 편찬 방식을 더하여 자기 집안의 족보를 편찬하였다.[84]

청나라 시기 동성 지역에는 여러 방씨가 살고 있었는데, 이 가운데 가장 잘 알려진 방씨로는 계림방씨桂林方氏, 회궁방씨會宮方氏, 그리고 노홍방씨魯谼方氏가 있었다. 이들은 모두 하남河南을 자신들의 군망이라 믿으며 살고 있었고, 또 그들의 조상이 휘주徽州 지역의 방씨에서 갈라져 나온 사람이라고 생각하였다. 하지만 이들의 조상들은 각기 다른 역사적 상황 속에서 동성으로 이주하여 왔고, 또 이들이 내세우고 있는 시천조始遷祖 역시 각기 다른 인물들이었다. 더욱이 이들은 자신들이 내세우고 있는 시천조의 선대에 관한 기록을 휘주에 사는 방씨들의 족보에서 확인할 수 없었기 때문에 하나의 씨족이 아닌 별개의 씨족으로 생활하였다. 그리하여 청나라 말기 학자인 마기창馬其昶(1855~1930)은 그의 저서에서 동성 출신의 인물로 방동수를 소개하며, 그의 집안이 노홍방씨라 밝히고 "동성 지역의 방씨 가운데 가

---

84 方東樹는 자기 집안의 족보를 편찬하고 나서 자신이 직접 작성한 족보의 서문에서 다음과 같이 말하고 있다.
　　吾今爲族譜 雖本歐蘇之法 而亦小變通之 兼用鄕先生姚姬傳先生譜法("姬傳"은 姚鼐 字임).
　아울러, 방동수는 이 족보의 서문에서 蘇洵과 歐陽修가 창안한 족보 편찬 방식의 문제점 2가지와 그들의 족보 편찬 방식이 청나라 사회의 관습과 어울리지 않는 점 7가지, 즉 '二失七不同'을 지적하였다. 이에 관해서는 방동수의 문집인 《攷槃集文錄》 卷11 '族譜序'에 수록된 내용, 그 내용 가운데에서도 특히 "不攷歐蘇所以爲譜之意 與夫所以爲譜之法 而曰吾法歐蘇也"로 시작되는 내용을 참고하길 바란다. 이 절에서는 《續修四庫全書》 제1497책에 수록된 《攷槃集文錄》을 이용하였음을 밝힌다.

〈사진 2-1〉 방망方芒의 둘째 아들 방헌方憲의 묘지(왼쪽)와 묘비. 안휘성 동성현桐城縣 여정진呂亭鎮 노홍촌魯谼村 방가반천方家半天에 있으며, 묘비 안에는 '이세조고헌공二世祖考憲公'이라 기록되어 있다.

장 잘 알려진 방씨로는 '계림桂林'·'회궁會宮'·'노홍魯谼'이 있는데, 이들은 모두 휘주에서 이주해 왔으나 각기 별개의 씨족을 이루고 있다"고 말하고 있다.[85]

이 가운데 계림방씨가 동성으로 이주해 오는 과정을 구체적으로 살펴보면, 그들의 시천조인 방덕익方德益은 송나라 말기에 휘주 휴녕休寧(-오늘날 안휘성 황산시黃山市 휴녕현)에서 지구池口(-오늘날 안휘성 지주시池州市 일대)로 이주하였다가 원나라 말기에 동성으로 옮겨 온 것으로 전해지고 있다. 그리고 동성에 들어온 그는 동성의 풍의방風儀坊에 정착하였고, 이로 인해 그의 후손들은 풍의방씨風儀方氏라 불리었다. 하지만 명나라 시기에 이부급사중吏部給事中을 지낸 왕서王瑞(생몰년 미상)가 "계림桂林"이라는 글자를 이들에게 제문題門하여 준 이후 이들은 계림방씨라 불리게 되었다. 계림은 "蟾宮折桂者 比立如林"을 의미하는 것으로, "蟾宮折桂者"는 과거급제자를 의미한다.

그리고 노홍방씨의 시천조 방망方芒은 명나라 홍무洪武(1368~1398) 연간에 휘주 무원婺源(-오늘날 강서성 상요시上饒市 무원현)에서 동성

85 馬其昶,《桐城耆舊傳》卷10 '方植之先生傳'("植之"는 方東樹의 字임).
    桐城之方最著者 曰桂林 曰會宮 曰魯谼 皆自徽州來遷 然皆各自爲族.

으로 이주해 왔다. 그는 동성에 들어와 노홍魯谼(-오늘날 동성시 여정진呂亭鎭 노홍촌)에 자리 잡았고, 이로 인해 그의 후손들은 노홍방씨라 불리었다. 전하는 바에 의하면, 방망은 동성으로 이주한 후 짐승을 잡아 관에 바치는 '엽호獵戶'의 역을 지게 되었다. 그리고 이러한 역은 이후 그의 후손들에게 계속해서 전해졌고, 9세손 방맹준方孟晙에 이르러서야 비로소 면할 수 있었다고 한다.[86]

그리하여 노홍방씨는, 계림방씨가 청나라 초기부터 많은 과거급제자를 배출하여 사회에 그 명성이 일찍이 알려진 데 비하여, 비교적 늦은 시기에 와서야 세상에 두각을 드러내게 되었다.[87] 즉 1729년 거인擧人에 급제한 뒤 우공생優貢生(-공생 가운데 성적이 우수한 공생을 말함)으로 팔기군교습八旗軍教習이 되었던 방택方澤(1697~1767)과 동성파를 중심적으로 이끌었던 방동수를 거치면서, 이 노홍방씨는 청나라 말기에 이르러 계림방씨에 버금가는 명성을 얻게 되었다. 일반적으로 청나라 후기 동성 지역의 5대 성씨로는 장씨張氏, 요씨姚氏, 마씨馬氏, 좌씨左氏, 그리고 방씨方氏가 언급되는데, 이 방씨의 중심에는 계림방씨와 함께 노홍방씨가 자리 잡고 있었다.[88]

여하튼, 계림방씨와 노홍방씨는 (그리고 회궁방씨會宮方氏까지도) 각

---

86 현재 魯谼方氏는 桐城 呂亭鎭 魯谼村과 興店鎭 楊河村에 주로 살고 있는데, 魯谼村에는 200여 호, 楊河村에는 1000여 호가 살고 있다. 그리고 노홍방씨 선대의 묘지는 노홍촌 안에서도 方家牛天이라 불리는 곳에 위치해 있다.

87 桂林方氏의 科擧及第者는 丁超睿,《淸代科擧家族桐城方氏硏究》, 2012, 遼寧大學 碩士學位論文에 잘 정리되어 있다. 그의 연구에 따르면, 계림방씨 가운데 청나라 시기 동안 進士에 급제한 인물은 25명, 擧人에 급제한 인물은 45명, 그리고 五貢(-恩貢, 拔貢, 副貢, 歲貢, 優貢을 이름)에 급제한 인물은 31명이었다. 丁超睿는《淸代硃卷集成》(顧廷龍 主編, 台北: 成文出版社, 1992)에 수록되어 있는 硃卷 가운데 方顯允의 擧人 硃卷과 方鑄의 會試 硃卷을 통하여 이상의 통계를 내었다고 밝히고 있다.

88 魯谼方氏와 桂林方氏에 관해서는 아래의 연구를 참고하였다. 方金友,〈《魯谼方氏族譜》的歷史社會學解讀〉,《合肥學院學報(社會科學版)》, 2013年 6期; 陶善才·方寧勝·張勇,〈桐城方氏:中國文化世家的絶唱〉,《書屋》2011年 7期; 丁超睿,《淸代科擧家族桐城方氏硏究》, 遼寧大學 碩士學位論文, 2012年.

기 다른 역사적 상황 속에서 동성으로 이주하여 왔다. 그리고 이들은 각기 다른 인물을 자신들의 시천조로 내세우고, 각기 별도의 족보를 편찬하며, 그리고 자신이 소속된 씨족을 각기 다른 명칭으로 부르며 생활하였다. 하지만 앞서 밝혔듯이, 이들은 모두 그들의 조상이 휘주 지역의 방씨에서 분파되어 나온 사람이라고 생각하였으며, 또 그들의 조상 역시 휘주 지역의 방씨와 마찬가지로 하남을 군망으로 하는 하남방씨河南方氏의 후예였다고 믿으며 생활하고 있었다(-회궁 역시 동성에 속한 하나의 지명이다).

그럼 이 절의 주인공이기도 한 방동수는 이들이 믿고 있는 사실, 즉 이들이 하남을 군망으로 하는 하남방씨라고 믿고 있는 사실에 대하여 어떻게 생각하고 있었을까? 이를 살펴보기 위해서는 방동수가 중국의 씨족제도와 그 제도 안에서 생겨난 가계기록의 성격을 설명하기 위하여 정의한 군망, 지망地望, 그리고 방망房望이라는 용어의 의미를 우선적으로 이해할 필요가 있을 것 같다.

방동수는 자신이 자기 집안의 족보를 완성하고 작성한 '족보후술族譜後述'에서 "씨족의 보첩 안에는 세 가지 명칭이 나오는데, 그것은 군망, 지망, 방망이다"라고 말하고 있다.[89] 그에 따르면, 군망은 진한秦漢 시기 이후에 생겨난 것으로 유명한 씨족들 사이에서 자신이 '모군某郡 출신의 저명한 씨족'이라는 사실을 밝히기 위하여 출현하였고, 지망은 시천조가 처음으로 정착한 곳을 의미하며, 그리고 방망은 동일한 지망을 사용하는 사람들 사이에서 나누어지는 분파를 가리킨다.[90] 이를 방동수의 집안을 예로 하여 살펴보면, 군망은 '하남'이요,

---

89 方東樹, 《攷槃集文錄》 卷11 '族譜後述 上篇'.
　　氏族譜牒之系 其稱有三 曰郡望 曰地望 曰房望.
90 중국 역사 문헌 속에서 地望이라는 용어는 方東樹가 정의하고 있는 바와 같이 始遷祖가 처음으로 정착한 지역만을 의미하는 것은 아니다. 예를 들어 송나라 시기 정초가 작성한 〈氏族略〉(《通志》 卷25)을 살펴보면, "三代之後 姓氏合而爲一 皆所以別婚

지망은 '노홍'이며, 그리고 방망은 '노이방老二房'이 된다.91

그리고 방동수는 자기 집안이 하남방씨라는 사실에 대하여 '한편으로는 믿을 만한 것이지만 또 다른 한편으로는 믿을 만한 사실이 되지 못한다'고 말하고 있다. 그가 이와 같이 말하는 이유는, 여러 성씨서姓氏書들의 내용을 살펴보면 그 성씨서들이 방씨의 군망으로 하남을 기록하고 있기는 하나 하남이 방씨의 군망이 되는 근거를 명확히 제시하지 못하고 있고, 또 그 성씨서들에서 하남방씨의 인물로 기록된 사람들을 살펴보아도 역사적인 사실과 너무나 동떨어진 경우가 많아 그 성씨서들의 내용을 그대로 신뢰하기에는 많은 문제점이 있다고 생각하였기 때문이었다. 그리하여 방동수는 "군망이 하남이라는 사실은 내가 믿기도 하고 의심하기도 한다"고 말하고 "믿는다는 것은 성씨서들에 기록된 내용이 모두 그러하다는 것 즉 모두 일정 정도 오류가 있다는 점을 감안하고 믿는 것이요, 의심한다는 것은 그 성씨서들에 기록된 내용을 의심하여 끝내 그 사실 여부를 고증할 수 없다는 것"이라고 밝히고 있다.92

실제로, 방동수는 《원화성찬元和姓纂》, 《비급신서秘笈新書》, 《고금성

姻 而以地望明貴賤"이라는 표현이 나오는데, 여기서 지망은 군망을 의미한다. 또,《漢語大詞典》(上海辭書出版社, 1988)에서는 지망이라는 용어를 "魏晉以下, 行九品中正制, 士族大姓壟斷地方選擧等權力, 一姓與其所在郡縣相聯系, 稱爲地望"이라고 정의하고 있는데, 이 역시 군망의 의미와 유사하다. 아울러, 이 책 제4장 제2절도 참고하길 바란다.

91 《桐城魯䤂方氏族譜》(安徽省圖書館 소장본, 1883(光緒 9)년 刊)에서는 魯䤂方氏를 크게 '老長房', '老二房', '老三房'으로 나누고 있는데, '노장방'은 始遷祖 方芒의 큰 아들 方宣의 후손을, '노이방'은 둘째 아들 方憲의 후손을, '노삼방'은 셋째 아들 方安의 후손을 가리킨다. 方東樹 가계는 '노이방' 가운데에서도 '分支中二房'에 속해 있다. 그리고 방망의 넷째 아들 方寗에 대해서는 "始祖第四子 配索氏 生二子 長瓏次玤 遷舒 復遷六安州毛坦廠 更名華 已別爲一族"("舒"는 安徽省 舒城縣을, "六安州"는 安徽省 六安市를 가리킨다)이라 기록하고, 魯䤂方氏 족보에 수록하지 않았다.

92 方東樹,《攷槃集文錄》卷11 '族譜序'.
   河南之望 吾且信之 且疑之 … 信則信夫氏族書之云皆然矣 疑則疑夫其時地事蹟之終莫可考也.

씨서변증古今姓氏書辯證》,《통지通志》, 그리고 《만성통보萬姓統譜》의 내
용을 언급하며 성씨서의 오류를 지적하고 있다. 《원화성찬》은 당나라
시기 임보林寶가 편찬한 책으로 알려져 있는데, 이《원화성찬》에서는
방씨에 관하여 언급하지 않았다. 하지만 이 책에서는 서주西周 시기에
활동한 인물로 후에 방씨 구성원들에 의해 그들의 선조로 여겨졌던
방숙方叔을 고방숙鼓方叔으로 소개하며 '방숙씨'조에 기록하고 있다.[93]
또 《비급신서》는 송나라 시기 사방득謝枋得(1226~1289)이 작성한 것
인데, 이《비급신서》역시 방씨에 관하여 언급하지 않았지만 방씨의
시조로 알려진 인물인 방뢰方雷를 '방뢰씨'조에 싣고 있다.[94]

그리고 송나라 시기 등명세鄧名世에 의해 편찬된《고금성씨서변증》
에서는 《풍속통風俗通》의 내용을 인용하며 방씨는 방뢰의 후예라고
말하고 이를 이어 방씨의 인물로 당나라 시기 시인으로 유명한 방간
方干을 소개하고 있다. 하지만 이《고금성씨서변증》에서는 당나라 이
전 시기에 활동하였던 방씨들의 선조, 예를 들면《전국책戰國策》에 나
오는 방회方回, 서주 시기의 방숙,《한서漢書》에 등장하는 방상方賞,
그리고 《후한서後漢書》에 출현하는 방망方望과 방저方儲 등을 기록하
지 않았다.[95]

또 정초 역시 그의 저서인《통지》에 수록된 〈씨족략〉에서 방씨를
소개하고 있다. 그에 따르면, 방씨는 방뢰方雷의 후손으로 주나라 대
부 방숙方叔의 후손들이 방숙의 이름 자를 따라 방씨라 칭하기 시작
하였다. 그리고 그는 방씨의 유명한 인물로 한나라 시기의 방하方賀(-

---

93 林寶,《元和姓纂》卷5 '十陽'篇 '方叔'條.

94 謝枋得,《新鍥簒纓必用增補秘笈新書別集》卷2 '類姓'篇 '雷'條(이 절에서는 《四庫全書
存目叢書》子200冊 수록본을 참고함). 方東樹는《秘笈新書》'十五灰'篇 '方雷姓'條라
밝히고 있지만,《四庫全書存目叢書》수록본에서는 卷2 '類姓'篇 '雷'條로 확인된다.
참고로,《四庫全書存目叢書》수록본은 謝枋得(1226~1289)이 작성한《秘笈新書》를 明
나라 시기에 吳道南(1547~1620)이 재편집한 것이다.

95 鄧名世,《古今姓氏書辯證》卷13 '十陽上'篇 '方'條.

방동수는 방하와 방상을 동일인으로 보고 있다)와 당나라 시기의 방
간方干을 소개하고, 그 내용의 말미에 "방씨는 송나라 시대에 이르러
저성著姓이 되었고 이들은 민중閩中(-오늘날 복건성: 安註) 지역에 많
이 살고 있으며 이들은 하남을 군망으로 하고 있다"고 소개하고 있
다. 하지만 이러한 정초의 기록도 자기 선대를 확인하려는 방동수의
입장에서는 만족할 만한 것이 아니었다.[96]

   그리고 명나라 시기 능적지凌迪知(1529~1600)가 편찬한《만성통보》에
서도 방씨를 소개하고 있는데, 이 책에서도 역시 방씨는 주나라 대부
방숙의 후예로 하남을 군망으로 하고 있다고 밝히고 있다. 하지만《만
성통보》에 소개된 인물들을 살펴보면 그 관련 내용들이 역사적 사실
과 일치하지 않는 점이 많았다. 그 대표적인 인물이 방제方儕와 방엄
方儼 그리고 방망方望이었다. 능적지는 방제와 방엄을 방망의 형제로
기록하고 또 방망을 진晉나라 시기에 활동한 인물로 기록하고 있지
만, 방동수의 입장에서는 이러한 기록은 모두 역사적 사실과 다른 것
이었다.[97] 그래서 방동수는 "明人之陋 大抵若是不足辨矣"라 말하고 있다.

   이처럼 방동수는 중국 성씨서들에 기록된 방씨 관련 기록들이 그
사실을 그대로 믿고 따르기에는 무리가 있는 것으로 생각하였다. 그
리고 이 성씨서들의 기록만으로는 자기 집안이 하남을 군망으로 하는
하남방씨라는 사실을 확인하기 어렵다는 결론에 이르게 되었다. 그리
하여 그는 방씨들 사이에서 편찬된 족보를 살펴보기 시작하였고, 그
족보에서 그들의 선조에 관해 어떻게 기록하고 있는지 관심을 갖게
되었다.

   그리고 방씨들 사이에서 편찬된 족보들을 살펴본 방동수는 그 족보

---

96 鄭樵,《通志》卷27 氏族略第3.
    宋朝方氏爲著姓 閩中爲多 望出河南.
97 凌迪知,《萬姓統譜》卷49 '七陽'篇 '方'條.

들에서 선조에 관련된 내용을 소개하면서 방굉方紘, 방저方儲, 방혜성方惠誠, 그리고 방숙호方叔諩라는 인물을 공통적으로 언급하고 있음을 알게 되었다. 그 족보들에 따르면, 방굉은 서한 말기에 하남수河南守를 역임하였던 인물로 왕망王莽으로 인해 생겨난 혼란을 피하여 흡현歙縣(-오늘날 안휘성 황산시黃山市 흡현 일대)으로 이주하였고, 방저는 방굉의 증손으로 동한 원화元和(24~26) 연간에 현량방정賢良方正으로 천거되어 이후 이후黟侯(-이현黟縣은 오늘날 안휘성 황산시 이현 일대임)에 봉해졌으며, 방혜성은 수나라 개황開皇(581~600) 연간에 흡령歙令에 임명되었고, 방숙호方叔諩는 방혜성의 아들로 흡현의 경치가 마음에 들어 흡현에 정착하였다. 그리고 방동수는 이후黟侯인 방저에서 흡현에 정착한 방숙호까지 19세世라고 밝히고 있다.

그리고 방숙호가 흡현에 정착한 이후 방씨들은 그곳에서 계속해서 살게 되었고, 그곳에 사는 방씨 가운데 일부가 무원婺源, 환산環山(-오늘날 호남성 상담시湘潭市 일대), 암진巖鎭(-오늘날 광동성 하원시河源市 일대), 그리고 엄주嚴州(-오늘날 절강성 항주시杭州市 일대)와 같은 지역으로 이주하게 되었다. 그 가운데에서도 엄주로 이주한 방씨들이 가장 번성하였는데, 앞서 언급하였던 당나라 시기의 유명한 시인인 방간方干이 바로 이 엄주 지역 출신이었다.

방동수가 살던 청나라 시기에는 방씨들이 복건, 절강, 강소, 사천, 호북과 호남, 그리고 광동과 광서 일대에 많이 살고 있었는데, 이들은 모두 그들의 조상이 흡현歙縣, 이현黟縣, 무원婺源, 환산環山, 암진巖鎭, 그리고 엄주嚴州에서 분파되어 나간 사람들이라고 생각하였다. 그리고 이들은 비록 각기 자기들이 살고 있는 지역에 처음으로 입거한 시천조를 내세우며 각기 별도의 씨족으로 생활하고 있었지만, 이들은 모두 자신들의 군망이 하남이라 믿고 있었다. 그리고 방동수는 이들이 자신들의 군망을 하남으로 믿는 현상은 당송 이후로 한 번도 바뀐 적

이 없다고 생각하고 있다.[98]

여하튼 이상에서 언급한 족보의 내용을 살펴본 방동수는, 방씨들이 그들의 군망을 하남으로 생각하는 이유가 서한 말기에 하남수를 역임하다가 '왕망의 난'을 피하여 흡현으로 내려온 방굉方紘 때문이라는 사실을 알게 되었다. 다시 말해 방굉의 후손들은 방굉이 흡현에 정착한 이후 그가 관직을 수행하던 지역 즉 하남을 군망으로 밝히며 그곳에서 생활하게 되었다는 것이 방동수의 생각이었다.

하지만 방동수의 입장에서는 방씨들의 족보에 수록된 이 같은 내용에 동의할 수 없었다. 왜냐하면 앞서 살펴보았듯이 중국 성씨서 가운데에는 수나라 이전 시기에 편찬된 성씨서가 전해지지 않고 있어서 수나라 이전 시기에 활동하였던 방씨의 선조에 관해서 자세히 알 수가 없으며, 또 당나라 시기 이후에 편찬된 성씨서 가운데에서도 방씨들이 하남을 군망으로 하게 된 경위를 명확히 설명해 주고 있는 성씨서가 없다는 사실을 방동수는 너무나 잘 알고 있었기 때문이었다. 그리하여 방동수는 "방씨의 선대는 진陳나라와 수나라 이전 시기에 관해서는 자세히 알 수 없지만 당나라 이후 시기에 관해서는 알 수 있다. 또 군망이 하남이라는 것에 관해서는 그 사실 여부를 알 수 없지만 이현, 흡현, 엄주에서 방씨들이 번성하였다는 사실은 알 수 있다. 무슨 말인고 하니, 하남이 방씨의 군망이라는 사실은 그것이 어떻게 생겨난 것인지 명확하지 않다."고 말하고 있다.[99]

이처럼 방동수가 자기 집안이 하남을 군망으로 하고 있다는 사실에

---

98 方東樹, 《攷槃集文錄》 卷11 '族譜序'.
　　閩越吳蜀楚奧 皆有或本於黟歙 或本於婺源 或本於嚴州 或本於環山巖鎭 不暇一一攷要 莫不各本其始遷之祖 以著爲族 而同以河南爲望 蓋自唐宋以來 未有或易之者也.

99 方東樹, 《攷槃集文錄》 卷11 '族譜序'.
　　方氏在陳隋以前 不可詳 而在唐以後 則可稽 其郡望者河南也 不可知 而其盛於黟歙嚴州 則信而可知也 何言之 河南之望 未詳所由.

회의적인 입장을 가지고 있었던 이유는, 중국 역사상 군망이 출현하는 배경을 이해하고 있는 그의 역사적 지식과도 밀접한 관련이 있는 것이었다. 그에 따르면, 군망은 한나라 시기에 각 군郡의 망족들을 관중 지역에 옮겨 살게 하면서 생겨났다. 각 군에 살던 망족들은 관중 지역으로 이주한 후 자기들이 '모군 출신의 저명한 씨족'이라는 사실을 밝히기 위하여 자신들이 살던 군의 명칭을 성씨와 함께 칭하게 되었다. 그리고 이 시기에 생겨난 이러한 관행은 이후 중국사회에 계속해서 유지되었다.[100]

하지만 방동수가 이해하고 있는 군망은 한나라 시기부터 문벌을 숭상하는 풍조가 크게 성행하던 시기까지 중국 역사상 '짧은 기간'에 발달했던 것으로, 시천조가 정착한 곳이 어디냐에 따라 지망이 바뀌고 또 소속된 방房을 분류하는 방식에 따라 방망房望이 바뀌듯이 군망 또한 절대 불변의 것이 아닌 '非百世不遷遠祖之望'이었다. 더욱이 문벌을 크게 숭상하던 시기에는 문벌을 지나치게 숭상한 나머지 거짓으로 군망을 칭하는 경우도 적지 않았다. 하지만 당나라 사람들은 이러한 사실을 알지 못하고 군망을 성씨서에 그대로 기록하였고 이로 인해 후세 사람들 또한 그 성씨서에 기록된 내용을 그대로 따르게 되었다고 방동수는 믿고 있다.

실제로, 방동수는 방씨 족보에서 언급하고 있는 내용, 그중에서도 특히 방저가 이후黟侯에 봉해졌다는 내용을 확인하기 위하여 《후한서》에 실려 있는 '군국지郡國志'를 살펴보기도 하였다. 하지만 그 '군국지' 안에는 이현 지역에 '후국侯國'이 있었다는 기록이 나오지 않았

---

100 方東樹, 《攷槃集文錄》 卷11 '族譜序'.
　　　 郡望之始 起於漢徙豪右實關中 大姓各繫其土 著以自別 若曰此某郡之著
　　　 族耳 其後歷代南北遷徙 一時著姓 亦各相沿此制 以爲稱 故陳隋以前姓氏
　　　 書 因之 唐人不知 悉憑其私牒 撰爲名字 以專其派 唐以後作姓氏書者 益
　　　 昧其故 而相沿不改.

다. 또, 수나라 시기 흡령으로 오게 되었다는 방혜성과 그 아들 방숙호가 하남을 군망으로 하였던 인물들인지, 하남이 아닌 또 다른 지역을 군망으로 하던 인물들이었는지도 역사 문헌 속에서 확인할 수 없었다.

그리하여 방동수는 "방씨는 본래 저성著姓으로 위수魏收가 편찬한 《하남관씨지河南官氏志》에 실리게 되었는데, 그 후손들이 한미해져 하남을 군망으로 하여 흡현으로 이주하였고 그곳에서 계속해서 하남을 군망으로 칭하였다. 그 후 방굉과 방저라는 인물의 작위를 따라 그 선대를 한나라 시기까지 올려 마치 그들이 봉해진 지역에 정착한 듯이 세상에 자랑하였던 것이다. 하지만 성씨서를 작성한 사람들은 위수의 서명에서 비롯된 이 같은 오류를 깊게 생각하지 않고 하남을 방씨의 군망으로 계속해서 기록하였던 것이다."라고 말하고 있다.[101]

이처럼 자기 집안의 군망에 대하여 믿을 만한 기록을 찾지 못한 방동수는 자기 집안의 족보를 편찬하면서 "가까운 시기에 있는 사실로 믿을 만한 기록이 존재하는 사실에 대해서만 내 족보에 기록하도록 하고 하남이 군망이라는 것은 그대로 기록해 두되 그 사실 여부는 더 이상 논하지 않는 것이 좋을 듯하다"〈近而可信者 敍吾譜 而河南之望 則姑存而勿論可也〉라는 원칙을 세우게 된다. 그리고 이러한 원칙에 입각하여 "우리 집안은 명나라 홍무 연간에 휘주의 무원婺源에서 동성으로 이주하여 왔다. 동성으로 이주하여 온 이후 노홍魯䲩에 정착하였는데 그 후손들은 다른 고을이나 다른 마을에 흩어져 살아도 반드시 노홍을 지망으로 하여 그들의 선대가 시작된 곳을 잊지 않았다."

---

101 方東樹,《攷槃集文錄》卷11 '族譜序'.
　　方氏嘗有著姓在河南官氏志者 其後衰微 而其子孫有帶望而遷於歙 襲河南
　　之名 因鑿空紘與儲之爵位 以遠屬之漢世 爲若家於其封 以夸榮當世 爲氏
　　族書者 不暇深考其本於魏收書名之譌 亦因相沿云爾.

고 밝히면서 자신의 집안을 노홍방씨魯䰯方氏라 칭하고 있다.[102]

2. 군망제도가 사라진 사회적 원인

그럼 왜 방동수는 자기 집안이 하남을 군망으로 하고 있다고 족보
에 기록하면서도 하남이 군망이라는 사실은 믿을 만한 것이 못된다고
말하고 있는 것일까? 그것은 무엇보다도 그가 중국 역사 문헌 속에서
방씨가 하남에서 유래하였다는 명확한 근거를 찾을 수 없었기 때문이
었다. 그럼 다시 또 방동수는 왜 중국 역사 문헌 속에서 방씨가 하남
에서 유래하였다는 근거를 찾을 수 없었던 것일까? 이에 대하여 방동
수는 중국 역사 속의 '세변世變'과 '서실書失'(-방동수는 '서지실書之失'
이라는 표현을 쓰고 있다)을 언급하고 있다.

그가 말하는 중국 역사 속의 '세변'이란 가계 기록이 온전하게 전해
지지 못할 정도로 사회적으로 커다란 변화가 있었던 시기를 의미한
다. 그는 이러한 '세변'을 크게 6개의 시기로 구분하고 있는데, 전국
시대 말기부터 진秦나라가 중국을 통일한 시기가 그 첫 번째요, 한나
라가 중국을 통일하고 지방의 호족을 관중 지역으로 이주시킨 시기가
두 번째, 진晉나라부터 남북조에 이르는 시기가 세 번째, 당나라 건국
후 새로운 성격의 지배계층이 등장한 시기가 네 번째, 당나라 말기부
터 시작된 '5대10국' 시기가 다섯 번째, 그리고 남송 이후 원나라에
이르는 시기가 여섯 번째이다.

또 그가 말하는 '서실'이란 이상의 '세변'을 거치는 동안 믿을 만한
가계 기록이 거의 사라지고 믿지 못할 가계 기록이 많이 생겨난 것을

---

102 方東樹,《攷槃集文錄》卷11 '族譜序'.
　　吾族 自婺源遷桐城 始居魯䰯 其後亦散行他邑及各郷 而必以魯䰯繫其望
　　不忘所自始也.

가리킨다. 그에 따르면, 중국 고대에는 믿을 만한 가계 기록들이 많이 있었으나 이상의 '세변'을 거치는 동안 모두 사라지게 되었다. 그리고 이를 대신하여 사적으로 작성된 믿지 못할 가계 기록들이 등장하게 되었다. 이로 인해 중국 씨족제도에는 많은 혼란이 생겨나게 되었다.

그리고 방동수는 이러한 혼란이 남북조 시기 이후, 그중에서도 특히 북조 시기 이후에 생겨난 것으로 보고 있다. 위나라 시기에는 이른바 '구품중정제九品中正制'가 실시되어 관官에서 가계 기록을 관리하였기 때문에 그 가계 기록들은 상당 정도 믿을 만한 것들이었다. 그리고 이러한 위나라 시대의 전통은 남조인 진晋·송宋·제齊·량梁으로 이어졌다. 그리하여 이 시기에는 응소應劭(153~196)의 《풍속통風俗通》, 두예杜預(222~285)의 《공자보公子譜》, 왕검王儉(452~489)의 《백가보百家譜》, 하승천何承天(370~447)의 《성원姓苑》, 그리고 위수魏收(505~572)의 《하남관씨지河南官氏志》 등이 존재할 수 있었다.

하지만 북조 시기에 들어서는 대북인代北人들이 그들이 본래 가지고 있는 성씨를 버리고 한족의 성씨를 취하게 되면서 중국사회의 성씨는 '중원고성中原古姓'과 '대북성代北姓'으로 나뉘는 혼란이 생겨났고, 또 당나라 시기에 이르러서는 '사성賜姓'이니 '개성改姓'이니 '모성冒姓'이니 하는 방식으로 새로운 성씨들이 많이 생겨나면서 중국사회의 성씨는 더욱 혼란해질 수밖에 없었다. 그리고 이러한 혼란으로 인해 이 시기에 작성된 성씨서들은 그들을 성씨서라 부르기보다는 오히려 '자서字書'나 '운서韻書'로 칭해야 할 정도로 수준이 낮은 것들이었다. 그 중에서도 특히 임보林寶가 작성한 《원화성찬元和姓纂》의 경우에는 후대에 전해져 후대 성씨서들에 많은 영향을 주었지만, 그 안에 기록되어 있는 군망에 관련된 기록들은 명확한 근거가 없이 기록된 것이라고 방동수는 생각하고 있다.

여하튼 방동수는 이상에서 밝힌 중국 역사 속의 '세변'과 그 '세변'

을 겪는 과정 속에서 생겨난 '서실書失'을 경험하면서 중국사회에서는
'千年可徵之氏族'(-방동수는 '千年可徵之姓族'이라고도 칭하였다)을 더 이
상 찾아볼 수 없게 되었다고 말하고 있다. 그리고 '千年可徵之氏族'이
존재하지 않을 만큼 가계 기록이 혼란해진 상황에서 선조에 대한 역
사적 사실을 너무나 지나치게 밝히려 하는 일, 예를 들면 방씨의 경
우처럼 그들이 과연 하남을 군망으로 하는 것이 역사적인 사실과 부
합하는 것인지를 밝히려 하는 일은 오히려 종족을 유지하는 데 어려
움을 주게 된다고 말하고 있다.[103]

　사실 방동수 이외에도, 명청 시기 학자들 가운데에는 당시 씨족들
이 칭하고 있는 군망이 역사적 사실과 부합된 것이 아니라고 말하는
사람들이 있다. 그 가운데 대표적인 인물이 명나라 시기의 양신楊愼과
청나라 시기의 전대흔錢大昕이다. 양신은 그의 저서 《단연총록丹鉛總
錄》에서 '군성郡姓'에 대하여 설명하며, "(지금 남아 있는) 성씨서들을
살펴보면 성씨와 함께 군망을 기록하고 있는데, 그 군망이라는 것은
그다지 믿을 만한 것이 되지 못 한다."라고 말하고 있다. 그리고 이어
후경侯景(503~552)·설종기薛宗起·한현종韓顯宗·이표李彪(-이상 3명은 모
두 북위 효문제 때 활동한 인물임)의 고사를 인용하며, "지금의 많은
성씨들이 가지고 있는 군망이라는 것은 북방 오랑캐가 지배하던 북위
시대에 생겨난 것으로 어찌 믿을 수 있단 말인가?"라고 밝히고 있다.[104]

---

103 본문의 내용은 方東樹가 저술한 '族譜序'의 내용을 바탕으로 필자가 재구성하였음
　　을 밝힌다. 필자가 참고한 내용은 주로 아래의 내용이다. 方東樹, 《攷槃集文錄》卷
　　11 '族譜序'.
　　　以世變若彼 以書若此 由是天下無復有千年可徵之姓族矣.
　　　宗之亡 卽由乎此 非亡於求詳 正由夫求詳之過而轉亡焉.
104 楊愼, 《丹鉛總錄》卷10 人品類 '郡姓'篇.
　　　姓氏書 以姓配郡望 甚爲無謂 … 今之百姓郡望 起於元魏胡虜之事 何爲
　　　據也(-"元魏"는 北魏를 말한다. 北魏의 皇室은 본래 托跋氏라는 姓氏
　　　를 가지고 있었지만 孝文帝 때에 元氏로 改姓하였다).
　　아울러, 楊愼과 錢大昕이 밝히고 있는 군망에 대한 견해에 관해서는 이 책 제2장

또, 전대흔 역시 청나라 시기 씨족들 사이에서 전해지는 군망이 역사적 사실과 부합된 것이 아니라고 믿고 있었다. 그에 따르면, 군망은 위진 시대에 문제門第가 높은 사대부를 중심으로 발달하였던 것인데, 당송 이후 과거제도가 실시되고 사가私家에서 작성한 족보가 유행하며 사족들의 이주가 빈번해지면서 이 군망은 중국사회에서 사라지게 되었다. 그리하여 "현재 중국인들은 군망이 있다는 사실조차 알지 못하고 살아온 지가 이미 5백 년 내지 6백 년이 되었다."고 그는 말하고 있다. 실제로 그는 오중吳中 지역(-역사적으로 오군吳郡, 오흥군吳興郡, 회계군會稽郡으로 불리었던 지역을 말한다)의 4대 성씨인 주씨朱氏, 장씨張氏, 고씨顧氏, 육씨陸氏가 칭하는 군망을 역사 문헌 속에서 직접 조사하기도 하였는데, 이 조사를 마친 그는 그들이 칭하는 군망이 역사적 사실과는 너무나 다른 것이라 말하고 "현재 씨족들이 군망을 칭한다는 것은 풍속 가운데에서도 참으로 우습기 그지없는 것이다"라고 결론짓고 있다.[105]

이처럼 명나라 시기의 양신과 청나라 시기의 전대흔이 당시 중국사회의 씨족들이 칭하였던 군망에 대하여 역사적 사실과 다르다고 말할 수 있었던 이유는, 필자 역시 방동수가 지적하였던 것처럼 중국 역사 속에는 가계 기록이 제대로 유지되기 어려울 만큼 혼란한 시기 즉 '세변'이 많았고 또 그 '세변'으로 인해 많은 가계 기록들이 사라지게 되었기 때문이라고 생각하고 있다. 하지만 방동수가 말한 '세변', 그 '세변' 가운데에서도 특히 당나라 이후에 생겨난 '세변'은 중국 씨족사

제2절의 내용을 참고하길 바란다.
105 錢大昕,《十駕齋養新錄》卷12 '郡望'篇.
　　　自魏晉 以門第取士 單寒之家 屛棄不齒 而士大夫始以郡望自矜 唐宋重進
　　　士科 士皆投牒就試 無流品之分 而唐世猶尙氏族 奉勅第其甲乙 勒爲成書
　　　五季之亂 譜牒散失 至宋而私譜盛行 朝廷不復過而問焉 士旣貴顯 多寄居
　　　它鄕 不知有郡望者 蓋五六百年矣 唯民間嫁娶名帖 偶一用之 … 此習俗
　　　之甚可笑者也.

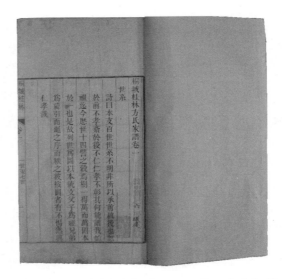

〈사진 2-2〉 안휘성도서관安徽省圖書館에 소장되어 있는
《동성계림방씨족보桐城桂林方氏族譜》

에서 보다 근본적인 변화를 가져왔다고 필자는 믿고 있다.

앞서 필자는 동성 지역의 방씨를 소개하며, 동성 지역의 대표적인 방씨로는 계림방씨, 회궁방씨, 노홍방씨가 있는데 이들은 모두 휘주 지역에 살고 있는 방씨에서 분파되어 나왔고 또 모두 하남을 그들의 군망으로 생각하고 있지만, 이들은 각기 다른 역사적 상황 속에서 동성으로 이주하여 왔고, 각기 다른 인물을 시천조로 내세우며, 각기 별도의 족보를 편찬하고, 각기 다른 명칭으로 자신들이 소속된 씨족을 칭하며 살고 있다고 말하였다.

실제로 동성 지역에서 살고 있는 방씨들 사이에서 간행된 족보를 조사해 보면, 《동성계림방씨족보》와 《동성노홍방씨족보》가 전해지고 있다. 그리고 이 족보들은 각기 계림방씨의 시천조인 방덕익方德益과 노홍방씨 시천조인 방망方芒을 기점으로 작성되어 있다. 또, 동성 지

〈**사진 2-3**〉 안휘성도서관安徽省圖書館에 소장되어 있는
《동성노홍방씨족보桐城魯䂻方氏族譜》

역의 방씨 이외에도, 휘주 지역의 방씨의 경우도 역시 동성 지역 방
씨의 경우와 크게 다르지 않다. 휘주 흡현의 문정산問政山 일대를 근
거지로 삼고 방씨들은 자신들을 문정방씨라 칭하고 《문정방씨족보問
政方氏族譜》(민국 연간 간행)를, 흡현 약천瀹川(-약갱瀹坑이라고도 한다)
을 근거지로 하고 있는 방씨들은 자신들을 약천방씨라 칭하고 《약천
방씨족보瀹川方氏族譜》(명 만력 연간 필사)를, 흡현 부전府前 지역을
근거지로 삼고 있는 방씨들은 자신들을 부전방씨라 칭하고 《부전방씨
족보府前方氏族譜》(민국 연간 간행)를, 그리고 휘주徽州 적계積溪의 성
남城南 지역을 근거지로 삼고 있는 방씨들은 《적계성남방씨종보積溪城
南方氏宗譜》(민국 연간 간행)를 편찬하였다.[106]

---

106 《問政方氏族譜》, 《瀹川方氏族譜》, 《府前方氏族譜》, 《積溪城南方氏宗譜》는 그 複寫本
   이 모두 安徽大學 徽學硏究中心 자료실에 소장되어 있다. 安徽大學 徽學硏究中心 資
   料室에는 이 4종 이외에도 方氏에 관련하여 《祁門方氏宗譜》(淸 道光 연간 간행), 《祁

방동수가 살고 있던 시대의 상황이 이러하였기 때문에 청나라 말기
유능한 정치가로 알려졌던 팽옥린彭玉麟(1817~1890)은 노홍방씨 족보
의 서문을 작성하면서 동성 지역의 방씨에 대하여 다음과 같이 언급
하였다.

> 동성은 강남 지역에 있는 고을 가운데 비교적 큰 고을에 속하는 곳으로,
> '명신名臣'이나 '순리循吏' 그리고 '석유碩儒'나 '문학文學'으로 역사 문헌에
> 기록되어 세상에 크게 알려진 인물이 가장 많이 배출된 곳이기도 하다. 그
> 리고 이 동성에 살고 있는 성씨들 가운데에서도 특히 방씨가 저성으로 알려
> 져 있는데, 이 방씨들은 모두 하남을 군망으로 칭하며 그 선대를 모두 이후
> 黟侯(-방저方儲(?~93)를 말함: 安註)까지 거슬러 올라가고 있지만, 이들의
> 조상은 모두 각기 다른 시기에 휘주徽州에서 동성桐城으로 이주해 왔다. 그
> 래서 이들은 자신들이 서로 다른 씨족이라 생각하고 있으며 또 서로를 하나
> 의 구성원으로 여기고 있지도 않다.[107]

> 〈桐城爲江南巨邑 名臣循吏碩儒文學 載史志顯聞天下者 爲最多 而方氏尤稱著
> 姓 方氏在桐城者 雖皆以河南爲郡望 世系俱本於黟侯 而自徽遷桐時代 有先後
> 之不同 故自爲族 而不相冒襲〉

또 방동수의 아들인 방문方聞 역시 1839년 노홍방씨족보의 '예언例
言'을 작성하면서 다음과 같이 말하고 있다.

> 족보의 표제表題에서 '노홍魯𪩵'이라 밝힌 이유는 (우리 집안을 다른 씨
> 족들과) 구별하기 위해서이다. (같은 방씨를 사용하고 또) 같은 현에 살고
> 있으면서도 (우리 집안과는) 일족이 되지 않는 사람들이 있는데, 예를 들면
> 계림이나 회궁에 근거지를 두고 생활하고 있는 방씨들이 바로 그런 사람들

門方氏宗譜〉(淸 同治 연간 간행), 《安徽桐城金紫方氏族譜》(民國 연간 간행)가 있다.
참고로, 金紫方氏는 복건성 莆田 金紫 지역의 방씨를 말한다.
107 彭玉麟, 〈桐城魯𪩵方氏族譜序〉, 《桐城魯𪩵方氏族譜》(安徽省圖書館 소장본).

이다. 우리 집안의 족보에서는 선대에 관한 기록이 부족하고 또 휘주에 살고 있는 방씨들의 족보에서도 우리 집안의 선대에 관한 기록을 찾을 수가 없다. 그렇다고 무턱대고 다른 집안에 거짓으로 선대를 연결할 수도 없다. 그리하여 어쩔 수 없이 '시천지조始遷之祖'를 기점으로 삼고 '노홍'이라는 지방을 표제하게 되었다. (그리고 이처럼 '시천지조'가 정착한 곳을 지방으로 밝히는 관행은 비단 우리 집안에서만 그러한 것이 아니요,) 저 구양수가 (자기 집안의 군망인) '발해渤海'를 칭하지 않은 사례나 소순蘇洵이 (자기 집안의 군망인) '무공武功'을 칭하지 않은 사례, 그리고 요내姚鼐 선생이 (자기 집안의 군망인) '오흥吳興'을 칭하지 않은 사례에서도 충분히 찾아볼 수 있다. 그러하니 모두 이러한 나의 뜻을 이해해 주길 바란다.108

〈譜題魯谼 示別也 有同縣而非一族者 如桂林如會宮 是也 惟吾支譜牒殘缺 其載於徽譜者 又未可追溯 故簡端不敢謬附以招遙遙華胄之譏 獨以始遷之祖 標魯谼之望者 猶歐陽永叔 不望渤海 蘇明允 不望武功 姚姬傳先生 不望吳興 皆慎之也〉("영숙永叔"은 구양수의 자, "명윤明允"은 소순蘇洵의 자, "희전姬傳"은 요내의 자이다. 참고로, 소순은 《가우집嘉祐集》에 실린 〈보례譜例〉에서 자신의 군망이 조군趙郡이라 밝히고 있었으며, 구양수는 강서성 여릉廬陵을, 소순은 사천성 미주眉州를, 요내는 안휘성 동성을 지방地望으로 밝혔다.)

여하튼, 방동수가 살던 시대에는 동일한 성씨 그리고 동일한 군망을 칭하는 사람들 사이에서도 서로를 별개의 씨족으로 생각하는 집단이 존재하고 있었다는 점인데, 이러한 점은 당나라 말기 이전의 중국 사회에 존재하였던 씨족의 모습, 그리고 방동수가 활동하던 시대와 동일한 시기에 있었던 한국의 조선사회에 존재하였던 씨족의 모습과는 분명히 다른 것이었다. 이를 조금 다른 각도에서 표현해 보자면, 계림방씨니, 회궁방씨니, 노홍방씨니 하는 씨족들이(그리고 흡현의 문정방씨, 약천방씨, 부전방씨, 적계績溪의 성남방씨城南方氏까지도) 만일

---

108 方聞, 〈例言〉, 《桐城魯谼方氏族譜》(安徽省圖書館 소장본).

청나라 사회가 아닌 당나라 말기 이전의 중국사회나 또는 그들과 동일한 시기에 있었던 한국사회에 존재하였더라면, 그들은 각기 별도의 씨족이 아닌, 다시 말해 계림방씨니, 회궁방씨니, 노홍방씨니 하는 각기 다른 명칭으로 자신이 소속된 씨족을 칭하고 또 각기 다른 씨족의 명칭으로 족보를 편찬하는 별도의 씨족이 아닌, 하남방씨 안에 존재하는 하나의 지파로 존재하였을 것이라 필자는 생각하고 있다.

필자가 이와 같이 생각하는 이유는, 이 책의 또 다른 절에서 밝힌 사실이기도 하지만, 당나라 이전 시기의 중국사회에 존재하였던 군망제도와 현재 한국사회에 존재하고 있는 본관제도를 살펴보면 그들 씨족들은 그들이 살고 있는 지역과 무관하게 언제나 그들의 군망과 본관을 밝혀 자신이 소속된 씨족을 칭하였고, 군망이나 본관이 아닌 자기 씨족들이 세거하는 지역의 지명을 밝혀 별도의 씨족으로 '분적分籍'(-물론 '분적'이라는 용어는 한국 씨족사에서 나오는 용어이다)되어 나오는 경우는 거의 찾아볼 수 없었기 때문이다.[109]

예를 들어 중국의 청하최씨의 경우, 그들이 청하淸河(-오늘날 하북성 남부와 산동성 북부 일대)가 아닌 형양滎陽(-오늘날 하남성 형양시 일대), 언릉鄢陵(-오늘날 하남성 언릉현 일대), 제군齊郡 오수烏水(-오늘날 강소성 연운항시 일대), 전절全節(-오늘날 산동성 제남시濟南市 동북부 일대), 청주靑州(-오늘날 강소성 양주시 일대), 그리고 남전藍田(-오늘날 섬서성 남전현 일대) 그 어디에 살아도 이들은 계속해서 자신들의 군망인 청하를 칭하여 자신이 소속된 씨족을 청하최씨라 밝혔으며, 자신들이 소속된 지파를 밝힐 때에도 언제나 청하최씨 지파로서 정주최씨鄭州崔氏, 허주許州 언릉방鄢陵房, 오수방烏水房(-전절에 거주

하는 청하최씨도 오수방의 일파이다), 청주방青州房, 그리고 남조최씨
南祖崔氏라 밝히었다.

그리고 한국의 남양홍씨의 경우, 그들이 남양南陽(-오늘날 경기도
서남부 일대)이 아닌 적성積城 상수湘水(-오늘날 경기도 양주시 남면
상수리), 여주驪州 이포梨浦(-오늘날 경기도 여주시 금사면 이포리), 임
실 가라실〔玉田〕(-오늘날 전라북도 임실군 청웅면 옥전리 가라실〔柯田〕),
남원 회정槐亭(-오늘날 전라북도 순창군 적성면 회정리), 그리고 임실
텃골〔基洞〕(-오늘날 전라북도 임실군 운암면 텃골〔基洞〕) 일대에 살면서
세간에 상수홍씨니, 이포홍씨니, 가랏홍씨니, 회정홍씨니, 텃골홍씨니
하는 명칭으로 불렸어도 이들이 남양홍씨에서 분적된 별도의 씨족으
로 존재해 본 적은 역사상 한 번도 없었다.

하지만 계림방씨, 회궁방씨, 노홍방씨는 서로를 각기 별도의 씨족으
로 간주하였으며, 심지어는 그들이 분파되어 나온 휘주 지역의 방씨
들과도 별도의 씨족으로 생각하였다. 그래서 방동수는 노홍방씨 족보
를 만들고 나서 "방씨의 대종大宗은 (휘주의) 흡현에 있다. 하지만 그
들은 다른 군현으로 이주한 방씨들을 그들의 지파로 기록하지 않고
있다"고 말하였으며, 청나라 말기 학자인 마기창馬其昶 역시 "(계림방
씨, 회궁방씨, 노홍방씨는) 모두 휘주에서 이주해 왔으나 이들은 모
두 각기 별도의 씨족을 이루고 있다."고 말하였다.[110]

또 방동수는 자기 집안의 족보를 완성하고 나서 족인들에게 '우리
집안이 현재 한미하다는 것을 부끄럽게 여기지 말고 끊임없이 '勸學修
身'하며 '積功累仁'한다면 훗날 반드시 노홍으로 하남이라는 군망을 대
신하게 되는 때가 올 것이다'라고 말하고 있는데, 거듭된 이야기 같지

---

110 錢大昕,《十駕齋養新錄》卷12 '族譜後述上篇'.
　　方氏之大宗在歙　而他郡縣所遷之族　概莫得敍支派焉.
　　馬其昶이 언급한 내용에 관해서는 앞서 본문에서 밝힌 내용을 참고하길 바란다.

만 만일 방동수가 당나라 이전 시기의 중국사회나 그가 살던 시대와 동시기에 있었던 한국사회에 살았더라면 이와 같은 표현은 그리 쉽게 생각해 내지 못했을 것이다.111

소결론

방동수가 살던 시대에는 군망이라는 것이 사회적으로 큰 의미를 가지지 못하였다. 그리하여 그 시대의 사람들은 자신이 소속된 씨족을 밝힐 때에도 군망을 언급하지 않았으며 또 군망을 통하여 서로의 씨족을 구별하려 하지도 않았다. 방동수가 살던 시대의 군망은 그저 족보에서 간단히 기록되는 수준이거나 또는 혼인 문서를 작성하는 것과 같은 민간 풍습에서 형식적으로 언급되는 수준이었다. 그리고 그 시대에는 심지어 자신들의 군망이 무엇인지 알지 못하는 씨족도 많이 있었다.

그 이유는 중국 역사상 군망이라는 것이 위진남북조 시기부터 당나라 시기까지 크게 성행하다가 송나라 시기에 들어서는 사실상 그 자취를 감추었기 때문이다. 그래서 명나라 시기 양신은 "(지금 남아 있는) 성씨서들을 살펴보면 성씨와 함께 군망을 기록하고 있는데, 그 군망이라는 것은 그다지 믿을 만한 것이 못 된다"라고 하였고, 청나라

---

111 錢大昕,《十駕齋養新錄》卷12 '族譜後述下篇'.
　　務勸學修身積功累仁　上有以承其先德　下有以蔭其子孫　久之不怠　後必有
　　以魯餂易河南之望者　而何榮如之.

시대의 전대흔은 "(송나라에 들어서면서 군망이 사실상 그 자취를 감추게 되어) 현재 중국인들은 군망이 있다는 사실조차 알지 못하고 살아온 지가 이미 5백 년 내지 6백 년이 되었다"고 말하였다.

그리고 군망에 대한 방동수의 견해도 양신이나 전대흔의 견해와 크게 다르지 않았다. 그에 따르면, 중국사회는 역사적으로 여러 차례의 '세변世變'을 겪어야만 했으며 또 이러한 '세변'을 거치는 동안 가계 기록이 사라지는 '서실書失'을 경험해야만 했다. 그리고 이 '세변'과 '서실'을 거치면서 중국사회에는 더 이상 '千年可徵之氏族'이 존재하지 않게 되었다. 그렇기 때문에 자신이 살고 있던 시대에 천 년 이전에 생겨난 군망을 논한다는 것은 합당한 일이 아니라고 방동수는 생각하였다.

아울러, 방동수가 살았던 동성 지역의 방씨들(-그리고 흡현과 적계 지역의 방씨들까지도)을 통해서 알 수 있듯이, 청나라 사회에서는 동일한 성씨와 동일한 군망을 칭하더라도 별도의 씨족으로 존재하게 되는 경우가 많았다. 그리고 이러한 현상은 당나라 말기 이전의 중국 사회에 존재하던 씨족의 모습 그리고 청나라 사회와 동일한 시기에 있었던 한국사회에 존재하던 씨족의 모습과는 그 존재 형태부터가 다른 것이었다. 방동수가 자기 집안의 군망을 논하는 것에 회의적이었던 이유나 자기 집안을 하남방씨의 지파가 아닌 노홍방씨라 칭하였던 이유도 이러한 역사적 배경과 밀접한 관련이 있었다.

〈**부록 2-6**〉방동수 집안 가계도

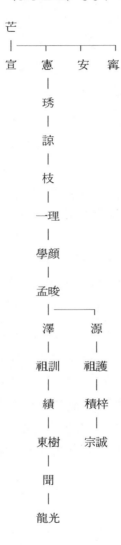

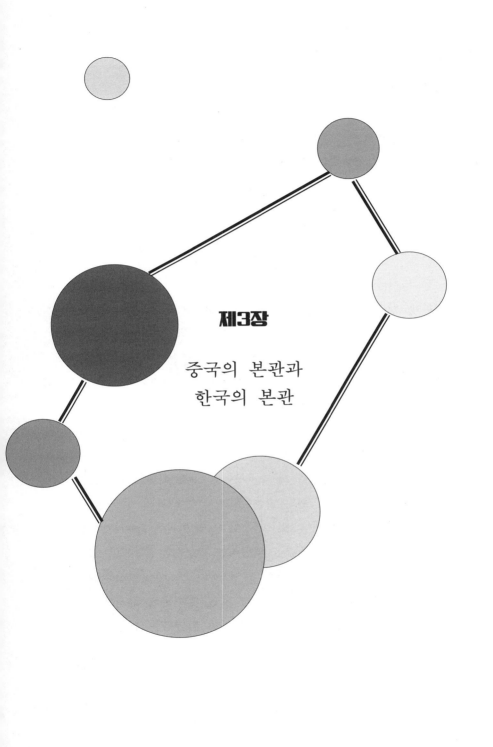

제3장

중국의 본관과
한국의 본관

제1절 한국 본관제도의 기원과 '토성土姓'에 관한 제설 검토
-이수건의 '토성분정土姓分定'설을 중심으로-

현재 한국 사학계에서는 한국의 본관제도가 출현하게 되는 과정을 이해하면서, '고려 초기에 국가적 정책에 의해 '토성土姓'이 '분정分定' 되었고, 그로 인해 한국사회에 본관제도가 출현하게 되었다'는 이론(-이하 '토성분정'설이라 칭함)이 크게 자리 잡고 있다. 이 '토성분정'설은 1970년대 중반 이수건李樹健에 의해 제기되기 시작한 것으로, 이후 허흥식許興植과 채웅석蔡雄錫 그리고 박종기 등에 의해 더욱 구체화되었으며, 현재 한국사 연구자들 사이에서는 한국 본관제도가 출현하게 되는 과정을 이해하면서 일반적인 견해로 받아들여지고 있다.[1]

이 '토성분정'설에 따르면, 고려 초기 국가에서 각 군현 단위로 이른바 '토성'을 '분정'하게 되었는데, 이 '토성'이라는 용어는 본관을 의미하는 '토土'와 부계의 혈통을 의미하는 '성姓'이 결합되어 있는 것으로, 바로 이 '토성'이라는 용어에 내포되어 있는 '토'가 오늘날 본관제도의 기원이 되었다. 이러한 '토성분정'설은 한국의 본관제도가 처음으로 실시된 시기를 구체적으로 규명하려 하였다는 점 그리고 그 본

---

[1] 이수건이 1970년대 중반에 발표한 '토성' 관련 연구에 관해서는 이 책 제1장 각주 30번을, 허흥식, 채웅석, 박종기의 연구에 관해서는 이 책 제1장 각주 33번을 참고 하길 바란다.

관제도가 역사상 처음으로 출현하는 과정을 상세히 밝히려 했다는 점에서 큰 의미가 있다고 하겠다.[2]

하지만 이 '토성분정'설이 제기된 이후 그에 대한 문제점도 적지 않게 제기되었다. 그 문제점을 제기한 연구자 가운데 하나인 이태진李泰鎭은 혼란한 후삼국 시대를 통일한 고려 정부가 그것도 통일을 완수한 지 얼마 되지 않은 시기에 '토성분정'과 같은 막대한 사업을 수행할 수 있었는지 의문이라는 점 그리고 '토성분정'설의 상당 부분이 기전외旗田巍와 무전행남武田幸男과 같은 일인 학자들이 주장한 내용과 유사하다는 점을 제기하였고, 또 다른 연구자인 김수태金壽泰는 '토성분정'설에 대해 10여 가지 문제점을 제기하면서 조선 초기에 출현하는 용어인 '토성土姓'과 '고적古籍'이라는 용어를 고려 초기까지 소급해서 이해할 수 있는지 의문이라는 점도 언급하였다.[3]

이상에서 제기된 문제점 이외에도, 우리가 '토성분정'설을 이해하기 위해서는 보다 근본적인 문제점들, 예를 들면 고려 초기에 실시되었다는 '토성분정'이라는 국가적 정책이 역사적으로 확인할 수 있는 사실인지, 만일 이 '토성분정'이라는 국가적 정책이 역사적으로 확인되지 않는 사실이라고 한다면 '토성분정'설을 주장하는 연구에서는 무엇을 근거로 고려 초기에 '토성'이 '분정'되었다고 하는지, 또 이들이 '토

---

2 '토성'이 '분정'된 시기에 대해서는 연구자들 사이에서 의견을 달리하고 있다. 이수건은 태조 23년경으로, 허흥식은 광종 대 또는 성종 대로 생각되지만 성종 대일 가능성이 큰 것으로, 그리고 채웅석은 성종 14년으로 보고 있다. 또 김수태는 비록 한국의 본관제도의 출현 과정을 '토성'과 관련짓고 있지는 않지만, 본관제도의 출현 시기를 태조 말년이나 정종 대로 보고 있다(이수건, 《한국 성씨와 족보》, 81쪽; 許興植, 《高麗社會史硏究》, 381~382쪽; 蔡雄錫, 《高麗時代의 國家와 地方社會-本貫制의 施行과 地方支配秩序-》, 78쪽; 金壽泰, 〈高麗 本貫制度의 成立〉, 《震檀學報》 52, 1981, 62~63쪽).

3 李泰鎭 評, 〈李樹健 著, 《韓國中世社會史硏究》, 一潮閣〉(서평) 《사회과학평론》 4, 한국사회과학연구협의회, 1986, 53~55쪽; 金壽泰, 〈高麗初期의 本貫制度-本貫과 姓의 관계를 중심으로-〉, 《한국중세사연구》 8, 47~60쪽; 旗田巍, 〈高麗王朝成立期의 府と豪族〉, 《法制史硏究》 10과 《朝鮮中世社會史의 硏究》, 法政大學出版部, 1976.

성분정'설을 주장하기 위하여 이용하고 있는 자료와 그 자료에 대한 해석이 합당한 것인지, 그리고 '토성분정'설이 합당한 논리 전개 위에 성립된 것이 아니라고 한다면 한국 본관제도가 역사적으로 출현하는 과정을 어떻게 이해해야 하는지, 이러한 보다 근본적인 문제점들이 계속해서 제기된다.

따라서 이 절에서는 우선적으로 이 '토성분정'설에 대해 자세히 검토해 보고, 이어서 한국 본관제도의 출현 과정을 어떻게 이해하여야 하는지에 대한 필자의 견해를 제시해 보고자 한다.

1. 중국 고전에 나오는 '씨성氏姓'의 의미

지금까지 한국 사학계에서 이루어진 본관제도에 관련된 연구 성과들, 그중에서도 특히 1970년대 중반 이후 이루어진 연구 성과들을 살펴보면, 이들 연구 성과의 상당수가 한국의 본관제도를 한국사회에서 출현한 고유한 것으로 이해하려는 경향을 가지고 있음을 알 수 있다. 그리고 이러한 견해를 가진 연구자들은 한국사회에서 성씨가 출현하게 된 배경과 그 역사적 발전 과정이 중국사회의 그것과는 서로 달랐음을 강조하고 있다. 즉, 한국사회와 중국사회 모두 '한자식漢字式 성씨 (-일부 연구자들은 '중국식 성씨'라고도 부른다)'를 사용하고 있지만, 그 출현 배경과 역사적 발전 과정에 있어서만큼은 서로 달랐다는 것이다.[4]

---

4 한국사회에서 성씨가 출현하여 발전하는 과정이 중국사회에서의 그것과는 서로 달랐다는 사실을 언급한 연구로는 다음과 같은 연구가 대표적이다. 許興植, 《高麗社會史研究》, 378~379쪽; 이수건, 《한국의 성씨와 족보》, 1~2쪽. 이외에도, 한국사회에서 성씨가 출현하여 발전하는 과정이 중국사회에서의 그것과 서로 달랐다는 사실을 직접적으로 언급하지는 않았지만, 1970년대 중반 이후 한국의 본관제도에 관해 이루어진 연구 성과 중 상당수가 이러한 사실을 전제하고 있다는 것이 필자의 판단이다.

이러한 주장을 펴는 연구자들은 '토성'의 문제에 크게 주목하고 있다. 이들에 따르면, 한국사회에서 성씨와 본관제도가 출현하여 발전하는 과정은 '토성'이 출현하여 변화하는 과정과 밀접한 관련이 있다. 그래서 '토성'에 관한 문제를 제대로 파악하여야만 한국사회에 존재하는 성씨와 본관제도가 출현하여 발전하는 과정을 제대로 이해할 수 있다는 것이다. 이 '토성'에 관한 내용은 다음과 같이 요약할 수 있다.

> '토성'은 중국의 '氏姓'과 같은 의미로서 姓의 出自處를 나타낸 본관(土＝氏)과 부계혈통을 의미하는 '성'으로 구성된 복합어다. 토성이란 용어는 15세기에 비로소 公·私文獻에 자주 통용되었지만 그 연원은 벌써 중국의 고전에 나타나며, 그 형성시기는 羅末麗初까지 소급된다.《世宗實錄》地理志 소재 토성은 고려 시대부터 전래된 '古籍'에 쓰여진 용어이며, 그것은 대략 태조 왕건이 후삼국을 통일한 다음 전국의 郡縣名號를 개정하고, '三韓(太祖)功臣'을 책정했던 태조 23년(940)경에 각 邑別로 분정되었다고 본다. 土姓分定 문제는 후장에서 상술하겠지만, 이것은 중국의 경우, 後魏 孝文帝의 '姓族分定'이나 唐 太宗의《氏族志》편찬과 맞먹는 사업이라 하겠다.[5]

위 인용문의 저자는 '토성'이라는 용어를 '토'와 '성'으로 나누어 볼 수 있다고 하고, '성'은 부계의 혈통을 표시하는 것으로, 그리고 '토'는 부계의 혈통을 표시하는 '성'이 생겨난 지역 곧 본관을 의미하는 것으로 생각하고 있다. 그리고 '토'와 '성'이 결합된 한국의 '토성'은 저 중국의 상고 시대, 좀 더 구체적으로는 하·상·주 시대 이전에 '씨'와 '성'이 각기 별도의 의미를 가지고 '씨성'이라 불렸던 현상과 비교해 볼 수 있는데, 이 '씨'와 '성' 가운데 '씨'가 본관을 의미한다.[6] 그리하여

---

5 李樹健,《韓國中世社會史研究》, 2~3쪽. 그리고 이와 유사한 내용이 李樹健,〈나의 책을 말한다《韓國中世社會史研究》〉,《韓國史市民講座》제8집, 一潮閣, 1991, 156쪽과 이수건,《한국의 성씨와 족보》, 82쪽에도 실려 있다.
6 하·상·주 시대 이전에 '성'과 '씨'가 각기 별도의 의미를 가지고 있었다는 사실은 송

한국 '토성'의 '토'와 중국 '씨성'의 '씨'는 모두 본관을 의미한다는 것이다.

이 저자에 따르면, 이 '토성'이라는 용어는 한국의 역사 문헌 가운데 조선 시대의 역사 문헌, 그중에서도 15세기의 역사 문헌(-이 저자는 주로 《세종실록지리지》를 언급하고 있다) 속에 처음으로 등장한다. 하지만 15세기의 역사 문헌에 나오는 '토성'이라는 용어는 고려 초기부터 사용되기 시작한 것으로 추측되는데, 그 이유는 《세종실록지리지》에서 성씨의 종류를 설명하면서 인용하고 있는 '고적古籍'이 고려 초기에 작성된 것으로 생각되기 때문이다. 또 '토성'이라는 용어는 중국의 고전인 《상서尙書》, 이 《상서》의 내용 가운데 우왕禹王이 '토성'을 나누어 줬다는 '석토성錫土姓'에서 이미 나타난다는 것이다.[7]

또 이에 따르면, 한국의 '토성'은 신라 말기 어수선한 사회 상황 속에서 통일을 이룩한 고려 조정에 의해 '분정'되었다. 이를 좀 더 구체적으로 살펴보자면, 신라 말기 어수선한 사회 상황 속에서 각 지방의 호족들이 독자적인 세력으로 성장하게 되었는데, 이러한 상황 속에서 통일을 완수한 고려 왕조는 '군현제'라는 새로운 지방 제도를 실시하여 중앙집권화를 시도하였고, 이러한 중앙집권화 과정 속에서 각 지역의 호족들을 국가 질서로 편입시키기 위한 목적으로 '토성'을 '분정'하였다.

또, 이 인용문의 저자는 이와 같은 '토성분정'이 각 '읍별邑別'로 이루어졌다는 점을 언급하였는데, 이 저자가 말하는 '읍별'이란 주州·부府·군郡·현縣으로 불리는 군현 단위는 물론 각 군현 단위 아래에 딸

나라 시대 학자 鄭樵의 대표적 저술인 《通志》, 이 《통지》에 실려 있는 〈氏族略〉에서 잘 설명해 주고 있다. 또, 이 〈씨족략〉을 이용한 연구인 이 책 제4장 제2절도 참고하길 바란다.

7 《尙書》夏書 '禹貢'篇.

린 속현屬縣 그리고 향鄕·소所·부곡部曲 단위까지도 의미한다. 이를 바꾸어 말하자면, 고려 군현제의 기본 단위인 주·부·군·현에 '토성'이 존재하였듯이 각 주·부·군·현 하위에 존재하는 속현 그리고 향·소·부곡에까지도 국가에서 '분정'한 '토성'이 존재하였다는 것이다.

그리하여 본관을 의미하는 '토'와 부계의 혈통을 의미하는 '성'이 결합된 '토성', 이 '토성'이 '분정'되었던 지역, 구체적으로는 주·부·군·현 단위와 주·부·군·현 아래에 딸린 속현 그리고 향·소·부곡 단위가 한국 성씨의 본관이 되었다는 것이 위 저자가 한국의 본관제도의 기원에 관하여 주장하는 주요한 내용이다. 그리고 이 저자는 '토성'이 '분정'된 시기를, 또는 한국의 본관제도가 본격적으로 출현하였다고 말할 수 있는 시기를 고려 태조 23년(940)경이라 구체적으로 밝히고 있다.[8]

여하튼 위 저자에 따르면, 고려 태조 23년(940)경에 고려 조정에 의해 각 '읍별'로 '토성'이 '분정'되었고, 이 '토성분정'으로 인해 한국 사회에 본관이 출현하게 되었던 것인데, 이 '토성'이라는 용어는 중국의 고전인 《상서》에 나오는 "석토성"이라는 문구에 그 기원을 두고 있으며, 또 이 '토성'은 한국의 본관과 유사한 의미를 지닌 '씨'와 부계의 혈통을 표시하는 '성'이 결합된, 이 또한 중국 고전에 출현하는 '씨성'이라는 용어와 그 의미가 유사하다는 것이다.

하지만 필자가 이해하고 있는 중국 고전에 나타나는 '토성'이라는 용어와 '씨성'이라는 말은 위 저자가 정의내리고 있는 '토성'이나 '씨성'과는 그 의미가 다르다. 우선, '토성'이라는 용어의 기원이 된다는

---

8 이수건은 이상의 견해를 그의 연구 곳곳에서 피력하고 있다. 그 가운데 그의 대표적 저술이라 할 수 있는 《한국의 성씨와 족보》에서 관련된 내용을 찾아보면 아래와 같다. 한국의 '토성'과 중국의 '씨성': 72~73·79~80쪽, '성씨'조와 '토성분정'의 관계: 7·27·81~82·267·286쪽, '고적'의 작성 시기와 배경: 73~74·81~82쪽, 《상서》夏書 '禹貢'편: 76~77쪽, '토성'과 호족 계층의 관계: 26~27·258·286쪽, '토성분정'의 목적: 18·27·81·83·107·215~216쪽, '토성'과 본관의 기원: 258~259쪽, '토성분정'이 고려 태조 23년경에 이루어졌다고 보는 이유: 110~123쪽.

"석토성"이라는 문구를 살펴보면, 이 문구는 《상서》에서 중국 상고 시
대 하나라의 건국자인 우왕의 업적을 찬미하는 과정 속에서 나오는
말임을 알 수 있다. 그리고 이 "석토성"이라는 문구는, 공자가 살았던
집에서 발견된 《고문상서古文尚書》를 오늘날 우리가 알 수 있도록 정
리하였다고 알려진 한나라 시대의 공안국孔安國(BC 156~BC 74)이 그
러했던 것처럼, "天子建德 因生以賜姓"이라는 문구와 관련지어 이해하
는 것이 일반적이다.9

　이 "天子建德 因生以賜姓"이라는 문구는 《춘추좌전春秋左傳》에 나오
는 것으로, 노魯나라의 제후인 은공隱公이 그의 신하이자 조카인 무해
無駭가 사망하자 그에게 시호諡號를 내려주는 문제를 또 다른 자신의
신하에게 상의하는 대목에서 나온 말이다. 은공은 노나라 제후 효공孝
公의 손자이자 혜공惠公의 아들이며, 무해는 효공의 증손이자 공자公子
전展의 손자, 공손公孫 이백夷伯의 아들이다. 이 "天子建德 因生以賜姓"
이 나오는 대목을 소개하면 다음과 같다.

　　　무해가 죽자 우보羽父가 시호를 내려 '족族'을 줄 것을 (은공에게) 청하
　　였다. 이에 은공이 중중衆仲에게 '족'에 관하여 묻자, 중중이 대답하기를 "천
　　자의 경우에는 유덕한 사람을 등용할 때 그 사람이 태어난 곳의 지명을 따
　　라 새로운 '성'을 주고, 봉토封土를 하사하여 제후를 임명할 때 새로운 '씨'
　　를 줍니다. 하지만 제후의 경우에는 (천자의 경우와 달라서) 이름 자字를 따

---

9 孔安國이 《尚書》에 나오는 "錫土姓"이라는 문구에 대해 해석한 내용은 당나라 시대
　孔穎達(574~648) 정리한 《尚書注疏》(-또는 《尚書正義》라 불리기도 한다)에 실려 있
　다. 《상서주소》에 실려 있는 내용을 소개하면 다음과 같다.
　　　이 "석토성"은 (《春秋左傳》에 나오는) "天子建德 因生以賜姓"을 말하는
　　　것으로, 유덕한 사람에게 그가 태어난 곳의 지명을 '성'으로 주어 그
　　　덕을 현양토록 한다는 뜻이다.
　　　〈天子建德 因生以賜姓 謂有德之人 生此地 以此地名 賜之姓以顯之〉
　아울러, 이 절에서는 《十三經注疏》(台北, 藝文印書館, 1982)에 수록된 《상서주소》를
　이용하였음을 밝힌다.

라 시호를 주어 '족'을 주는 것이 일반적입니다. 그러나 누대에 걸쳐 관직에 있으면서 공이 있는 경우에는 관직명으로 시호를 주어 '족'을 주기도 하며, 읍에 봉해진 자가 읍을 다스리면서 공이 있는 경우에는 읍명으로 시호를 주어 '족'을 주기도 합니다. (그러하니 제후의 예에 따라 무해에게 시호를 내려 '족'을 주십시오.)"라고 하였다. 이 말을 듣고 은공은 무해의 조부인 공자公子 전展의 이름을 따라 '전'이라는 시호를 내려주어 '전씨展氏'라는 새로운 '족'을 주었다.10

無駭卒 羽父請諡與族 公問族於衆仲 衆仲對日　天子建德 因生以賜姓 胙之土而命之氏 諸侯以字爲諡　因以爲族 官有世功則有官族 邑亦如之 公命以字爲展氏

　이 대목을 이해하기 위하여, 우리는 '성', '씨', '족'으로 나누어졌던 중국 상고 시대의 씨족제도를 이해할 필요가 있다. 중국 상고 시대, 특히 하·상·주 시대에는 '성', '씨', '족'이 분리되어 각기 다른 의미를 가지고 있었다. '성'은 천자가 유덕한 사람을 등용하면서 그 사람의 덕을 현양顯揚하기 위하여 그 사람의 출신지의 지명에 의거하여 수여하는 것이었으며, '씨'는 천자가 자신의 신하에게 일정 지역을 봉토로 지급하고 제후로 임명하면서 수여한 것이었다.11 그리고 '족'은 제후가 자신의 신하 가운데 공적이 있는 사람에게 수여하는 것으로, 일반적으로 '씨'라 불리기도 하였다.12 이 인용문에 나오는 "天子建德 因生以賜姓 胙之土而命之氏"와 "諸侯以字爲諡　因以爲族"은 이를 염두에 두고 한 말이었다.

---

10 《春秋左傳》 '隱公 8년 12월'條.
11 중국 고전에서 천자가 '성'과 '씨'를 하사하는 기사 가운데 대표적인 기사를 소개하면 다음과 같다. 《國語》에서 堯임금이 禹에게 "賜姓曰姒 氏曰有夏"하였다거나 요임금이 우를 도운 四嶽에게 "賜姓曰姜 氏曰呂"하였다거나, 또 《春秋左傳》에서 舜임금이 董父에게 "姓曰董 氏曰豢龍(-豢龍은 官職名이기도 함.)"하였다는 기사이다.
12 중국 상고 시대의 '성', '씨', '족'에 관해서는 명나라 시대의 학자 周祈가 그의 저서 《名義考》(卷5 人部 '姓氏族'조)에서 다음과 같이 밝히고 있다.
　"天子賜姓命氏 諸侯命族 姓者所以繫統百世使不別 氏者所以別子孫所出 族者氏之別名也"

또, 주나라 사회는 종법宗法에 기반하여 운영되었던 사회로 알려져 있다. 그래서 천자의 아들들은 '공公'이라 불리었고, '공'의 아들들은 '공자公子', '공자'의 아들들은 '공손公孫'이라 불리었다. 그리고 '공'은 천자에게서 봉토를 부여받음과 동시에 그 봉토의 지명에 따라 '씨'를 하사받았고, 제후의 아들들인 '공자'는 '공자'를 '씨'로 사용하였으며, '공자'의 아들인 '공손'은 '공손'을 '씨'로 사용하였다. 그리고 '공손'의 아들은 '씨'가 없이 이름만 사용하는 '유명무씨有名無氏'가 되었다.

앞서 이야기 하였듯이, 이 인용문의 주인공인 무해는 노나라 효공의 증손이자 공자 전의 손자요 그리고 공손 이백의 아들로서 바로 이 '유명무씨'에 해당하는 사람이었다. 이런 무해가 사망하자 우보라는 사람이 나서서 노나라 은공에게 무해에게 새로운 '족'을 내려 줄 것을 청하였고, 은공은 이러한 문제를 자신의 측근인 중중에게 상의하였다. 은공의 질문을 받은 중중은 "天子建德 因生以賜姓 胙之土而命之氏"와 "諸侯以字爲諡 因以爲族"을 언급하며 무해에게 '족'을 주어야 한다고 말하였고, 이에 은공은 무해의 조부인 공자 전의 이름을 따라 '전씨'라는 새로운 '족'을 주었던 것이다.

이상에서 알 수 있듯이, 중국 상고 시대에는 '성'과 '씨'('족'은 '씨'에 포함됨)가 분리되어 있어서 동일한 '성'을 가진 사람들이라고 하더라도 서로 다른 '씨'를 사용하기도 하였다. 이를 무해의 집안을 통하여 살펴보면, 주나라 천자, 노나라 효공, 공자 전과 공손 이백, 그리고 무해는 모두 '희姬'라는 동일한 '성'을 가지고 있었지만, 천자는 '주씨周氏'요, 효공은 '노씨魯氏'요, 공자 전은 '공자씨公子氏'요, 공손 이백은 '공손씨公孫氏'라는 별개의 '씨'를 소유하고 있었다.

그리하여 중국 상고 시대의 사람들은 그 사람이 소유하고 있는 '씨'를 통하여 그 사람의 사회적 지위를 논하기도 하였다. 다시 말하면, 무해와 같이 '유명무씨'한 사람보다는 '씨'를 가지고 있는 사람들이 사회적으로 그 지위가 높게 평가되었으며, '공손씨'보다는 '공자씨'가, '공자씨'보다는 '노씨'가, 그리고 '노씨'보다는 '주씨'가 사회적으로 높게 평가되었다. 또, 이러한 '씨'는 남자들만이 사용하고 여자들은 사용하지 않는 것이 이 당시의 관습이었다. 그리하여 이 시기의 남자들은 이름과 함께 '성'이 아닌 '씨'를 칭하였으며, 여자들은 '씨' 대신 '성'을 칭하여 혼인 여부를 결정할 수 있는 근거로 삼았던 것이다. 정초鄭樵가 말하는 "三代之前에는 姓氏分而爲二하여 男子稱氏요 婦人稱姓이라. 氏는 所以別貴賤하니 貴者有氏하고 賤者有名無氏라" 하였던 말은 바로 이를 두고 한 말이었다.13

　하지만 우리가 중국 상고 시대의 성씨제도를 이해하면서 분명히 해 두어야 할 점이 한 가지 있다. 그것은, 당나라 시대에 《상서주소尚書注疏》를 편찬하였던 공영달孔穎達(574~648)이 '석토성錫土姓'에 대한 주석(-'소疏'라 함)에서 "사성賜姓을 받는 사람은 그 수가 아주 드물다. 그 이유는 (사성이라는 것이) 현대인賢大人을 등용하는 과정 속에서 이루어지기 때문이다. 그렇기 때문에 사성이 이루어지는 사례는 손꼽아 말할 수 있을 정도이다."라고 하였듯이,14 이 시기 '성'을 가진 집단은 사회적으로 아주 극소수에 속하는 엘리트 집단이었다는 점이다. 그리고 '씨'를 소유한 집단 역시, 비록 '성'을 사용하는 집단에 비하여 그 규모가 당연히 확대되었겠지만, 그 집단 역시 사회적으로 최고 엘리트층에 속하는 극소수 집단이었다. 따라서 이 시기 사람들에 대하여 소유한 '성'과 '씨'에 따라 사회적 신분이나 귀천을 논할 수는

---

13 이수건은 중국 상고 시대의 성씨제도를 언급하면서 주로 "錫土姓", "天子建德 因生以賜姓 胙之土而命之氏", "男子稱氏 婦人稱姓", 그리고 "氏所以別貴賤 貴者有氏 賤者有名無氏"라는 문구를 언급하였다. 이에 관해서는 李樹健, 《韓國中世社會史硏究》 37쪽과 《한국의 성씨와 족보》, 72~73, 76~77, 79~80쪽을 참고하라.

14 孔穎達, 《尚書注疏》 夏書 '禹貢'編 '錫土姓'疏.
　"臣蒙 賜姓其人少矣 此事是用賢大者 故擧以爲言"

있지만 그 신분의 고하와 사회적 귀천은 언제나 이 극소수 엘리트 집 단 안에서의 구분이었다는 사실을 명심해야 한다.[15]

　이야기를 다시 주논의 대상인 '토성'으로 돌려 이야기해 보자면, 중 국의 고전인 《상서》에 나오는 "석토성"이라는 말에서 '토성'이라는 용 어는, 앞선 인용문(-이수건의 인용문을 말함)의 저자가 말하고 있는 바와 같이, 부계의 혈통을 의미하는 '성'과 그 '성'이 생겨난 지역 곧 본관을 의미하는 '토'로 구성된 것이 아니다. "석토성"의 '토성'은 중국 상고 시대의 성씨제도에서, 즉 '성', '씨', '족'으로 이루어진 중국 상고 시대의 성씨제도에서 '성'을 의미하는 것으로, "天子建德　因生以賜姓" 즉 '유덕한 사람에게 그가 태어난 곳의 지명을 '성姓'으로 주어 그 덕 을 현양토록 한다'는 뜻의 '성'을 의미한다.

　또 이 저자가 한국의 '토성'과, 즉 부계의 혈통을 의미하는 '성'과 그 '성'이 생겨난 지역인 본관을 의미하는 '토'가 결합된 '토성'이라는 용어와 동일한 의미로 생각하고 있는, 이 또한 중국의 고전에 등장하 는 '씨성氏姓'이라는 용어 또한 그러한 뜻이 아니다. 앞서 이야기하였 듯이, 중국 상고 시대의 성씨는 '성'과 '씨'로 나누어져 있었으며, '성' 은 '본성本姓'이나 '정성正姓'으로도 불리었고 '씨'는 '씨성氏姓'이라고도 불리었다. 중국 고전에 나오는 '씨성'이라는 용어는 바로 이 '성'과 '씨' 가운데 '씨'를 지칭한다. 그리고 중국 상고 시대의 '성'(-또는 '본 성'이나 '정성')과 '씨'(-또는 '씨성')는 모두 오늘날의 성씨에 해당할 뿐 한국의 본관과는 아무런 관련이 없다. 중국 상고 시대의 '씨성'이라는 용어가 한국의 본관과 같이 지명과 관련된 것이 아니었기에, 동한 시 대 왕충王充(27~97)은 그의 저서 《논형論衡》에서 "古者有本姓有氏姓하 니 陶氏·田氏는 事之氏姓也요 上官氏·司馬氏는 吏之氏姓也요 孟氏·仲氏는

---

15 이에 관해서는 이 책 제4장 제2절을 참고하길 바란다.

王父(-조부를 의미함)字之氏姓也라" 하였던 것이다.[16]

아울러, '성'·'씨'(-'족' 포함)·'명名'으로 이루어진 중국 상고 시대의 제도와 유사한 제도는 한국사에서 그 유래를 찾아볼 수 없다는 것이 필자의 생각이다. 그 이유는 '성'과 '씨'로 이루어졌던 중국 상고 시대의 성씨제도가 전국 시대에 이르러서는 '성'과 '씨'를 구별하지 않고 '성'과 '씨'를 모두 '성씨'라 부르게 되었는데, 한국의 '한자식 성씨'(-'중국식 성씨'라고도 함)는 바로 이 전국 시대 이후에 생겨난 '성씨'의 영향을 받아 생겨난 것이기 때문이다. 그리고 굳이, '성'·'씨'·'명'으로 이루어진 중국 상고 시대의 제도와 유사한 제도를 세계사에서 찾으려한다면, 한국이 아닌 저 유럽의 고대 로마 제국에 있었던, 'Praenomen', 'Nomen', 'Cognomen'(또는 'Agnomen'까지도)으로 불렸던 제도와 견주어 볼 수 있을 것이다.

2. 《세종실록지리지》에 나오는 '토성'과 '고적古籍'의 의미

이쯤에서 다시 위 인용문(-각주 5번)으로 돌아가, 이 인용문에서 이야기하고 있는 한국의 '토성', 구체적으로는 《세종실록지리지》에 나타나는 '토성'이 무엇을 의미하는지 살펴보기로 하자. 《세종실록지리지》는 1454년(단종 2)에 완성된 《세종실록》에 포함되어 있는 지리지로서, 1432년(세종 14)에 편찬된 것으로 알려진 《신찬팔도지리지新撰八道地理志》와 밀접한 관련이 있는 것으로 알려져 있다.

이 《세종실록지리지》는 전국을 8개의 도로 나누고, 각 도에 속해 있는 군현(-한성부漢城府와 개성유후사開城留後司를 포함하여 총 336개 군현임. 각 도별로는 경기도 41개, 충청도 55개, 경상도 66개, 전라도

---

16 王充, 《論衡》 卷25 詰術篇.

56개, 황해도 24개, 강원도 24개, 평안도 47개, 그리고 함길도 21개 군현임)들의 각종 현황, 즉 주요 관원수·건치연혁·주요 산천·사방 경계·호구수·주요 성씨와 종류(-이하 '성씨'조라 칭함)·전결수·주요 토산물·주요 시설 등을 소개하고 있다.

《세종실록지리지》에 수록되어 있는 여러 가지 내용 가운데, 위 인용문의 저자는 '성씨'조에 주목하여 한국 '토성'의 기원을 밝히고 있다. 한국 '토성'에 대한 이 저자의 설명을 다시 한 번 더 요약해 보자면, 통일 신라 말기 혼란한 분위기 속에서 후삼국을 통일한 고려 정부는 940년(태조 23)경에 각 지방의 호족들을 새로운 국가 질서 속으로 편입시키기 위하여 '토성분정'이라는 국가적 정책을 단행하였고, 이 정책으로 인해 한국사회에 '토성'이 생겨나게 되었으며, 이 '토성'에 관한 기록이 15세기까지 전해져 《세종실록지리지》에 실리게 되었다는 것이다.

그리고 이 인용문의 저자는 고려 초기 '토성'에 관한 기록이 15세기에 작성된 《세종실록지리지》에 수록될 수 있었던 원인으로 이른바 '고적'을 언급하고 있다. 이를 좀 더 부연해서 이야기해 보자면, 940년(태조 23)경에 '분정'되었다는 '토성'에 관한 기록은 비록 우리가 일반적으로 알고 있는 고려 시대의 역사 문헌, 예를 들면 《고려사》와 금석문과 같은 역사 문헌에서는 찾아지지 않지만, 이른바 '고적'을 통하여 15세기까지 전해졌던 것으로 보이고, 15세기까지 전해진 '고적'의 내용을 바탕으로 《세종실록지리지》 '성씨'조가 작성되었다. 그리고 15세기 이후로는 '양반 사족'들의 본관이 거주지와 분리되는 현상이 일반화되면서 '토성'이라는 용어는 일반 지리지의 '성씨'조에서 사라지게 되었다는 것이 위 저자의 주장이다.

요컨대, 한국 역사 문헌상에서 '토성'에 관한 기록은 15세기에 작성된 《세종실록지리지》 '성씨'조(-물론 《세종실록지리지》보다 앞서 편찬된 것으로 알려진 《경상도지리지》에서도 '토성'이 나온다)에서 본격적으로 출현하지만, 그 기원을 논하자면 그보다 5세기나 앞선 고려 초기까지 거슬러 올라갈 수 있는 것으로, 고려 초기에 '분정'된 '토성'이 이른바 '고적'을 통하여 15세기까지 전해졌기 때문에, 15세기에 작성된 《세종실록지리지》 '성씨'조를 통하여 고려 시대 '토성'의 실체 곧 한국 '토성'의 실체를 확인할 수 있다는 것이 위 인용문을 작성한 저자의 주장이다.

실제로, 이 인용문의 저자는 《세종실록지리지》 '성씨'조, 《세종실록지리지》보다 조금 앞서 작성된 것으로 알려진 《경상도지리지》(-1425년 (세종 6) 편찬)에 수록된 '성씨'조, 그리고 《세종실록지리지》보다 늦게 작성된 《신증동국여지승람新增東國輿地勝覽》(-1530년(중종 25) 편찬. 이 수건은 《신증동국여지승람》의 '성씨'조가 1481년(성종 12)에 완성된 것으로 알려진 《동국여지승람》의 내용을 참고하였기 때문에 《신증동국여지승람》의 '성씨'조의 내용을 15세기의 기록으로 보기도 한다)에 수록된 '성씨'조를 비교하여 고려 시대 '토성'의 내부 구조를 구체적으로 밝히고 있다.

그리고 그는, 이를 위하여, 고려 시대 군현이 내부적으로 '읍내邑內', '직촌直村', 그리고 '임내任內'(-'임내'는 이수건이 속현과 향·소·부곡을 일괄적으로 지칭하는 용어이다. 이에 관해서는 후술된 내용 참고)로 나누어져 있었다고 설명하고 있다. '읍내'는 군현의 읍치邑治를 중심으로 형성된 곳으로 읍치의 영향이 직접적으로 미치는 지역을 말하고, '직촌'은 그 '읍내'를 둘러싸고 있는 외곽 지역에 형성된 촌락으로 고려 초기에는 독자적인 구획을 가지고 있었지만 시간이 흐르면서 점차 '읍내'에 흡수되어 갔다.

그에 따르면, '읍내'의 '토성'으로는 '인리성人吏姓'과 '백성성百姓姓'이 있었으며, '직촌直村'의 '토성'으로는 '촌성村姓'이 존재하였다. '인리성'은 '읍내'에서 실무를 담당하는 향리 집단들이 소유한 성씨를 말하고, '백성성'은 '읍내'의 영역이 점차 확대되는 과정 속에서 '읍내'로 흡수되는 외곽 촌락의 촌장村長이나 촌정村丁이 가지고 있는 성씨를 가리킨다. 그리고 '직촌'의 '토성' 역시 '읍내'의 영역이 확장되어 가면서 자연스럽게 '읍내'의 '백성성'이 되어 갔다. 그리하여 '인리성'·'백성성'·'촌성'이 고려 시대 '토성'을 구성하는 3대 요소라는 것이다.

또, '임내'라는 용어는 위 인용문의 저자가 각 군현 단위에 딸린 속현과 향·소·부곡을 통칭하는 말이기도 한데, 여하튼 그에 따르면, 이 '임내' 지역에서도 '토성'의 3대 구성 요소인 '인리성'·'백성성'·'촌성'이 존재하였다. 이 '임내' 지역에서는 그 지역의 향리鄕吏와 장리長吏가 그 지역을 실질적으로 지배하였기 때문에 유사시에는 그 지역의 향리와 장리를 통하여 소속 군현의 수령守令에게 연결되는 게 일반적이었다. 그래서 수령의 직적접인 통제를 받는 '직촌'과는 그 성격이 달랐다. 요컨대, '읍내'와 '직촌'으로 이루어진 주군현主郡縣 단위에 '인리성'·'백성성'·'촌성'이 존재하였듯이, 주현主縣에 딸린 '임내' 지역, 즉 속군현과 향·소·부곡에도 똑같은 방식으로 '토성'의 3대 구성 요소인 '인리성'·'백성성'·'촌성'이 존재하였다는 것이 위 저자의 주장이다.

그런데 시간이 흐르면서 '인리성'·'백성성'·'촌성'으로 구분되었던 '토성' 가운데에는 그 성격을 달리하는 성씨들이 출현하기 시작하였다. 예를 들면, '토성'으로 존재하다가 즉 이른바 '고적古籍'에 '토성'으로 기록되어 있다가 그 세력이 약해져서 15세기 《세종실록지리지》가 작성될 당시에는 그 자취를 감추어버린 '망성亡姓', 15세기 이전에 자신들의 본거지를 떠나 다른 지역에 거주하기 시작한 '래성來姓', 국가의 사민徙民정책에 의거하여 또는 자신들의 의지에 따라 변방 지역으로 입거한 '입성入姓'과 '입진성入鎭姓', '고적'에는 기록되어 있지 않지만 《세종실록지리지》 작성 당시 새롭게 파악된 '속성續姓', 그리고 '토

성'보다는 다소 낮은 신분의 사람들이 소유한 성씨로 생각되는 '차성
次姓'과 '차리성次吏姓'이 바로 그들이다. 이상이 위 인용문의 저자가
고려 시대 '토성'의 내부 구조에 대해 말하는 대략적인 내용이다.

필자는 앞서, 위 인용문의 저자가 《세종실록지리지》·《경상도지리
지》·《신증동국여지승람》의 '성씨'조를 서로 비교하여 고려 시대 '토성'
의 내부 구조에 관한 결론을 도출하였다고 말하였는데, 이상에서 '토
성'의 내부 구조에 관한 결론을 살펴보았다면, 이번에는 그 결론을 토
출하기 위하여 위 인용문의 저자가 《세종실록지리지》·《경상도지리지》·
《신증동국여지승람》 3개의 지리지를 어떤 방식으로 비교하였는지 살
펴보기로 하자. 그 비교 방식을 구체적인 사례를 들어 제시해 보자면
아래와 같다.

우선, 《세종실록지리지》 '남원도호부南原都護府'편에서는 '토성'으로
총 11개의 성씨를 소개하고 있다. 그 가운데 진씨晉氏에 관해서는 "爲
人吏姓"이라는 소주小註가, 황씨黃氏에 대해서는 "백성성"이라는 소주
가 기록되어 있다. 따라서 위 인용문의 저자는 "토성=인리성", "토성
=백성성", 그리고 "토성=인리성+백성성"이라는 공식을 가지게 된
다.[17] 또 《경상도지리지》에 따르면, 경상도 밀양도호부密陽都護府의 속
현인 풍각현豊角縣에는 노魯·전田·유劉·부斧·태苔 5개의 '토성'이 있다.
그런데 《세종실록지리지》 '밀양도호부'편에는 풍각현의 '토성'(-실제로
《세종실록지리지》에는 '풍각성豊角姓'으로 기록됨)으로 노 1개의 성씨
만을 기록하고, 그 노씨에 대하여 소주로 "今爲鄕吏"라 밝히고 있다.

---

17 《世宗實錄地理志》 '南原都護府'篇.
　　"土姓十一:梁·鄭·晉(小註:爲人吏姓)·尹·楊·甄·皇甫·廉·裵·柳·黃(小註:百
　　姓姓)"
　남원도호부의 위 기록 이외에도, 이수건은 《경상도지리지》와 《세종실록지리지》에
　나오는 경상도 巨濟縣과 星州牧의 屬縣인 八莒縣의 성씨를 각기 비교하여 '토성=
　백성성'이라는 공식을 생각해 내고 있다.

그리고 전·유·부·태 4개의 성씨는 '망성亡姓'으로 기록하고 있다. 따라서 위 인용문의 저자는 "토성＝인리성＋망성"이라는 공식을 생각해 낸다.

또, 《경상도지리지》 '상주주목尙州牧官'편에서는 그 속현인 단밀현丹密縣의 '토성'으로 나羅·손孫·신申 3개의 성씨를 소개하고 있다. 하지만 《세종실록지리지》에서는 단밀현의 성씨로 '인리성人吏姓' 나羅 1개 성씨 그리고 '촌락성村落姓' 손孫 1개 성씨를 소개하고 있다. 따라서 또 다른 공식 "토성＝인리성＋촌성"이 생겨난다. 또, 《경상도지리지》에서는 곤남군昆南郡의 속현인 남해현南海縣의 '토성'으로 배裵·김金·진陳·백白·제諸 5개의 성씨를 소개하고 있는데, 《세종실록지리지》 '곤남군'편에서는 남해현의 '촌락성'으로 제諸 1개 성씨를 그리고 '망성亡姓'으로 배·김·백·진 4개의 성씨를 기록하고 있다. 따라서 "토성＝촌성＋망성"이라는 또 다른 공식이 출현하게 된다.

또 《세종실록지리지》 '순창군淳昌郡'편에서는 그 속현인 복흥현福興縣의 '망성'으로 예芮·호扈·이李·염廉·경景 5개 성씨를 소개하고, 호씨扈氏에 대해서는 소주로 "인리성"이라고, 경씨景氏에 관해서는 소주로 "백성성"이라고 밝히고 있다. 따라서 "망성＝인리성＋백성성"이라는 또 다른 공식이 나온다. 또 《세종실록지리지》 '평해군平海郡'편에서는 '토성'으로 황黃·손孫·방房·수구水丘 4개의 성씨를, '백성성'으로 엽葉·하河·신申·김金 4개의 성씨를, 그리고 '속성'으로 김金·이李·박朴·정鄭 4개의 성씨를 기록하고 있는데, 《신증동국여지승람》에서는 평해군의 성씨로 "황·손·방·수구", "엽·하·신·김(소주: 병촌竝村)", "김·이·박·정(소주: 병속竝續)"이라 밝히고 있다. 따라서 "백성성＝촌성"이라는 또 다른 공식을 얻게 된다.[18]

---

18 이수건은 이상의 견해를 그의 연구 곳곳에서 피력하고 있다. 그 가운데 그의 대표

요컨대, 위 인용문의 저자는 이상에서 도출해낸 8개의 공식 즉 "토성＝인리성", "토성＝백성성", "토성＝인리성＋백성성", "토성＝인리성 ＋망성", "토성＝인리성＋촌성", "토성＝촌성＋망성", "망성＝인리성＋백 성성", 그리고 "백성성＝촌성"이라는 공식을 통해서, 고려 시대의 '토 성'은 크게 '인리성', '백성성', '촌성'으로 나누어져 있었으며, '인리성', '백성성', '촌성'으로 구성된 고려 시대의 '토성'은 주군현 단위는 물 론 속현 단위와 향·소·부곡 단위에서도 모두 존재하였다고 결론짓 고 있다.

하지만 필자가 《세종실록지리지》 '성씨'조와 《경상도지리지》(-《신증 동국여지승람》의 '성씨'조에는 '토성'이라는 용어가 나오지 않는다) '성 씨'조에 나오는 '토성'이라는 용어를 이해하고 있는 바는 위 인용문을 작성한 저자의 생각과는 다르다. 이 두 지리지의 '성씨'조에 나오는 '토성'이라는 용어는 두 지리지에 수록된 '성씨'조가 어떠한 과정을 통 하여 작성되었으며 또 그 수록된 성씨를 어떠한 방식으로 분류하였는 가 하는 문제와 밀접한 관련이 있는 것으로, 그 '토성'이라는 용어가 가지고 있는 의미를 이해하기 위해서는 두 지리지에 수록된 '성씨'조 의 작성 과정과 그 수록된 성씨들을 작성 과정 속에서 어떠한 기준에 의해 분류하였는지 하는 문제를 우선적으로 이해해야 한다는 것이 필 자의 생각이다.

그러나 《세종실록지리지》와 《경상도지리지》에는 그들 지리지에 수 록된 '성씨'조가 어떠한 과정을 통하여 작성되었는지 그리고 그 수록 된 성씨를 어떠한 기준을 통하여 분류하였는지, 이에 대한 구체적인

적 저술이라 할 수 있는 《한국의 성씨와 족보》에서 관련된 내용을 찾아보면 아래와 같다. 15세기 이후의 '토성': 37쪽, 15세기 이후의 군현 구획 변화와 본관의 변화: 92~93·316쪽, 고려 시대 군현의 내부 구조와 '토성'의 3대 구성 요소: 9~13·17~1 8·26~27·145~206쪽(특히 149)·258쪽, '임내': 10~11·10쪽n5, 망성·래성·입성(입진 성)·속성·차성(차리성): 168~193쪽, 3개 지리지 비교와 8개의 공식: 145~149쪽.

언급이 나오지 않는다. 그래서 이 두 지리지에 수록된 '성씨'조의 내용을 통하여 그 작성 과정과 분류 방식을 미루어 짐작해 볼 수밖에 없는데, 우선 《세종실록지리지》와 《경상도지리지》 가운데 시기적으로 앞선 시기에 편찬된 것으로 알려진 《경상도지리지》 '성씨'조의 작성 과정과 성씨 분류 방식을 필자의 입장에서 정리해 보면 다음과 같다.

《경상도지리지》는 예조禮曹에서 작성하여 각 도로 전송한 규식規式에 맞추어 작성된 것으로 보인다. 《경상도지리지》 편찬 사업에 참여하였던 하연河演(1376~1453)에 따르면, 1424년(세종 6)에 춘추관春秋館에서 왕명을 받아 전국 단위의 지리지를 편찬할 것을 결정하고 이를 위해 각 도로 하여금 소속 군현의 관호官號와 건치 연혁을 보고하도록 하였다. 그리고 이듬해인 1425년(세종 7)에는 이 지리지 편찬 사업을 좀 더 구체화하기 위하여 예조에서 일정한 규식을 만들어 각 도로 전송하고, 각 도로 하여금 이 규식에 맞추어 각 도와 그 소속 군현의 상황을 보고하도록 하였다. 《경상도지리지》에 수록된 '성씨'조 역시 각 도에서 보고해 온 내용을 바탕으로 작성된 것으로 보인다.[19]

이 《경상도지리지》에서는 각 군현 단위를 본읍과 속현으로 나누어 서술하고 있는데, 그 '지역을 근거지로 하여 오랜 세월 살아온 성씨' 즉 '토착 성씨'를 본읍과 속현 모두 '토성'이라 기록하였다.[20] 그리고

---

19 1425년(세종 7)에 예조에서 작성하여 각 도로 전송한 규식은 다음과 같이 알려져 있다.

　　其規式略曰 諸道諸邑歷代名號之沿革 府州郡縣鄕所部曲之離合 山川界域險阻關防 山城邑城周回廣挾 溫泉氷穴風穴鹽盆鹽井牧場鐵場 良馬所産 土地肥瘠 水泉深淺 風氣寒暖 民俗所尙 戶口人口土産雜物之數 租稅歲貢水陸轉運之程度 營鎭梁浦建設之地 軍丁戰艦之額 海中諸島水陸之遠近 入島農業人物之有無 煙臺烽火所在之處 本朝先王先后陵寢 前朝太祖古昔名賢之墓 土姓從仕德藝功業出衆之人 古昔相傳靈異之跡 推覈移文.(《慶尙道地理志》 '慶尙道地理志序')

'慶尙道地理志序'는 河演의 문집인 《敬齋集》에도 실려 있다. 아울러, 이 절에서는 中樞院調査課 編, 《校訂 慶尙道地理志》, 朝鮮總督府中樞院, 1938년(1976년 弗咸文化社 영인본)을 참고하였음을 밝힌다.

본읍과 속현에 딸린 향·소·부곡의 토착 성씨는 '토성'이 아닌 '성'으로
지칭하였다. 우리가 《경상도지리지》에서 '성씨'조가 확인되는 59개 군
현을 살펴보면,21 거제현巨濟縣과 거창현居昌縣을 제외한 57개(-약
96.6%) 군현이 본읍 지역의 토착 성씨와 속현 지역의 토착 성씨를
모두 '토성'이라 기록하고 있는 사실을 확인할 수 있는데, 이러한 사
실 또한 《경상도지리지》 '성씨'조의 편찬자가 각 군현의 성씨를 기록
하면서 본읍 지역의 토착 성씨와 속현 지역의 토착 성씨를 모두 '토
성'이라 기록하는 걸 주요한 원칙으로 하였음을 말해준다고 할 수 있
겠다.

또 본읍과 속현에는 그 지역의 토착 성씨 이외에도 여러 성씨들이
존재하고 있었는데, 예를 들면 촌 단위 또는 촌락 단위에 존재하던
성씨인 '촌성'과 '촌락성', 다른 지역에 거주하다가 본읍 지역이나 속
현 지역으로 새롭게 들어온 성씨인 '래성'과 '래접성' 등이 존재하였다
(《경상도지리지》에 수록된 姓氏의 종류에 관해서는 부록을 참고). 이를
《경상도지리지》에 수록된 경주부慶州府와 청송군靑松郡 성씨를 예로
하여 살펴보면 〈부록 3-1〉과 같다.

《세종실록지리지》에 수록된 '성씨'조 역시 《경상도지리지》의 '성씨'

20 필자가 말하는 '본읍'이라는 용어는 《慶尙道地理志》에 나오는 용어를 그대로 인용
한 것으로, 이수건이 말하는 '邑內'·'主郡縣' 그리고 《世宗實錄地理志》에서 말하는
'本州'·'本府'·'本郡'·'本縣'을 지칭하는 용어이다. 또 '속현'이라는 용어는 '본읍'에 딸
린 현 단위를 의미하는 것으로, 《경상도지리지》에서는 주로 '任內'·'合屬'·'兼'이라는
용어와 함께 지칭되었다. 《경상도지리지》에서는 '성씨'조의 편찬 원칙으로 "本邑姓氏
某某 合屬某縣姓氏某某是如 分揀施行事"라 밝히고 있는데, 여기서 말하는 "合屬某
縣" 역시 속현을 의미한다.
21 《慶尙道地理志》에는 총 66개 군현의 현황이 수록되어 있던 것으로 생각되는데, 이
66개 군현 가운데 漆原·山陰·安陰·三嘉·宜寧·鎭海 6개 현의 기록이 결락된 것으로
보이며, 《경상도지리지》에 수록되어 있는 60개 군현 가운데 珎城縣의 경우에는 '성
씨'조에 관한 기록이 결락되어 있다.

〈**표 3-1**〉《경상도지리지》에 수록된 경주부와 청송군 성씨

慶州府	本邑	土姓 : 李·崔·鄭·孫·裵·薛, 天降姓 : 朴·昔·金, 六洞州來姓 : 康, 仇史部曲姓 : 鄭·石, 北安谷部曲姓 : 李, 竹長部曲姓 : 葛, 省法伊部曲姓 : 金
	任內	安康縣土姓 : 安·盧·金·黃·廉 杞溪縣土姓 : 俞·楊·益·尹 神光縣土姓 : 徐·金·尹·申 慈仁縣土姓 : 朴·韓·鄭·周
靑松郡	本邑	土姓 : 沈·金·全·蔣·申
	合屬	松生縣土姓 : 尹·盧·全, 村落姓 : 鄭, 來姓 : 金·朴·李
	兼	安德縣土姓 : 金·李·孫·全·蔣

조와 같이 각 도에서 보고해 온 내용을 이용하여 작성된 것으로 보인다. 하지만 《경상도지리지》의 '성씨'조에서는 《경상도지리지》가 편찬되기 이전 시기에 존재하였던 성씨 관련 자료들을 참고하였는지 여부가 명확히 확인되지 않는데 비하여, 《세종실록지리지》의 '성씨'조에서는 《세종실록지리지》가 작성되기 이전 시기까지 전해 내려오던 성씨 관련 자료를 충분히 활용하였던 것으로 확인된다(《세종실록지리지》의 '성씨'조에서 활용한 성씨 관련 자료에 관해서는 뒤에 서술되는 '고적' 관련 내용을 참고).

그리고 《세종실록지리지》의 '성씨'조에서는, 앞서 언급한 《경상도지리지》의 '성씨'조에서 본읍 지역과 속현 지역에서 오랜 세월 살아온 토착 성씨를 모두 '토성'으로 기록한 것과는 달리, 본읍 지역의 토착 성씨를 '토성'으로 기록하고 속현 지역의 토착 성씨를 '성'으로 기록하였다. 그리고 본읍과 속현에 딸린 향·소·부곡과 같은 지역의 토착 성씨 역시 '성'으로 기록하고 있다.

《세종실록지리지》에 수록되어 있는 336개(-한성부漢城府와 개성부開

城府 포함) 군현 가운데 평안도와 함길도에 소속된 68개(-평안도 47, 함길도 21) 군현을 제외한 268개 군현, 이 268개 군현 가운데 '토성'이 기록되어 있지 않은 28개(-경기도 3, 충청도 5, 경상도 8, 전라도 9, 황해도 2, 강원도 1) 군현과, 본읍과 속현에 모두 '토성'이 기록되어 있는 9개(-경기도 9) 군현 총 37개 군현을 제외한 231개(-약 86.2%) 군현에서 본읍 지역의 토착 성씨를 '토성'으로 그리고 속현 지역의 토착 성씨를 '성'으로 기록하고 있는데, 우리는 이러한 사실을 통해서도 《세종실록지리지》의 '성씨'조의 편찬자가 본읍 지역의 토착 성씨를 '토성'으로 그리고 속현 지역의 토착 성씨를 '성'으로 나누어 기록하고 있음을 확인할 수 있다.

또 본읍, 속현, 그리고 향·소·부곡과 같은 지역에는 그 지역을 근거지로 하여 오랜 세월 살아온 토착 성씨 이외에도 다양한 성격의 성씨들이 살고 있었는데, 《세종실록지리지》 '성씨'조를 정리한 편찬자는 이 다양한 성씨들을 '망성'이니, '속성'이니, '촌성'(-'촌락성' 포함)이니, '래성'(-'래접성來接姓' 포함)이니, '입성'(-'입진성入鎭姓' 포함)이니, '차성'이니, '인리성'이니, '차리성'이니, '양성良姓'이니, '백성성'이니, '사성賜姓'이니, '투화성投化姓'(-'당래성唐來姓'·'당투화성唐投化姓'·'향국성向國姓'·'향국입성向國入姓' 포함)이니 하는 식으로 구분하였다(《세종실록지리지》에 수록된 성씨의 종류에 관해서는 〈부록 3-2〉를 참고).

이를 좀 더 구체적으로 설명하자면, 《세종실록지리지》가 작성되기 이전 시기에 존재하였던 성씨 관련 자료들에서는 발견되지만 《세종실록지리지》를 작성하기 위하여 각 도에서 보고해 온 내용(-이를 두고 《세종실록지리지》 '성씨'조에서는 '본도관本道關'이라 칭하였음)에서는 발견되지 않는 성씨들을 '망성'으로, 또 반대로 《세종실록지리지》가 작성되기 이전 시기의 성씨 관련 자료에서는 발견되지 않지만 이번에 각 도에서 보고해 온 '관문關文'에서 새롭게 발견된 성씨들을 '속성'으

〈**표 3-2**〉《세종실록지리지》에 수록된 전주부와 청주목의 성씨

全州府	本邑	土姓: 李·崔·柳·朴·全·庚·韓·白, 來接(姓) : 房, 續姓 : 梁·張·金
	屬縣	伊城姓: 趙·裵·張·仇·廉 利城姓: 李·白·鄭·孫·陳 沃野姓: 張·廉·梁·仇, 亡姓 : 林 紆州姓: 朴·李·鄭·黃·崔
	鄕·所·部曲	景明姓: 金·林·裵·印 豆毛村姓: 冊·崔·李 陽良姓: 白·羅·康·劉
清州牧	本邑	土姓: 韓·李·金·郭·孫·慶·宋·高·俊·楊·東·方·鄭, 來姓: 皇甫, 續姓 : 西門, 亡來姓 : 王·盧·柳·洪·金, 亡村姓: 朴·韓·申·葛
	屬縣	靑川姓: 孫·田, 亡姓: 文, 續姓: 金
	鄕·所·部曲	周岸姓: 河, 續姓: 吳·趙·張·柳 椒子續姓: 金·韓, 亡姓 : 畢 拜音續姓: 朴·李, 亡姓 : 畢

로, 그리고 촌이나 촌락 지역을 근거로 오랜 세월 살아온 성씨들을 '촌성'이나 '촌락성'으로, 다른 지역에서 거주하다가 그 지역에 새롭게 들어온 성씨들을 '래성'이나 '래접성'으로, 강원도·평안도·함길도와 같은 변경 지역에 입주한 성씨들을 '입성'이나 '입진성'으로, 그리고 향리 계층이나 일반 백성 계층이 소유한 성씨를 '차성'·'인리성'·'차리성'·'양성'·'백성성'으로 구분하였다.

이상의 사실을 《세종실록지리지》에 수록된 전주부와 청주목의 성씨를 예로 하여 살펴보면 〈표 3-2〉과 같다. 《세종실록지리지》에 따르면, 전주부에는 이성伊城·이성利城·옥야沃野·우주紆州 4개의 속현, 경명景明·제견堤見 2개의 향, 두모촌豆毛村·양량陽良 2개의 소가 있었으며, 청주목에는 청천靑川 1개의 속현, 주안周岸 1개의 향, 초자椒子·배음拜音 2개의 소가 있었다.

이상의 내용을 통하여 《세종실록지리지》에 수록된 성씨가 어떠한

기준에 의하여 분류되었는지는 어느 정도 밝혀진 듯한데, 우리가 《세종실록지리지》에 수록되어 있는 성씨를 좀 더 깊이 있게 이해하기 위해서는 또 다른 한 가지 사실을 명심해 둘 필요가 있다. 그것은, 전통기에 편찬된 지리지가 그러했듯이, 《세종실록지리지》 또한 지방지 편찬의 기본적인 목적에 부합하여 편찬되었다는 사실, 이를 좀 더 구체적으로 표현해 보자면 그 지역의 주요한 관원과 시설을 파악하고, 그 지역의 일반적인 풍토와 그 풍토에 맞게 생산되는 주요한 생산물을 조사하며, 또 그 지역 출신자 가운데 출중한 행적을 가진 인물을 기록하는 지방지 편찬의 기본적인 목적에 부합하여 편찬되었다는 사실이다. 따라서 《세종실록지리지》에 수록되어 있는 성씨들은 그 성씨들이 '토성'이나 '성'으로 표현되는 토착 성씨로 분류되었건, 아니면 '망성'이나 '래성(-래접성 포함)' 혹은 '입성(-입진성 포함)'이나 '속성'으로 분류되었건 간에 그들은 모두 그 지역의 주요한 성씨 즉 그 지역의 지배 계층에 해당되는 사람들이 소유한 성씨로 간주하여야 한다.

그리고 이 《세종실록지리지》에 수록된 성씨들 가운데에는 《세종실록지리지》가 편찬되기 이전 시기에 존재하였던 성씨 관련 자료에서 이미 향리 계층이나 백성 계층의 성씨로 분류되었던 성씨들도 있었고, 또 《세종실록지리지》를 편찬하는 과정에서 즉 각 도에서 보고해 온 '관문關文'에서 향리 계층의 성씨로 파악된 성씨들도 있었던 것으로 보인다. 그리하여 《세종실록지리지》가 편찬되기 이전 시기의 성씨 관련 자료에서 향리 계층이나 백성 계층으로 분류된 성씨들에 대해서는 '차성'·'인리성'·'차리성'·'양성'·'백성성'으로 기록하였고, 각 도에서 올라온 '관문'에서 새롭게 향리 계층의 성씨로 파악된 성씨들에 대해서는 '鄕吏'·'今爲鄕吏'·'今爲長役'·'今爲鄕吏者多'·'人吏姓'·'百姓姓'·'爲人吏姓'·'有子孫人吏'·'高麗判定百姓 … 皆鄕吏'와 같은 표현으로 각 성씨의 하단에, 그것도 소주로 기록하였다.[22] 그리하여, '인리성'과 '백성성'과 같은 동일한 용어라 할지라도, 경상도 상주목尙州牧·성주목星州牧·거제현巨濟縣·평해군平海郡에서는 '토성'이나 '망성'·'래성'과 같이 성씨를 분류하는 별도의 항목으로 기록한 데 비하여, 전라도 남원부南原府와 순창현淳昌縣에서는 각 성씨의 하단에 소주로 기록하였던 것이다.

아무튼, 《경상도지리지》와 《세종실록지리지》에서 성씨를 분류하고 있는 방식에 대하여 필자가 이해하고 있는 바는 위 인용문을 작성한 저자가 생각하고 있는 바와는 분명히 다르다. 그리고 이상과 같은 필자의 생각이 타당한 것이라고 한다면, 위 인용문의 저자가 고려 시대 '토성'의 내부 구조를 파악하기 위하여 도출해 낸 8가지 공식은 공식으로서 성립될 수도 없을 뿐더러, 그 공식에 입각하여 고려 시대 '토성'의 내부 구조가 '인리성'·'백성성'·'촌성'으로 이루어졌다고 결론지을 수도 없을 것이다.

---

22 필자가 '차성'·'인리성'·'차리성'·'양성'·'백성성'을 《세종실록지리지》가 편찬되기 이전 시기의 성씨 관련 자료에 기록되어 있던 성씨로 보는 이유는 다음과 같다. 《세종실록지리지》 경기도 광주목의 '성씨'조에는 3개의 '토성'과 3개의 '加屬姓' 총 6개의 성씨가 기록되어 있는데, 이 6개의 성씨에 대하여 《세종실록지리지》의 편찬자는 "此六姓 據古籍及今本道關錄之 其云加屬者 古籍所書也 後皆倣此"라고 소주로 기록하고 있다. 이 소주에서 말하는 "其云○○者 古籍所書也 後皆倣此"에 의거하여, 필자는 '촌성'·'차성'·'인리성'·'차리성'·'양성'·'백성성'·'투화성'을 《세종실록지리지》가 편찬되기 이전 시기의 성씨 관련 자료에 기록되어 있던 성씨로 이해하였다. 《세종실록지리지》에서 '가속성'은 경기도 광주목에만 나오고 있다(《세종실록지리지》에 나오는 성씨의 종류와 그 출현 횟수에 관해서는 〈부록 3-2〉을 참고).
또, 필자의 조사에 의하면, 《세종실록지리지》 '성씨'조에서 향리와 관련된 내용이 소주로 기록된 기사는 총 136건이 나오는데, 그 가운데 8건을 제외한 128건(-약 94.1%)이 '속성'으로 분류된 성씨들과 관련 있는 것으로 파악된다. 이러한 현상에 대하여 필자 역시 현재로서는 명확한 해답을 제시하기 어려우나 우선 두 가지 의견을 제시해 보고자 한다. 첫째는 《세종실록지리지》가 이전의 지리지에 비하여 좀 더 자세하게 그리하여 좀 더 넓은 계층의 성씨를 수록하였다는 점이고, 둘째는 삼국 시대에 수용된 '한자식 성씨'가 수용 초기에는 일부 극소수 계층을 중심으로 사용되다가 시간이 흐르면서 그 사용 계층이 점차 확대되었고 조선 초기에 이르러서는 상당수의 향리 계층까지도 성씨를 사용하게 되었다는 점이다. 하지만 이수건이 말하는 바와 같이 《세종실록지리지》에 수록된 성씨가 주로 향리 계층의 성씨이기 때문에 나타나는 현상은 아니다(이수건의 주장에 관해서는 이수건, 《한국의 성씨와 족보》, 31~33쪽 참고).

더욱이, 이 절에서 주로 살펴보고 있는 '토성'이라는 용어가 의미하는 바, 그 가운데에서도 특히 《세종실록지리지》에 기록되어 있는 '토성'이라는 용어가 의미하는 바 역시 위 인용문의 저자가 설명하고 있는 것과는 명확히 다른 것이었다. 《세종실록지리지》에 나오는 '토성'이라는 용어는, 위 인용문의 저자가 이야기하고 있는 바와 같이 고려 초기 '토성분정'이라는 국가적 정책에 의해서 생겨났다가 이후 '고적'이라는 자료를 통하여 15세기까지 전해져서 《세종실록지리지》에 수록되고 15세기 이후로는 그 자취를 감추어 버린 것이 아니라, 《경상도지리지》나 《세종실록지리지》의 편찬자와 같이 15세기에 지리지를 편찬하였던 사람들이 '그 지역을 근거지로 하여 그 지역에 오랜 세월 살아온 사람들이 소유한 성씨' 즉 '그 지역의 토착 성씨'를 지칭하는 일반적인 용어였을 뿐이다. 그리하여 때로는 본읍 지역과 속현 지역의 토착 성씨를 모두 '토성'이라 부르기도 하고 때로는 본읍 지역의 토착 성씨만을 '토성'으로 지칭하였던 것이다.[23]

---

23 15세기의 역사 문헌이 아니라 하더라도 '토성'이 '그 지역의 토착 성씨'를 의미하는 사례는 한국의 역사 문헌 가운데에서 얼마든지 찾을 수 있다. 그 가운데 대표적인 사례를 소개하면 다음과 같다.

《五洲衍文長箋散稿》卷33 '姓氏譜牒辨證說'

　　"(앞에서 중국 성씨에 관하여 이야기하고 나서: 안주) 우리나라의 성씨는 다음과 같다. 우리나라의 토성으로는 삼한시대와 삼국시대에 왕·공을 지낸 자들의 후예가 많고, 그 밖에도 賜姓을 받았거나 혹 中原에서 건너온 자들이 있다. 이들은 각기 그들의 가계 기록을 가지고 있어서 중국 성씨들과 같이 (그 가계가) 복잡하지도 않고 또 (그 가계를) 상고하기가 그리 어렵지도 않다."〈我東姓氏 本國土姓 多三韓三國王公之苗裔 其餘或賜姓 或自中原出來 各有譜系 不如中國姓氏之淆亂難攷也〉

《青莊館全書》卷58 盎葉記5 '朴'

　　"살피건대, 朴氏는 신라의 토성이다. 시조 혁거세는 큰 알에서 태어났다. 우리나라의 말에는 박〔瓢〕과 박은 같은 의미이다. 알의 모양이 박〔瓢〕과 같아서 성을 박이라 하였다"〈案朴 新羅土姓 始祖赫居世 生於大卵中 我國方言 瓢與朴同 以卵形如瓢 因姓朴〉

《燕巖集》卷14 熱河日記 '避暑錄'

　　(尹亨山(-본명 尹嘉銓)이 朴趾源에게 고려 시대의 朴寅亮과의 관계를 물은 것에

그럼 다시 한 번 더 위 인용문(-각주 5번)으로 돌아가 이 인용문의 저자가 15세기의 지리지와 고려 시대의 '토성'에 관해서 이야기 하고 있는 내용을 되짚어 보도록 하자. 이 인용문의 저자는 15세기의 지리지에 나오는 '토성'이라는 용어가, 그중에서도 《세종실록지리지》에 나오는 '토성'이라는 용어가 나말여초에 생겨난 것으로 여기고, 그 '토성'이라는 용어를 통하여 고려 초기에 '토성분정'이라는 국가적 정책이 실시되었다는 역사적 사실을 생각해 내고 있으며, 또 15세기의 지리지에 기록된 성씨를 바탕으로 고려 시대 '토성'의 내부 구조와 그 구조에 맞는 고려 시대 군현의 내부 구조를 그려내고 있다.

이러한 그의 주장을 다른 시각에서 표현해 보자면, 고려 시대의 '토성'을 설명하되 즉 한국사회에서 성씨와 본관이 생겨나게 된 원인

대하여,)

"제 성씨는 본래 (조선의) 토성으로, 여덟 개의 망족으로 나누어져 있고, 그 관향도 서로 달리하여 하나의 씨족으로 생각하지 않습니다. 그리하여 같은 성씨라 하더라고 汾陽을 통곡할 수 없는 사이입니다."〈僕是土姓 分爲八望 貫係各異 不相爲族 亦不敢慟哭汾陽〉(汾陽은 唐나라 시대 인물인 汾陽王 郭子儀(697~781)를 말하며, "慟哭汾陽"은 郭崇韜가 郭子儀를 자신의 祖上으로 잘못 알고 그의 墓에 가서 통곡한 故事를 말한다. 이에 대해서는 김혈조 역, 《열하일기》 3권, 돌베개, 2009, 54쪽을 참고).
《頤齋遺藁》 卷16 '五代祖考安頓府君行狀'(-黃胤錫의 5代祖考는 黃以厚로 字가 久而이고 號가 安頓이다)

"(우리 平海 黃氏) 시조이신 東漢學士 諱 洛께서는 建武 4년(서기 28년)에 南國으로 사신을 가시다가 (뜻하지 않게) 표류하게 되어 將軍 丘大林과 함께 신라에 이르게 되셨다. 이때가 유리왕 5년이다. (신라에 머물게 된 후로는) 스스로 장군이라 칭하고 (平海郡 內에 있는) 越松亭의 북쪽에 위치한 堀山 아래에서 살게 되었다. … 그 뒤, 3형제(혹자는 이들을 始祖의 아들이라고도 한다)가 있었는데, 둘째인 乙古는 昌原으로 이주하고 막내인 丙古는 長水로 이주하였다. 그리고 큰 아드님이신 甲古는 대대로 (平海 지역의) 토성이 되었다."〈始祖東漢學士諱洛 當建武四年奉使南國 與丘將軍大林漂到新羅 實儒理王五年 自稱將軍 因居亭北堀山之下. … 其後有三兄弟 或云其子也. 仲乙古移昌原 季丙古移長水 而伯諱甲古 仍世爲土姓〉
《오주연문장전산고》는 1959년 동국문화사 영인본, 《청장관전서》, 《연암집》, 그리고 《이재유고》는 한국고전번역원에서 간행한 《韓國文集叢刊》 수록본을 이용하였음을 밝힌다.

으로 볼 수 있는 ‘토성’을 설명하되,《세종실록지리지》와 같이 15세기에 작성된 지리지를 근거로 역사적 사실을 추론하고 있다고 말할 수 있는데, 이처럼 15세기에 편찬된 지리지의 내용을 통하여 그보다 5세기 내지 6세기 앞선 시기의 역사적 사실을 추론할 수 있는 근거는 바로 ‘고적이라 불리는 자료’가 있기 때문이다.

이 ‘고적이라 불리는 자료’에서 ‘고적’이라는 용어 또한 《세종실록지리지》에 나오는 것인데, 여하튼 이 인용문의 저자는 그의 저서에서 《세종실록지리지》에 나오는 용어를 그대로 인용하여 ‘고적이라는 자료’를 언급하고 있다. 우선,《세종실록지리지》 ‘성씨’조에 출현하는 ‘고적’에 관련된 내용 가운데 그 대표적인 세 개의 기사를 소개하면 다음과 같다.

(경기도 광주목의 성씨로는 ‘토성’ 3개 성씨와 ‘가속성加屬姓’ 3개 성씨 총 6개의 성씨가 있는데,) 이 6개의 성씨는 ‘고적’의 내용과 이번에 본도(즉, 경기도)에서 보고한 ‘관문’의 내용을 종합하여 기록한 것이다. ‘가속’이라는 표현은 ‘고적’에 ‘가속’이라 기록되어 있기 때문에 그대로 기록한 것이다. 뒤에 기술되는 내용은 모두 이와 같은 방식으로 기록하였다.

此六姓 據古籍及今本道關錄之 其云加屬者 古籍所書也 後皆倣此(京畿道 ‘廣州牧’篇)

‘망성’이라 기록한 이유는 ‘고적’에서는 확인이 되지만 지금은 존재하지 않기 때문이다. 뒤에 기술되는 내용은 모두 이와 같은 방식으로 기록하였다.

凡稱亡姓 謂古籍所有而今無者 後皆倣此(京畿道 ‘廣州牧’篇)

(양근군楊根郡에는 ‘속성續姓’으로 함씨咸氏가 기록되어 있는데,) 이 함씨는 ‘고적’에서 확인되지 않는다. 하지만 각 도에서 보고해 온 ‘관문’에 의거하여 이번에 ‘속성’으로 기록하였다. 뒤에 ‘속성’으로 기록된 성씨들은 이와 같은 경우이다.

右咸氏 古籍所無 今據本道關續錄 後凡言續姓者 倣此(京畿道 '楊根郡'篇)

그리고 《세종실록지리지》에 나오는 이상과 같은 '고적'에 대하여
위 인용문의 저자는 다음과 같이 정의하고 있다.

> 그 '고적'은 구체적으로 알 수 없으나 고려 초기 이래로 전래되어 온 성
> 씨 관계 문서일 것이다. 그것은 전술한 바와 같이 고려 태조 23년경을 전후
> 하여 군현별로 토성이 분정되면서부터 각 읍마다 당대唐代의 《씨족지氏族
> 志》, 〈군망표群望表〉와 같이 성씨록이 작성·비치되어 있었다고 본다. 그것은
> 호적戶籍·군적軍籍·전안田案·이안吏案 등처럼 중앙과 지방의 읍사邑司에 각
> 각 보관되어 선거選擧와 전주銓注 및 향리의 선임과 승진에 참고했던 것이
> 다. 그러한 '고적'은 현존의 《경주호장선생안慶州戶長先生案》이나 《금성일기
> 錦城日記》처럼 지방에서는 주로 읍사에서 작성·비치했던 것이며 각 읍의 것
> 은 다시 중앙에 수합되어 성씨록과 같은 체제로 편찬·비치했던 것이라 짐작
> 된다. … 그 '고적'은 바로 고려 초 이래 전래해 오던 중앙 소장의 군현 성
> 씨 관계 자료였던 것이며 …24

이 인용문을 정리해 보면, 고려 태조 23년경에 각 군현 단위로 '토
성'이 '분정'되면서 각 군현 단위에서는 이른바 '성씨록姓氏錄'이 작성
되었으며, 이 '성씨록'은 두 부씩 작성되는 게 일반적이었다. 그래서
한 부는 군현 단위 내에서 실무를 담당하는 부서(-이를 두고 이수건
은 '읍사'라 표현하고 있다)에 두어 관리를 천거하고 향리를 선발하는
데 이용하였으며, 또 다른 한 부는 중앙에 보고하도록 되어 있었다.
그리고 중앙에서는 각 군현 단위에서 올라온 '성씨록'의 내용을 바탕
으로 전국 단위의 '성씨록'을 편찬하였는데, 중앙에 소장되어 있던 전

---

24 이수건, 《한국의 성씨와 족보》, 74쪽. 이와 같은 내용이 李樹健, 《韓國中世史研究》
34~35쪽에도 실려 있다.

국 단위의 '성씨록'이 바로 《세종실록지리지》 '성씨'조에서 언급하고 있는 '고적'이라는 것이다. 하지만, 위 인용문에서도 밝히고 있듯이, 지방의 실무 부서에서 보관하였다는 '성씨록'이나 중앙에서 소장하였다는 전국 단위의 '성씨록'은 모두 현재까지 그 실체가 확인되지 않고 있다.

이상의 내용을 이 절의 논리에 맞게 다시 한 번 더 정리해 보면, 고려 태조 23년경에 각 군현 단위로 '토성'이 '분정'되면서 각 군현 단위에서 '성씨록'이 작성되었다는 사실, 이 '성씨록'을 이용하여 각 군현 단위에서는 관리를 천거하고 향리를 선발하였다는 사실, 각 군현 단위에서 작성한 '성씨록'이 중앙에 보고되어 중앙에서는 전국 단위의 '성씨록'이 만들어졌다는 사실, 그리고 《세종실록지리지》 '성씨'조에 나오는 '고적'이라는 용어가 바로 중앙에서 만들어진 이 '성씨록'을 가리킨다는 사실, 이 모든 사실은 역사적으로 그 실체를 확인할 수 없는 추론에 의해 성립된 것이다. 요컨대, 앞서 이야기한 바와 같이, 15세기에 작성된 지리지에 나오는 성씨를 통하여 고려 초기 '토성'이 '분정'되었다는 사실을 생각해 내고 또 고려 시대 '토성'의 내부 구조와 그 '토성'이 존재하였던 군현 단위의 내부 구조를 생각해 낸 것이 추론에 의한 것이듯이, 《세종실록지리지》에 나오는 '고적'에 대한 위 저자의 설명 또한 추론에 의해 만들어진 것이다.

이처럼 위 인용문의 저자가 한국의 성씨와 본관제도의 출현 과정을 이해하기 위하여 고안해 낸 '토성' 이론은 추론에 추론을 거듭하는 과정 속에서 이루어진 것이다. 그리고 위 인용문의 저자가 추론에 추론을 거듭하면서 '토성' 이론을 제시할 수밖에 없었던 원인은 무엇보다도 한국 사학계에서 이용할 수 있는 역사 문헌 그중에서도 특히 고려 시대나 삼국 시대를 연구하면서 이용할 수 있는 역사 문헌이 극히 한정되어 있기 때문이다. 이처럼 한정되어 있는 역사 문헌을 이용하여 고려 시대 '토성'의 실체를 규명하고, 그 '토성'을 통하여 한국의 성씨와 본관제도의 출현 과정을 밝히려 한 위 저자의 노고는 충분히 이해하지만, 위 인용문의 저자가 그의 저서에서 밝히고 있듯이 "역사학은 무엇보다도 사실에 입각하여야 한다"는 입장에서 보자면, '토성'에 대한 그의 설명은 다소 무리가 따르는 것이 아닐 수 없다.

《세종실록지리지》 '성씨'조에 나오는 '고적'이라는 용어는, 앞서 이야기했던 '토성'이라는 용어가 그러했듯이, 《세종실록지리지》가 편찬되는 과정과 그 편찬 과정 속에서 성씨를 분리하는 방식과 밀접한 관련이 있다. 앞서 언급하였지만, 《세종실록지리지》는 그것이 편찬되기 이전 시기에 존재하였던 성씨 관련 자료와 그것을 편찬하기 위하여 각 도에서 새롭게 수집하여 보고해 온 내용을 종합하여 작성되었다.

그리고 《세종실록지리지》를 편찬하기 위하여 새롭게 수집한 내용에 대해서는 앞서 제시한 세 개의 기사에서 나오는 바와 같이 '本道關', 또는 "金姓今無"와 "今作魯"에서와 같이 '금今', 또는 "今報作方"에서와 같이 '금보今報' 등으로 표현하였고, 《세종실록지리지》를 편찬하기 이전 시기의 성씨 관련 자료에 대해서는 위 세 개의 기사와 "古籍一云 登朱崔海州來 吳唐來" 그리고 "縣及姓氏古籍無"에서와 같이 '고적', 또는 "或作白"에서와 같이 '혹或', 또는 "一本有方無崔"에서와 같이 '일본一本', 또는 "洪武三十一年戊寅戶口云 登州來"에서와 같이 홍무 연간의 호구戶口 등 여러 가지 방식으로 표현하였다.[25]

그리고, 《세종실록지리지》가 그러했던 것처럼, 전통기에는 새로운

---

25 '金姓今無'는 전라도 '求禮縣'篇에, '今作魯'는 경상도 '義城縣'篇에, '今報作方'은 경상도 '寧海都護府'篇에, "古籍一云 登朱崔海州來 吳唐來"은 경상도 '固城縣'篇에, "縣及姓氏古籍無"는 강원도 '淮陽都護府'篇에, "或作白"은 경기도 '永平縣'篇에, "一本有方無崔"는 전라도 '金溝縣'篇에, 그리고 "洪武三十一年戊寅戶口云 登州來"는 함길도 '高原郡'篇에 나온다. 이외에도 이들과 유사한 기록은 《세종실록지리지》 '성씨'조에서 얼마든지 확인된다.

서적을 편찬하려 할 때 이전 시기에 작성된 관련 자료를 우선적으로 참고하고, 새롭게 편찬된 서적에서 그 이전 시기의 자료를 언급하려 할 때에는 그 관련 자료의 명칭을 구체적으로 언급하기보다는 '고적古籍'·'고서古書'·'일본一本'·'혹작或作'·'고작古作'·'일운一云' 등과 같이 막연하게 표현하는 것이 전통기 동양 사회의 오랜 전통이기도 하였다.

요컨대, 《세종실록지리지》에서 '고적'으로 지칭되는 막연한 자료에 대하여 그 실상을 구체적으로 설명하고자 하는 위 저자의 의도는 십분 이해하겠으나, 그 '고적'이라는 자료를 고려 태조 23년경 각 군현 단위로 '토성'이 '분정'된 이후 각 군현에서 보고한 '성씨록'을 바탕으로 중앙에서 편찬하였다는 전국 단위 규모의 '성씨록'과 관련지을 수 있는 근거는 그 어디에서도 찾을 수 없다(《세종실록지리지》에서 성씨를 분류하는 방식에 관해서는 앞의 내용 참고).

3. 효문제의 '정성족定姓族' 정책과 당 태종의 《씨족지氏族志》 편찬 의 의미

여기까지 해서 《세종실록지리지》 '성씨'조에 나오는 '토성'이라는 용어와 '고적'이라는 용어가 무얼 의미하는지, 그리고 이 두 용어가 의미하는 바가 위 인용문의 저자가 설명하고 있는 바와 어떻게 다른지 하는 점은 어느 정도 명확해진 것 같다. 그런데도 우리에게는 아직도 하나의 궁금증이 계속해서 남아 있다. 그것은 그가 어떠한 이유로 역사적으로 확인되지도 않는 '토성분정'이라는 국가적 정책을 주장하게 되었는가 하는 점이다.

그것은 무엇보다도, 그가 '토성분정'설을 주장하면서 주요한 자료로 이용하고 있는 《경상도지리지》와 《세종실록지리지》, 이 두 개의 지리지에서 각 군현 단위로 '토성'을 기록하고 있기 때문으로 보인다. 실

제로,《경상도지리지》에서는 59개 군현 가운데 57개(-약 96.6%) 군현에서 '토성'을 기록하고 있으며,《세종실록지리지》에서는 336개(-한성부와 개성부 포함) 군현 가운데 평안도와 함길도에 속한 군현을 제외한 268개 군현, 이 268개 군현 가운데 28개 군현을 제외한 240개(-약 89.6%) 군현에서 '토성'을 기록하고 있다.

즉, 위 인용문의 저자는《경상도지리지》와《세종실록지리지》에서 각 군현 단위로 '토성'을 기록하고 있는 현상에 주목하여 '토성'이 국가적 정책에 의하여 각 군현 단위로 '분정'되었다고 생각하게 되었고, 그 '분정'된 시기를 고려 태조 23년경으로 구체적으로 규정하였던 것으로 보인다. 그러나 앞서 이야기하였듯이,《경상도지리지》와《세종실록지리지》에 기록된 '토성'이라는 용어는 본관을 의미하는 '토'와 부계의 혈통을 의미하는 '성'이 결합된 것으로 고려 초기 국가적 정책에 의하여 각 군현 단위에 '분정'되었다고 생각하기보다는,《경상도지리지》와《세종실록지리지》의 편찬자들이 그 지역의 성씨를 분류하는 과정 속에서 '그 지역을 근거지로 하여 그 지역에 오랜 세월 살아온 사람들이 소유한 성씨' 즉 '그 지역의 토착 성씨'를 지칭하였던 일반적인 용어로 이해하는 게 더욱 타당할 것으로 보인다.

또, 위 인용문의 저자는 '토성분정'설을 주장하면서,《경상도지리지》와《세종실록지리지》에 나오는 '토성' 관련 기록 이외에도, 중국역사 문헌에 나오는 기록을 참고하였던 것으로 보인다. 그 가운데 대표적인 사례를 언급해 보면, 앞서 이 절에서도 지적하였던바 하나라 건국자인 우왕이 '석토성錫土姓'하였다는 기록, 그리고 위 인용문(-각주 5번)에서도 언급하고 있는바 북위 효문제가 495년(태화太和 19)에 '성족분정姓族分定'하였다는 기록과 당 태종이 638년(정관貞觀 12)에《씨족지氏族志》를 편찬하였다는 기록이다.

하지만 북위 효문제가 '성족분정'(-중국 사학계에서는 일반적으로

'정성족定姓族'이라는 표현을 쓰고 있음)하였다는 사실과 당 태종이 《씨족지》를 편찬하였다는 사실, 이 두 가지 역사적 사실이 위 인용문의 저자가 언급하고 있는바, 고려 초기에 각 군현 단위로 '토성'을 '분정'하였다는 국가적 정책과 어떠한 유사점이 있는지는 검토해 볼 필요가 있다(우왕의 '석토성'에 관해서는 이 절에서 앞서 언급한 내용을 참고).

우선, 북위 효문제가 '정성족'하였다는 사실은 《위서魏書》에 수록되어 있는 〈관씨지官氏志〉에서 확인된다. 〈관씨지〉는 크게 두 부분으로 나누어지는데, 전반부에서는 북위 시대의 관직을 9품에 따라 분류하고 있으며, 후반부에서는 북위를 건국한 세력인 대북인代北人들의 성씨를 기록하고 있다. 그리고 이 대북인들의 성씨가 기록된 부분의 마지막에 효문제가 495년(태화 19)에 대북인들에게 '성'과 '족'을 부여한다는 내용의 조서詔書가 실려 있다. 이 조서의 내용을 소개하면 다음과 같다.

太和十九年 詔曰 "代人諸冑 先無姓族 雖功賢之胤 混然未分 故官達者位極公卿 其功衰之親 仍居猥任 比欲制定姓族 事多未就 且宜甄擢 隨時漸銓 其穆·陸·賀·劉·樓·于·嵆·尉八姓 皆太祖已降 勳著當世 位盡王公 灼然可知者 且下司州·吏部 勿充猥官 一同四姓 自此以外 應班士流者 尋續別敕 原出朔土 舊爲部落大人 而自皇始已來 有三世官在給事已上 及州刺史·鎭大將及品登王公者爲姓 若本非大人 而皇始已來 職官三世尙書已上 及品登王公而中間不降官緖 亦爲姓 諸部落大人之後 而皇始已來官不及前列 而有三世爲中散·監已上 外爲太守·子都 品登子男者爲族 若本非大人 而皇始已來 三世有令已上 外爲副將·子都·太守 品登侯已上者 亦爲族 凡此姓族之支親 與其身有緦麻服已內 微有一二世官者 雖不全充美例 亦入姓族 五世已外 則各自計之 不蒙宗人之蔭也 雖緦麻而三世官不至姓班 有族官則入族官 無族官則不入姓族之例也 凡此定姓族者 皆具列由來 直擬姓族以呈聞 朕當決姓族之首末 其此諸狀 皆須問宗族

列疑明同　然後勾其舊籍　審其官宦　有實則奏　不得輕信其言　虛長僥僞　不實者
訴人皆加'傳旨問而詐不以實'之坐　選官依'職事答問不以實'之條　令司空公穆亮·
領軍將軍元儼·中護軍廣陽王嘉·尙書陸琇等詳定北人姓　務令平均　隨所了者　三
月一列簿帳　送門下以聞"　於是昇降區別矣.[26]

　　우리가 《위서》〈관씨지〉에 수록되어 있는 효문제의 조서를 이해하기 위해서는 중국 역사상 위진남북조 시기에 해당하는 사회가 문벌에 기반하여 운영되었다는 사실을 염두에 두어야 한다. 한나라가 멸망한 후 북방 지역을 차지한 위나라에서는 이른바 '구품중정법九品中正法'을 시행하여 관리를 등용하였다. 이 '구품중정법'에 따르면, 각 주州에는 '대중정大中正'이 그리고 각 군에는 '소중정小中正'이 있어, 이 '중정中正'이 각 지역의 사족들을 문벌에 따라 9등급으로 나누어 중앙에 보고하였다. 그리고 중앙에서는 각 지역의 사족들을 관리로 등용할 때 그 해당 등급에 맞는 관직을 수여하였다. 이로 인하여 중국사회에서는 자연스럽게 '문벌 숭상 풍조'가 발달하게 되었는데, 이 시기 발달한 '문벌 숭상 풍조'는 위나라 이후 진晉나라를 거쳐 남북조 시대에 이르러 크게 성행하였다. 그리하여 중국 역사에서는 위진남북조 시기의 사족 계층을 '문벌사족'이라 칭하기도 한다.[27]

　　이러한 '문벌사족' 사회에서는 사족의 출신 성분에 따라 그 사족을 지칭하는 용어가 다양하게 생겨났다. 예를 들면, 북방 지역에 근거지

---

26 《魏書》 卷113 〈官氏志〉.
　　이 절에서는 臺灣商務印書館에서 발행한 《文淵閣四庫全書》 第262冊(1984년 刊)에 수록된 《魏書》의 내용과 中華書局에서 간행한 《点校本二十四史精裝版) 魏書》 第8冊 (2011년 刊)에 수록된 내용을 참고하였음을 밝힌다.
　　이수건은 그의 저서 《한국의 성씨와 족보》 81쪽과 《韓國中世社會史硏究》 10~11쪽에서 효문제가 '定姓族'한 사실과 고려 태조가 '토성'을 '분정'한 사실을 비교하여 그 공통점을 언급하였다.
27 현재 역사학계에서 이 '문벌사족'을 지칭하는 용어는 학자마다 다양하다. '문벌사족'을 지칭하는 용어에 관해서는 이 책 제2장 4번을 참고하길 바란다.

를 두고 생활하다가 진晉나라의 남천南遷과 함께 남으로 이주한 사족들은 '교성僑姓', 남방 지역에 근거지를 두고 생활하다가 동진東晉 성립 이후 두각을 드러낸 사족들은 '오성吳姓', 또 북방 지역에 근거지를 두고 있는 한족 출신의 사족으로 북조에 참여한 사족들은 '군성郡姓', 그리고 대북인代北人 출신의 사족들은 '국성國姓' 또는 '노성虜姓'이라 불리었다.

또, 이들 사족들 사이에서는 그 문벌에 따라 다양한 계층이 존재하였다. 그래서 북조에서 활동하는 한족 출신의 사족들 사이에서도 그 문벌에 따라 사족을 지칭하는 용어가 다양하게 출현하였다. 예를 들면, 《수서隋書》에서 언급되고 있는 "사해대성四海大姓·군성郡姓·주성州姓·현성縣姓"이니 하는 표현과 《신당서新唐書》에서 말하고 있는 "고량膏梁·화유華腴·갑성甲姓·을성乙姓·병성丙姓·정성丁姓"이니 하는 표현은 모두 북조에 참여하고 있는 한족 출신의 사족들을 문벌에 따라 나누어 부를 때 생겨난 것이다.[28]

아무튼, 위진남북조 시대는 그 문벌에 따라 다양한 계층이 존재하는 사회였는데, 495년에 북위 효문제가 위에서 제시한 조서를 내린 이유는 바로 이상과 같은 위진남북조 사회의 성격과 밀접한 관련이 있다는 것이 중국 사학계의 일반적인 견해이다. 이들 연구에 따르면, 효문제는 495년에 수도를 평성平城(-지금의 산서성 대동시大同市 일대)에서 낙양洛陽으로 옮기고 적극적인 한화漢化 정책을 실시하였는데, 이러한 한화 정책의 일환으로 대북인들에게 한족 사회에 맞는 문벌을 부여하려 하였다.[29](그리고 이들 연구의 대부분은 위 효문제의 조서와,

---

28 《隋書》卷33 志28 經籍2 '譜系篇'條 '後序'와 《新唐書》 卷199 列傳124 '柳沖'傳.

29 495년(太和 19) 효문제가 내린 조서의 내용이 북방 민족인 代人들에게 한족 사회에 맞는 문벌을 부여하기 위한 것이라는 견해는 다음과 같은 연구 성과에서 확인된다. 周一良, 〈北朝的民族問題與民族政策〉, 《魏晉南北朝史論集》, 北京大學出版社, 1997, 131쪽; 唐長孺, 〈論北魏孝文帝定姓族〉, 《北魏南北朝史論拾遺》, 中華書局, 2011, 80~81

《수서》와 《신당서》에 나오는 "사해대성·군성·주성·현성" 또 "고량·화유·갑성·을성·병성·정성"이니 하는 기사 등과 관련지어 한족 사회의 문벌까지도 논하고 있지만, 여하튼).

이를 위하여, 효문제는 "태조(-북위를 건국한 도무제道武帝(371~409)를 이름) 이래로 계속해서 세상이 알아주는 공덕功德을 갖추어 왕王·공公의 작위에 오른 자들이 분명한" 목穆·육陸·하賀·유劉·루樓·우于·혜嵇·위尉 8개 성씨에 대해서는 "앞으로는 사주司州(-경사京師 지역을 관리하는 부서임)와 이부吏部에 통보하여 하급 관리로 등용하는 일이 없도록 하며 (한족의 문벌귀족 가운데 최고의 문벌을 갖춘) 4개 성씨 즉 범양노씨范陽盧氏·청하최씨清河崔氏·형양정씨滎陽鄭氏·태원왕씨太原王氏와 동등한 대우를 하도록 하라"고 지시하였다.[30]

또, 이 8개 성씨 이외의 다른 사족들에 대해서는 그 조상이 '각 부락의 대인大人'이었는지 여부 그리고 그 직계 조상과 본인이 소유한 관직과 작위가 어떠한 것인지 하는 점을 종합적으로 평가하여, 높게 평가되는 사족에 대해서는 '성'에 해당하는 등급을 부여하고, 다소 낮게 평가되는 사족에 대해서는 '족'에 해당하는 등급을 부여하도록 하였다.[31] 이를 위하여, 효문제는 '성'과 '족'으로 분류되는 기준을 구체

쪽; 常建華, 《宗族志》, 中華文化通志·制度文化典, 上海人民出版社, 1998, 32쪽. 그리고 張旭華, 〈北魏州中正在定姓族中的作用與地位-兼論孝文帝定族的意義-〉, 《鄭州大學學報》 1989年 6期, 鄭州大學과 高升記, 〈試論北魏孝文帝定姓族〉, 《山西大學學報》 1995年 1期, 山西大學도 참고하길 바란다.

30 청나라 시대의 학자인 陳毅는 그의 저서 《魏書官氏志疏證》에서 四姓을 范陽盧氏·清河崔氏·滎陽鄭氏·太原王氏라 밝히고 있다. 錢穆 역시 그의 저서 《國史大綱》(北京: 商務印書館, 2008(11次印刷本), 308쪽)에서 진의의 설을 따르고 있다.

31 唐長孺, 〈論北魏孝文帝定姓族〉, 《北魏南北朝史論拾遺》, 81쪽.
또, 唐長孺에 따르면, 2세기경에 이르러서는 중국의 북방 지역에 활동하던 선비족 사이에서 부족 연맹이 생겨나게 되었는데, 이 부족 연맹에 속한 각 부족의 군사적 지도자를 '大人'이라 불렀다. 그 후 3세기 중반에 이르러서는 이 부락 연맹에 속한 부락 가운데 托跋氏 부락이 가장 두드러지게 활동하였고, 4세기 초반에 이르러서는 托跋猗盧가 晉나라에 의해 '代王'으로 봉해졌다. 그리고 386년에는 托跋珪가 역사상

적으로 제시하고 있는데 이를 살펴보면 다음과 같다.

1. 본래 그 부락에서 태어나 그 부락의 대인大人이 되었던 자들의 후손 가운데 황시皇始(396~398, 즉 북위를 건국한 도무제 시대의 연호임: 安註) 연간 이래로 3세대 동안 급사給事 이상의 관직에 오른 적이 있는 자, 또는 주자사州刺史·진대장鎭大將을 역임한 적이 있는 자, 또는 작위가 왕·공에 오른 자에게는 '성'이라는 등급을 부여하도록 한다.
2. 비록 대인이었던 자의 후손은 아니라고 하더라도, 황시 연간 이래로 3세대 동안 상서尙書 이상의 관직에 오른 적이 있는 자, 또는 (선대에) 왕·공의 반열에 오른 뒤 (그 후손이) 관직을 역임하지 못한 경우가 없는 자에게도 또한 '성'이라는 등급을 부여하도록 한다.
3. 각 부락 대인의 후손 가운데, 황시 연간 이래로 비록 앞서 밝힌 (급사나 주자사·진대장과 같은) 고위 관직에 오르지는 못하였다고 하더라도, 3세대 동안 중산中散(-중산대부中散大夫로 생각됨: 安註)과 감監 이상의 관직을 역임하였거나 외직外職인 태수와 자도子都(-자도독子都督으로 생각됨: 安註)를 역임한 적이 있는 자, 또는 작위가 자子·남男에 이른 적이 있는 자에게는 '족'이라는 등급을 부여하도록 한다.
4. 비록 대인이었던 자의 후손은 아니라 하더라도, 황시 연간 이래로 3세대 동안 영令 이상의 관직을 역임하였거나 외직인 부장副將·자도子都·태수太守를 역임한 적이 있는 자, 또는 작위가 후侯 이상에 이른 적이 있는 자에게도 또한 '족'이라는 등급을 부여하도록 한다.

그리고 효문제는 그 친척들에 대해서도 구체적인 기준을 제시하여 '성'과 '족'의 반열에 들도록 하고 있다.

1. 증조 이하의 방계 친척이 되는 자 그리고 (증조 이하의 방계 친척은 아

'北魏'로 칭해지는 왕조를 건국하였다(〈托跋族的漢化過程〉, 《魏晉南北朝史論叢續編》, 中華書局, 2011, 150~152쪽). 이 절에서 말하는 '각 부족의 大人'은 바로 북위가 건국되는 과정에서 활동했던 부족의 대인을 말한다.

니라 하더라도) 함께 시마복緦麻服을 입는 자 즉 동고조同高祖 8촌에 해
당하는 자, 이들 가운데 1세대 내지 2세대 동안 한 번이라도 관직을 역
임한 적이 있는 경우에는, 비록 앞서 언급한 규례에 완전히 부합하는 경
우가 아니라 할지라도, (이들에게도) 또한 '성'과 '족'의 등급을 부여한다.
그러나 5세대가 넘어간 친척인 경우에는 각자 그들 조상의 관직을 따져
결정을 하도록 하고, '종인지음宗人之蔭' 즉 '종인宗人이라는 이유로 함께
음택蔭澤을 입는 사례'에 포함시키지 않도록 한다.
2. 비록 시마복緦麻服을 함께 입는 경우라 할지라도 3세대 동안 '성'을 부여
할 만한 관직을 역임한 적이 없는 경우에는 '족'을 부여할 만한 관직을
역임한 적이 있다고 한다면 '족'의 등급을 부여하고, '족'을 부여할 만한
관직조차도 역임한 적이 없다고 한다면 '성'·'족'의 부류에 속하지 않도록
한다.

앞에서 언급하였지만, 효문제가 이와 같은 정책을 실시한 이유는
대북인들에게 한족 사회에 형성되어 있는 문벌과 같이 그 사회적 등
급을 부여하기 위해서였다. 그래서 그는 조서의 서문에서,

　　　대인代人 사람들은 이전에 '성'과 '족'에 대한 관념이 없어서 비록 공훈을
통하여 현달한 자의 후손이나 지현智賢을 갖추어 세상에 이름이 알려진 자
의 후손이라 하더라도 그들을 다른 사람들과 구분하여 대접하는 것에 익숙
하지 않았다. 그리하여 (그 선대가) 현달하여 공경의 지위에 이르렀다고 하
더라도 그 자식(-공쇠功衰는 3년상을 의미함 : 安註)들은 계속해서 평범한
관직에 머무는 경우가 있었다. (이러한 문제를 시정하기 위하여) 요근래 '성
족姓族'에 관한 제도를 제정하고자 하였으나 많은 문제점이 있어 제정하지
못하였고 또 ('성족'에 관한 제도가 제정되지 못하다 보니) 인재를 폭넓게 등
용하고자 하여도 이 또한 임시방편적인 인사에 불과하였다.

라고 한탄한 뒤, 사공공司空公 목량穆亮, 영군장군領軍將軍 원엄元儼, 중
호관中護軍 광양왕廣陽王 가嘉, 상서尚書 육수陸琇 등으로 하여금 "詳定

北人姓"하도록 하였다. 그리고 이러한 효문제의 정책에 대하여 《위서》의 편찬자인 위수는 "이렇게 하고 나서 (사족들의) 높고 낮음이 명확해졌다.〈於是昇降區別矣〉"라고 결론짓고 있다.

다음으로, 위 인용문(-각주 5번)의 저자가 고려 초기 '토성분정'이라는 국가적 정책과 그 성격이 유사하다고 언급한 또 다른 역사적 사실, 즉 당 태종이 638년(정관 12)에 《씨족지》를 편찬한 사실은 중국 역사 문헌상에서 다양한 형태로 기록되어 있다.[32] 그 가운데 위 저자가 그의 저서에서 언급하는 내용과 가장 근사하다고 생각되는 기록, 즉 《신당서》에 나오는 기록을 살펴보면 아래와 같다.[33]

> 初 太宗甞以山東士人尙閥閱 後雖衰 子孫猶負世望 嫁娶必多取貲 故人謂之賣昏 由是詔士廉與韋挺·岑文本·令狐德棻責天下譜諜 參考史傳 檢正眞僞 進忠賢 退悖惡 先宗室 後外戚 退新門 進舊望 右膏梁 左寒畯 合二百九十三姓 千六百五十一家 爲九等 號曰氏族志 而崔幹仍居第一 帝曰 "我於崔·盧·李·鄭無嫌 顧其世衰 不復冠冕 猶恃奮地以取貲 不肯子偃然自高 販鬻松檟 不解人間何爲貴之? 齊據河北 梁·陳在江南 雖有人物 偏方下國 無可貴者 故以崔·盧·王·謝爲重 今謀士勞臣以忠孝學藝從我定天下者 何容納貨舊門 向聲背實 買昏爲榮耶? 太上有立德 其次有立功 其次有立言 其次有爵爲公·卿·大夫 世世不絕 此謂之門戶 今皆反是 豈不惑邪? 朕以今日冠冕爲等級高下." 遂以崔幹爲第三姓 班其書天下.[34]

---

32 당 태종의 《씨족지》에 관련된 기사 가운데 《신당서》에 나오는 기사 이외에 그 대표적인 사례를 소개하면 다음과 같다. 《舊唐書》卷65 列傳 第15 '高士廉'傳. 《資治通鑑》卷195 唐紀11 '貞觀十二年'條. 《貞觀政要》卷7, 《唐會要》卷36 '氏族'條. 아울러, 毛漢光, 〈中古山東士族著房之硏究-唐代禁婚家與姓族譜〉, 《中國中古社會史論》, 上海世紀出版集團 上海書店出版社, 2002, 190~191쪽도 참고하길 바란다.

33 이수건은 그의 저서 《한국의 성씨와 족보》 82~83쪽과 《韓國中世社會史研究》 11~12쪽에서 당 태종이 《씨족지》를 편찬한 사실과 고려 태조가 '토성'을 '분정'한 사실을 비교하여 그 공통점을 언급하였다.

34 《新唐書》卷95 列傳 第20 '高儉'傳.
    이 절에서는 臺灣商務印書館에서 발행한 《文淵閣四庫全書》第274册(1984년 刊)에 수록된 《新唐書》의 내용과 中華書局에서 간행한 《点校本二十四史精裝版》 新唐書》

638년 고사렴高士廉(575~647) 등은 당대當代 사족을 망라한 《씨족지》를 완성하여 당 태종에게 보고하였다. 이는 태종의 조서에 따른 것으로, 태종은 평소에 "산동사족山東士族(-'산동'은 태행산맥太行山脈 이동 지역을 말함)들은 문벌(-벌열閥閱과 같음)을 숭상하기를 좋아한다. 그리하여 그 가세가 예전만 같이 못하다고 하더라도 그 자손들은 계속해서 문벌에 의지하여 생활하려고 하고 있다. 또, (그들은) 다른 집안과 혼인을 할 때에는 (그 문벌을 믿고) 많은 재물을 취하려고 하는데, 세상 사람들은 이를 보고 '매혼賣婚'이라고 까지 부르고 있다."는 말을 듣고, '산동사족'들을 못마땅하게 생각하고 있었다. 그리고 이러한 폐단을 시정하기 위하여, 고사렴 등에게 《씨족지》를 편찬하라는 조서를 내리게 되었다.

고사렴 등이 작성한 《씨족지》를 받아 본 태종은 그 《씨족지》가 자신의 의도와는 다르게 작성되었다고 생각하였다. 그 이유는 위진남북조 시대부터 최고의 문벌을 유지해 오고 있는 박릉최씨, 이 박릉최씨의 일파인 최간崔幹(-최민간崔民幹으로 알려지기도 함) 가문이 당나라 황족이나 외척보다도 앞서 가장 앞쪽에 위치해 있었기 때문이었다. 그리하여 태종은 다음과 같이 고사렴 등을 꾸짖고 있다.

> "내가 (현재 최고의 문벌로 알려진) 최씨崔氏·노씨盧氏·이씨李氏·정씨鄭氏에게 다른 뜻을 가지고 있는 것은 아니다. 하지만 그 가세가 이미 예전만 같이 못하여 고위 관직에 오르지도 못하면서 예전의 명성만 믿고 (혼인할 때에) 계속해서 재물을 취하고 있으며 또 그 자손들이라는 자들은 거만하기 짝이 없어 조상을 팔아 생활하고 있으니, 세상 사람들이 무얼 보고 그들을 존경하려 하는지 나는 이해할 수 없다. 북제北齊(-남북조 시대 북조에 딸린 하나의 왕조. 550년 건국되어 577년 멸망함 :安註)는 하북 일대에만 영향력

第12册(2011년 刊)에 수록된 내용을 참고하였음을 밝힌다.

을 행사하였고 양梁나라(-남조에 딸린 하나의 왕조. 502년 건국되어 557년 멸망함: 安註)와 진陳나라(-남조에 딸린 하나의 왕조. 557년에 건국되어 589년에 멸망함: 安註)는 강남 일대에만 머물러 있었기 때문에, 비록 (그들 왕조 내에) 훌륭한 인물이 있었다고 한들, 변방의 작은 나라로 취급되어 보잘 것이 없었다. 그래서 ('산동사족'으로 알려진) 최씨·노씨·왕씨王氏·사씨謝氏를 존경하였던 것이다. 그러나 지금의 신하 가운데에는 충효와 학예를 겸비하여 내가 천하를 통일하는 일에 동참하였던 사람들이 있는데, 이들이 어찌 한갓 의미 없는 구시대의 풍습을 쫓아 구시대의 문벌사족들에게 재물을 바쳐 혼인을 구걸하겠는가? (세상에서 문벌을 논할 때에는) 그 첫 번째 기준이 '입덕立德'이요, 그 다음이 '입공덕立功德'이요, 그 다음이 '입언立言'이요, 그 다음이 '공·경·대부'와 같은 작위로, 우리는 이러한 조건을 바탕으로 대대손손 그 전통이 끊임없이 이어져 내려온 집안을 '문호門戶'라 부르고 있다. 그런데 지금 (너희들이 만들어 온 《씨족지》를 살펴보면) 그러한 기준을 깡그리 무시하고 있으니 어찌 이상하다는 생각이 들지 않겠는가? 나는 현재의 관직과 작위를 기준으로 사족의 등급을 논해야 한다고 생각한다."

《씨족지》를 보고하는 자리에서 이러한 질책을 받은 고사렴 등은 자신들이 작성한 《씨족지》를 가지고 나와 다시 수정하게 되었고, 그 수정본에는 당나라 황실의 황족이 가장 앞자리에, 당나라 황실의 외척이 그 다음에, 그리고 처음 《씨족지》가 작성될 시에 맨 앞에 있었던 최간 가문은 세 번째 자리에 놓이게 되었다.[35] 그리고 이 《씨족지》에는 총 293성姓 1,651가家(-'성'은 동일한 성씨와 동일한 군망을 가진 집단을, '가'는 동일한 '성' 안에서 구분되어지는 집단을 의미함[36])가 실려 있었다. 이상이 《신당서》와 그 밖의 중국 역사 문헌에 나오는 《씨족지》 편찬에 관련된 대략적인 내용이다.

---

35 《資治通鑑》에서는 태종의 질책은 받은 高士廉 등이 "以皇族爲首 外戚次之 降崔民幹 爲第三"하였다고 기록하고 있다.

36 David G. Johnson, *The Medieval Chinese Oligarchy*, pp.91~92.

정관 연간에 《씨족지》 편찬을 둘러싸고 발생했던 이상의 역사적 사실에 대하여, 현재 중국 사학계에서 제시되고 있는 견해는 당나라를 건국하는 데 큰 기여를 하였던 '관롱사족關隴士族'(-'관롱'은 오늘날 섬서성 일대와 감숙성 동부 지역을 말함)과 위진남북조 시기 이후로 줄곧 최고의 문벌을 자랑해 온 '산동사족'(-'산동'은 태행산맥 이동 지역을 말함) 간의 갈등으로 이해하는 게 일반적이다.[37]

이러한 견해에 따르면, 당나라 건국과 함께 그 사회의 주요한 세력으로 등장한 '관롱사족'과 이전 시기부터 사회적 지위를 유지해 온 '산동사족' 간의 갈등 속에서, 태종은 자신의 주요한 지지세력인 '관롱사족'을 옹호하여 '산동사족'을 견제하였는데, 이러한 그의 태도가 《씨족지》 편찬 과정에 반영되었다. 즉 그가 고사렴 등이 작성해 온 《씨족지》를 보고, '산동사족' 가운데 하나인 최간 가문이 당나라 황족이나 외척보다도 앞서 기록된 것에 대해 불만을 드러내고, 또 그 불만으로 인해 고사렴 등으로 하여금 "현재의 관직과 작위를 기준으로 사족의 등급을 논할 것〈以今日冠冕爲等級高下〉"을 요구한 것은 당나라 이전 시기부터 지나치게 문벌에 의지하여 생활해 온 '산동사족'에 대한 불편한 감정을 드러낸 것이었다.

여하튼, 당 태종 대에 편찬된 《씨족지》에는 총 293성 1,651가(-'성'과 '가'에 대해서는 앞의 내용 참고)가 실려 있었고, 이들 씨족들은 위

---

37 陳寅恪, 《唐代政治史述論稿》, 商務印書館, 2012, 266~267쪽; 汪籛, 〈唐太宗樹立新門閥的意圖〉, 《汪籛隋唐史論稿》 150~162쪽(唐長孺 외 4인 編, 《汪籛隋唐史論稿》, 中國社會科學出版社, 1981); 唐長孺, 《魏晉南北朝隋唐史三論》 中華書局, 2011, 364~379쪽; 常建華, 《宗族志》, 中華文化通志·制度文化典, 36~37쪽.
　　이에 비해 毛漢光은 재미난 해석을 제시하고 있다. 그에 따르면, 貞觀 연간 《씨족지》 편찬을 둘러싸고 당 태종과 고사렴 사이에서 발생했던 사건은 문벌사족의 의견을 대변하려는 고사렴의 입장과 황제권을 강화하려는 태종의 입장이 충돌한 것이다. 이에 관해서는 毛漢光, 〈中古山東士族著房之硏究-唐代禁婚家與姓族譜〉, 《中國中古社會史論》, 209~211쪽; _____, 〈敦煌唐代氏族譜殘卷之商榷〉, 위의 책, 434~436쪽을 참고하길 바란다.

나라 시대에 '구품관인법'이 시행된 이후 중국사회가 줄곧 그래 왔듯이 모두 9등급으로 구분되었다. 그리고 당 태종의 《씨족지》와 같이 관이 주도하여 '성씨서'를 편찬하는 사업은 이후 고종 연간(-구체적으로는 659년(현경顯慶 4)에 편찬된 《성씨록》)과 현종 연간(-714년(개원開元 2)에 편찬된 《성계록姓系錄》)에도 계속해서 이어졌다.

여기까지 해서 효문제가 495년 '정성족定姓族'하였다는 사실과 당 태종이 638년 《씨족지》를 편찬하였다는 사실을 대략적으로 살펴보았는데, 이 두 가지 역사적 사실은 앞서 위 인용문(-각주 5번)의 저자가 밝히고 있는 '토성분정'과는 그 성격이 다르다는 것이 필자의 생각이다. 필자가 '그 성격이 다르다'고 말하는 이유는, 이 두 가지 역사적 사실에서는 각 군현 단위에 존재하는 호족들에게 성씨를 '분정'한 사실을 찾을 수 없으며, 또 '성씨'를 '분정'받은 사람들(-위 인용문의 저자는 이를 두고 '토성'이라 칭함)로 하여금 그들이 거주하는 지역(-이 지역이 '본관'이 됨)에 따라 신분을 달리하도록 하는, 이를 위 저자의 표현을 빌려 좀 더 구체적으로 표현해 보자면, 향·소·부곡이나 속현 지역에 본관을 둔 사람들보다는 본읍 지역에 본관을 둔 사람들이 사회적으로 높은 신분을 갖도록 하고, 또 본읍 지역에 본관을 둔 사람들 사이에서도 현 단위보다는 군 단위에 본관을 둔 사람들이, 군 단위보다는 부 단위에 본관을 둔 사람들이, 그리고 부 단위보다는 주 단위에 본관을 둔 사람들이 사회적으로 높은 신분을 갖도록 하는, 그런 사실은 발견되지 않기 때문이다.

앞서 밝혔듯이, 효문제가 낙양으로 천도한 후 대북인들에게 '성'과 '족'에 해당하는 등급을 '상정詳定'하고자 하였던 이유는 위나라 시대에 '구품관인법'이 시행된 이후 한족 사회에 형성되어 있는 문벌 관념에 맞는 등급을 대북인들에게 부여하기 위한 것이었으며, 또 당 태종이 《씨족지》를 편찬한 이유는 (물론 그 편찬 과정에서 '관롱사족'과

'산동사족' 간의 갈등 또는 황제와 사족 간의 입장 차이가 존재하였지만, 여하튼) 이 또한 '구품관인법' 시행 이후 중국사회에서 줄곧 그러했던 것처럼 당대當代 사족(-293성 1,651가)을 9등급으로 구분하려 하였기 때문이었다.

요컨대, 필자가 알고 있는 한, 고려 초기 각 군현 단위에 존재하는 호족들에게 성씨를 '분정'하고, 또 성씨를 '분정'받은 사람들로 하여금 그들이 거주하고 있는 지역 즉 (향·소·부곡과 속현을 포함한) 군현 단위의 등급에 따라 신분을 구별하도록 하는, 그런 국가적 정책은 중국 역사상 존재하지도 않았으며, 또 그런 국가적 정책을 전국적으로 시행할 만한 강력한 국가 권력을 가진 시대 역시 전통기 중국 역사상 그 어디에도 존재하지 않았다.

소결론

현재 한국 사학계에서는 한국의 본관제도가 고려 초기에 시행된 '토성분정'이라는 국가적 정책에 의해서 생겨난 것으로 생각되고 있다. 이 '토성분정'설을 주장하는 연구에 따르면, 고려 초기에 국가적 정책에 의하여 각 군현 단위로 '토성'이 '분정'되었는데, 이 시기에 '분정'된 '토성'이 '고적'에 의하여 전해져 오다가, 15세기에 이르러 《경상도지리지》와 《세종실록지리지》에 실리게 되었다. 이러한 주장을 달리 표현해 보자면, '토성분정'설을 주장하는 연구자들은 《경상도지리지》와 《세종실록지리지》에 실려 있는 '토성'에 관한 기록을 통하여 고려 초기에 '토성'이 '분정'되었다는 사실을 생각하게 되었다고 말할 수 있는

데, 이들 연구에 따르면 한국의 본관제도는 바로 이 시기에 '분정'된 '토성'에 의해서 생겨났다.

하지만 《경상도지리지》와 《세종실록지리지》에서 '토성'으로 기록된 성씨들이 과연 그보다 수세기나 앞선 고려 초기에 '분정'된 것인지는 검토해 볼 필요가 있다. 필자의 조사에 의하면, 《경상도지리지》에 수록된 59개 군현 가운데 2개 군현을 제외한 57개(-약96.6%) 군현에서 본읍 지역의 토착 성씨와 속현 지역의 토착 성씨를 모두 '토성'이라 기록하고 있는 데 비해, 《세종실록지리지》에서 수록된 336개 군현 가운데 평안도와 함길도에 소속된 군현을 제외한 268개 군현, 이 268개 군현 가운데 '토성'이 기록되어 있지 않은 28개 군현과 본읍과 속현에 모두 '토성'이 기록되어 있는 9개 군현 총 37개 군현을 제외한 231개 (-약 86.2%) 군현에서 본읍 지역의 토착 성씨를 '토성'으로 그리고 속현 지역의 토착 성씨를 '성'으로 기록하고 있다.

이러한 사실은 《경상도지리지》와 《세종실록지리지》에서 '토성'으로 규정하는 성씨가 서로 달랐음을 말해 주는 것으로 이 두 지리지에 '토성'으로 기록된 성씨들이 어느 한 시점을 기점으로 '분정'된 것이 아니라는 사실을 말해 준다. 따라서 필자는 《경상도지리지》와 《세종실록지리지》에 기록된 '토성'이라는 용어를 고려 초기 국가적 정책에 의해 '토성'으로 '분정'된 성씨들을 지칭하는 것이 아니라, 위 두 지리지의 편찬자들이 '그 지역을 근거지로 하여 그 지역에 오랜 세월 살아온 사람들의 소유한 성씨' 즉 '그 지역의 토착 성씨'를 가리켰던 일반적인 용어로 이해하고자 한다. 그리고 '토성'이 '그 지역의 토착 성씨'를 의미하는 용어로 사용된 사례는 한국의 역사 문헌에서 얼마든지 확인된다.

또, 이 '토성분정'설을 주장하는 연구에서는 그 사실 여부를 역사적으로 정확히 확인하기 힘든 주장이 많이 언급되고 있다. 한국의 '토성'은 본관을 의미하는 '토'와 부계의 혈통을 의미하는 '성'으로 이루어진 것으로 중국의 '씨성'과 동일한 의미를 지녔다는 주장이나, 《세종실록지리지》에서 언급되는 '고적'이 고려 태조 23년경 각 군현 단위로 '토성'이 '분정'된 이후 각 군현 단위에서 중앙에 보고한 '성씨록'을 바탕으로 작성되었다는 주장이나, 또 495년 북위의 효문제가 대북인들에게 '성'과 '씨'에 해당하는 등급을 부여한 사실과 638년 당 태종이 《씨족지》를 편찬한 사실이 고려 태조가 '토성'을 '분정'한 사실과 유사한 성격을 지녔다는 주장이나, 그리고 심지어는 고려 초기에 '토성분정'이라는 국가적 정책이 실시되었다는 주장까지도, 이 모든 것이 역사적으로 그 사실 여부를 정확히 확인하기 힘든 주장들이다.

그리고 이상에서 언급한 필자의 견해가 타당한 것이라고 한다면, 우리는 현재 한국 사학계에서 이야기 되고 있는 '토성분정'설에 근거하여 한국 본관제도의 기원을 논할 수 없다는 결론에 자연스럽게 이르게 되는데, 그럼 이쯤에서 다시 우리는 한국의 본관제도가 어떠한 배경에서 출현하게 되었는지 한 번 더 궁금해지지 않을 수 없다. 이에 대하여, 필자는 '한국 본관제도의 기원은 한국사회에서 씨족제도가 출현하여 발전하는 과정과 밀접한 관련이 있는 것으로, 한국의 씨족제도가 출현하여 발전하는 과정 속에서 본관제도를 이해하여야 한국 본관제도가 출현하는 배경과 그 성격을 제대로 이해할 수 있다'고 이야기하고 싶다.

그리고 한국사회에서 씨족제도가 출현하여 발전 과정 속에서 한국의 본관제도를 이해하려한 연구는 이미 송준호에 의해서 이루어졌다. 그의 주장을 살펴보면 다음과 같다.

앞에서 필자는 한국에서 씨족제가 출현하게 되는 그 역사 과정을 필자 나름대로 추정하면서 통일신라의 출현은 씨족제 확산에 한 계기가 되었을 것이요, 그 멸망은 그 확산을 다시 한 번 촉진하는 또 한 번의 계기가 되었을 것이라고 말하였는데 여기에서 또 하나 첨가해서, 고려왕국의 출현이 한국의 씨족사에 있어서 큰 전환점을 이룬다는 점을 강조하고 싶다. 필자가 그렇게 생각하는 이유는 두 가지이다. 첫째는 고려의 건국과 동시에 한국에 있어서의 씨족이동의 패턴이 크게 전환되었다고 보기 때문이요, 둘째는 고려시대에 들어오면서 본관제가 이제는 하나의 제도로서 정착되었다고 보기 때문이다. 본관제가 제도로서 정착되었다는 말은 본관이라고 하는 것을 국가에서 제정배분制定配分하였다는 뜻이 아니라 일찍부터 각지의 망족들 사이에 널리 사용되어 오던 본관지本貫地 호칭의 관례를 이번에는 공식적으로 (호적戶籍 같은 데에서) 반드시 밝혀야 하는 사항으로 제도화하였다는 뜻이다. 그 제도화가 고려시대의 어느 시기에 어떤 방식으로 이루어졌는지 그 점은 현재로서는 전혀 알 길이 없으나 아무튼 그 시기가 건국기建國期로부터 그렇게 많이 내려오지는 않을 것이라고 생각한다.[38]

이상에서 송준호가 언급하고 있는 내용 가운데, 한국사회에서 본관제도가 출현하는 배경을 씨족제도가 발전하는 과정 속에서 이해하고 있다는 점, 씨족제도가 발전하는 과정 속에서 출현한 본관제도를 단순히 거주지를 의미하는 용어인 본관과 구분하고 있다는 점, 그리고 한국의 본관제도가 생겨난 배경으로 본관을 (또는 본관에 해당하는 그 무엇을) 국가에서 제정배분制定配分한 것으로 이해하는 것이 아니라 유력한 씨족[望族]의 출현과 동시에 그들을 그들의 세거지명이 붙여진 명칭으로 부르는 사회관습이 지극히 자연스럽게 생겨난 데에서 찾으려 하고 있다는 점에서 필자는 송준호의 견해에 전적으로 동의한다.

하지만, 송준호가 망족들 사이에서 서로의 씨족을 구분하기 위하여 관습적으로 그들의 세거지명(-본관지)을 일컫다가 그 세거지명이 호적과 같은 문서에서 공식적으로 기록되는 걸 '제도화'로 이해하고 있다

---

38 宋俊浩, 〈韓國의 氏族制에 있어서의 本貫 및 始祖의 問題〉, 《朝鮮社會史研究》, 105쪽.

는 점, 그리고 그 '제도화'의 시기가 고려가 건국된 시기로부터 그리 멀지 않다고 언급한 점에 대해서는 동의하지 않는다. 필자가 이와 같이 말하는 이유는, 중국의 역사 문헌에 나타나는 본관에 관련된 기록을 통해 알 수 있듯이, 그중에서도 특히 송나라 시대인 1148년(소흥 18)에 작성된 《소흥십팔년동년소록紹興十八年同年小錄》, 1202년(가태嘉泰 2)에 작성된 것으로 알려진 《경원조법사류慶元條法事類》, 그리고 북송 시대에 지금의 섬서성 지단현志丹縣 일대에서 작성되었다가 20세기에 이르러 흑수성黑水城(=지금의 내몽고자치구 액제납기額濟納旗) 일대에서 발견된 문서에 나타나는 본관에 관련된 기록을 통해 알 수 있듯이, 송나라 시대에는 개인의 신상을 공식적으로 밝혀야 할 때에는 성명·연령·직역 등과 함께 거주지를 기록해야 했으며 그 거주지는 일반적으로 '本貫: 某州某縣某鄕某里某爲戶' 또는 '本貫: 某州某縣某鄕某里'라고 기록되었는데, 이러한 송나라 사회의 제도와 유사한 제도가 동시기 고려사회에서도 시행되었으며 이러한 제도가 시행되는 동안에는 하나의 성씨 안에서 서로를 구분하기 위해 관습적으로 칭해지던 세거지명(=본관지)을 또 다시 '본관'으로 기록하도록 하는 현상은 나타나지 않았을 것으로 보기 때문이다[39](만일 고려사회에서 송나라 사회와 유사한 제도가 시행되었다는 필자의 추론이 부당한 것이라 한다면 이상에서 밝힌 필자의 견해 또한 잘못된 것이다).

따라서 필자는, 망족들 사이에서 서로의 씨족을 구분하기 위하여 성씨와 함께 세거지명(=본관지)를 일컫는 사회적 관습이 마치 하나의 '사회적 제도'와 같이 발전하여 고려사회에 일반적으로 자리 잡게 되고, 그리하여 오늘날 우리들이 그 '사회적 제도'를 하나의 제도 즉 본

---

[39] 《소흥십팔년동년소록》, 《경원조법사류》, 그리고 '흑수성 문서'에 나오는 본관에 관한 기록에 대해서는 이 책 제3장 제2절과 제3장 제3절을 참고하길 바란다.

관제도라 부를 수 있는 형태로 변화한 시기는 빨라도 송준호가 생각하고 있는 시기보다 늦은 시기로 생각한다. 필자 역시 송준호가 밝힌 바와 같이 그 구체적인 시기를 알 수 없지만.

〈**부록 3-1**〉《경상도지리지》에 나오는 성씨의 종류와 그 출현 횟수

姓氏의 종류	출현 횟수	비고
'土姓'類	113	土姓(113)
'姓'類	55	姓(55)
'來姓'/'來接姓'類	43	來姓(40), 來接姓(3)
'村姓'/'村落姓'類	13	村姓(11), 村落姓(1), 外村姓(1)
기타 姓氏 종류	4	外姓(1), 立州後姓(1), 立縣後姓(1), 天降姓(1)

〈**부록 3-2**〉《세종실록지리지》에 나오는 성씨의 종류와 그 출현 횟수[45]

姓氏의 종류	출현 횟수	비고
'土姓'類	271	土姓(269), 亡土姓(2)
'姓'類	317	姓(315), 기타(2)[40]
'亡姓'類[41]	270	亡姓(217), 亡土姓(2), 亡來姓(24), 亡來接姓(1), 亡入姓(14), 亡次姓(3), 亡村姓(4), 亡村落姓(2), 來接亡姓(1), 村亡姓(1), 村落亡姓(1)
'續姓'類[42]	272	續姓(271), 續驛姓(1)
'來姓'/'來接姓'類[43]	157	來姓(108), 來接姓(18), 京來姓(5), 亡來姓(24), 亡來接姓(1), 來接亡姓(1)
'入姓'類[44]	81	入姓(9), 亡入姓(14), 入鎭姓(58)
기타 姓氏 종류	84	加屬姓(1), 立州後姓(1), 立縣後姓(1) 次姓(7), 人吏姓(1), 次吏姓(1) 良姓(1), 百姓姓(3) 村姓(34), 村落姓(13), 外村姓(4), 外姓(1) 賜姓(8), 天降姓(1) 投化姓(1), 唐投化姓(2), 唐來姓(1), 向國姓(2), 向國入姓(1)

---

40 경기도 振威縣 松庄과 경상도 比安縣 亡新平部曲에는 비록 '성'이라 기록되어 있지 않지만, 이들은 모두 '성'이라 기록되어 있는 것으로 파악할 수 있는 경우이다.

41 '망성'으로 기록된 횟수를 지역적으로 분류해 보면 다음과 같다. 강원도 28, 경기도 54, 경상도 7, 전라도 51, 충청도 50, 함길도 3, 황해도 23.

42 '속성'으로 기록된 횟수를 지역적으로 분류해 보면 다음과 같다. 강원도 29, 경기도 26, 경상도 75, 전라도 57, 충청도 47, 평안도 6, 함길도 11, 황해도 19. 그리고 '속역성'은 충청도에 기록되어 있다.

제2절 송대 《경원조법사류》에 나오는 본관의 의미

현대 한중 양국의 구성원들은 모두 '한자식漢字式 성씨'를 사용하고 있으면서도, 한국 사람들은 자신이 소속된 씨족을 드러내면서 성씨와 함께 본관을 칭하고 있는 데 비하여 중국 사람들은 그렇게 하지 않고 있다는 점을 앞에서 이미 설명하였다. 그리고 성씨와 본관 이외에도, 현대 양국 사회에서 사용하고 있는 '본적本籍'과 '적관籍貫'이라는 용어 또한 우리에게 흥미로운 사실을 말해 주고 있다. 현대 한국인들은 자신의 호적이 등재되어 있는 곳을 '본적'이라 부르고 있으며 현대 중국인들은 그곳을 '적관'이라 부르고 있는데, 이 두 용어는 (그리고 앞서 살펴보았던 본관이라는 용어까지도) 그 표면에 드러난 의미만을 보자

---

43 '래성'으로 기록된 횟수를 지역적으로 분류해 보면 다음과 같다. 강원도 2, 경기도 13, 경상도 57, 전라도 1, 충청도 9, 평안도 4, 함길도 6, 황해도 16. 또, '래접성'의 경우는 개성부 1, 전라도 15, 평안도 1, 황해도 1이며, '亡來姓'의 경우는 강원도 8, 경기도 3, 경상도 1, 충청도 9, 함길도 2, 황해도 1이다. 그리고 '亡來接姓'과 '來接亡姓'은 경기도와 전라도에 기록되어 있다.

44 '입성'으로 기록된 횟수를 지역적으로 분류해 보면, 강원도 1, 함길도 8이며, '亡入姓'은 강원도 2, 함길도 12 그리고 '入鎭姓'은 평안도 56, 함길도 2이다.

45 이 표는 일본 學習院 東洋文化研究所에서 간행한 《李朝實錄》 第11冊에 수록되어 있는 내용을 바탕으로 작성된 것임을 밝힌다. 아울러, 이 표에서는 《세종실록지리지》에서 '성씨 분류 항목'으로 기록된 성씨의 종류만을 통계 처리하였음을 밝힌다. 예컨대, '남원도호부'편에서는 '토성'으로 11개의 성씨를 기록하고, 이 11개 성씨 가운데 晉氏에 대해서는 "爲人吏姓"이라는 사실을, 黃氏에 대해서는 "百姓姓"이라는 사실을 소주로 기록하였다. 하지만 이 표에서는 이러한 기록에 대해서는 통계 처리하지 않았다. 그 이유에 대해서는 본문의 내용을 참고해 주길 바란다.

면 참으로 유사한 의미를 지닌 것처럼 보이지만, 사실은 양국 사회의
각기 다른 역사적 과정을 통하여 오늘날까지 계속해서 사용되고 있는
용어들이다.46

　사실, 본적이라는 용어와 적관이라는 용어, 그리고 앞서 살펴보았던
본관이라는 용어가 가지고 있는 의미를 한·중 양국 사회에서 널리 쓰
이고 있는 한자어 사전에서 찾아보면 이 용어들이 서로 유사한 의미를
가지고 있음을 알 수 있다. 그 가운데 대표적인 한자어 사전이라 할
수 있는 《대한화사전大漢和辭典》에 수록되어 있는 내용을 소개하면 다
음과 같다.

　　本貫 : 本籍, 原籍.

　　本籍 : 그 사람의 신분상에 관련된 사항의 기록이 있는 토지의 戸籍. 原籍
　　　　이라고도 함(其の人の身分上に關する事項の登錄してある土地の戸籍. 原籍).

　　籍貫 : 戸籍. 즉 출생지의 본적 혹은 寄居地에서 얻은 戸籍을 이름(出生地
　　　　の本籍, 或は寄居地で得た籍をいふ).

　　貫 : 戸籍(にんべつ). 名籍. 戸帳.

　　籍 : 戸籍(にんべつちやう).47

46　본관, 본적, 적관이라는 용어가 가지고 있는 본연의 의미에 관해서는 이 책 제4장
　　제1절과 제4장 제2절도 참고하길 바란다.

47　諸橋轍次, 《大漢和辭典》, 東京:大修館書店, 1968.
　　《中文大辭典》과 《漢語大詞典》에 수록된 본관과 본적 그리고 적관의 의미를 소개하
　　면 다음과 같다.
　　本貫: 原籍也; 本籍: 別於寄籍而言 人民本有之籍貫也; 籍貫: 謂生長或寄居已滿法定年
　　限 准其入籍之地.; 貫: 籍貫也. 名籍也. 戸帳也; 籍: 名錄也. 戸籍也(中文大辭典編纂委
　　員會, 《中文大辭典》).
　　本貫: 原籍.; 本籍: 原籍, 本籍; 籍貫: 祖居或個人出生的地方; 貫: 祖籍, 籍貫. 또는 謂
　　登記入籍; 籍: 籍貫. 또는 記錄, 登記(漢語大詞典編輯委員會, 《漢語大詞典》).
　　이외에도 鄕籍이라는 용어가 본관, 본적, 적관과 유사한 의미를 지니고 있다. 《大漢
　　和辭典》, 《中文大辭典》, 《漢語大詞典》에 수록된 관적과 향적의 의미를 소개하면 다
　　음과 같다.
　　貫籍: 戸籍. 本籍地. 태어난 고향(生まれ故鄕). 鄕貫; 鄕貫: 태어난 故鄕의 戸籍(生れ
　　故鄕の戸籍). 貫은 原籍임(貫は原籍). 本籍(《大漢和辭典》).

본관, 본적, 그리고 적관이라는 용어가 한국의 역사 문헌과 중국의
역사 문헌 속에서 어떤 의미를 지니고 있었는지는 우리가 앞으로 살
펴봐야 하겠지만, 이들 용어가 가지고 있는 본연本然의 의미 즉 사전
상의 의미는 어느 한 인물이 등재되어 있는 호적 또는 그 호적이 존
재하는 지역과 밀접한 관련이 있었다. 더욱이, 본관이라는 용어의 '관
貫'이나, 본적이라는 용어의 '적籍', 그리고 적관이라는 용어의 '적'과
'관'은 모두 호적을 의미한다.[48]

아무튼 본관이라는 용어가 가지고 있는 본연의 의미는 어느 한 인
물이 등재되어 있는 호적이나 그 호적이 존재하는 지역을 가리켰는
데, 이처럼 본관이라는 용어가 본연의 의미로 사용된 사례는 중국 역
사 문헌에서도 확인이 된다(-어쩌면 중국 역사 문헌에 나오는 본관이
라는 용어는 대부분 본관이 가지고 있는 본연의 의미와 일치한다). 예
를 들면, 1148년(소흥 18)에 작성된 《소흥십팔년동년소록紹興十八年同
年小錄》, 1202년(가태嘉泰 2)에 편찬된 것으로 알려진 《경원조법사류慶
元條法事類》, 1265년(함순咸淳 원년)에 완성된 주희朱熹(1130~1200)의
문집인 《주자대전朱子大全》, 그리고 북송 시대 지금의 섬서성 지단현
志丹縣 일대에서 작성되었다가 20세기에 이르러 흑수성黑水城(-지금의
내몽고자치구 액제납기額濟納旗) 일대에서 발견된 문서에 나타나는 본
관은 바로 본관이라는 용어가 가지고 있는 본연의 의미와 일치하는
것이다.

하지만 한국의 본관제도에서 말하는 본관은 본관이라는 용어가 가
지고 있는 본연의 의미와는 다른 것이었다. 한국의 본관제도에서 말하

貫籍: 出生之地也. 今曰籍貫; 鄕貫: 卽籍貫也. 本籍也(《中文大辭典》).
　　貫籍: 在戶籍簿上登記入冊. 또는 謂遷至新地經過一定時間 取得入當地戶籍的資格; 鄕
　　貫: 籍貫; 鄕籍: 籍貫(《漢語大詞典》).
48 이러한 내용은 일찍이 송준호가 언급하기도 하였다. 宋俊浩, 〈韓國의 氏族制에 있
　　어서의 本貫 및 始祖의 問題〉, 《朝鮮社會史硏究》, 73쪽n5.

는 본관은 한 인물이 등재되어 있는 호적이나 또는 그 호적이 존재하는 지역을 의미하는 것이 아니라, 한 인물의 머나먼 조상 그리하여 때로는 수백 년 전에 살았던 그리고 심지어는 천 년 전에 생존하였던 것으로 알려진 조상의 본적지 즉 '원조遠祖의 본적지本籍地'를 의미한다.[49]

그리고 현재 한국 사학계에서는 한국의 본관제도가 출현하게 된 역사적 배경을 일반적으로 다음과 같이 설명하고 있다. 즉, 고려 초기 이른바 '토성土姓'이 군현 단위로 '분정分定'되었고, 이 시기에 '분정'된 '토성'으로부터 한국사회에 본관제도가 생겨나게 되었던 것인데, 이 시기 본관제도는 '본관'이라 불리는 향촌공동체 단위를 중심으로 편제되었던 즉 지방을 통제하기 위해 편제되었던 하나의 제도였다는 것이다. 그리고 이러한 본관제도가 실시되는 사회에서는 일반인들이 본관을 떠나 다른 지역으로 이동하는 게 엄격하게 통제되었으며 특수한 상황이 아닌 이상 거주지의 이동이 허용되지 않았다고.[50]

이러한 견해는 우리가 앞서 살펴본바, 본관이라는 용어가 가지고 있는 본연의 의미나, 중국 역사 문헌에 나오는 본관이라는 용어가 의미하는 바나, 그리고 오늘날 우리가 한국의 성씨제도의 일부로서 생각하고 있는 본관제도와는 그 성격이 현격히 다른 것이다. 따라서 이 절에서는 1202년에 간행된 것으로 알려진 《경원조법사류》와 20세기

---

49 宋俊浩, 〈韓國의 氏族制에 있어서의 本貫 및 始祖의 問題〉, 《朝鮮社會史研究》; 이 책 제4장 제1절과 제4장 제2절.

50 이에 대한 대표적인 연구 성과를 제시하면 다음과 같다. '토성분정'과 본관의 기원: 李樹健, 《韓國中世社會史研究》; _____, 《한국의 성씨와 족보》; 蔡雄錫, 《高麗時代의 國家와 地方社會-本貫制의 施行과 地方支配秩序-》, 58~83·125~144쪽, 본관과 향촌 공동체: 朴恩卿, 《高麗時代 鄕村社會研究》, 一潮閣, 1996, 4쪽; 채웅석, 위의 책, 85 쪽, 거주지 제한: 蔡雄錫, 위의 책, 121~122쪽; 박종기, 《새로 쓴 5백년 고려사: 박 종기 교수의 살아 있는 역사 읽기》, 153쪽. 아울러, 고려 초기에 '토성'이 '분정'되었 다는 견해에 비판적인 의견을 제시한 이 책 제3장 제1절도 참고하길 바란다.

들어 흑수성 일대에서 출토된 '송서북변경군정문서宋西北邊境軍政文書'
에 나오는 본관에 관한 기록을 중심으로 중국 역사 문헌 속에서 본
관이라는 용어가 어떠한 의미로 사용되었는지 밝혀보려 한다. 이는
한국의 본관제도가 출현한 역사적 배경을 이해하는 데 새로운 견해
를 제공해 줄 수 있을 것으로 기대된다.

1. 본적지本籍地와 본적지 관청의 의미

《경원조법사류》는 송나라 시대의 행정, 경제, 사회 등 다양한 분야
에 대한 관련 법률을 정리해 놓은 법률집이다.[51] 송나라 시대의 법률
집으로는 《경원조법사류》 이외에 《송건륭중상정형통宋建隆重詳定刑統》
(-일명 '송형통宋刑統' 또는 '형통刑統'으로 알려짐)이 전해지고 있는데,
《송건륭중상정형통》은 송나라 초기에 작성되어 당나라 시대에 작성된
법률이 많이 실려 있지만, 《경원조법사류》는 남송 시대에 편찬되어
송나라 시대에 작성된 법률을 살펴볼 수 있는 귀중한 자료로 평가되

---

51 《慶元條法事類》에 관한 연구 성과는 다음과 같다. 宋哲鎬, 《조선시대 帖 연구》, 한
국학대학원 석사학위논문, 2008; 趙晶, 〈《慶元令》 조문의 내력 고찰〉, 《中國史研究》
80, 中國史學會, 2012; 蔣淑薇, 〈從《慶元條法事類》看宋代的文書制度〉, 《湘潭大學學報
(哲學社會科學版)》 1989年 2期, 湘潭:湘潭學院; 孔學, 《慶元條法事類》 研究〉, 《史學月
刊》 2000年 2月, 開封: 河南省歷史學會; 吳業國, 〈南宋前期州縣稅賦安全考述-以《慶元
條法事類》爲中心〉, 《廣東農工商職業技術學院學報》 2004年 3期, 廣州: 廣東農工商職業
技術學院; 趙彦昌·于紅濱, 〈從《慶元條法事類;文書門》看南宋的文書檔案管理制度〉, 《浙
江檔案》 2008年 5期, 杭州: 浙江省檔案局·浙江省檔案學會; 葬衛榮, 〈慶元條法事類;文
書門》中所涉文檔立法述語考述〉, 《檔案學通訊》 2008年 2期, 北京: 中國人民大學; 謝波,
〈南宋的歸明人法制-以《慶元條法事類;蠻夷門》爲中心〉, 《甘肅社會科學》 2010年 3期, 蘭
州: 甘肅社會科學院; 金榮濟, 〈試析《慶元條法事類》關於運輸費的規定〉, 《宋史研究論叢》
2010年 00期, 保定: 教育部省屬高校人文社會科學重点研究基地河北大學宋史研究中心;
謝波, 〈從《慶元條法事類;蠻夷門》看南宋民族法制〉, 《思想戰線》 2010年 4期, 昆明: 雲南
大學; 陳衛蘭, 〈《慶元條法事類》中的四柱結算法及相關述語考釋〉, 《嘉興學院學報》 2011
年 5期, 嘉興: 嘉興學院; 陳衛蘭, 〈《慶元條法事類》"式"研究〉, 《台州學院學報》 2012年
1期, 臨海: 台州學院.

고 있다.52

《경원조법사류》가 정확히 누구에 의해서 작성되었는지는 알려져 있
지 않다. 다만, 1202년(가태 2)에 사심보謝深甫(1139~1204, 절강성 대
주시臺州市 임해현臨海縣 출신으로 자는 자숙子肅임)가 《경원조법사
류》를 완성하여 황제에게 받쳤다는 기록을 통하여,53 그가 《경원조법사
류》 편찬에 깊이 관여하였을 것으로 추정된다. 사심보는 1166년(건도
乾道 2)에 진사에 급제하여 1199년(경원 5)에 우승상右丞相에 임명되
었으며, 그의 손녀가 이종理宗의 황후가 되면서 신왕信王으로 추봉追
封되기도 한 인물이다.

현재 《경원조법사류》는 총 7종의 판본이 전해지고 있다. 북경 국가
도서관 소장본, 북경대학도서관 소장본, 남경도서관 소장본, 상해도서
관 소장본, 대만도서관 소장본, 그리고 일본 정가당문고靜嘉堂文庫 소
장본은 모두 청나라 시기에 정리된 초본으로, 총 80권 가운데 44권이
결질되어 있는 공통점을 가지고 있어 동일본을 필사한 것으로 추정된
다.54 또 1948년에는 연경대학도서관에서 북경대학도서관(-당시는 연
경대학도서관임) 소장본에 태평양 전쟁 기간 동안 북경대학도서관 소
장본에서 유실된 부분을 북경 국가도서관 소장본(-당시는 강서성 상숙
常熟 지역의 구씨瞿氏가 소장하고 있음)에서 보충하여 《경원조법사류》
를 간행하기도 하였다.55

---

52 孔學,〈《慶元條法事類》研究〉,《史學月刊》2000年 第2期, 開封: 河南省歷史學會, 46쪽.

53 《宋史》卷38 本紀 第38 寧宗2 嘉泰2年8月甲午.

54 戴建國,〈點校說明〉,《中國珍稀法律典籍續編》 第1册-慶元條法事類-, 黑龍江人民出版
社, 2002, 3~5쪽(이하 戴建國 點校本이라 칭함).

55 위 7종 가운데 현재 우리 주변에서 쉽게 찾아 볼 수 있는 판본은 북경 국가도서
관 소장본과 연경대학도서관 간행본이다. 전자는 《續修四庫全書》 861册에 실려 있
고, 후자는 《中國基本古籍庫》《慶元條法事類》 '版本對照·全文對照版本2')에 실려 있다.
아울러, 《慶元條法事類》 내용 가운데 결질되어 있는 부분은 卷1·卷2·卷18~27·卷
33~35·卷38~46·卷53~72이다. 또 卷3의 경우에는 전반부가 결락되어 있다.

《경원조법사류》는 가태 연간인 1202년에 완성되어 이듬해인 1203년에 반포되었다. 하지만 그의 명칭에서 '경원'이라는 연호가 사용되는 이유는 가태 연간보다 앞선 시기인 경원 연간에 편찬 사업이 시작되었기 때문이다. 또 송나라 조정의 6부 가운데 하나인 이부吏部의 칠사七司에서는 《조법총류條法總類》라는 법전이 사용되고 있었는데, 이 《조법총류》의 내용을 기반으로 새로운 법전을 만들되 '사례'에 따라 그 내용을 재정리하여 보다 쉽게 이용할 수 있도록 한다는 뜻으로 '조법사류'라는 용어가 사용되었다.

앞서 언급하였듯이, 《경원조법사류》는 총 80권으로 구성되어 있고 그 가운데 총 44권이 결질되어 모두 36권이 전해지고 있는데, 이 36권 가운데 보존 상태가 양호하지 않은 제3권을 제외한 총 35권은 16개 분야 즉 16개의 '문門'으로 구성되어 있다. 이를 구체적으로 살펴보면, 직제문職制門(권4~13)·선거문選擧門(권14·15)·문서문文書門(권16·17)·각금문榷禁門(권28·29)·재용문財用門(권30~32)·고무문庫務門(권36·37)·부역문賦役門(권47·48)·농상문農桑門(권49)·도석문道釋門(권50·51)·공리문公吏門(권52)·형옥문刑獄門(권73~75)·당속문當贖門(권76)·복제문服制門(권77)·만이문蠻夷門(권78)·축산문畜産門(권79)·잡문雜門(권80)이다.

또, 하나의 '문'은 여러 개의 편명으로 나누어져 있으며, 각 편명 안에는 '칙勅'·'령令'·'격格'·'식式'에 따라 법률 조항이 분류되어 있다.[56] 예를 들면, 권17 문서문2의 경우, '가각架閣'·'급납인기給納印記'·'조인문서雕印文書'·'훼실毀失'·'질매質賣'·'사유금서私有禁書' 총 6개 편명이 있으며, 6개 편명 가운데 '훼실'편은 '잡칙雜勅'·'직제칙職制勅'·'적도칙賊盜勅'·'잡령雜令'·'급사령給賜令'·'상격賞格'·'잡식雜式'으로 나누어져 있다. 그리고 '훼실'편의 말미에는 '훼실'편에 실려 있는 법조항의

---

56 戴建國, 위의 책, 1쪽.

〈**표 3-3**〉《경원조법사류》에 나오는 본관 기록 분석[57]

연번	卷數	篇·條名
1	卷4 職制門1	'禁謁'篇 '儀制令'條
2	卷4 職制門1	'謁見'篇 '儀制令'條
3	卷6 職制門3	'權攝差委'篇 '職制勅'條
4	卷6 職制門3	'權攝差委'篇 '職制令'條
5	卷6 職制門3	'朝參赴選'篇 '職制令'條
6	卷12 職制門9	'恩澤'篇 '薦擧式'條
7	卷12 職制門9	'蔭補'篇 '薦擧式'條(2건)
8	卷13 職制門10	'磨勘陞改'篇 '考課式'條
9	卷13 職制門10	'敍復'篇 '職制式'條
10	卷15 選擧門2	'試武藝'篇 '選試式'條
11	卷32 財用門3	'理欠'篇 '理欠令'條
12	卷37 庫務門2	'勘給[58]'篇 '廄庫勅'條
13	卷37 庫務門2	'勘給[59]'篇 '給賜令'條
14	卷50 道釋門1	'試經撥度'篇 '道釋式'條(2건)
15	卷51 道釋門2	'行遊'篇 '衛禁勅'條
16	卷51 道釋門2	'供帳'篇 '道釋式'條(5건)
17	卷52 公吏門	'解試出職'篇 '薦擧式'條
18	卷75 刑獄門5	'移鄕'篇 '捕亡令'條
19	卷75 刑獄門5	'編配流役'篇 '戶令'條
20	卷76 當贖門	'罰贖'篇 '斷獄令'條(2건)

내용을 보충해 주는 '신명申明(수칙신명隨勅申明)'편과 그와 관련 법규
를 살펴볼 수 있도록 정리한 '방조법旁照法'편이 실려 있다.

이런 《경원조법사류》의 내용 가운데 이 절에서 살펴보고자 하는 본
관 관련 기록을 찾아보면 총 27건이 나타난다. 권4 직제문1에 2건,
권6 직제문3에 3건, 권12 직제문9에 3건, 권13 직제문10에 2건, 권15

57 〈표 3-3〉과 기타 이 절에서 인용한 《慶元條法事類》의 내용은 戴建國 點校本의 내용
    을 따랐다.
58 《續修四庫全書》 수록본에는 "勘勅"으로 기록되어 있다.
59 《續修四庫全書》 수록본에는 "勘勅"으로 기록되어 있다.

선거문2에 1건, 권32 재용문3에 1건, 권37 고무문2에 2건, 권50 도석문1에 2건, 권51 도석문2에 6건, 권52 공리문에 1건, 권75 형옥문5에 2건, 그리고 권76 당속문에 2건이다. 이를 표로 정리하면 〈표 3-3〉과 같다.

본관에 관련된 27건의 기록을 살펴보면, 각각의 기록 내에서 본관이 의미하는 바가 약간의 차이가 있음을 확인할 수 있다. 이러한 본관의 의미는 크게 세 가지로 분류되는데, 해당 인물의 호적이 등록되어 있는 본적지 또는 친지들이 머물고 있는 본거지를 의미하는 본관, 해당 인물의 호적이 등록되어 있는 지역의 관청을 의미하는 본관, 그리고 해당 인물의 신분상에 관련된 내용을 살펴볼 수 있도록 정리한 '가장家狀'이라는 문서 안에서의 본관이 그것이다.

이 가운데 본관이 호적이 등록되어 있는 본적지 또는 친지들이 머물고 있는 본거지를 의미하는 사례는 권51 도석문2 '행유行遊'편 '위금칙衛禁勅'조와 권6 직제문3 '권섭차위權攝差委'편 '직제령職制令'조에 잘 나타난다. '행유'는 승인僧人과 도사道士들이 구도求道를 목적으로 민가에 나아가 활동하는 걸 말하며, '권섭차위'란 해당 관원이 갑작스레 결원이 되어 행정적 공백이 발생했을 때 이를 보완하기 위하여 임시로 관원을 임명하는 걸 말한다.

〈권51 도석문2 '행유'편 '위금칙'조〉

　　승인과 도사 가운데 변경 지역이나 차변次邊 지역에서 유색游索[60]하는 자가 있다면 장杖 100대에 처하고, 사람들로 하여금 (그의 비리가 발견되는 즉시) 그를 고발하게 한다. 그리고 그가 청탁한 바가 이미 이루어졌을 경우에는 본래의 형량에 1등을 추가하여 조치하고 본관으로 압송하여 보낸다.

---

60 《百度百科事典》에 따르면, "游索"은 "遇经济困难, 外出向人求索"을 정의하였다.

諸僧道於緣邊次邊游索者 杖壹百 許人告 有所干請 已施行者 加本罪一等 押歸本貫.

〈권6 직제문3 '권섭차위'편 '직제령'조〉

　　업무가 번다한 지역의 현령縣令이 결원이 되었으나(이 경우 현령은 이부
에 관적을 두고 있는 자를 말함) 해당 로路의 관원 가운데 차임差任할 만한
자가 없을 때에는, 재임 기간이 만료되어 재임용을 기다리고 있는 관원으로
60세가 채 되지 못한 자와 현령을 역임한 적이 있으나 범죄 경력이나 질병
이 없는 자 가운데 한 사람을 전운사시轉運使司[61]와 제점형옥사提點刑獄司[62]
에서 택하여 임시로 차임하도록 한다. 단, 해당 고을이 본관인 자와 해당 고
을에 재산을 소유하고 있는 자 그리고 현재 그 지역에 머물고 있으면서 그
지역 사정에 밝은 자는 차임할 수 없다.

諸繁難縣令闕(謂吏部籍定者) 本路無官可差者 轉運提點刑獄司於罷任待闕官內
選差年未六十 曾歷縣令無私罪疾病及見非停替人權 不得差在本貫及有産業并見
寄居若舊曾寄居處.

　　위 권51의 사례는 승인이나 도사가 변경 지역이나 변경과 가까운
지역에 가서 '행유行遊'를 명분으로 부정한 행위를 저지르는 걸 방지
하기 위해 제정한 '령' 가운데 하나이다. 승인이나 도사가 '행유' 이외
의 목적으로 변경 지역을 배회할 때에는 장杖 100대에 처하도록 하
고, 만일 그들이 변경 지역에서 부당한 청탁을 하였을 경우에는 본래
의 형량에 1등급을 추가하여 본관으로 압송토록 한다는 내용이다.

　　권6의 사례는 처리해야 할 업무가 많은 지역의 현령, 그리하여 잠
시도 공석으로 비워둘 수 없는 지역의 현령이 갑작스레 결원이 되었

61　龔延明이 편찬한 《宋代官制辭典》(中華書局, 1997)에 따르면, 轉運使司는 각 路에 설
　　치되어 監司의 기능을 담당했던 官司 가운데 하나이다.
62　龔延明이 편찬한 《宋代官制辭典》(中華書局, 1997)에 따르면, 路提點刑獄司는 각 路
　　에 설치되어 州縣에서 발생한 刑獄에 관련된 일을 처리하였던 官司인데, 《慶元條法
　　事類》에 나오는 提點刑獄司는 龔延明이 말하는 路提點刑獄司와 동일한 것으로 생각
　　된다.

고, 또 그 결원을 대신할 관원을 해당 로路(-송나라 시대의 '로'는 명청 시대 '성省'에 해당한다) 안에서 찾기 힘든 경우를 대비하여 제정한 '령'이다. 이럴 경우, 해당 로의 전운사사와 제점형옥사에서 적합한 사람을 찾아서 임명을 하되, 해당 지역이 본관인 사람은 제외하도록 한다는 내용이다.

위 권51과 권6의 사례에 나오는 본관은 해당 인물의 일가친척들이 살고 있는 고향 즉 본거지를 의미하는 것으로, 전통기에서 그 본거지는 그 사람의 호적이 등재되어 있는 본적지와 일치하는 경우가 많았다. 그리하여 '고향 지역의 수령守令' 또는 '고향 지역의 지주知州·현령縣令'이라는 뜻으로 '본관수령本貫守令' 또는 '본관지주현령本貫知州縣令'이라 부르기도 하였다. 이러한 사례는 권4 직제문1 '금알禁謁'편 '의제령儀制令'과 같은 권 '알현謁見'편 '의제령'에서 찾아진다.

〈권4 직제문1 '금알'편 '의제령'〉

　　감사監司63는 관직에 임하여서 부민部民,64 병급兵級,65 공인公人66을 사적으로 만날 수 없다(진납進納67수관인授官人이 본관 지역의 수령을 알현할 때에도 이 규정을 따르도록 한다).

　　　　　　諸監臨官 不得與部民若兵級公人接坐.(進納授官人見本貫守令准此)

〈권4 직제문1 '알현'편 '의제령'〉

---

63 '監'은 監司를 지칭한다. 監司는 州縣 단위를 감찰하는 관리를 총칭하는 말로, 송나라 시기에는 轉運使, 轉運副使, 轉運判官, 提点刑獄, 그리고 提擧常平 등이 모두 이에 해당되었다.
64 해당 고을의 백성을 말한다.
65 《漢語大詞典》에는 "宋代對兵丁和級節的合稱"으로 나온다. 級節은 下級 武官으로, 지방에서 獄事를 맡아보았던 관리이다.
66 官衙에서 일하는 사람을 말한다.
67 進納은 官에 錢糧을 납부하고 官職을 사는 것을 말한다.

본관 지역의 지주·현령을 알현할 때에는 비록 (자신보다) 관품이 낮더라
도 공손히 접대한다.

諸見本貫知州縣令官卑者 致恭

다음으로, 본관이 해당 인물의 호적이 등록되어 있는 지역의 관청
을 의미하는 사례는 권76 당속문 '벌속罰贖'편 '단옥령斷獄令'과 권75
형옥문5 '이향移鄕'편 '포망령捕亡令'에서 찾아진다. '당속'은 범죄 행위
를 저지른 사람에 대하여 관품을 강등하거나 금전을 납부하는 행위를
통하여 형량을 감해 주는 것을 말하며, '이향'은 흉악한 범죄를 저지
른 사람을 변경 지역과 같이 외진 곳으로 옮겨 살도록 하는 걸 의미
한다.

〈권76 당속문 '벌속'편 '단옥령'〉

학생 가운데 본관이 아닌 지역에서 범법 행위를 하여 마땅히 벌속68되어
야 하는 경우에는 해당 지역에서 조치를 취하되, 그 범죄 내용과 형명을 작
성하여 본관에 보고하고 여러 학생들에게 알리도록 한다.

諸學生於非本貫犯法應贖 所属斷訖 具犯由刑名 報本貫及見諸學

〈권75 형옥문5 '이향편 '포망령'〉

이향인移鄕人 가운데 도망한 자가 있다면, 도망한 지역에서 즉시 그의
향관, 나이, 용모, 그리고 범죄 사실을 문서로 작성하여 인근 고을의 포도관
서捕盜官司, 해당 본관, 처벌이 확정된 주·현, 그리고 체포되기 이전 은닉해
있던 주·현에 통보하도록 한다. 범죄 행위가 흉악한 도망자의 경우에는 해
당 로路와 인근 로路 그리고 인근 주에 공문을 보내어 체포하도록 하고, 상
서형부尙書刑部에 바로 보고하도록 한다(범인이 원래 이향되었던 연변 지역
과 그 연변 지역을 오가며 이향인을 수송하는 사람은 매 계절마다 이미 체

---

68 《漢語大詞典》에 "罰贖"은 "謂罰金贖罪"로 정의되어 있다.

포된 사람과 그렇지 못한 사람의 수를 파악하여 형부에 보고하도록 한다).

諸移鄕人逃亡者 随處即時具鄕貫年顔犯狀 報鄰近捕盜官司并本貫若元斷及藏
匿州縣 事理重者 牒本路及鄰路州收捕 仍申尚書刑部(犯人元係緣邊及兩地供輸
人 仍每季 具已未獲人數 申刑部.

위 권76의 사례는 학생이 본관이 아닌 지역에서 범죄를 저질러 벌
속이 되어야 하는 경우 범죄가 발생한 지역에서 조치를 취하고, 그
범죄 경위와 내용 그리고 형량을 기록하여 본관에 보고하도록 한다는
내용이다. 권75의 사례는 흉악한 범죄를 저질러 변경 지역으로 이향
移鄕된 이향인 가운데 이향지를 벗어나 도망한 자가 있으면, 그의 신
상에 관련된 내용 즉 향관, 나이, 용모, 범죄 내용을 작성하여 본관과
인근 고을에 통보하도록 한다는 것이다. 위 두 사례에 나오는 본관은
모두 본적지의 관청을 의미한다.

위 권75의 사례에서 주목되는 사실 가운데 하나는 본적지를 의미
하는 용어로 향관이라는 용어가 사용되고 있다는 점이다. 중국의 역
사 문헌에서는 향관, 본관, 본적, 향적鄕籍이라는 용어가 모두 본적지
를 의미하였으며, 때로는 같은 역사 문헌 내에서도 이들 용어들이 혼
용되기도 하였다. 하지만, 역사 문헌 내에서 향관이라는 용어가 사용
된 용례를 조사해 보면 본적지를 의미하는 사례는 자주 찾아지지만
본적지의 관청을 의미하는 사례는 많이 찾아지지 않는다. 특히, 우리
가 주로 살펴보고 있는 《경원조법사류》에 기록된 향관 관련 기록 가
운데 향관이 본적지의 관청을 의미하는 사례는 찾아지질 않는다(-향관
에 관해서는 뒤에 서술되는 이 절의 내용을 참고하길 바란다).

사실, 본관이라는 용어가 본적지를 의미하는 사례와 본적지의 관청
을 의미하는 사례는 당나라 시대에 관한 역사 문헌에서도 찾아진다.
《구당서舊唐書》 권81 열전 제31에는 유상도劉祥道(596~666)의 열전이,

같은 책 권105 열전 제55에는 우문융宇文融(생몰년 미상)의 열전이 실려 있는데, 유상도의 열전과 우문융의 열전에 나오는 본관 기록이 이에 해당한다. 유상도는 당나라 시대에 재상을 역임했던 인물로 위주魏州 관성觀城(-지금의 산동성 신현莘縣) 출신이며, 우문융은 당나라 개원開元(713~741) 연간에 활동했던 인물로 경조京兆 만년萬年(-지금의 섬서성 서안시西安市 장안현長安縣) 출신이다.

《구당서》 권81 열전 제31 유상도전

잡색雜色(-유외관流外官을 지칭함: 安註)으로서 유내관流內官이 된 자는 망령조사望令曹司의 시판試判69이 끝나면 크게 4등급으로 나누어 아뢰도록 하십시오. 그리하여 제1등급에 속하는 자들은 이부吏部에, 제2등급에 속하는 자들은 병부兵部에, 그 다음 등급은 주작主爵에, 그 다음 등급은 사훈司勳에 소속 시키십시오. 그리고 행서行署(-유외관을 지칭함: 安註) 가운데 사적인 범죄나 공적인 죄과 등이 있어 응당 그 책임을 물어야 하는 자들은 비록 사면이 되었다고 하더라도 그 점을 고려하여 삼사三司70에 배치하도록 하시고, 사면이 되지 않은 자들은 본관으로 돌려보내도록 하십시오.

其雜色應入流人 望令曹司試判訖 簡爲四等奏聞 第一等付吏部 第二等付兵部 次付主爵 次付司勳 其行署等私犯公坐情狀可責者 雖經赦降 亦量配三司 不經赦降者 放還本貫.

《구당서》 권105 열전 제55 우문융전

귀수호歸首戸(즉, 새롭게 자수한 호구)에 대해서는 신수처新首處(즉, 새롭게 자수한 지역)와 본관에서 그 연호잡역年戸雜役을 회계 처리하도록 하고, 두 지역이 속이거나 숨기는 바 없이 서로 협의하여 과세하도록 하라.

---

69 《漢語大詞典》에 "唐代選拔人才的考試項目之一. 考察其審定文字的能力以斷定其文理是否優長"으로 정의되어 있다.
70 《漢語大詞典》에 "唐宋以鹽鐵·度支·戸部爲三司, 主理財賦"로 정의되어 있다.

其歸首戶 各令新首處與本貫計會[71]年戶色役 勿欺隱及其兩處征科.

유상도는 657년(현경 2)에 이부吏部 황문시랑黃門侍郞이 되어 인사제도를 개혁할 6개 방안을 상소하였는데, 위《구당서》 권81의 내용은 그 가운데 첫 번째 방안에 나오는 내용이다. 당시 당나라 조정은 유외관(-정식 품계를 갖기 이전의 관원. 해당 관서에서 일정 기간 훈련을 거친 후 시험에 통과한 사람이 유내관이 됨) 출신으로 유내관으로 진출한 사람이 많았고, 그러한 사람들 가운데에는 그 자질에 대한 논란이 되는 사람들도 많았다. 그리하여 유상도는 유외관 출신으로 유내관이 된 사람들을 4개의 등급으로 나누어 관리할 것을 주장하였다. 그리고 그러한 사람들 가운데 범죄 등과 같은 결격 사유가 있는 자들에 대해서는 사면이 이루어진 자들에 한해서만 삼사三司에 배치하고 사면이 되지 않은 자들은 본관으로 돌려보낼 것을 청하였다. 이 경우 본관은 사면되지 않은 자들의 본적지를 의미한다.

위《구당서》 권105의 내용은 우문융의 열전에 실려 있는 당 현종(712~756)의 제고制誥의 내용 가운데 일부이다. 우문융은 개원 연간 초기에 감찰어사監察御使에 임명되었는데, 이 시기 당나라 조정은 도망 호구의 증가로 인해 수세收稅에 어려움을 겪고 있었다. 그래서 우문융은 권농판관勸農判官 10인을 거느리고 전국을 돌며 누락되어 있는 80여 만호를 찾아내었다. 이러한 우문융의 정책은 기존 관료들 사이에서 그 실효성에 대한 논란이 일어나게 하였고, 이에 대하여 현종은 제고制誥를 내려 이를 무마하려 하였다. 이 제고의 말미에는 귀수호, 즉 새롭게 자수한 호구에 대한 과세 문제가 언급되어 있다. 현종은, 귀수호의 경우, 그가 새롭게 자수한 지역과 그의 본적지에서 동시

---

71 《漢語大詞典》에 "會計·計算"으로 정의되어 있다.

에 과세를 할 수 있기 때문에 이를 해결하기 위하여 자수한 지역과 본관에서 서로 협의하여 해결할 것을 당부하였다. 이 경우 본관은 자수한 자의 호적이 등재되어 있는 본적지의 관청을 의미한다.

이처럼 본관이라는 용어는 송나라 시대 이전인 당나라 시대에도 사용되었다. 그리고 본관이라는 용어가 사용된 사례는 당나라 시대에 관련된 역사 문헌인 《구당서》와 《신당서新唐書》(-유상도의 열전은 《신당서》 권106 열전 제31에도 나온다) 이외에도, 당나라 시대 두우杜佑(735~812)에 의해 편찬된 《통전通典》, 당 현종(712~756) 연간에 편찬된 《당육전唐六典》, 그리고 당 고종(650~683) 연간에 편찬된 《당율소의唐律疏議》 등에서도 찾아진다. 이러한 사실은 본관이라는 용어가 이 절에서 주로 살펴보고 있는 《경원조법사류》가 편찬된 시대인 송나라 시대, 그 송나라 시대 이전 시기인 당나라 시대에 이미 본격적으로 사용되었음을 말해 준다.

2. '가장家狀'이라는 문서 안에서의 의미

본관이 가지고 있는 그 세 번째 의미를 살펴보기에 앞서, 그리고 앞서 권75의 사례에서 이미 살펴보았듯이, 우리는 본관이라는 용어와 함께 향관이라는 용어도 역시 해당 인물의 본적지를 의미한다는 사실을 명심해 둘 필요가 있다. 향관이 해당 인물의 본적지를 의미하는 사례는 위 권75의 사례 이외에도, 권7 직제문4 '기거대궐寄居待闕[72]'편 '직제령'에서도 찾아진다.

---

72 '寄居待闕'이라는 말은 어떤 사람이 지방관직에 나아가서 임기가 끝났음에도 불구하고 계속해서 그곳에 머물며 또 다른 관직이 생기길 기다리는 것을 말한다.

〈권7 직제문4 '기거대궐'편 '직제령'〉

　시보試補로 임명된 소사신小使臣 교위校尉73 가운데, 아직 나이가 어려 궁궐 밖에서 머무르고 있는 자는 매년 연말에 시보試補로 임명된 연월, 본인의 연갑年甲(-나이)과 향관, 삼대三代 즉 증조, 조, 부의 신상에 관한 기록이 담긴 본인 명의의 가장家狀, 그리고 현재 거주하고 있는 지역을 기록하여 거주지의 주에 보고하고, 해당 주는 이를 상서이부尙書吏部에 보고한다. 거주지를 다른 지역으로 옮겼을 경우에도 동일한 방식으로 기록하여 거주지의 주에 보고하고 해당 주에서는 이를 상서이부에 보고한다.

諸初補小使臣校尉　年未及格在外居者　每歲終具補授年月年甲鄉貫三代家狀并所居處申本州．州申尚書吏部．如遷移別州者　亦具所往州申．

　위 권7의 사례는 궁궐에서 근무하도록 하기 위하여 선발한 소사신小使臣 교위校尉 가운데 나이가 채 되지 않아 궁궐 내에서 근무하지 못하고 궁궐 밖에 머물면서 입궐을 기다리는 사람을 위해 만든 '직제령' 가운데 하나이다. 궁궐 밖에서 입궐을 기다리는 소사신 교위는 매년 연말마다 시보로 임명된 연월, 본인의 나이와 향관, 삼대三代 즉 증조, 조, 부의 신상에 관한 내용이 기록된 본인 명의의 가장, 그리고 현재 거주하고 있는 지역을 기록하여 관에 보고하여야 했다.

　송나라 시대에는 본인의 신상에 관한 내용을 증명하기 위해 서류를 제출할 경우, 본인의 관직명, 성명, 나이, 그리고 향관을 기록한 문서와 함께 가장이라는 문서를 첨부하는 게 일반적이었다. 이 가장이라는 문서는 본인의 증조, 조, 부 즉 삼대의 성명, 관직명, 사망 여부 등 그들의 신상에 관한 내용을 우선적으로 밝히고, 그 아래 본인의 가족 구성원에 관한 사항을 기록하였다. 그리고 그 제출 성격에 따라,

---

73 龔延明이 편찬한 《宋代官制辭典》(中華書局, 1997)에 따르면, 小使臣은 武階를 총칭하는 용어이며, 校尉는 그 武階에 딸린 하나의 품계명이다.

가족 구성원에 대한 기록 아래에 본인의 관직 경력 사항을 기록하도록 되어 있었다. 권7의 사례에서 말하는 "年甲鄉貫三代家狀"은 바로 이를 두고 하는 말이다.

《경원조법사류》에는 5종류의 가장 문서 양식이 실려 있다. 권12 직제문 '음보蔭補'편 '천거식薦擧式'의 '중대부지대직조봉랑통시대부지무익랑우대례걸음보가장中大夫至帶職朝奉郎通侍大夫至武翼郎遇大禮乞蔭補家狀', 권12 직제문 '음보'편 '천거식'의 '음보친속가장蔭補親屬家狀', 권13 직제문 '마감승개磨勘升改'편 '고과시考課式'의 '명관관승가장命官關升家狀', 권13 직제문 '서복敍復'편 '직제식'의 '서용가장敍用家狀', 그리고 권15 선거문 '시무예試武藝'편 '선시식選試式'의 '시무예가장試武藝家狀'이다. 그 가운데 '음보친속가장'은 '향관'이 의미하는 바와 '본관'이 의미하는 바를 가장 구체적으로 보여주고 있다.

〈음보친속가장〉

具官姓名男或孫名(餘親則某色親　異姓則稱姓年月　下准此)

本貫某州縣鄉里某人爲戶

一 三代

曾祖某(有官則云見任某官，亡則云故任某官，曾封贈官者　仍云封或贈某官，無官則云未仕或故不仕 祖父准此　餘式依此)

祖某

父某

一 合家口三(若偏侍則云合家口二，父母俱亡則云合家口一)

父年若干(亡則不開　母准此)

母年若干(有封邑亦聲說)

某年若干

右件狀如前　所供前項鄉貫三代年甲　竝皆詣實　如後異同　甘俟

朝典　謹狀

　年月　　日　具官姓名男或孫　　名　　　狀

우리가 권12에 나오는 '음보친속가장'의 내용을 이해하기 위해서는 송나라 시대에 음보를 신청하는 행정 절차를 우선 살펴볼 필요가 있다. 《경원조법사류》 권12 '음보'편의 내용을 살펴보면, 현재 관품을 소유하고 있는 관원 가운데 음보를 통하여 자신의 아들이나 손자 또는 기타 친속에게 관품을 수여하고자 하는 경우에는, 먼저 음보를 신청하는 문서를 본인 명의로 작성하여 자신이 거주하고 있는 지역의 관청에 제출하였던 것으로 보인다.

그리고 음보를 신청하는 관원은 음보를 신청하는 문서에 몇 가지 증빙 서류를 첨부하여야만 하였다. 즉, 자신의 관직 경력과 관직 생활 도중 발생한 각종 상벌에 관한 내용을 정리한 '격목장格目狀', '격목장'에 기록된 내용을 증명할 수 있는 고칙告勅, 인지진본印紙眞本(-관부인官府印이 찍힌 각종 문건), 녹백錄白(-황제의 유지諭旨로 추정됨), 조전朝典(-관직 임면에 관련된 각종 규정)과 같은 증명 서류, 또 신청인의 관직 활동과 음보 신청이 사실임을 증언해 줄 수 있는 '보관保官' 2인이 작성한 '보장保狀'(-'보관장保官狀'이라고도 함), 그리고 신청인의 가장과 음보를 수여받는 친속의 가장을 함께 첨부하여야 했다.[74]

지방 관청에서는 이상의 제출 서류를 확인하고 사실 여부를 검토한 뒤, 신청인이 음보를 신청한 내용이 사실임을 증명하는 '보명장保明狀'을 작성해 주었다. 그리고 이 '보명장'을 받은 신청인은 중앙 정부의 이부에 음보를 신청하는 '걸음보장乞蔭補狀'을 제출하였다. 이 '걸음보장'에는 지방 관청에서 발급한 '보명장' 이외에도, 음보에 관련된 규정인 조전, 그리고 음보를 신청하는 신청인의 가장과 음보를 수여받고

---

74 《慶元條法事類》 권12 '蔭補'篇 '薦擧式-保明中大夫至帶職朝奉郎以上遇大禮乞蔭補狀'

자 하는 친속의 가장이 첨부되었다.[75] 권12에 나오는 '음보친속가장'은 바로 이부에 제출하는 '걸음보장'에 첨부된 가장 가운데 하나였다.

'음보친속가장'은 《경원조법사류》에 실려 있는 여타의 가장 문서 양식과 그 내용 면에 있어서 상당 부분 일치하고 있다. 문서의 상단에 신청인의 관직과 성명을 기록하고 그 후면에 아들이나 손자 등 관직을 수여받을 친속의 이름을 기재하며, 또 그 아래 신청인의 본관을 기록하고, 본관 아래에 증조, 조, 부의 관직, 봉작封爵, 증직贈職, 사망 여부를 수록하며, 삼대에 관한 기록 하단에 부모와 신청인에 관한 사항을 기록하는 등 '음보친속가장'과 여타의 가장 문서 양식 사이에는 많은 유사점을 가지고 있다. 하지만, 다른 가장 문서 양식에서는 부모와 신청인에 관한 사항 즉 '합가구合家口' 아래에 신청인의 관직 경력 사항, 상벌 사항, 전공戰功 등에 관한 기록이 있는 데 비하여, '음보친속가장'에서는 그러한 내용을 기록하지 않고 있다.

그리고 문서의 말미에는 "이상에 기록된 향관, 삼대, 연갑에 관한 내용이 모두 사실이며, 만일 허위로 작성한 내용이 있으면 조정의 처분에 따르겠다"는 서약이 있다. 여기서 말하는 삼대에 관한 사실은 증조, 조, 부의 관직, 봉작, 증직, 사망 여부에 관한 내용을 말하며, 연갑은 '삼대'와 '합가구'에 실려 있는 각 인물들의 나이를 의미한다. 그리고 향관은 '某州縣鄕里某人爲戶'로 표현되는 본관 기록을 의미한다.

이 '모주현향리모인위호'의 의미는 모주·모현·모향·모리에 거주하는 모인의 호적에 해당 인물이 등재되어 있다는 뜻으로, 해당 인물이 등재 되어 있는 호적을 말한다. 따라서 우리는 송나라 시대의 가장에 등장하는 본관이 해당 인물이 등재되어 있는 호적을 지칭함을 알 수 있다.

---

75 《慶元條法事類》 권12 '蔭補'篇 '薦舉式-太中大夫以上遇大禮乞蔭補狀'

사실, 중국의 흑수성黑水城에서 출토된 문헌 가운데에는 《경원조법
사류》에 나오는 가장과 그 형식면에서 유사한 문서가 남아 있다. 흑
수성은 현재 내몽고자치구 액제납기額濟納旗, 그 기정부旗政府 소재지
인 달란고포진達蘭庫布鎮에서 동남 방향으로 약 25㎢ 떨어진 곳에 남
아 있는 역사 유적지를 말한다. 이곳은 현재 사막으로 둘러싸인 황무
지이지만, 중국의 전통기 특히 서하西夏(1038~1227) 시대에는 이곳에
감군사監軍司를 설치하는 등 북방의 군사적 중심지로서 역할을 수행
하였다. 그 후, 1226년에는 몽고의 징기스칸이 이끄는 군대의 침입을
받아 잠시 파괴되었으나, 1286년(지원 23)에 다시 역집내로총관부亦集
乃路總管府가 설치되기도 하였다. 또 1340년대 말에는 명나라 군대와
원나라 군대 사이의 치열한 전투가 이곳에서 발생하였고, 이 전쟁 이
후로는 이곳의 생활환경이 급격히 악화되어 사람이 살지 않는 '사성死
城'으로 변해버렸다.[76]

흑수성에서 출토된 문헌은 현재 러시아과학원 동방연구소東方硏究所
성聖Petersburg분소分所에 보관되어 있다.[77] 러시아과학원에 보관되어
있는 흑수성 출토 문헌은 그 수에 있어서 8000여 건에 이르고 있으
며, 그 관련 시기에 있어서도 송宋 , 하夏, 금金 , 원元 등 다양한 왕
조와 관련되어 있다. 그 문헌들은 서하 문자로 작성된 것이 다수를
이루고 있고, 한문과 기타 소수 민족의 문자로 쓰여진 것들도 전해지

---

76 史金波, 〈前言〉, 《俄藏黑水城文書》, 上海古籍出版社, 1996, 2~3쪽.
　　E. I. Kychanov는 명나라 군대와 원나라 군대의 전쟁이 1374년에 발생하였다고 밝
　　히고 있다(E. I. Kychanov, 〈Preface〉, 《俄藏黑水城文書》, 上海古籍出版社, 1996, 9쪽
　　참고).
77 러시아과학원 동방연구소 聖Petersburg分所의 영문 명칭은 St.Petersburg Branch of
　　the Institute of Oriental Studies of the Russian Academy of Sciences이고, 러시아어 명
　　칭은 Санкт-Петербургский Филиал Института восток
　　оведения Российской Академии Наук, 중국어 명칭은 俄羅斯
　　科學院東方硏究所聖彼得堡分所이다.

고 있다.[78] 이 흑수성 출토 문헌은 러시아 지리학자이자 탐험가로 알려진 Peter Kuz'mich Kozlov(1863~1935, Петр Кузьмич Козлов)에 의해 최초로 발견되어 1909년 러시아로 옮겨지게 되었다.[79]

이 흑수성 출토 문헌에는 송나라 시대 서북 변경 지역의 군정軍政을 살펴볼 수 있는 문서, 그리하여 후대 학자들에 의해 '송서북변경군정문서宋西北邊境軍政文書'라 이름 붙여진 문서 109건이 있는데, 그중에는 조덕성趙德誠이라는 인물이 주인공이 되는 가장이 있다. 이 조덕성의 가장을 살펴보면, 우리가 앞서 살펴본 '음보가장'과 그 내용 면에서 많은 유사점이 발견된다.

[承節郎趙德]誠

本貫 保安軍德靖寨人事

一 三代

曾祖 不記名 故 不仕

祖 賞先 故 不仕

父 趙進忠 故 武功大夫吉州團練使

一 合家口一 趙德誠 年參拾陸

[右件]狀如前 所供前項鄕貫三代年甲 竝皆詣實 如後異同 田[俟]

[朝]典 謹狀

靖康元年 □月日 承節郎趙德誠   狀[80]

---

78 史金波, 〈前言〉,《俄藏黑水城文書》, 앞의 책, 1쪽.

79 E. I. Kychanov, 〈Preface〉,《俄藏黑水城文書》, 앞의 책, 19쪽.

80 러시아과학원 동방연구소 聖Petersburg分所・中國社會科學院民族研究所・上海古籍出版社 編,《俄藏黑水城文書》6卷 196쪽. 아울러, 孫繼民, 〈黑水城所出宋趙德誠家狀試釋〉,《宋史研究論叢》, 保定: 教育部省屬高敎人文社會科學重点研究基地河北大學宋史研究中心, 2003, 58쪽도 참고하길 바란다.
《俄藏黑水城文書》의 후미에는 부록으로 '敍錄'이 실려 있는데, 이 '서록'은 흑수성에서 출토된 문서들의 내용을 正字體 한자로 정리해 놓은 것이다. 孫繼民은 위 논문에서 '서록'의 내용 가운데 趙德誠의 '가장'의 정리가 잘못되었음을 지적하고, 조덕

* '[]' 표시는 문서의 내용 가운데 결락된 부분을 《경원조법사류》
의 내용을 통해 보충한 것이고, ☐ 표시는 문서에 나오는 글자
가운데 일부분이 마멸된 글자를 현존한 모양을 통해 추정한 것이
다(원본 문서는 〈부록 3-3〉을 참고).

이 문서는 중국 역사상 가장 치욕적인 사건 가운데 하나로 알려진
"정강지변靖康之變"(-정강지변은 송나라 정강 연간에 송 흠종欽宗이 금
나라 군대에 사로잡혀 포로로 잡혀간 사건을 말함)이 발생하던 해에,
그리고 우리가 이 절에서 살펴보고 있는 《경원조법사류》가 완성된 시
기보다 약 70여 년 앞선 해인 1126년에 작성되었다. 이 문서의 주인
공인 조덕성은 당시 36세의 나이로 승절랑承節郎이라는 무신 관계官階
를 가지고 있었으며, 당시 보안군保安軍 덕정새德靖寨에 거주하고 있
었다. 그의 증조와 조부(-이름이 상선賞先임)는 생존 당시 관직을 역임
한 적이 없었고, 그의 부친은 생존 당시 무공대부武功大夫라는 관계를
가지고 길주단련사吉州團練使를 역임하였다. 아마도 그의 모친은 그의
나이 36세 이전에 사망한 것으로 보인다.

이 문서를 우리가 앞서 살펴보았던 '음보친속가장'과 비교해 보면,
그 형식면에서 많은 유사점이 발견된다. 우선, 문서의 최상단에 관직
명(또는 관계명)과 성명을 기록하고, 그 아래 본관을 기록하며, 본관
아래에는 증조, 조, 부 삼대에 관한 내용이 있고, 삼대 아래에는 가족
관계를 기록한 '합가구合家口'에 대한 기록이 있다. 그리고 '합가구' 아
래에는 "所供前項鄕貫三代年甲 竝皆詣實 如後異同 甘俟朝典"이라는 표현
이 그대로 등장하고 있다.

성의 '가장'을 《慶元條法事類》에 나오는 '蔭補親屬家狀'의 내용과 비교하여 재정리하
였다. 이 절에서는 그의 논문에 수록된 재정리본은 인용하였다. 아울러, 이 절에서
서술하고 있는 '조성덕 가장'의 내용은 孫繼民의 논문을 많이 참고하였음을 밝힌다.

하지만, '음보친속가장'에 나오는 '본관모주현향리모인위호'라는 표현과 조덕성의 가장에 나오는 '본관보안군덕정채인사本貫保安軍德靖寨人事'라는 내용을 비교해 보면, 약간의 차이가 있음을 알 수 있다. 우선, 지명에 해당하는 '보안군덕정채'가 '모주현향리'의 방식으로 기록되어 있지 않은데, 이는 조덕성이 거주하던 보안군 일대가 송나라의 서북 변경 지역에 위치해 있는 군사적 요충지로서, 그 행정 체제가 일반 지방과는 달랐기 때문이었다. 잘 알려져 있다시피, 송나라 시대에는 지방에 로路를 설치하여 통치하였으며, 로 아래에 부府, 주州, 군軍, 감監 등을 설치하였다. 보안군(-지금의 섬서성 지단현志丹縣)은 송나라 시대 지방에 설치되었던 로 가운데 하나인 섬서부연로陝西鄜延路에 소속되었던 군 가운데 하나였으며, 덕정채德靖寨는 보안군에 소속된 '성채城寨' 가운데 하나였다.

또, 지명 뒤에 나오는 '某人爲戶'라는 표현과 '인사人事'라는 표현이 서로 일치하지 않고 있다. 그 이유는 조덕성이 그의 가장을 작성하면서 법규의 내용을 제대로 파악하지 못하여 발생한 오류이거나, 또는 전통기 중국에서 본적지를 기록할 때 사용한 용어인 '인씨人氏'의 오기로 생각된다.[81]

사실, 조덕성이 가장을 작성하였던 시기에서 그리 멀지 않은 시기인 소흥 18년(1148)에 실시된 과거 시험에서 급제한 인물을 모아 놓은 《소흥십팔년동년소록紹興十八年同年小錄》에서는 급제자의 본관을 '모주·모현·모향·모리 모인위호'라는 방식으로 기록하고 있다.[82] 《소흥십팔년동년소록》에는 총 331명(특주명特奏名 1명 포함)의 합격자 명단이 수록되어 있고, 수록된 각 인물의 이름, 나이, 출생일, 증조·조·부

---

81 孫繼民, 〈黑水城所出宋趙德誠家狀試釋〉, 앞의 논문, 57쪽.
82 《紹興十八年同年小錄》에 나오는 본관에 관해서는 이 책 3장 3절을 참고하길 바란다.

3대에 관한 기록, 그리고 본관 등이 기록되어 있다. 이 331명 16명을 제외한 315명이 모두 '모주·모현·모향·모리 모인위호'의 방식으로 본관을 기록하고 있다. 예를 들면, '제일갑第一甲 제일인第一人'으로 급제한 왕좌王佐의 경우, "본관 소흥부紹興府 산음현山陰縣 우회향禹會鄕 광릉리廣陵里 부위호父爲戶"로, '제일갑 제이인第二人'으로 급제한 동덕원董德元의 경우, "본관 길주吉州 영풍현永豊縣 운개향雲蓋鄕 선화리善和里 증조위호曾祖爲戶"로 기록되어 있다.

소흥부는 남송의 수도로, 지금의 절강성 소흥시에 해당하며, 산음현은 남송 시대 소흥부에 딸린 하나의 현으로 소흥부의 부치소府治所가 위치해 있던 곳이었다. 그리고 우회향은 산음현에 소속된 하나의 향이고, 광릉리는 우회향에 딸린 하나의 리이다. 《소흥십팔년동년소록》에 따르면, 왕좌는 과거 시험에 급제할 당시 29세로, 부친과 모친이 모두 생존해 있었으며, 좌적공랑左迪功郎 진강부鎭江府 교수敎授를 역임한 그의 부친 왕준언王俊彦의 호적에 등재되어 있었다.

또 길주는 지금의 강서성 길안시吉安市 일대를 말하며, 영풍현永豊縣은 남송 시대 길주에 딸린 하나의 현으로 오늘날 영풍현 일대에 해당한다. 그리고 운개향과 선화리는 모두 영풍현에 소속된 지명이다. 《소흥십팔년동년소록》의 내용에 따르면, 동덕원은 과거 시험에 급제할 당시 53세로, 부친과 모친이 모두 사망하였으며, 태자태보太子太保를 여러 번 역임하였던 그의 증조부 동의董倚의 호적에 올라 있었다.

더욱이, 위 331명 가운데 송나라 황실의 구성원인 16명의 본관은 '종정시宗正寺 옥첩소玉牒所' 또는 '옥첩소'로 기록되어 있다. 송나라 시대에는 황실 구성원을 종정시에서 관리하였고 황실 구성원의 호적과 보첩譜牒을 종정시 옥첩소에 보관하였다. 그렇기 때문에 16명의 황실 구성원의 본관이 '종정시 옥첩소'나 '옥첩소'로 기록되었다. 이처럼 《소흥십팔년동년소록》에 수록되어 있는 송나라 황실의 구성원인

16명의 본관이 '종정시 옥첩소' 또는 '옥첩소'로 기록된 사실은 송나라 시대 본관이 해당 인물이 등재되어 있는 호적을 지칭한다는 사실을 더욱 명확히 보여준다고 할 수 있다.

사실, 《경원조법사류》와 《소흥십팔년동년소록》에서 보이는 바와 같이 본관이 해당 인물이 등재되어 있는 호적을 의미하게 된 이유는 본관이 가지고 있는 본래의 의미와 밀접한 관련이 있다. 앞서 서론에서도 살펴보았듯이, 본관이나 향관이라는 용어에 쓰이는 '관'이라는 글자, 그리고 본적이나 적관이라는 용어에 있는 '적'이라는 글자에는 호적을 의미하는 뜻이 담겨져 있었다. 그리고 본관이라는 용어 그 자체도 본래 호적과 밀접한 관련이 있었다.

그리고, 송나라 시대에 관련된 또 다른 역사 문헌을 살펴보면, '모주·모현·모향·모리 모인위호'가 아닌 '모주·모현·모향·모리'의 방식으로 본관이 기록되어 있는 사실을 확인할 수 있다. 이 경우 본관은 해당 인물이 등재되어 있는 호적이 아닌 해당 인물의 본적지를 의미하였다. 우리는 이러한 사례를 주희(1130~1200)의 문집인 《주자대전朱子大全》에 수록된 행장行狀의 내용에서 찾아 볼 수 있다. 《주자대전》은 이 절의 주요 분석 자료인 《경원조법사류》보다 약 60년 늦은 시기인 1265년(함순 원년)에 완성되었다.

《주자대전》에 행장이 실려 있는 인물 가운데 남송 시대 재상을 역임하기도 하였던 장준張浚(1097~1164)의 행장을 보면, 그의 본관이 '한주漢州 면죽현綿竹縣 인현향人賢鄉 무도리武都里'로 기록되어 있다. 또 《주자대전》에 행장이 실려 있는 또 다른 인물인 진준경陳俊卿(1113~1186)의 본관은 '흥화군興化軍 보전현莆田縣 함덕향咸德鄉 호공리胡公里'로 기록되어 있다. 그리고 장준이나 진준경 이외에도 《주자대전》에 행장이 수록된 인물들의 본관은 모두 '모주·모현·모향·모리'의 형식으로 그 본적지를 구체적으로 기록하고 있다.

이쯤에서 우리는 하나의 의구심이 생겨나지 않을 수 없다. 그 이유는 우리가 중국의 역사 문헌을 살펴보다 보면, 더욱이 송나라 시기에 관한 역사 문헌 가운데에서도, 본관이 '모주·모현·모향·모리'의 방식으로 기록되지 않는 사실을 자주 발견하게 되며, 또 현재 우리가 상식선에서 알고 있는 본관의 기록 방식 또한 '모주·모현·모향·모리'의 기록 방식과도 다른 것이기 때문이다.

하지만 흑수성에서 발견된 또 다른 문서를 통하여, 우리는 그에 대한 해답을 얻을 수 있을 것 같다. 그 문서는 앞서 언급했던 인물인 조덕성이 음보를 통하여 승절랑承節郞에 임명되는 과정을 보여주는 것으로, 조덕성의 가장이 작성되었던 해보다 8년 앞선 1118년(정화 8)에 작성되었다.

> [尙書]吏部
> 　　　武功大夫趙進忠　遇
> 　　　冬祀大禮　乞子德誠　使臣　本貫保安軍
> 　　　人　年二十八
> 　　右擬補承節郞
> [太]師魯國公臣　京　不書
> [起]復太宰臣　居中
> 少宰臣　深
> [起]復左丞臣　黼
> [右]丞　關
> [尙]書臣　光疑等言　謹擬
> 　　右謹以申
> 聞　謹奏
> 　　　政和八年二月　日員外郞臣　張動　上
> 給事中臣　王覿　讀

⊞下侍郎臣 薛昻 省

[起]復少保太[宰兼門下侍郎臣]居中 [審][83]

* 이는 《아장흑수성문서俄藏黑水城文書》 후미에 실려 있는 '서록敍錄'의 내용을 바탕으로 필자가 정리한 것이다. '[]' 표시는 문서의 내용 가운데 결락된 부분을 추론을 통해 복원한 것이고, '☐' 표시는 문서에 나오는 글자 가운데 일부분이 마멸된 글자를 현존한 모양을 통해 추정한 것이다(원본 문서는 〈부록 3-4〉를 참고).

앞서, 우리는 송나라 시대 음보제도가 실시되는 과정을 살펴보았고, 그 과정 중에는 신청인이 지방 관청에서 '보명장保明狀'을 받아 그 '보명장'과 함께 '걸음보장乞蔭補狀'을 상서성의 이부에 제출하였다는 사실을 확인하였다. 위 문서는 아마도 조덕성의 아버지인 조진충趙進忠이 그의 아들에게 음보를 행해 줄 것을 상서성의 이부에 요청한 후에 작성된 것으로 보인다.

당시 무공대부武功大夫였던 조진충은 동사대례冬祀大禮를 맞이하여 아들인 조덕성에게 음보를 행해줄 것을 청하였고, 이러한 내용을 접수한 이부에서는 상서성의 태사太師인 채경蔡京(1047~1126), 태재太宰인 정거중鄭居中(1059~1123), 소재少宰인 여심余深(1050~1130), 좌승左丞인 왕보王黼(1079~1126), 그리고 이부상서吏部尙書인 허광의許光疑의 확인을 거쳐, 원외랑員外郎인 장동張動으로 하여금 황제에게 음보를 건의하는 문서를 작성하게 하였다. 그리고 장동이 작성한 문서를 접수한 문하성門下省에서는 황제의 결제에 앞서 급사중給事中 왕정王靚, 문하시랑門下侍郎 설앙薛昻, 그리고 태재겸문하시랑太宰兼門下侍郎 정거중鄭居中이 차례로 확인하였다.

---

83 러시아과학원 동방연구소 聖Petersburg分所·中國社會科學院民族硏究所·上海古籍出版社 編, 《俄藏黑水城文書》6卷, 212쪽.

아버지인 조진충이 그의 아들 조덕성을 위하여 음보를 신청할 당시 조덕성은 28세로 사신使臣(-송나라 시대 범죄자 체포를 전담하였던 무관武官)이라는 관직을 가지고 있었으며 음보를 통하여 승절랑이 될 예정이었다. 그리고, 위 조덕성의 가장을 통하여 알 수 있듯이, 그 당시 그는 섬서부연로陝西鄜延路 보안군保安軍 덕정채德靖寨에 거주하였으며, 이로 인해 이 문서에서는 그를 "本貫保安軍人"으로 기록하였다.

송나라 시대 본관은 '모주·모현·모향·모리'와 같이 해당 인물의 본적지를 구체적으로 기록하는 게 일반적이었지만, 그 외에도 위 조덕성의 음보 문서에서 볼 수 있듯이 '모주'나 '모현'으로 기록되기도 하고, 때로는 '모주·모현'으로 표현되기도 하였다. 그리고 우리는 이러한 사례들을 송나라 시대에 관한 역사 문헌을 포함한 중국의 역대 역사 문헌에서 얼마든지 확인할 수 있다.

필자는 앞에서 중국의 역사 문헌에서는 향관이라는 용어와 본관이라는 용어가 서로 유사한 의미를 가지며 때로는 하나의 문헌 내에서도 혼용된다는 사실을 언급하였다. 그리고 송나라 시대 본관이 해당 인물이 등재되어 있는 호적을 의미하는 것 이외에도, 해당 인물의 본적지를 지칭하기도 하였기 때문에, 우리가 앞서 살펴본바, 해당 인물의 신상에 관한 내용을 증명할 때 기본적으로 기재하는 "향관·삼대·연갑"이라는 표현도 때로는 "본관·삼대·연갑"으로 바꾸어 부르기도 하였다.[84]

앞서, 필자는 《경원조법사류》의 내용을 통하여 송나라 시대에는 개인의 신상을 증명하기 위한 수단으로 가장을 작성하였으며, 그 가장에는 기본적으로 '향관·삼대·연갑'에 대한 내용이 기록되었고, 그 향

---

84 "향관·삼대·연갑"과 "본관·삼대·연갑"이 하나의 역사 문헌 내에서 혼용되는 사례는 《宋會要輯稿》를 들 수 있다.

관을 기록하는 방식으로 '본관:모주현향리모인위호'라는 표현을 사용한다는 사실을 언급하였다.

사실, 가장이라는 문서는 당나라 시대에도 사용되었던 것으로 보인다. 본래, 당나라에서는 관료를 선발할 때 이부가 주관하여 시험을 치르고 그에 합격한 사람들에 관한 서류를 중서문하성에 보내어 그 적합여부를 검토한 뒤 최종적으로 합격여부를 결정하였다. 하지만 후대에 오면서 이러한 관행이 제대로 지켜지지 않고 이부에서 전적으로 합격 여부를 결정하게 되었다. 이에 태화太和 연간에 재상을 지낸 왕애王涯(764~835)는 다음과 같이 말하였다.

> 태화 8년(834) 재상인 왕애(764~835)가 "예부에서 관리를 선발할 때 중서성을 거치지 않고 미리 방시榜示하는 것은 바람직한 방법이 아니다. 지금 이후로는 유사有司가 전담하여 시험 본 잡문雜文, 향관鄕貫, 삼대의 명위 名諱를 중서문하성에 보내고 중서문하성에서 검토한 후 방시하도록 하자"라고 주장하였다.[85]

> 八年 宰相王涯以爲 禮部取士 乃先以榜示中書 非至公之道 自今一委有司 以所試雜文鄕貫三代名諱 送中書門下

왕애가 말하는 향관과 삼대의 명휘는 송나라 시대의 가장과 그 성격이 유사한 것으로 생각된다. 그리고, 《경원조법사류》에 나오는 '음보가장'에서 그러했듯이, 왕애가 말하는 향관에서도 향관을 기록하는 방식으로서 본관이라는 용어가 사용되었을 것으로 생각된다.

요컨대, 《경원조법사류》에 나타나는 본관의 세 번째 의미 즉 해당 인물이 등재되어 있는 호적을 지칭하는 의미로서의 본관은, 앞서 언급한 해당 인물의 본적지를 의미하는 본관이나 본적지에 위치해 있는

---

85 《新唐書》卷44.

관청을 의미하는 본관과 마찬가지로, 당나라 시대에도 쓰였던 것으로 보인다. 그리고 당나라부터 사용된 본관이라는 용어는 이후 송나라 사회에 영향을 주었으며, 송나라 시대에 이르러 더욱 구체적으로 체계화되었다.

그리고 본관이라는 용어가 송나라 시대에 이르러 더욱 구체적으로 체계화될 수 있었던 원인은 수나라부터 시작된 과거제도가 송나라 시대에 이르러 더욱 확대 실시된 사실과 밀접한 관련이 있다. 과거제도가 확대 실시되면서 과거에 응시하는 사람들이 많아지게 되었고 응시자들의 신상에 관한 기록 또한 구체적으로 변화하였다. 그래서 "향관·삼대·연갑" 또는 "본관·삼대·연갑"으로 대표되는 개인의 신상에 관한 기록이 더욱 구체적으로 변화하였으며, 그로 인해 본관에 관한 기록 또한 "모주·모현·모향·모리"와 같이 구체적으로 기록하게 되었다.

소결론

이상의 내용을 통하여 우리는 《경원조법사류》에 나오는 본관이라는 용어가 크게 세 가지 의미를 가지고 있음을 알 수 있다. 그 가운데 하나의 의미는 오늘날 중국인들이 그들의 호적이 등록되어 있는 지역을 지칭할 때 사용하는 용어인 적관과 동일한 의미를 가진 것으로 해당 인물의 호적이 등록되어 있는 지역을 가리키며, 그 두 번째 의미는 해당 인물의 호적이 남아 있는 지역을 관할하는 관청을 의미하고, 그 세 번째 의미는 해당 인물이 등재되어 있는 호적 그 자체를 의미하였다.

우리는 앞서 서론에서, 현재 한·중 양국 사회에서 널리 이용되고 있는 한자어 사전을 통하여, 본관이라는 용어는 본래 호적과 밀접한 관련이 있는 것으로 호적이 등재되어 있는 지역을 가리킨다는 사실을 확인하였다. 1202년에 간행된 《경원조법사류》에 나오는 본관이라는 용어는 사전상에 나오는 본관의 의미, 이를 달리 표현해 보자면 본관이라는 용어가 가지고 있는 본연의 의미와도 상통하는 것이다.

또, 중국 역사 문헌 속에서 본관이라는 용어를 살펴보면, 이 본관이라는 용어가 주로 당나라 시대부터 송나라 시대에 걸쳐 널리 사용되고 있음을 알 수 있다. 특히 송나라 시대에 이르러서는 수나라 시대부터 실시되었던 과거제도가 관리를 선발하는 제도로서 확고하게 자리 잡으면서, 개인의 신상을 증명하는 방식으로서 '향관·삼대·연갑' 또는 '본관·삼대·연갑'을 기록하는 방식이 널리 유행하였다.

하지만 개인의 신상을 기록하는 방식으로서의 '향관' 또는 '본관'이라는 용어는 원나라 시대에 이르러 '적관'으로 변화하였다. 그리하여 원나라 시대 이후로는 개인의 신상을 기록할 때 기본적으로 기재해야 할 사항을 '적관·삼대·연갑'으로 표현하게 되었다. 우리가 명청 시대에 관련된 역사 문헌 속에서 본관이라는 단어보다는 적관이라는 용어를 더욱 쉽게 발견하는 이유, 그리고 현대 중국인들이 자신의 거주지를 적관이라 표현하는 이유는 이러한 역사 과정 속에서 찾아볼 수 있을 것이다.

여하튼, 본관이라는 용어는 중국 역사상 주로 당나라 시대부터 송나라 시대에 걸쳐 널리 사용되었다는 것이 필자의 생각인데, 중국 역사 문헌에 나오는 본관이라는 용어는 해당 인물이 등록되어 있는 호적 또는 그 호적이 등록되어 있는 지역을 (그리고 때로는 해당 지역의 관청을) 가리키는 일반 용어였을 뿐이다. 다시 말하면, 중국 역사 문헌에 나오는 본관이라는 용어는, 현재 한국 사학계에서 이야기되고 있는 바와 같이, 고려 시대의 향촌공동체 단위를 '본관'이라 규정하고 또 이 '본관'이라 불리는 향촌공동체를 기본 단위로 하는 지방 사회를 통제하기 위한 목적으로 실시된 '본관제도'를 지칭하는 것이 아니라, 단순히 해당인물이 등재되어 있는 호적 또는 그 호적이 남아 있는 지역을 가리키는 일반 용어였을 뿐이다.

〈**부록 3-3**〉 조덕성 가장家狀

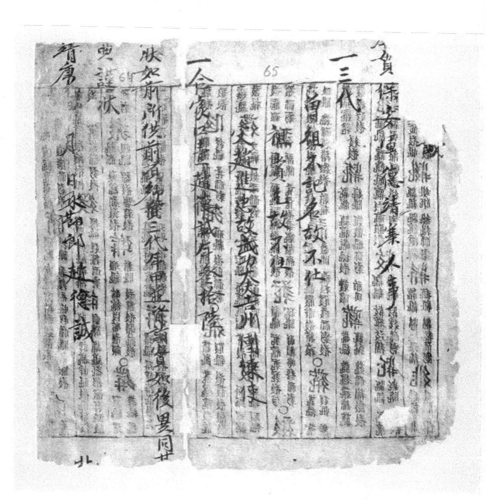

〈**부록 3-4**〉 조진충 문서

제3절 송대 《소흥십팔년동년소록》에 나오는 본관의 의미

우리가 한국 사학계와 중국 사학계에서 이루어진 기존의 연구 성과들 가운데 본관에 관련된 연구 성과를 정리하다 보면, 한국 사학계에서는 그 연구 성과가 상당 정도 축적되어 있는 데 비하여 중국 사학계에서는 그에 관한 연구가 거의 전무한 사실을 발견하게 된다. 물론 본관이라는 용어를 어떤 식으로 정의하느냐에 따라 위의 표현이 다소 달라질 수 있겠으나, 현재까지 중국 사학계에서 본관이라는 역사적 용어에 크게 주목하지 않고 있는 사실만은 분명해 보인다.

그럼, 세계 문명사의 입장에서 보자면 동일한 '한자문명권'에 속하여 전통기의 정치 체계와 사회적 현상이 매우 유사한 형태로 발전해 온 것처럼 보이는 한국사회와 중국사회에서, 그것도 전통적으로 유사한 '한자식漢字式 성씨'를 사용하고 역사적으로 유사한 형태의 성씨제도가 발전한 것처럼 보이는 한국사회와 중국사회에서, 성씨제도를 이해하기 위한 키워드 가운데 하나인 본관에 관한 연구가 이처럼 차이가 나는 원인이 무엇인지 궁금하지 않을 수 없다.

그리고, 이 원인에 대한 해답을 찾기 위해서는, 어쩌면 현대 중국인들이 사용하고 있는 성씨제도를 조금이라도 이해하고 있는 사람들에게는 당연한 이야기가 될지도 모르지만, 현재 한국인들은 누구나 할 것 없이 성씨와 함께 본관을 가지고 있고 또 현대 한국인들 사이

에서는 본관이라는 용어가 일상생활 속에서 그리 낯설지 않게 쓰이고 있는 데 반하여, 현대 중국인들은 그들의 성씨와 함께 본관을 사용하고 있지도 않으며 또 그들의 일상생활 속에서 본관이라는 용어가 그다지 익숙히 사용되고 있지도 않다는 사실을 염두에 둘 필요가 있다.

또, 중국의 역사 문헌 속에서 본관이라는 용어가 출현하는 용례를 찾아보아도, 그 본관이라는 용어가 역사적으로 당나라 시대부터 본격적으로 사용되었으며, 송나라 시대에 이르러서는 그 용례가 법규로 규정될 만큼 널리 사용되었고, 그리고 남송 시대를 거쳐 원나라 시대에 이르러서는 본적지本籍地를 지칭하는 용어로서 본관보다는 적관籍貫이라는 용어가 더욱 널리 사용되었음을 알 수 있다. 그리하여 명청 시대는 물론 오늘날의 중국인들도 그 본적지를 지칭하는 용어로서 본관이라는 용어보다는 적관이라는 용어를 즐겨 사용하게 되었고, 본관이라는 용어는 중국 역사상 '잊혀진 기억'으로 남게 되었다.[86]

하지만 한국의 경우는 달랐다. 고려 시대부터 사람들이 본관을 갖기 시작하여 조선 시대에 이르러서는 그 사용 계층이 확대되었고 오늘날에 이르러서는 거의 모든 사람이 성씨와 함께 본관을 쓰고 있다. 그래서 본관에 관한 연구는 오늘날 연구자들 사이에서 주요한 관심 분야 가운데 하나이듯이, 조선 시대 학자들 사이에서도 많은 궁금증을 자아내는 주제 중의 하나였다. 그리고 이 본관에 관한 연구는, 조선 시대 학자들은 물론 근대 이후 학자들 사이에서도, 한국의 성씨제도와 씨족제도가 변화하여 발전해 가는 과정 속에서 이해하려는 태도가 전통적인 방법이었다.

그러다가 1970년대 중반 이후로는 본관에 관한 연구가 '호적의 작

---

86 물론 명청 시대에 작성된 역사 문헌 안에서도 본관이라는 용어가 쓰이는 경우가 많다. 하지만 대부분의 경우 송나라 이전에 작성된 문헌의 내용을 인용하는 경우가 많고, 그렇지 않은 경우는 송나라 시대의 본관과는 다른 의미로 쓰였다.

성을 통한 지방 제도의 편제'와 관련하여 이루어지기 시작하였다.[87] 이들에 따르면, 신라 말기의 어수선한 상황 속에서 후삼국을 통일한 고려 정부는 지방 세력을 통제하려는 생각을 가지게 되었고, 이러한 의도 속에서 지방을 새롭게 편제하기 위하여 군현제를 실시하였다. 그리고 고려 정부는 이 군현제 실시와 함께 각 지방에 살고 있는 사람들에게 성씨를 '분정分定'하게 되었으며, 이 '성씨분정'(-이수건과 채웅석은 이를 두고 '토성분정土姓分定'이라 함)에 의해 생겨난 것이 바로 한국의 본관제도라는 것이다.[88]

이상의 연구는 한국의 본관제도를 좀 더 폭넓은 시각에서 바라보고 그 실체를 좀 더 실증적으로 규명하려 하였다는 점에서 그 의의가 있다고 하겠다. 하지만 이상의 연구에서는, 한국의 본관제도가 호적과 관련이 있다고 한다면 호적과 관련 있는 본관은 어떻게 기록되었는지, 즉 호적을 작성하는 과정 속에서 본관이 작성되었다고 한다면 구

---

87 金壽泰, 〈高麗 本貫制度의 成立〉, 《震檀學報》 52와 〈高麗初期의 本貫制度-本貫과 姓의 관계를 중심으로-〉, 《한국중세사연구》 8; 許興植, 《高麗社會史研究》; 李樹健, 《韓國中世社會史研究》; _____, 《한국의 성씨와 족보》; 蔡雄錫, 《高麗時代의 國家와 地方社會-本貫制의 施行과 地方支配秩序-》. 아울러, 한국의 본관제도를 군현제의 실시와 연관시켜 본 연구로는 1980년대 이전의 연구 성과이기는 하지만 旗田巍, 〈高麗王朝成立期의 府と豪族〉, 《法制史研究》 10, 1960도 있다.

88 필자의 조사에 의하면, 본관이 호적과 밀접한 관련이 있다는 사실은 日人學者인 今村鞆이 처음으로 언급하였다. 그에 따르면, 본관은 本籍, 貫籍, 鄕貫, 氏貫, 籍貫, 姓貫, 族本 등으로도 칭하여졌으며, 본관의 또 다른 칭호인 鄕籍의 '籍'이 호적과 관련이 있었다. 즉, 漢代부터 쓰이기 시작된 호적이라는 용어가 후대에 오면서 '籍'이라 하기도 하였으며 호적이 등록된 지역을 '籍'이라 부르기도 하였다(《朝鮮의 姓名氏族에 關한 研究調査》, 朝鮮總督府中樞院, 1934, 285쪽). 이러한 今村鞆의 견해는 이후 金斗憲(《朝鮮家族制度研究》, 乙酉文化社, 1949, 65쪽), 金壽泰(〈高麗 本貫制度의 成立〉 《震檀學報》 52, 47쪽n2), 李樹健(《한국의 성씨와 족보》, 80쪽) 등에 의해 인용되었다. 그리고 송준호는 중국 역사 문헌에 나오는 본관이라는 용어는 해당인물의 집안이 과거로부터 현재에 이르기까지 대대로 호적을 붙이고 살아온 곳으로, 이 본관이라는 용어는 本籍, 籍貫, 鄕貫으로 불리기도 하여 본관의 '貫'이나 본적의 '籍'은 모두 호적을 의미한다고 주장하였다. 하지만 송준호는 한국 본관제도에서 의미하는 본관은 중국 역사 문헌에 나오는 본관의 의미나 호적의 뜻을 가진 본관이라는 용어 본연의 의미와는 다른 것이라고 주장하였다(《朝鮮社會史研究》, 73쪽n5·75쪽).

체적으로 본관이 어떻게 기록되었는지, 그 본관 기록의 실체를 밝혀
내지 못하고 있다. 그리고 그 실체를 밝혀내는 일은 어쩌면 현재 한
국 사학계에 일반적으로 이용하고 있는 사료만으로는 거의 불가능에
가까운 일일 수밖에 없을 것이다.

더욱이, 이러한 연구를 주도하고 있는 연구자들 사이에서는 많은
논쟁점이 생겨나게 되었는데, 그 가운데 대표적인 논쟁점이 본관제도
가 실시된 시점에 관한 문제와 고려 시대 본관을 소유한 계층에 관한
문제이다. 이를 좀 더 구체적으로 살펴보면, 한국의 본관제도가 고려
태조 23년에 시작되었다는 견해, 태조 말년이나 늦어도 정종 대에 시
작되었다는 견해, 그리고 광종 또는 성종 대로 생각되지만 성종 14년
지방 편제가 개편될 당시 시작되었다는 견해 등이 있으며,[89] 또 본관
을 소유한 계층에 관한 문제에 있어서도, 천민 계층을 제외한 양인良
人 계층까지 본관을 소유하였다는 견해, 그리고 일부 천민을 제외한
일반 천민 계층까지도 모두 본관을 소유하였다는 견해가 있다.[90]

이 절에서는 중국 송나라 시대에 작성된 등과록登科錄에 나오는 본
관, 구체적으로는 소흥 18년(1148)에 치러진 진사시에서 작성된 《소흥
십팔년동년소록紹興十八年同年小錄》에 나오는 본관을 살펴보려 한다.
이 《소흥십팔년동년소록》에 나오는 본관은 진사시 급제자들이 등재되
어 있는 호적을 의미하는 것으로, 현재 한국 사학계에서 본관제도의
기원으로 이야기되고 있는 본관 기록과 밀접한 관련이 있다는 것이
필자의 생각이다. 아울러, 이 절에서는 《소흥십팔년동년소록》에 나오
는 본관을 통하여 현재 한국 사학계에서 논의되고 있는 본관에 관한

---

89 이수건, 《한국의 성씨와 족보》, 81쪽; 金壽泰, 〈高麗 本貫制度의 成立〉, 《震檀學報》
    52, 62~63쪽; 許興植, 《高麗社會史硏究》, 381~382쪽; 蔡雄錫, 《高麗時代의 國家와
    地方社會-本貫制의 施行과 地方支配秩序-》, 78쪽.
90 許興植, 위의 책, 415쪽과 蔡雄錫, 위의 책, 69쪽; 金壽泰, 위의 논문, 52쪽과 이수
    건, 위의 책, 91쪽.

논쟁점, 그중에서도 앞서 이야기한 본관제도가 실시된 시점에 관한 문제와 그 소유 계층에 관한 문제에 대하여 간단한 해답을 제시하고 자 한다.

1. 본관 기록 방식

《소흥십팔년동년소록》은 소흥 18년(1148년 송 고종 18년) 진사시에 서 급제한 사람들의 명단을 모아놓은 등과록(-송나라 시대에는 이를 두고 '동년소록同年小錄'[91]이라 함)이다. 새로운 인재를 선발하기 위한 방식으로 수나라 양제煬帝 때부터 실시된 과거제도는 송나라 시대에 이르러 더욱 체계화 되었으며,[92] 송나라가 금나라에 쫓겨 남으로 천도 한 사건인 '정강지변靖康之變'(1127년)이 발생한 이후에도 지속적으로 실시되었다. 소흥 18년(1148)에 실시된 진사시는 '정강지변' 이후 21년 이 지나서, 그리고 송나라가 남으로 천도한 이후 치러진 진사시 가운 데 7번째로 치러진 시험이었다.

《소흥십팔년동년소록》은 송나라 과거제도를 이해하기 위한 사료로 서 그 가치를 높게 평가받았다. 청나라 시대《사고전서四庫全書》를 편 찬하는 과정에서《소흥십팔년동년소록》의 편집을 총괄하였던 손사의

---

91 '同年小錄'은 송나라 시대 과거 시험이 끝나고 放榜이 이루어 진 후에 합격자들의 성명, 자호, 적관, 연령, 증조·조·부 삼대의 명휘와 직함 등을 기록한 문서를 말한 다. 당나라 시대에는 '登科記'로, 송나라 시대에는 '小錄', '進士小錄', '同年小錄', '登 科小錄' 등으로, 명청 시대에는 '進士登科錄', '殿試錄', '御試錄', '庭試錄', '進士題名錄' 등으로 불리었다. 동년소록의 명칭에 관하여 좀 더 자세한 내용은 臺灣商務印書館 發行,《影印文淵閣四庫全書》448册에 수록되어 있는《紹興十八年同年小錄》의 '提要' 와 陳長文,〈進士登科錄探源-兼與傅璇琮先生就'金花帖'問題商榷〉,《浙江社會科學》2007 年 第5期, 156쪽을 참고하길 바란다.
아울러, 이 절에서 서술한《紹興十八年同年小錄》에 관한 내용은 臺灣商務印書館 發 行,《影印文淵閣四庫全書》448册에 수록되어 있는《紹興十八年同年小錄》'提要'의 내 용을 많이 참고하였음을 밝힌다.

92 平凡社 編,《アジア歷史事典》, '科擧'條, 平凡社, 1985.

孫士毅(1720~1796)에 따르면, 송나라 시대 과거 급제자 명단인 등과록으로 《사고전서》가 편찬될 당시까지 전해지는 자료는 거의 없었다. 그리고 전통기에는 물론 오늘날까지도 《소흥십팔년동년소록》은 연구자들 사이에서도 송나라 시대의 과거제도와 사회를 이해하기 위한 귀한 자료로 여겨지고 있다.[93]

또 손사의에 따르면, 《소흥십팔년동년소록》이 《사고전서》가 편찬될 당시까지 전해지게 된 경위는, 송나라 시대 대학자로서 이후 동아시아 사회에 막대한 영향을 미쳤던, 성리학의 창시자로 알려진 주희朱熹(1130~1200)가 소흥 18년(1148) 진사시에 급제하여 이 등과록에 그의 명단이 실리게 된 사실과 밀접한 관련이 있었다. 주희는 소흥 18년 진사시에서 제第 5갑甲 제第90인人으로 급제하였는데, 그의 제자들은 이러한 사실을 기념하기 위하여 주희의 명단이 담겨 있는 등과록을 간직하고 있었다. 그러다가 명나라 홍치弘治(1488~1505) 연간에 이르러 왕감지王鑑之라는 인물이 자양서원紫陽書院에서 이를 간행하게 되면서 널리 세상에 알려지게 되었다.

하지만 왕감지가 자양서원에서 편찬할 당시에는 《소흥십팔년동년소록》이라 불리지 않았다. 본래 왕감지는 주희가 진사에 급제한 사실을

---

93 董文靜은 "《紹興十八年同年小錄》이라는 자료는 학계에 알려지지 않은 자료도 아니고 그렇다고 해서 새롭게 발견된 자료 또한 아니다. 그리고 이를 이용한 연구 또한 오랜 세월 진행되었다. 하지만 이들 연구 대부분은 문헌 자료를 인용하는 수준에 그치고 있다."고 말한 뒤, 《소흥십팔년동년소록》에 관한 대표적인 3명의 연구를 소개하고 있다. 董文靜, 〈《紹興十八年同年小錄》與南宋初年的科擧社會研究〉, 北京大學 博士學位論文, 2010, 6~7쪽.
3편의 연구는 다음과 같다. 中嶋敏, 〈宋進士登科題名錄と同年小錄〉, 《汲古》 26, 汲古書院, 1994; ____, 〈追論〉, 《汲古》 27, 1995; ____, 〈寶祐登科錄における宗室〉, 《東洋研究》 116, 東洋文化大學東洋研究所, 1995; ____, 〈《紹興十八年同年小錄》·《寶祐四年登科錄》對校表〉, 《東洋史學論集 續編》, 汲古書院, 2002; 近藤一成, 《宋代中國科擧社會の研究》, 汲古書院, 2009; John W. Chaffee, Status, Family and Locale: An Analysis of Examination Lists from Sung China, 《劉子健博士頌壽紀念宋史研究論集》, 同朋舍, 1989.

강조하기 위하여 《주자동년록朱子同年錄》이라 명명하였다. 하지만 손사의 등이 《사고전서》에 이 책을 수록하면서 송나라 시대의 법제에 어울리는 명칭이 아니라는 이유로 《소흥십팔년동년소록》이라 새롭게 이름하였다.[94]

《소흥십팔년동년소록》은 크게 다섯 가지 부분으로 나누어 볼 수 있다. 책의 맨 앞부분에는 소흥 18년(1148)보다 1년 앞선 소흥 17년(1147)년에 반포된 송 고종의 '어필수조御筆手詔'가 실려 있고, 그 다음에는 소흥 18년 진사시에서 주어진 책문策問과 이 시험을 감독하였던 집사관執事官의 명단이 수록되어 있다. 집사관 명단 다음으로는 이 시험에서 급제한 사람들의 성명과 거주지가 기록된 '진사방명進士榜名'이 실려 있고, '진사방명' 뒤로는 급제자들의 가장家狀이 있다. 그리고 책의 말미에는 급제자 가운데 32명을 뽑아 그들을 간략히 소개한 내용이 실려 있다.

이 가운데 급제자의 가장에는 급제자의 성명, 자호字號, 연령, 부모 생존 여부, 형제 수, 외가와 처가, 증조·조·부 삼대三代의 명휘名諱와 직함, 그리고 급제자의 본관이 기록되어 있다. 이처럼 가장이 급제자의 명단인 등과록에 실려 있는 이유는, 송나라 시대에는 관직에 나아가는 경우나 과거에 응시하는 경우와 같이 공식적으로 개인의 신상을 증명할 필요가 있는 경우에는 가장을 작성하여 관에 제출하는 것이 일반적인 현상이었기 때문이었다.[95]

《소흥십팔년동년소록》에 실려 있는 가장 가운데 장원狀元으로 급제

---

94 《紹興十八年同年小錄》'提要'.
95 송나라 시대의 가장에 관해서는 송나라 시대의 법률집인 《慶元條法事類》에 잘 나타나 있다. 《경원조법사류》에는 5가지의 家狀이 실려 있는데, 卷12 職制門9 '蔭補'篇 '薦擧式'의 '中大夫至帶職朝奉郎通侍大夫至武翼郎遇大禮乞蔭補家狀', 卷12 職制門9 '蔭補'篇 '薦擧式'의 '蔭補親屬家狀', 卷13 職制門10 '磨勘升改'篇 '考課式'의 '命官關升家狀', 卷13 職制門10 '敍復'篇 '職制式'의 '敍用家狀', 그리고 卷15 選擧門2 '試武藝'篇 '選擧式'의 '試武藝人家狀'이다. 이에 관해서는 이 책 제3장 제2절을 참고하길 바란다.

한 왕좌王佐(생몰년 미상)의 가장과(-사실, 이 시험에서는 왕좌가 아닌
동덕원董德元(1096~1163)이 장원이었다. 하지만 송나라 법규상 관직
을 가지고 있는 자가 장원이 되었을 경우에는 다른 사람에게 양보하
도록 되어 있었기 때문에 왕좌가 제1갑 제1인으로 장원을 차지하고
동덕원이 제1갑 제2인으로 급제하였다. 당시 동덕원은 우적공랑右迪功
郎이라는 관계官階를 가지고 있었다. 아무튼 그 왕좌의 가장과) 제5갑
제90인으로 급제한 주희(1130~1200)의 가장을 살펴보면 다음과 같다.

第一甲 第一人 王佐
字宣子 小名千里 小字驥兒 年二十 九月初一日生 外氏葉 具慶下 第五十八[96]
兄弟五人 一擧[97] 聚高氏 曾祖仁 故不仕 祖忠 故不仕 父俊彦 見任左迪功郎
鎭江府敎授 本貫紹興府山陰縣禹會鄕廣陵里父爲戶

第九十人 朱熹
字元晦 小名沈郎 小字季延 年十九 九月十五日生 外氏祝 偏侍下 第五一 兄
弟無 一擧 聚劉氏 曾祖絢 故不仕 祖森 故贈承事郎 父松 故任左承議郎 本貫
建州建陽縣群玉鄕三桂里自爲戶

이러한 가장의 내용 가운데 이 절에서 살펴보고자 하는 내용은 본
관에 관한 기록이다. 앞서 살펴본 왕좌와 주희를 예로 하여 살펴보면,
왕좌의 경우, '소흥부紹興府 산음현山陰縣 우회향禹會鄕 광릉리廣陵里
부위호父爲戶'가, 주희의 경우, '건주建州 건양현建陽縣 군옥향群玉鄕 삼

---

96 "第五十八"은 '王佐 집안의 行第' 즉 '排行의 次序'가 58번째임을 말한다. 董文靜에
   따르면, 당나라 시대에는 각 가문에서 남자들에게 行第를 주는 풍습이 있었는데 이
   는 상대방을 존중하기 위한 것이었다. 이러한 당나라 시대의 풍습은 송나라 시대까
   지 이어졌다. 朱熹의 "第五一" 역시 같은 의미이다. 董文靜, 《紹興十八年同年小錄》
   與南宋初年的科擧社會硏究〉, 44~45쪽.
97 "一擧"는 應擧數가 1번이라는 뜻으로, 省試에 한번 응시하였음을 말한다. 朱熹의
   "一擧" 역시 같은 의미이다. 董文靜, 위의 논문, 45쪽.

계리三桂里 자위호自爲戶'가 본관으로 기록되어 있다. 이러한 본관의 기록은 '모주에 속한 모현, 모현에 속한 모향, 그리고 모향 하위에 있는 모리의 모인위호某人爲戶'라는 뜻으로, 즉 '모주某州·모현某縣·모향某鄕·모리某里 모위호某爲戶'라는 뜻으로 정리해 볼 수 있을 것 같다.

그리고 《소흥십팔년동년소록》에 진사시 급제자로 수록되어 있는 331명(특주명特奏名 1인 포함) 가운데 본관이 '종정시宗正寺 옥첩소玉牒所' 또는 '옥첩소'로 기록되어 있는 16명과 '모주·모현·모향·모리 모위호' 가운데 '모위호'가 기록되어 있지 않은 2명, 총 18명을 제외한 313명의 본관이 모두 앞서 말한 '모주·모현·모향·모리 모위호'라는 방식으로 기록되어 있다98('종정시 옥첩소'와 '옥첩소'에 관해서는 뒤에 설명하도록 하겠다).

사실, 본관이 '모주·모현·모향·모리 모위호'로 기록되는 방식은 중국 역사 문헌 가운데 《소흥십팔년동년소록》에서만 나타나는 현상이 아니다. 《소흥십팔년동년소록》이 작성된 시기보다 약 50여 년 뒤에 작성된 《경원조법사류慶元條法事類》에서도 나타나는데, 《경원조법사류》에 나오는 본관 기록 가운데 한 예를 들어보면 다음과 같다. 송나라 시대에는 관직을 소유한 자가 자신의 관직 경력을 이용하여 자신의 친속에게 음직蔭職을 수여하고자 할 경우에는 상서성 이부에 관련 문서를 제출하여 신청하여야만 하였는데, 이 상서성 이부에 제출하는 문서 가운데에는 '음보친속가장蔭補親屬家狀'이라는 문서가 있었다. 이 '음보친속가장'은 음직을 수여받을 대상자의 신상에 관한 내용을 기록

---

98 '宗正寺 玉牒所'로 기록되어 있는 사람은 第3甲 第28人 趙不愧, 第4甲 第96人 趙不悔, 第4甲 第101人 趙彦恂, 第4甲 第112人 趙公懋이며, '玉牒所'로 기록되어 있는 사람은 第3甲 第30人 趙善峀, 第3甲 第33人 趙像之, 第3甲 第34人 趙彦文, 第4甲 第102人 趙彦齡, 第4甲 第113人 趙儼之, 第4甲 第114人 趙伯術, 第4甲 第115人 趙不歆, 第4甲 第116人 趙善珏, 第4甲 第118人 趙子修, 第4甲 第120人 趙伯茂, 第4甲 第121人 趙師孟, 그리고 第4甲 第122人 趙伯瑗이다. 또 '某爲戶'가 기록되어 있지 않은 사람은 第4甲 第119人 趙公斌와 第5甲 第16人 劉棠이다.

한 것으로, 대상자의 성명, 연령, 증조·조·부 삼대의 명휘와 직함, 그리고 본관을 기록하였으며, 본관은 '모주·모현·모향·모리 모위호'로 기록하도록 되어 있었다.[99]

〈蔭補親屬家狀〉

具官姓名男或孫名(餘親則某色親 異姓則稱姓年月 下准此)

本貫某州縣鄕里某人爲戶

一 三代

曾祖某(有官則云見任某官, 亡則云故任某官, 曾封贈官

者 仍云封或贈某官, 無官則云未仕或故不仕 祖父准此 餘式依此)

祖某

父某

一 合家口三(若偏侍則云合家口二, 父母俱亡則云合家口一)

父年若干(亡則不開 母准此)

母年若干(有封邑亦聲說)

某年若干

右件狀如前 所供前項鄕貫三代年甲 竝皆詣實 如後異同 甘俟

朝典 謹狀

年月　　日 具官姓名男或孫　　名　　狀[100]

아무튼, 《소흥십팔년동년소록》에는 급제자 331명의 가장이 실려 있

99 《慶元條法事類》에서 본관이 '某州·某縣·某鄕·某里 某爲戶'로 기록되는 사례는 총 다섯 경우이다. 卷12 '蔭補'篇 '薦擧式'條 '中大夫至帶職朝奉郎通侍大夫至武翼郎遇大禮乞蔭補家狀'과 '蔭補親屬家狀', 卷13 '磨勘陞改'篇 '考課式'條 '命官關陞家狀', 卷15 '試武藝'篇 '選試式'條 '試武藝人家狀', 그리고 卷52 '解試出職'篇 '薦擧式'條 '發解年滿都知兵馬使狀'이다. 또, 중국 黑水城에서 출토된 북송 시대 문서 가운데에는 '趙德誠 家狀'이 남아 있는데, 이 '조덕성 가장'에서도 본관을 '모주·모현·모향·모리' 방식으로 기록하고 있다. 이상의 사실에 관해서는 이 책 제3장 제2절을 참고하길 바란다.

100 《慶元條法事類》卷12 '蔭補'篇 '薦擧式'條.

고, 그 가장 안에는 급제자들의 본관이 수록되어 있으며, 그 급제자 대다수의 본관은 '모주·모현·모향·모리 모위호'라는 방식으로 기록되어 있다. 그 본관이 지역별로 분포되어 있는 상황을 살펴보면 〈표 3-4〉, 〈표 3-5〉와 같다.

〈**표 3-4**〉 북방지역 급제자 분포표[101]

지역명	인원수	지역명	인원수
甘肅	1	河南	18
山西	1	河北	1
陝西	3	합계	25
靑海	1		

〈**표 3-5**〉 남방지역 급제자 분포표

지역명	인원수	지역명	인원수
江西	41	浙江	63
江蘇	31	重慶	7
廣東	5	湖南	2
福建	66	湖北	1
四川	63	宗正寺 玉牒所	16
上海	3	합계	306
安徽	8		

두 표를 통해 알 수 있듯이, 소흥 18년(1148) 진사시에 급제한 사

---

101 〈표 3-4〉와 〈표 3-5〉에 나오는 지명은 필자가 《中國歷史地圖集》(譚其驤 主編, 中國地圖出版社 出版, 1996)과 인터넷 백과사전 《百度百科辭典》(http://baike.baidu.com/)을 이용하여 추출하였다. 예를 들면, 제4갑 제72인으로 급제한 吳彦夔의 경우, 본관이 '興國軍 永興縣 崇儒鄕 雙邁里 兄爲戶'로 기록되어 있다. 따라서 필자는 《中國歷史地圖集》의 '地名索引'에서 '흥국군'의 위치가 '61쪽 ②-3'에 있다는 사실을 확인하고 61쪽의 흥국군 지역 내에서 '영흥'의 위치를 확인하였다. 그리고 같은 책 61쪽에서 영흥현의 현대 지명이 陽新이라는 사실을 확인한 후 《百度百科辭典》에서 오늘날 陽新縣이 호북성에 속해 있음을 확인하였다. 이러한 과정을 통하여 작성된 구체적인 내용에 관해서는 〈부록 3-4〉에 실려 있는 〈급제자 지역별 분포표〉를 참고하길 바란다. 아울러, 《中國歷史地圖集》이나 《百度百科辭典》에서 지명에 대한 고증이 잘못 이루어졌을 경우에는 필자의 지명 추출 또한 잘못된 것이라는 사실을 밝혀둔다.

람들은 북방 지역에 본관을 둔 사람이 25명이고 남방 지역에 본관을 둔 사람이 290명이다. 북방 지역의 본관지는 오늘날의 감숙, 산서, 섬서, 청해, 하남, 하북 일대에 분포하고 있으며, 특히 하남 지방에 집중되어 있음을 알 수 있다. 남방 지역의 본관지는 오늘날의 강서, 강소, 광동, 복건, 사천, 상해, 안휘, 절강, 중경, 호남, 호북 일대에 분포되어 있으며, 강서, 강소, 복건, 사천, 절강 지역에 집중되어 있다.

또, 종정시는 주로 황실과 외척의 보첩을 편수하고 황족의 능묘를 관리하던 관서인데, 송나라 시대에는 이 종정시 아래에 옥첩소를 두어 황실의 보첩과 그 구성원들의 호적을 보관하였다. 원래, 북송 시대인 995년(순화 6)에 옥첩전玉牒殿을 두어 송나라 황실의 보첩을 관리해 왔으나, 그 후 보첩이 제대로 관리되지 못하자 남송 시대인 1142년(소흥 12)에 옥첩소를 설치하였다.102 그리고 이 옥첩소는 소흥 18년 진사시가 치러질 당시 남송의 수도인 임안부臨安府에 위치해 있었다. 따라서 소흥 18년 진사시 급제자 331명 가운데 25명을 제외한 306명이 모두 남방 지역에 본관을 두고 있는 사람들임을 알 수 있다.

필자가 앞서 이 절의 시작 부분에서 언급했던 내용을 기억하고 있는 독자라면 이미 눈치 채고 있겠지만, 이처럼 소흥 18년 진사시의 급제자 가운데 남방 지역에 본관을 둔 사람들이 절대적인 숫자를 차지하고 있는 원인은, 당시 송나라가 처해 있던 역사적 상황과 밀접한 관련이 있었다. 1127년 금나라가 개봉開封 지역을 침략하여 당시 황제인 흠종欽宗과 그의 아버지 휘종徽宗 그리고 송나라의 많은 황족과 대소신료를 잡아가자, 휘종의 아홉 번째 아들인 강왕康王 조구趙構는 남으로 피난하여 응천부應天府(=지금의 하남성 상구시商丘市 일대)에서 황제로 즉위하였다. 그리고 나서도 금나라의 침입이 끝이질 않자 송

---

102 《宋史》 卷164 職官志117 職官4.

나라는 다시 건강부建康府(-지금의 강소성 남경시南京市 일대)를 거쳐 남으로 남으로 쫓기게 되었으며, 이렇게 남으로 남으로 쫓기다가 비로소 정착한 곳이, 그것도 소흥 18년(1148) 진사시가 치러지기 겨우 10년 전 해에 비로소 정착한 곳이 지금의 절강성 항주杭州 일대인 임안부였다. 소흥 18년 진사시는 바로 이 임안부에서 치러진 과거 시험으로 남방 지역 사람들이 급제자의 절대 다수를 차지하는 것은 어쩌면 당연한 일이었다.

2. 본관의 의미

이쯤에서 우리는 《소흥십팔년동년소록》에서 '모주·모현·모향·모리 모위호'라는 방식으로 기록되는 본관이 구체적으로 무얼 의미하는지 궁금하지 않을 수 없다. 이에 대한 해답을 찾기에 앞서, 우리는 '모주·모현·모향·모리 모위호'라는 표현 방식이 '모주·모현·모향·모리'와 '모위호'라는 두 개의 표현으로 나누어질 수 있으며, '모주·모현·모향·모리'는 '모주에 속한 모현, 모현에 속한 모향, 그리고 모향의 하위에 놓여 있는 모리'라는 의미로, 오늘날 주소지를 나타내는 방식과 같이 특정 지명을 구체적으로 언급한 것으로, 그리고 '모위호'는 '모인의 호적에 등록되어 있다'는 뜻으로 이해될 수 있다는 사실을 가정해 두기로 하자.

이러한 가정 하에 《소흥십팔년동년소록》에 나오는 사례를 구체적으로 살펴보면 다음과 같다. 소흥 18년(1148) 진사시에 제4갑 제40인으로 급제한 소영邵穎은 급제 당시 22세로, 증조부는 이미 사망하였고 조부와 아버지는 모두 생존해 있었다. 그리고 그의 집안은 무주婺州 금화현金華縣 백사향白砂鄉 산회리山回里 일대에 살고 있었기 때문에 그의 본관은 "무주 금화현 백사향 산회리 조위호祖爲戶"로 기록되었다.

또, 제3갑 제5인으로 급제한 홍방직洪邦直은 급제 당시 36세로, 증조와 조부는 모두 사망하고 아버지만 살아 있었다. 그리고 그의 집안은 요주饒州 낙평현樂平縣 금산현金山縣 계암리桂巖里에 살고 있었기 때문에 그의 본관은 "요주 낙평현 금산현 계암리 부위호父爲戶"라 기록되었다.

그리고, 소흥 18년(1148) 진사시의 급제자 330명 가운데에는 아버지와 아들이 함께 급제한 사례가 있었는데, 그 주인공은 제5갑 제78인으로 급제한 방유龐愈와 제4갑 제35인으로 급제한 방수龐守였다. 방유는 당시 43세로, 증조와 조부 그리고 아버지를 모두 여읜 상태였으며, 그의 아들 방수는 당시 22세였다. 그리고 이들 가문은 합주合州 석조현石照縣 숙강향塾江鄉 부산리浮山里에 거주하였기 때문에, 방유의 본관은 "합주 석조현 숙강향 부산리 자위호自爲戶"로, 방수의 본관은 "합주 석조현 숙강향 부산리 부위호"로 기록되었다. 즉, 아버지인 방유는 자호自戶로 등록되어 있었으며 아들인 방수는 아버지 방유의 호적에 등록되어 있었다.

또, 《소흥십팔년동년소록》에는 형과 동생이 함께 급제한 이른바 '형제동방兄弟同榜'의 사례가 여섯 경우나 있었다.[103] 그 가운데 하나가 제4갑 제44인으로 급제한 구룡방句龍雱과 제4갑 제33인으로 급제한 구룡진句龍震이었다. 이들은 급제 당시 각기 51세와 40세로, 증조와 조부는 사망한 것으로 보이지만 아버지는 생존해 있었다. 그리고 이들 집안은 성도부成都府 성도현成都縣 강음방江陰坊에 있었기 때문에 이 두 사람의 본관은 모두 "성도부 성도현 강음방 부위호"라 기록되었다.

---

103 '兄弟同榜'의 사례는, 본문에서 언급하고 있는 句龍雱·句龍震 형제와 蒲堯章·蒲堯仁 형제 이외에도, 제2갑 제13인 芮燁과 제4갑 제43인 芮燁 형제, 제4갑 제7인 冷世光과 제5갑 제25인 冷世務 형제, 제2갑 제5인 吳犥와 제5갑 제47인 吳璃 형제, 그리고 제4갑 제9인 陸升之와 제4갑 제26인 陸光之 형제이다.

이상의 사례, 증조는 사망하고 조부가 생존해 있었기 때문에 조부의 호적에 등록된 소영, 증조와 조부는 사망하고 아버지가 살아 있어서 아버지의 호적에 등록된 홍방직, 또 증조와 조부 그리고 아버지가 모두 사망하여 자신은 자호로 등록되고 자신의 아들은 자신의 호적에 등록된 방유, 그리고 조부와 아버지를 모두 여원 아버지 밑에서 급제하여 두 형제 모두 아버지의 호적에 등록된 구룡방과 구룡진, 이들의 사례만을 놓고 본다면, 《소흥십팔년동년소록》에 나오는 본관은 '모주 모현 모향 모리에 사는 모인의 호적'이라는 의미로, 그리하여 증조가 사망하였으면 조부의 호적에, 증조와 조부가 모두 사망하면 아버지의 호적에, 그리고 아버지마저도 살아 있지 않으면 자신이 자호로 등록되고 자신의 아들은 자신의 호적에 자연스레 등록되는, 말 그대로 단순히 그가 거주하는 지역의 지명와 그가 속한 호적만을 의미하였던 것으로 보인다. 하지만 그리 간단한 것만은 아니다.

제1갑 제7인으로 급제한 갈태葛邰의 본관은 "개봉부開封府 상부현祥符縣 개봉향開封鄕 북상촌北常村 고조위호高祖爲戶"라 기록되어 있다. 갈태가 진사에 급제할 당시 그의 고조가 생존해 있었는지는 정확히 확인할 길이 없으나, 그의 증조와 조부는 이미 사망하고 그의 아버지만 살아 있었음은 분명해 보인다. 그리고 그는 35세라는 비교적 적지 않은 나이에 진사에 급제하였고 급제 당시 우승무랑右承務郞이라는 관계를 이미 가지고 있었다. 더욱이, 개봉부 상부현 일대는 소흥 18년(1148)에 진사시가 치러지기 20여 년 전에 이미 금나라의 수중에 들어갔던 지역이었다.

유중영柳仲永은 제5갑 제45인으로 급제하였다. 51세라는 다소 늦은 나이에 급제한 그는 증조, 조부, 그리고 아버지가 모두 세상을 떠난 후에 진사에 급제하였다. 그런데도 그의 본관은 "진강부鎭江府 단도현丹徒縣 화룡방化龍坊 증숙조금자신위호曾叔祖金紫紳爲戶"였다. 그의 증숙조는 금자광록대부金紫光錄大夫라는 품계를 가진 유신柳紳이었다. 또, 첨숙선詹叔善은 제3갑 제3인으로 급제하였다. 54세에 급제한 그 역시 급제 당시 증조, 조부, 아버지 모두 사망한 상태였다. 그리고 그의 본관은 "신주信州 옥산현玉山縣 혜안향惠安鄉 충효리忠孝里 제교수 숙의위호弟教授叔義爲戶"였다. 첨숙선은 교수를 역임한 첨숙의라는 동생을 두고 있었고 이 동생의 호적에 등록되어 있었다.

앞서 이야기한 구룡방·구룡진 형제와 같이 소흥 18년 진사시에서 '형제동방'이라는 커다란 경사를 이뤄낸 포요장蒲堯章과 포요인蒲堯仁 형제는 죽은 숙부의 호적에 올라 있는 경우이다. 포요장과 포요인은 제4갑 제27인과 제4갑 제13인으로, 그리고 나이로는 각각 41세와 38세로 급제하였다. 그들의 증조, 조부, 아버지가 그들의 급제 당시 생존해 있었는지 여부는 파악되지 않고 있지만, 그들은 그들의 숙부인 덕주교수德州教授 포곡蒲轂의 호적에 올라 있었다. 그리고 그들의 숙부는 조카 형제가 급제할 당시 이미 사망하였다. 포요장과 포요인의 본관은 "복주福州 후관현候官縣 계지향桂枝鄉 영친리榮親里 숙고덕주교수곡위호叔故德州教授轂爲戶"였다.

제4갑 제41인으로 급제한 이청李淸과 제4갑 제69인으로 급제한 이연李淵은 6촌(-물론 중국사회에는 혈연의 친소 관계를 촌수로 따지는 관행이 존재하지 않는다)이었다. 이청과 이연은 각기 47세와 26세에 급제하였고, 급제 당시 이청의 조부인 이시민李時敏과 아버지 이균李鈞, 그리고 이연의 조부인 이시방李時方과 아버지 이빈李彬은 모두 세상을 떠났다. 그리고 이청과 이연의 증조 이소물李昭物 역시 사망한 후였다. 그런데도, 이청과 이연의 본관은 "흥화군興化軍 보전현莆田縣 숭업향崇業鄉 연흥리延興里 증조위호曾祖爲戶"라 기록되었다.

소흥 18년(1148) 진사시에 급제한 사람들 가운데에는 아버지와 아들, 형과 동생, 그리고 6촌 사이에 함께 급제한 사람들 이외에도 당숙당叔과 당질堂姪이 함께 급제한 경우도 있었다. 제5갑 제67인으로 급제한 왕각王桷과 제5갑 제54인으로 급제한 왕동리王東里가 그들이다. 당숙인 왕각은 39세의 나이로 급제하였고, 그가 급제할 당시 그의 증조 (즉, 왕동리의 고조) 왕상현王象賢과 조부 (즉 왕동리의 증조) 왕경손王慶孫은 이미 사망하였으며, 아버지 왕경王涇은 생존해 있었다. 그럼에도 불구하고 그의 본관은 "처주處州 여수현麗水縣 부운향浮雲鄉 덕광리德廣里 자위호自爲戶"였다. 또, 그들이 급제할 당시 왕동리의 조부 (즉, 왕각의 삼촌)는 이미 사망하였고, 아버지 왕세수王世修는 생존해 있었다. 그래서 왕동리의 본관은 "처주 여수현 부운향 덕광리 부위호"로 기록되었다.

얼핏 보기만 해도 참으로 복잡해 보이는 이상의 사례들 이외에도, 즉 이미 사망한 것으로 보이는 고조, 그것도 이미 20여 년 전에 다른 나라에게 빼앗긴 지역에 거주하던 고조의 호적에 등록되어 있다고 밝히고, 자신의 증조가 아닌 증숙조의 호적에 등록되어 있으며, 형이 아닌 동생의 호적에 등록되기도 하고, 아버지가 아닌 숙부의 호적에 그것도 형제가 함께 기록되며, 증조·조부·아버지가 모두 세상을 떠나 자호自戶로 기록되어야 할 듯한데, 그렇지 않고 6촌 형제가 함께 증조의 호적에 등록되어 있고, 그리고 가까운 친척 사이에서 두 사람 모두 아버지가 생존해 있음에도 불구하고 당숙은 자호로 기록된 데 반하여 당질은 아버지의 호적에 등록되어 있는 이상의 사례 이외에도, 고백조高伯祖, 백조伯祖, 숙조叔祖, 백부伯父, 백형伯兄, 형 등《소흥십팔년동년소록》에 나오는 본관은 그 갈피를 잡을 수 없을 만큼 참으로 복잡하다.104

---

104 高伯祖, 伯祖, 叔祖, 伯父, 伯(兄), 兄에 해당하는 사례 가운데 그 대표적인 사례 하나씩만 소개하면 다음과 같다. 高伯祖의 경우는 제1갑 제4인 莫汲, 伯祖의 경우는 제5갑 제3인 楊騫, 叔祖의 경우는 제3갑 제20인 朱鶴, 伯父의 경우는 제4갑 제

하지만 이러한 사실을 종합해 볼 때 분명한 사실 하나는 발견된다. 그 분명한 사실 하나는 《소흥십팔년동년소록》에 나오는 본관이 해당 인물이 등록되어 있는 호적을 가리키고 있다는 점이다. 그래서 본관을 기록하는 방식인 '모주 모현 모향 모리 모위호'라는 표현에서 '모위호'는 해당 인물이 등록된 호주를 가리키며, '모주 모현 모향 모리'는 그 호주의 호적이 등록되어 있는 지역, 본관지를 의미한다.[105] 그리고 그 본관지는 지방관이 파견되는 최말단 행정 단위인 현 단위, 그 현 단위 아래에 존재하는 향과 리까지 아주 구체적으로 기록되었다.

그리고, 그 호주의 의미는 오늘날 우리가 알고 있는 호주의 의미와도 다른 것이었다. 오늘날의 호주는 해당 인물의 직계 조상 가운데 최장자最長者가 사망하면 그 후계자가 그 지위를 승계하고 또 장자가 아닌 인물이 분가를 하였을 경우 직계 조상의 사망 여부에 관계없이 해당 인물이 호주로 등록되는 것이 일반적이지만, 《소흥십팔년동년소록》에 나오는 호주는 이런 의미와는 차이가 있었다. 그 차이점 가운데 가장 두드러진 사실은 비록 호주가 사망하였다 하더라도 그와 상관없이 계속해서 호주가 된다는 사실이다. 그래서 그 호주가 사망한 고조가 되기도 하고, 또 호주가 고조가 되다 보니 6촌 형제이나 8촌 형제가 그의 증조와 조, 그리고 심지어는 아버지까지도 사망한 상태에서 하나의 호적에, 즉 사망한 고조가 호주로 있는 호적에 등재되기도 하였다(소흥 18년 진사시에는 8촌이 동방同榜으로 급제한 경우는 없다). 또, 그 호주가 되는 사람들도 직계 조상만이 아니라 고백조,

---

75인 鄒槔, 伯(兄)의 경우는 제5갑 제81인 葉民極, 그리고 兄의 경우는 제4갑 제23인 王康年이다.

105 董文靜 역시 '모위호'의 의미를 호주로 보고 있다. 董文靜, 《《紹興十八年同年小錄》與南宋初年的科擧社會研究》, 45쪽. 또 John W. Chaffee는 송나라 시대의 과거제도를 설명하면서 응시자의 거주 조건을 언급하였는데, 그 역시 '본관'이라는 용어는 일반적으로 거주지를 의미하였다고 하였다. John W. Chaffee, 양종국 옮김, 《배움의 가시밭길, 송대 중국인의 과거 생활》, 신서원, 2001, 109~113쪽.

증숙조, 백조, 숙조, 백부, 숙부, 그리고 심지어는 동생에 이르기까지 매우 다양하였다.

여하튼, 《소흥십팔년동년소록》에 나오는 본관이 해당 인물의 호적 또는 호적이 등록되어 있는 지역을 가리키는 것이었기에, 송나라 황실의 후예로 추정되는 16명의 본관은 "종정시 옥첩소" 또는 "옥첩소"라 기록되었다. 그 이유는, 앞서 설명하였듯이, 송나라 시대에는 종정시의 옥첩소에서 황실의 보첩과 황실 구성원들의 호적을 관리하였기 때문이었다. 그리고, 또 한 가지 주목되는 사실은 송나라 이전 왕조인 당나라 황실의 후예로 추정되는 이좌李左(-제5갑 제105인)의 경우에는 그의 본관이 "상주常州 의흥현宜興縣 성임향成任鄕 상부리常富里 당이씨위호唐李氏爲戶"(-당나라 황실은 이씨였음)로 기록되어 있다. 이 이좌의 사례 역시 본관이 해당 인물이 등록되어 있는 호적을 의미하면서 나타나는 현상이었다.

여기까지 해서 《소흥십팔년동년소록》에 기록되어 있는 본관이 호적을 의미한다는 사실은 어느 정도 분명해진 듯한데, 그럼에도 불구하고 우리에게는 하나의 궁금한 점이 계속해서 남아 있다. 필자는 《소흥십팔년동년소록》에 나오는 본관이 '모주·모현·모향·모리 모위호'라는 방식으로 기록되었다는 점을 이야기하였고 이 '모주·모현·모향·모리 모위호'는 본관지를 의미하는 '모주·모현·모향·모리'와 '모인의 호적에 등록되어 있다' 즉 호주를 의미하는 '모위호'로 나누어 볼 수 있다는 점을 이야기하였는데, 이 '모주·모현·모향·모리'라는 본관지가 실제로 무얼 의미하였는지 하는 점이 아직 해결되지 않은 것 같다.

이 '모주·모현·모향·모리'라는 본관지가 해당 인물이 실제로 출생하여 거주하던 출신 지역을 의미하였는지 또는 그렇지 않은지, 실제로 출생하여 거주하던 곳을 의미한다고 한다면 소흥 18년 당시 금나라에 의해 이미 점령되어 송나라 국경 밖에 위치해 있었던 것으로 보이는 지역을 본관으로 기록하고 있는 위 〈표 3-4〉에 나오는 25명의 본관은 무얼 의미하는지, 그들은 북방 지역에 거주하다가 송나라 조정에서 과거를 실시한다는 소식을 접하고 잠시 남으로 내려와 과거에 응시하여 급제한 것인지, 또 반대로 '모주·모현·모향·모리'라는 본관지가 단순히 출신 지역만을 가리키는 것이 아니라고 한다면 그 본관지는 무얼 의미하는 것인지, 이러한 의문들이 아직은 해결되지 않았다.

이에 대하여 필자가 우선적으로 제시할 수 있는 답은 '모주·모현·모향·모리'로 표현되는 본관지가 해당 인물의 출신 지역과 '큰 범위'에서 '상당수' 일치하고 있다는 점이다. 주지하다시피, 중국의 지방지에서는 인물지를 작성하면서 그 지방 출신자를 수록하는 게 오랜 관행이었고,[106] 그 인물지에는 일반적으로 진사시에 급제한 사람까지도 수록하였다. 《소흥십팔년동년소록》에 수록되어 있는 331명의 급제자 가운데 송나라 시대에 편찬된 지방지에서 소흥 18년 진사시에 급제한 인물로 확인되는 사람은 총 88명인데, 이 88명 가운데 75명의 본관지가 송대의 지방지에 나타나는 그들의 출신 지역과 '큰 범위'에서 일치하고 있다. 필자가 '큰 범위'에서 본관지와 지방지에 나타나는 출신 지역이 '상당수' 일치한다고 말한 이유는 위 88명의 출신 지역을 송대의 지방지에 나타나는 바와 같이 주·부 단위 또는 현 단위까지만 보자면, 바꾸어 말하면 그들의 본관에서 밝히고 있는 바와 같이 향과 리 단위와 같이 구체적인 지명까지는 몰라도 비교적 '큰 범위'라 할 수 있는 주나 부 그리고 현 단위까지만 보자면, 88명 가운데 '상당수'에 해당하는 75명(-약 85.2%)이 본관지와 지방지에 나타나는 그들의

---

106 중국의 지방지가 인물을 수록하면서 그 지역 출신자를 기준으로 수록하였다는 사실은 조선 시대 학자 柳馨遠의 著書 《東國輿地志》 凡例 '人物'을 참고하길 바란다. 아울러, 유형원의 저서를 인용한 송준호의 연구(〈韓國의 氏族制에 있어서의 本貫 및 始祖의 問題〉, 《朝鮮社會史研究》, 74~75쪽)와 이 책 제4장 2절도 참고하길 바란다.

출신 지역이 일치하고 있기 때문이다[107](〈부록 3-5〉 송대 지방지에 나오는 급제자 현황 참고).

하지만 《소흥십팔년동년소록》에 나타나는 본관지와 지방지에 나타나는 출신 지역이 일치하지 않는 경우도 많이 있었다. 소흥 18년 진사시에서 제5갑 제7인으로 급제한 주강朱江의 본관은 "평강부平江府 장주현長洲縣 대운향大雲鄉 경운리慶雲里 자위호自爲戶"로, 그의 본관지는 오늘날 강소성 내의 '평강부 장주현 대운향 경운리'였다. 하지만 그는 그의 본관지인 평강부 장주현 출신이 아니라 오늘날 복건성 내인 복주福州 후관현侯官縣 출신이었다. 그래서 그는 남송 시대 평강부의 지방지인 《오군지吳郡志》에 실리지 않고 복주의 지방지인 《순희삼산지淳熙三山志》에 실리게 되었다.[108]

위 《순희삼산지》(1182년 간)에는 소흥 18년 진사시에 급제한 그 지역 출신자 31명의 명단이 수록되어 있는데,[109] 이 31명의 본관지를 《소흥십팔년동년소록》에서 확인해 보면, 위에서 언급한 주강을 포함하여 5명의 본관지가 복주 지역이 아닌 다른 지역에 위치하고 있음을 알 수 있다. 또 이 5명 가운데 3명은, 즉 제2갑 제3인 유계배劉季裵, 제3갑 제4인 오경吳瓊, 그리고 제4갑 제18인 진경국陳經國 3명은 복주에서는 상당한 거리에 떨어져 있는 오늘날 하남성에 속한 지역인 개봉부開封府 지역에 본관을 두고 있었다. 그리고 나머지 1명인 제4갑 제20인 진백산陳伯山의 본관지는 오늘날 복건성에 속한 지역인 흥화

---

107 이 절에서 이용한 송대의 지방지는 中華書局編輯部 編,《宋·元方志叢刊》, 中華書局, 2006에 수록되어 있는 지방지이다. 이 지방지의 내용 가운데 주로 '進士題名'條에 나오는 소흥 18년 진사 급제자를 분석하였다. 자세한 내용은 〈附錄 3-5〉에 실려 있는 송대 지방지에 나오는 급제자 현황을 참고하길 바란다.

108 《淳熙三山志》卷28 人物類3 '科名'條.
   이 절에서 언급된 송대 지방지는 모두 中華書局編輯部 編,《宋·元方志叢刊》, 中華書局, 2006에 수록되어 있는 지방지임을 밝힌다.

109 《淳熙三山志》卷28 人物類3 '科名'條.

군興化軍 보전현莆田縣이었다.

복주 지역의 지방지인 《순희삼산지》에 수록된 사람들이 어떤 이유로 개봉부 지역에 본관을 두게 되었는지는 현재로서는 정확히 알 수 없다. 하지만, 《순희삼산지》의 내용을 자세히 들여다보면, 개봉부 지역에 본관을 둔 인물 가운데 한 사람인 유계배의 경우, 그의 증조로 생각되는 유강劉絳이 황우皇祐 원년(1049)에 제과制科에 급제하여 '민청인閩淸人'(-민청은 복주에 딸린 현 가운데 하나임)으로 기록되어 있고, 또 유계배의 아버지로 보이는 유발劉發이 소흥 2년(1132) 진사시에 특주명으로 급제한 것으로 나오고 있다.[110] 아무튼, 증조와 아버지의 기록만을 놓고 본다면 유계배의 가문은 대대로 복주 지역에 터를 잡고 생활하던 것으로 보이는데, 어떤 이유에서인지는 몰라도 유계배의 본관은 "개봉부開封府 개봉현開封縣 취대향吹臺鄉 구읍리九邑里 형옹위호兄顒爲戶"(-옹은 유계배의 형임)로 기록되어 있다.

이처럼 《소흥십팔년동년소록》에 실려 있는 본관지가 송나라 시대에 편찬된 지방지에 수록된 출신 지역과 일치하지 않는 사례는 오늘날 절강성에 속한 호주湖州 지역의 지방지인 《가태오흥지嘉泰吳興志》와의 비교를 통해서도 확인된다. 《가태오흥지》에는 소흥 18년 진사시에 급제한 그 지역 출신자 9명의 명단이 기록되어 있는데,[111] 그 가운데 3명의 본관지가 호주 지역이 아닌 개봉부 지역이다. 제1갑 제4인 막급莫汲의 본관은 "개봉부 개봉현開封縣 취대향吹臺鄉 백적리百赤里 고백조위호高伯祖爲戶", 제1갑 제7인인 갈태葛邰의 본관은 "개봉부 상부현

---

110 劉絳과 劉發은 《淳熙三山志》 卷26 人物類1 '科名'條와 《淳熙三山志》 卷28 人物類3 '科名'條에 실려 있다. 《紹興十八年同年小錄》에는 유강의 신상에 관하여 "故 不仕", 유발의 신상에 관해서는 "故 泰州文學"으로 기록되어 있다. 또, 《순희삼산지》에는 유강의 신상에 관하여 "字宅中 閩淸人 應茂才異等科 特授將仕郎 終推官", 유발의 신상에 관해서는 "崇寧四年解貢"이라 기록되어 있다.
111 《嘉泰吳興志》 卷17 賢貴事實下 進士題名.

祥符縣 개봉향開封鄕 북상촌北常村 고조위호高祖爲戶", 그리고 제3갑 제 18인 만개萬介의 본관은 "개봉부 상부현祥符縣 황구향黃溝鄕 적요촌赤 搖村 자위호自爲戶"이다.

하지만, 전하는 기록에 의하면, 이 3명 역시 호주湖州 지역과 밀접 한 관련이 있었던 것으로 파악된다. 막급의 경우, 그의 증조 막군진莫 君陳과 조부 막번莫磻[112]의 전기가 호주 지역의 출신자 가운데 역대 유명한 인물들의 전기를 모아 놓은 《가태오흥지》 '현귀사실賢貴事實' 편, 그 '현귀사실'편 가운데에서도 '귀안현歸安縣'조에 실려 있다. 그리 고 그들의 전기에 의하면, 막번은 막군진莫君陳의 둘째 아들로 막백용 莫伯鎔[113]이라는 아들을 두었고, 막백용은 막제莫濟, 막급莫汲, 막충莫 沖 삼형제를 낳았다(-이 삼형제 가운데 막급과 막충이 소흥 18년 진 사시에 함께 급제하였다. 이에 관해서는 뒤의 내용 참고).

또, 갈태의 증조인 갈서사葛書思는 명나라 숭정崇禎(1628~1644) 연 간에 간행된 《오흥비지吳興備志》에 '승상필지증조丞相邲之曾祖'(-필은 갈태의 이명異名임. 《소흥십팔년동년소록》에는 '갈태'라, 《오흥지》에는 '갈필葛邲'이라 기록되어 있음)라는 기록과 함께 '산음인山陰人'(-호주에 딸린 현 가운데 하나임)이라 되어 있다.[114] 그리고 갈태의 아버지 갈 립방葛立方[115]은 소흥 8년에 치러진 진사시에 급제하여 《가태오흥지》 '진사제명進士題名'에 실려 있으며,[116] 《오흥비지》의 '선거징選擧徵'편에 도 '아들인 갈필이 현달해서 태사太師에 증직贈職되고 월국공越國公에 봉해졌다'〈以子邲貴 贈太師 封越國公〉고 기록되어 있다[117](-만개萬介에

---

112 《紹興十八年同年小錄》에는 莫砳으로 기록되어 있다.
113 《紹興十八年同年小錄》에는 莫伯紹으로 기록되어 있다.
114 《(崇禎)吳興備志》 卷6 官師徵第四之五.
115 《紹興十八年同年小錄》에는 葛立中으로 기록되어 있다.
116 《嘉泰吳興志》 卷17 賢貴事實下 進士題名.
117 《(崇禎)吳興備志》 卷18 選擧徵第14 '鄕擧'條.

관해서는 뒤의 내용을 참고할 것). 따라서, 갈태의 가문 역시 막급의 가문과 같이 호주 지역에 대대로 살아온 집안이며, 갈태나 막급 모두 《가태오흥지》에 실려 있듯이 호주 출신자임을 알 수 있다.

그럼, 다시 한 번 거듭되는 질문 같지만, 왜 복주 지역 출신자인 유계배, 그리고 호주 지역 출신자인 막급과 갈태는 자신들의 출신 지역이 아닌 지역을 본관으로 기록한 것일까? 그리고 만일 본관이 그들의 출신 지역을 의미하는 것이 아니라고 한다면 그 본관은 무얼 의미하는 것일까? 이쯤에서 우리는 이러한 질문을 다시 한 번 생각해 보지 않을 수 없을 것 같다.

그리고 이러한 질문에 대한 해답을 찾기 위하여 우리는 명나라 시대 유명한 고증학자로, 《오흥비지》의 대표적인 편찬자인 동사장董斯張과 함께 《오흥비지》 편찬 사업에 참여한 민원구閔元衢(-생몰년 미상)의 이야기를 귀 기울여 들어볼 필요가 있을 것 같다. 민원구는 이전의 호주 지역 지방지에서 그 지역 출신자로 생각하지 않았던 정엽丁曄과 정백호丁伯虎를 《오흥비지》에 새롭게 소개하면서 그 이유를 다음과 같이 밝히고 있다.

> 민원구가 살피건대, 이정二丁(-정엽과 정백호)이 과거에 등제하였다는 기록은 호주 지역의 지방지에는 기재되어 있지 않고 항주 지역의 지방지에 실려 있다. 그러나 이를 두고 어찌 역사 문헌이 선세의 본거지를 함부로 기록하였다거나 관련 기록을 근거 없이 참고하였다고 할 수 있겠는가? 송나라 시대에는 기거하는 곳을 본관으로 기록하는 걸 금지하지 않았다. 그리하여 주역지朱繹之·주단상朱端常 부자와 같은 이들은 본래 '운간인雲間人'임에도 불구하고 호주 지역을 본관으로 칭하였고, 막급·갈태·만개 같은 사람들은 본래 '호주인'임에도 불구하고 개봉 지역을 본관으로 삼았다. 이로써 보건대, (저 이정이 호주가 아닌 항주의 지방지에 실린 이유는) 그들의 주관州貫이 항주였기 때문임을 알 수 있을 것이다.[118]

衢(-閿元衢를 말함: 安註)按 二丁登第 不見湖志而見杭志 豈文獻妄書先世土著
而諸集參互不足據哉 宋時無寄貫之禁 如朱繹之端常父子 本雲間人 而用湖州
貫 莫汲葛郃萬介 本湖人 而用開封慮 州貫可類推矣

　민원구에 따르면, 송나라 시대에는 출신 지역이 아닌 기거하던 곳
을 본관으로 기록하는 걸 금지하지 않아서, 1166년(건도乾道　2) 진사
시에 급제한 주역지나 1181년(순희 8) 진사시에 급제한 주단상은 운
간(-지금의 상해시上海市 일대) 지역 출신임에도 불구하고 호주 지역
을 본관으로 하기도 하였으며, 우리가 앞서 살펴본 막급·갈태·만개와
같이 호주 지역 출신자임에도 불구하고 개봉 지역을 본관으로 밝히기
도 하였다. 그리고 민원구가 《오흥비지》에서 호주 지역 출신자로 새
롭게 소개하고 있는 정엽과 정백호 역시 호주 지역 출신자임에도 불
구하고 호주가 아닌 항주를 본관으로 하였기 때문에 이전의 호주 지
방지에 실리지 않았다.

　우리가 앞서 살펴본 인물들, 복주 지역 출신자로서 복주 지역의 지
방지에 실려 있으면서도 개봉 지역을 본관으로 하였던 유계배·오경·
진경국, 복주 출신이면서 본관을 각기 평강부 지역과 홍화군 지역으
로 밝힌 주강과 진백산, 그리고 호주 지역 지방지에 실려 있는 막급·
갈태·만개는 저 민원구가 밝히고 있는 것처럼 "無寄貫之禁"이라는 송
나라 시대의 관행을 따른 것이었다.

　이를 당시 송나라가 처해 있던 역사적 상황과 결부시켜 이야기해
보자면, 복주 지역 출신자로서 개봉 지역을 본관으로 하고 있는 유계
배, 오경, 진경국, 그리고 호주 지역 출신자로서 개봉 지역을 본관으
로 삼고 있는 막급, 갈태, 만개는 본래 개봉부에 기거寄居하는 사람들

118 《(崇禎)吳興備志》 卷12 人物徵第五之五.

로, '정강지변' 이후 남으로 쫓기는 송나라 조정을 따라 그들 또한 남으로 이주하여, 그들이 남으로 이주하기 이전에 거주하던 개봉부 지역을 본관으로 기록한 사람들일 가능성이 크다. 그리고 앞서 〈표 3-4〉에서 밝힌 본관을 북방 지역으로 밝히고 있는 25명(-6명은 이미 언급함)도 또한 이러한 역사적 상황 하에서 북방 지역에서 남으로 이주한 사람들이라는 것이 필자의 추론이다.

이런 필자의 추론이 옳은 것이라고 한다면, 그들이 본관에서 밝히고 있는 북방 지역은 단순히 기거하던 곳을 의미하는 것이 아니었을 것이며, 그것은 마치 조선 시대의 호적대장과 같이 국가에서 관리하는 문서에 거주지로 기록되어 있는 지명이었을 것이다. 그래서 그들은 남으로 이주한 지 이미 20년이라는 세월이 흘렀음에도 불구하고 과거 응시와 같이 본인의 신상을 공식적으로 증명하여야 하는 경우 국가에 등록되어 있는 거주지를 본관으로 밝혔던 것이다.

《소흥십팔년동년소록》에 기록된 331명의 급제자 가운데 이른바 '형제동방'의 축복을 누린 막충·막급 형제가 형인 막충(-당시 27세, 제5갑 제19인)의 본관은 "호주湖州 귀안현歸安縣 인풍향仁風鄉 영춘리迎春里 조비각위호祖秘閣爲戶"이고 아우인 막급의 본관이 "개봉부 개봉현開封縣 취대향吹臺鄉 백적리百赤里 고백조위호高伯祖爲戶"인 원인이나, 또다른 '형제동방'인 육승지陸升之·육광지陸光之 형제가 형인 육승지(-당시 34세, 제4갑 제9인)의 본관이 "개봉부 진유현陳留縣 효의향孝義鄉 고조태부위호高祖太傅爲戶"이고 아우인 육광지(-당시 30세, 제4갑 제26인)의 본관이 "소흥부紹興府 산음현山陰縣 방곽향坊郭鄉 금린리錦鱗里 조위호祖爲戶"인 원인 또한 《소흥십팔년동년소록》에 기록된 본관이 "無寄貫之禁"이라는 관행을 따른 것이기 때문이다.

소결론

  한국의 본관제도를 연구하는 사람들은 일찍부터 중국의 군망에 관심을 가져왔다. 중국의 군망이란 '문벌사족'들이 자신들의 소속 씨족을 밝히면서 칭하였던 특정 지역의 지명을 일컫는 것으로, 예를 들면 박릉최씨博陵崔氏의 박릉, 태원왕씨太原王氏의 태원, 조군이씨趙郡李氏의 조군, 낭야왕씨瑯琊王氏의 낭야가 이에 해당한다. 이 군망을 칭하는 관행은 일찍이 한나라 시기부터 생겨나, '문벌 숭상 풍조'가 크게 성행한 위진남북조 시대에 크게 발전하였으며, 당나라 말기에 이르러서는 사회적으로 큰 의미를 갖지 못하는 역사적 유물로 변해 버렸다.

  또, 이 절의 서론에서도 이야기하였듯이, 중국의 역사 문헌에서는 '본관'이라는 용어는 당나라 시대부터 나타나기 시작하였으며, 송나라 시대에 이르러서는 그 '본관'의 용례가 법규로 규정될 만큼 널리 쓰였다. 그러다가 남송 시대를 지나 원나라 시대에 이르러서는 본적지를 의미하는 용어로서 '본관'이라는 용어보다는 '적관'이라는 용어를 쓰기 시작하였으며, 그 '본관' 또한 역사적 유물로 변하게 되었다. 우리가 명청 시대에 만들어진 역사 문헌에서 '본관'이라는 용어보다는 '적관'이라는 용어를 흔히 발견하는 이유도 바로 이 때문이다.

  처음부터 한국의 본관제도가 중국의 한나라 시기에 생겨나 당나라 말기까지 칭해졌던 군망의 영향을 받아서 생겨난 것인지, 이를 좀 더 구체적으로 표현해 보면, 박릉을 군망으로 칭하였던 최씨, 태원을 군

망으로 칭하였던 왕씨, 조군을 군망으로 칭하였던 이씨, 낭야를 군망
으로 칭하였던 왕씨와 같은 씨족의 영향을 받아서, 한국에서도 광산
光山을 본관으로 칭하는 김씨金氏, 안동安東을 본관으로 칭하는 김씨
金氏, 반남潘南을 본관으로 칭하는 박씨朴氏, 전주全州를 본관으로 칭
하는 이씨李氏가 생겨났는지, 아니면 당나라 시대부터 쓰이기 시작하
여 송나라 시대에 이르러 법규로 규정할 만큼 널리 쓰인 '본관'의 영
향을 받아, 처음에는 중국의 '본관'과 같이 국가에 등록되어 있는 거
주지를 의미하다가 후대에 와서 거주지와 본관이 분리되는, 그리하여
저 중국의 군망이 의미하는 바와 같이 자신이 소속된 씨족을 드러내
는 하나의 사회적 제도로서 발전해 갔는지 지금으로서는 정확히 알
수 없다.

　하지만, 《소흥십팔년동년소록》에 나오는 본관의 분석을 통하여 우
리가 추측해 볼 수 있는 하나의 사실이 있다. 소흥 18년(1148) 진사
시에 급제한 사람들 가운데 '정강지변' 이후 남으로 이주하였음에도
불구하고 계속해서 북방 지역을 본관으로 기록하고 있는 사람들, 그
것도 자신이나 아버지가 살던 곳이 아닌 조부나 증조, 심지어는 고조
가 거주하던 곳을 본관으로 기록하고 있는 사람들, 이 사람들과 같이
본관을 기록하는 현상이 '길고 긴 세월' 지속되었을 경우 중국사회에
서도 마치 한국사회에서 그러했듯이, 거주지와 본관이 분리되어 본관
과 성씨가 함께 소속된 씨족을 의미하게 되는 하나의 사회적 제도가
생겨났을 것이다.

　하지만 중국사회는 그렇지 않았다. 거주지와 상관없이 특정 지명으
로 소속된 씨족을 나타내는 관행은, 앞서 예를 들었던 박릉최씨와 태
원왕씨를 빌어 말하자면 그들이 박릉 지역과 태원 지역을 떠나 다른
곳에 살아도 여전히 '박릉인博陵人'이며 '태원인太原人'으로 불렸던 관
행은 당나라 말기에 이르러 이미 사라지고, 그를 대신하여 송나라 이

후로는 성씨와 함께 세거지를 칭하여 소속된 씨족을 나타내는 관행이 새롭게 자리 잡게 되었다. 그리고 중국사회에서는 당나라 말기에 발생한 '안사安史의 난' 이후 사회의 근간을 흔드는 치열한 내전이 발생하였고, 이러한 내전으로 인해 '5대10국'이라는 대분열을 경험하였다. 그리고 이러한 분열을 통일한 송나라는 북방 민족의 끊임없는 침입에 시달렸고, 이러한 시달림으로 인해 결국 북방 지역을 포기하고 남으로 천도하여야 했으며, 천도한 후에도 계속되는 이민족들의 침입 속에서 결국은 그 운명을 다할 수밖에 없었다. 이러한 중국 역사상의 혼란은 한국 역사에서 좀처럼 찾아보기 힘든 치열하고도 지속적인 것이었다. 중국의 본관은 이러한 역사적으로 혼란한 상황 속에서 한국의 본관제도와는 달리 '길고 긴 세월' 동안 지속될 수 없었다.

마지막으로, 《소흥십팔년동년소록》과 《경원조법사류》에 나오는 본관을 통해 알 수 있듯이, 중국의 본관은 한국 사학계에서 본관제도를 연구하는 연구자들이 흔히 말하는 바와 같이 '본관을 소유한다'거나 '(특정 지역을) 본관으로 삼는다'라고 표현될 수 있는 성질의 것이 아니었다. 그것은 호적 또는 가장이 작성되는 과정 속에서 해당 인물의 성명, 연령, 직역 등과 함께 기록되는 하나의 기재 사항일 뿐이었다. 그래서 이 본관은 특정 계층만이 소유할 수 있는 그리고 특정 계층은 소유할 수 없는 성질의 것이 아니었다. 호적 파악의 대상이 되는 사람이라면 그리고 공식적으로 신상을 밝혀야 하는 사람이라면 누구나 기록해야만 하는 것이었다.

또, 현재 한국 사학계에서는 본관제도가 고려 태조 대에 시작되었느니, 정종 대에 시작되었다느니, 혹은 성종 대에 시작되었다느니 그 시행 시점을 두고 많은 논란이 있다. 그들이 말하는 본관제도의 시작이란 '지방 제도의 편제' 즉 군현제의 실시로 인한 호적의 작성 과정에서 본관을 기록하는 것으로, 이는 '호적제도의 실시'나 또는 '새로운 호적제도의 도입'과 같은 방식으로 표현할 수 있을런지는 몰라도 한국 사회에서 씨족제도의 일부로서 말하는 본관제도는 아니었다.

한국의 본관제도는, 저 중국의 군망이 그러했던 것처럼 씨족을 분별하기 위한 방식으로서 생겨난, 즉 '문벌 숭상 풍조'로 인해 자신들의 씨족을 다른 씨족들과는 분별하기 위한 방식으로서 생겨난 하나의 사회적 제도였다. 그래서 그것은 국가에 의해서 '분정'되거나 어느 특정 시점을 두고 전국적으로 실시될 수 있는 것이 아니라, 중국에서의 군망이 그러했던 것처럼, 한국의 성씨제도나 씨족제도가 변화하며 발전하는 과정 속에서 자연스럽게 생겨난 것이었다.

〈**부록 3-4**〉급제자 지역별 분포표

	省名	府州名	縣名	인원		省名	府州名	縣名
北方	甘肅	秦州	三陽寨	1	南方	四川	嘉州	夾江縣
	山西	河中府	河東縣	1			嘉州	洪雅縣
	陝西	鄜州	直羅縣	1			簡州	陽安縣
		延安府	膚施縣	1			簡州	平泉縣
		永興府	長安縣	1			渠州	陵水縣
	靑海	積石軍	西門外	1			邛州	臨邛縣
	河南	開封府	開封縣	8			果州	西充縣
		開封府	祥符縣	5			果州	南充縣
		開封府	陳留縣	1			廣安軍	新明縣
		泗洲	盱眙縣	1			達州	巴梁縣
		汝州	梁縣	1			潼川府	銅山縣
		鄭州	管城縣	1			潼川府	飛鳥縣
		河南府	新安縣	1			潼川府	射洪縣
	河北	冀州	棗強縣	1			潼川府	鹽亭縣
南方	江西	建昌	南城縣	1			潼川府	郪縣
		建昌	南豊縣	2			潼川府	通泉縣
		建昌	新城縣	2			閬州	閬中縣
		吉州	吉水縣	1			瀘州	合江縣
		吉州	廬陵縣	1			縣州	巴西縣
		吉州	萬安縣	1			眉州	丹綾縣
		吉州	安福縣	3			眉州	眉山縣
		吉州	永新縣	2			眉州	靑神縣
		吉州	永豊縣	1			眉州	彭山縣
		南安軍	南康縣	1			普州	安岳縣
		臨江軍	新淦縣	1			蓬州	伏虞縣
		臨江軍	新喩縣	3			仙井監	仁壽縣
		臨江軍	淸江縣	1			成都府	廣都縣
		撫州	臨川縣	2			成都府	郫縣
		信州	上饒縣	1			成都府	成都縣
		信州	玉山縣	4			遂寧府	長江縣
		信州	弋陽縣	1			永康軍	導江縣
		饒州	德興縣	3			榮州	榮德縣
		饒州	樂平縣	6			威州	保寧縣
		饒州	浮梁縣	3			資州	盤石縣
		饒州	安仁縣	1			蜀州	晉原縣
	江蘇	江陰軍	江陰縣	1			彭州	崇寧縣

		建康府	江寧縣	1		彭州	義興縣
		建康府	句容縣	1		漢州	什邡縣
		建康府	溧水縣	1		懷安軍	金堂縣
		建康府	溧陽縣	1	上海	秀州	華亭縣
		建康府	上元縣	1		廣德軍	廣德縣
		常州	無錫縣	7		宣州	南陵縣
		常州	武進縣	2		宣州	宣城縣
		常州	宜興縣	3	安徽	宣州	太平縣
		常州	晉陵縣	1		順昌府	汝陰縣
		揚州	高郵縣	2		徽州	歙縣
		鎮江府	丹陽縣	1		衢州	江山縣
		鎮江府	丹徒縣	1		衢州	開化縣
		通州	海門縣	1		衢州	龍遊縣
		平江府	常熟縣	2		臨安府	臨安縣
		平江府	吳縣	1		臨安府	錢塘縣
		平江府	長洲縣	4		明州	奉化縣
	廣東	韶州	樂昌縣	1		明州	鄞縣
		潮州	揭陽縣	1		婺州	金華縣
		潮州	海陽縣	3		婺州	蘭溪縣
		建州	建安縣	3		婺州	永康縣
		建州	建陽縣	2		紹興府	山陰縣
		建州	甌寧縣	1		紹興府	嵊縣
		建州	崇安縣	2		紹興府	餘姚縣
		建州	政和縣	2		秀州	崇德縣
		建州	浦城縣	2	浙江	溫州	樂清縣
		南劍州	劍浦縣	2		溫州	瑞安縣
		南劍州	沙縣	2		溫州	永嘉縣
		福州	古田縣	1		溫州	平陽縣
		福州	羅源縣	1		處州	麗水縣
	福建	福州	閩縣	5		處州	龍泉縣
		福州	福清縣	1		處州	縉雲縣
		福州	連江縣	1		台州	臨海縣
		福州	永福縣	3		台州	黃岩縣
		福州	長溪縣	2		湖州	歸安縣
		福州	長樂縣	4		湖州	德清縣
		福州	懷安縣	2		湖州	安吉縣
		福州	候官縣	6		湖州	烏程縣
		邵武軍	建寧縣	1		梁山軍	梁山縣
		邵武軍	邵武縣	2	重慶	忠州	墊江縣
		漳州	龍溪縣	2		忠州	臨江縣

	泉州	南安縣	1			合州	石照縣
	泉州	永春縣	2			合州	巴川縣
	泉州	晉江縣	4		湖南	潭州	醴陵縣
	興化軍	莆田縣	9			澧州	澧縣
	興化軍	仙遊縣	2		湖北	興國軍	永興縣
	興化軍	興化縣	1			宗正寺 玉牒所	
四川	嘉州	龍遊縣	3			합계	

〈부록 3-5〉 송대 지방지에 나오는 급제자 현황[119]

1. 《新安志》卷8 敍進士題名 : 宋 淳熙 2년(1175), 趙不悔 修, 羅願 纂. 南宋 徽州志.

姓名[120]	本貫地[121]	비고
鄭之純(4/67)[122]	(安徽) 徽州 歙縣 布政鄕 成果里	'歙德興尉'라 기록됨.
汪端彦(5/73)	(江西) 饒州 德興縣 南部鄕 孝順里	婺源人으로 기록됨.
朱熹(5/90)	(福建) 建州 建陽縣 群玉縣 三桂里	婺源人으로 기록됨.
俞舜凱[123]	(安徽) 徽州 歙縣 登瀛鄕 折桂里	歙人으로 기록됨. 特奏名ㅇ

---

119 中華書局編輯部 編, 《宋·元方志叢刊》, 中華書局, 2006.에 있는 내용을 정리하였다.
　　따라서 이 표에서 언급한 지방지의 명칭, 찬수 연대, 찬수자 성명은 모두 《宋·元方
　　志叢刊》의 내용을 따랐다.
120 《紹興十八年同年小錄》에 실린 급제자 가운데 송대 지방지에 나오는 인물의 성명이
　　다. 《소흥십팔년동년소록》과 송대 지방지에서 동일인으로 판단되지만 이름이 서
　　로 다른 경우 《소흥십팔년동년소록》의 내용을 따랐다. 예를 들면, 《소흥십팔년동년
　　소록》에 제5갑 제25인으로 실려 있는 冷世務의 경우 《吳郡志》에는 冷世脩로 기록되
　　어 있다. 하지만 《吳郡志》에서 冷世脩는 "世光弟"라 기록되어 있고, 또 《소흥십팔년
　　동년소록》의 내용을 보면 冷世光과 冷世務는 형제임을 알 수 있다.
　　또, 송대 지방지에 나오는 인물 가운데 《소흥십팔년동년소록》에 수록되어 있지 않
　　은 인물은 제외하였다. 예를 들면, 《咸淳毗陵志》에 나오는 심문은 《함순비릉지》에
　　소흥 18년 진사시에 급제한 인물로 기록되어 있지만 《소흥십팔년동년소록》에는 나
　　오지 않는다.
121 《紹興十八年同年小錄》에 실린 본관 가운데 본관지에 해당하는 기록이다.
122 제4갑 제67인으로 급제한 것을 말한다. 이하 모두 같다.
123 밑줄 친 인물들은 위 표에서 두 차례 언급된 사람들이다. 俞舜凱는 《新安志》와
　　《咸淳毗陵志》에, 冷世光과 冷世務는 《吳郡志》와 《琴川志》에, 周汝士와 茹驤은 《剡錄》
　　과 《寶慶會稽續志》에 실려 있다.

2. 《淳熙三山志》卷28 人物類3 科名 : 宋 淳熙 9년(1182) 梁克家 纂修. 南宋 福州志.

姓名	本貫地	비고
劉季裒(2/3)	(河南) 開封府 開封縣 吹臺里 九邑里	
王亮功(2/7)	(福建) 福州 長溪縣 勸儒鄉 擢秀里	'長溪人'으로 기록됨
吳瓊(3/4)	(河南) 開封府 開封縣 信陵坊	'閩縣人'으로 기록됨
陳大方(3/35)	(福建) 福州 長樂縣 二難鄉 崇立里	'長樂人'으로 기록됨
曾貴(4/3)	(福建) 福州 閩縣 鳳池西鄉 崇賢里	
蒲堯仁(4/13)	(福建) 福州 候官縣 桂枝鄉 榮親里	
陳經國(4/18)	(河南) 開封府 開封縣 旌德村	'懷安人'으로 기록됨
陳伯山(4/20)	(福建) 興化軍 莆田縣 感德鄉 南匿里	
蒲堯章(4/27)	(福建) 福州 候官縣 桂枝鄉 榮親里	
葉翔鳳(4/36)	(福建) 福州 候官縣 石門鄉 九功里	
梁汝昌(4/45)	(福建) 福州 永福縣 通化鄉 開平里	'永福人'으로 기록됨
林次融(4/48)	(福建) 福州 長樂縣 善政鄉 郭素里	'長樂人'으로 기록됨
林錞(4/64)	(福建) 福州 連江縣 寧善鄉 欽平里	'連江人'으로 기록됨
王堯臣(4/83)	(福建) 福州 長樂縣 善政鄉 賓賢里	'長樂人'으로 기록됨
劉公特(4/87)	(福建) 福州 候官縣 桂枝里 聚星里	
陳思文(4/104)	(福建) 福州 長樂縣 善政鄉 實賢里	'長樂人'으로 기록됨
陳秀實(4/117)	(福建) 福州 永福縣 通化鄉 開平里	
朱江(5/7)	(江蘇) 平江府 長洲縣 大雲鄉 慶雲里	'候官人'으로 기록됨
李升(5/13)	(福建) 福州 閩縣 鳳池西鄉 崇賢里	'閩縣人'으로 기록됨
王傑(5/23)	(福建) 福州 永福縣 通化鄉 開平里	'永福人'으로 기록됨
劉煥(5/55)	(福建) 福州 懷安縣 承平鄉 孝悌里	
余溥(5/68)	(福建) 福州 候官縣 桂枝鄉 聚星里	'候官人'으로 기록됨
吳利見(5/69)	(福建) 福州 福清縣 太平鄉 永西里	'福清人'으로 기록됨
陳康嗣(5/83)	(福建) 福州 羅源縣 崇德鄉 安金里	'羅源人'으로 기록됨
周毅(5/85)	(福建) 福州 閩縣 鳳池西鄉 崇賢里	
王萬修(5/87)	(福建) 福州 長溪縣 勸儒鄉 擢秀里	'長溪人'으로 기록됨
洪澤(5/98)	(福建) 福州 懷安縣 郭業鄉 擇善里	'懷安人'으로 기록됨
卓冠(5/111)	(福建) 福州 古田縣 建東鄉 保安里	'古田人'으로 기록됨
劉坦(5/120)	(福建) 福州 候官縣 桂枝鄉 永平里	
陳仲諤(5/133)	(福建) 福州 閩縣 安仁鄉 開化里	'閩縣人'으로 기록됨
李全之(5/135)	(福建) 福州 閩縣 安仁鄉 永盛里	'閩縣人'으로 기록됨

3. 《吳郡志》 卷28 進士題名 : 宋 紹熙 3년(1192) 范成大(1126~1193) 纂修, 宋紹
定2년(1229) 汪泰亨等續修. 南宋 平江府志.

姓名	本貫地	비고
胡元質(2/10)	(江蘇) 平江府 長洲縣 樂安鄉 仁壽里	
冷世光(4/7)	(江蘇) 平江府 常熟縣 積善鄉 虞山里	
胡百能(4/51)	(江蘇) 平江府 長洲縣 樂安鄉 絃歌里	
糜師旦(4/92)	(江蘇) 平江府 吳縣 至德鄉 昌用里	
冷世務(5/25)	(江蘇) 平江府 常熟縣 積善鄉 虞山里	'冷世脩'로 기록됨
林光祖(5/61)	(江蘇) 平江府 長洲縣 東吳鄉 儒學坊	

4. 《雲間志》 卷中 進士題名 : 宋 紹熙 4년(1193) 楊潛 修, 朱端常·林至·胡林卿 纂.
南宋 秀州志.

姓名	本貫地	비고
張偉(3/21)	(上海) 秀州 華亭縣 新江鄉 道成里	'新江鄉道成里人'으로 기록됨
林公望(2/14)	(上海) 秀州 華亭縣 新江鄉 松澤里	'崧宅里人'으로 기록됨
柳仲永(5/45)	(江蘇) 鎭江府 丹徒縣 化龍坊	'用鎭江貫'으로 기록됨
張然(5/59)[124]	(上海) 秀州 崇德縣 淸風鄉 化遷里	《雲間志》에는 기록되지 않

5. 《琴川志》 卷8 進士題名 : 宋 慶元 2년(1196) 孫應時 纂修, 宋寶祐2년(1254) 鮑廉
增補, 元至正23년(1363) 盧鎭 續修. 南宋 常熟縣志.

姓名	本貫地	비고
冷世光(4/7)	(江蘇) 平江府 常熟縣 積善鄉 虞山里	
冷世務(5/25)	(江蘇) 平江府 常熟縣 積善鄉 虞山里	'冷世脩'로 기록됨

6. 《嘉泰吳興志》 권17 進士題名 : 宋 嘉泰 元年(1201) 談鑰 纂修. 南宋 湖州志.

姓名	本貫地	비고
莫汲(1/4)	(河南) 開封府 開封縣 吹臺鄉 百赤里	
芮燁(4/43)	(浙江) 湖州 烏程縣 澄靜鄉 光化里	
李彦穎(2/16)	(浙江) 湖州 德淸縣 永和鄉 仁智里	

---

124 張然은 《紹興十八年同年小錄》에 본관지가 "秀州 崇德縣 淸風鄉 化遷里"로 기록되
어 있으나, 수주의 지방지인 《雲間志》에는 실려 있지 않다. 따라서 본관지와 출신
지역이 일치하지 않은 사례로 추가하였다.

125 芮燁은 《紹興十八年同年小錄》에 본관지가 "湖州 烏程縣 澄靜鄉 光化里"로 기록되

朱三省(3/11)	(浙江) 湖州 安吉縣 順安鄉 引濟里	
萬介(3/18)	(河南) 開封府 祥符縣 黃溝鄉 赤搖里	
王康年(4/23)	(浙江) 湖州 烏程縣 霅水縣 倉場里	
莫沖(5/19)	(浙江) 湖州 歸安縣 仁風縣 迎春里	
施貫之(5/86)	(浙江) 湖州 安吉縣 移風鄉 淸泉里	
芮燁(2/13)[125]	(浙江) 湖州 烏程縣 澄靜鄉 光化里	
葛郘(1/7)	(河南) 開封府 祥符縣 開封鄉 北常村	'葛鄉'로 기록됨

7. 《剡錄》卷1 進士登科題名 : 宋 嘉定 7년(1214) 史安之 修 高似孫 纂. 南宋 嵊縣志.

姓名	本貫地	비고
周汝士(4/38)	(浙江) 紹興府 嵊縣 仁德鄉 甘棠里	
茹驤(5/82)	(浙江) 紹興府 嵊縣 昇平縣 集賢里	

8. 《嘉定赤城志》卷33 人物門3 仕進 進士科 : 宋 嘉定 16년(1223) 黃𰁡・齊碩 修, 陳耆卿 纂. 南宋 台州志.

姓名	本貫地	비고
王滋(4/100)	(浙江) 台州 黃岩縣 永寧鄉 金砂里	'黃巖人'으로 기록됨
陳擧善(5/76)	(浙江) 台州 臨海縣 大固鄉 丘祥里	'臨海人'으로 기록됨

9. 《寶慶會稽續志》卷6 進士 : 宋 寶慶 元年(1225) 張淏 纂修. 南宋 紹興府志.

姓名	本貫地	비고
王佐(1/1)	(浙江) 紹興府 山陰縣 禹會鄉 廣陵里	
張穎(2/18)	(浙江) 紹興府 山陰縣 坊郭鄉 甲子里	
陸升之(4/9)	(河南) 開封府 陳留縣 孝義鄉	
高選(4/25)	(浙江) 紹興府 餘姚縣 上林鄉 石仁里	
陸光之(4/26)	(浙江) 紹興府 山陰縣 坊郭鄉 錦鱗里	
周汝士(4/38)	(浙江) 紹興府 嵊縣 仁德鄉 甘棠里	
詹伉宗(5/32)	(浙江) 紹興府 山陰縣 禹會鄉 賓舍里	
沈壽康(5/46)	(浙江) 紹興府 山陰縣 禹會鄉 魯山里	
茹驤(5/82)	(浙江) 紹興府 嵊縣 昇平鄉 集賢里	

어 있으나, 호주의 지방지인 《嘉泰吳興志》에는 실려 있지 않다. 따라서 본관지와 출신 지역이 일치하지 않은 사례로 추가하였다.

10. 《寶慶四明志》卷10 人物攷 '進士': 宋 寶慶 3년(1227) 胡榘 修, 方萬里·羅濬 纂. 南宋 明州志.

姓名	本貫地	비고
沈中立(5/66)	(浙江) 明州 鄞縣 光同鄉 中林里	
童大定(5/77)	(浙江) 明州 奉化縣 奉化鄉 建城里	

11. 《仙溪志》: 卷2 進士題名 : 宋 寶祐 5년(1257) 趙與泌 修, 黃巖孫 纂. 南宋 仙遊縣志.

姓名	本貫地	비고
陳豊(2/15)	(福建) 興化軍 仙遊縣 歸德鄉 萬善里	
蔡珵(5/4)	(福建) 興化軍 仙遊縣 唐安鄉 慈孝里	

12. 《景定建康志》卷32 進士題名: 宋 景定 2년(1261) 馬光祖 修, 周應合 纂. 南宋 建康府志.

姓名	本貫地	비고
魏師遜(3/36)	(江蘇) 建康府 溧水縣 崇教鄉 淸化里	
鍾離松(4/63)	(江蘇) 建康府 江寧縣 建業坊	
周彦(4/103)	(江蘇) 建康府 溧陽縣 瑞蓮坊	
江賓王(4/105)	(江蘇) 建康府 句容縣 坊正鄉 南陽里	
鮑愼履(4/54)	(江蘇) 建康府 上元縣 鍾山坊 北左廂	

13. 《咸淳毗陵志》卷11 科目 : 宋 咸淳 4년(1268) 史能之 纂修. 南宋 常州志.

姓名	本貫地	비고
吳幬(2/5)	(江蘇) 常州 無錫縣 揚名鄉 賓鴈里	
尤袤(3/37)	(江蘇) 常州 無錫縣 開化鄉 白石里	'尤美'로 기록됨
龔尹(4/11)	(江蘇) 常州 宜興縣 成任鄉 蔣瀆里	
陳篆(4/19)	(江蘇) 常州 無錫縣 揚名鄉 賓鴈里	
鄒橦(4/75)	(江蘇) 常州 晉陵縣 孝仁東坊 臨川里	'鄒檉'으로 기록됨
馮公亮(4/111)	(江蘇) 常州 武進縣 仁孝西坊 永定里	
戴幾先(5/1)	(江蘇) 常州 無錫縣 天授鄉 廻溪里	
徐日章(5/10)	(江蘇) 常州 宜興縣 淸泉鄉 折桂里	
吳璹(5/47)	(江蘇) 常州 無錫縣 開元鄉 化昌里	'吳幬'로 기록됨

許璹(5/56)	(江蘇) 常州 無錫縣 開化鄉 白石里	
胡觀國(5/63)	(江蘇) 常州 武進縣 雙桂坊 慈訓里	
李左(5/105)	(江蘇) 常州 宜興縣 成任鄉 常富里	
陳長源(5/119)	(江蘇) 常州 無錫縣 揚名鄉 城西里	
俞舜凱	(安徽) 徽州 歙縣 登瀛鄉 折桂里	特奏名

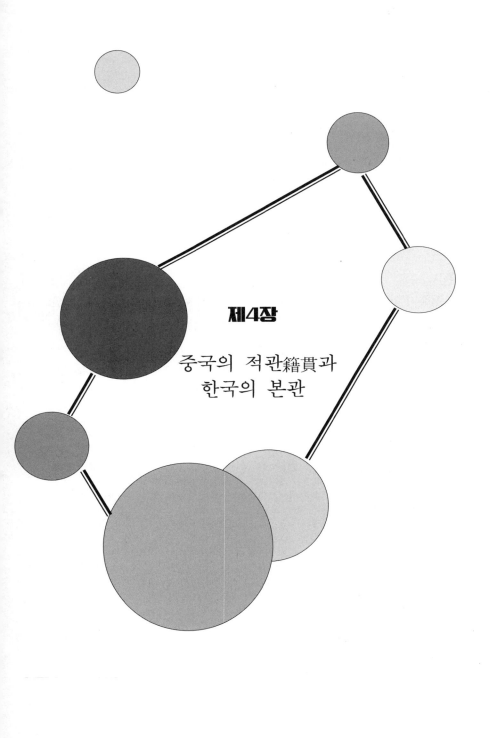

제4장

중국의 적관籍貫과
한국의 본관

제1절 전통기 한중 지방지에 나오는 본관 기록 비교
- 강서성 길안부《길안부지》와 전라도 남원부《용성속지》를 중심으로

전통기 한국의 지방지와 동시기 중국의 지방지에서는 한 인물의 열전을 소개하려 할 때 그 본격적인 소개에 앞서 해당 인물의 본관을 기록하는 게 통상적인 관행이었다. 이 본관은 특정 지명을 이용하여 '○○인'으로 표현하는 게 일반적이었는데, 역사 문헌에서는 이를 '하허인何許人', '모소인某所人', '모지인某地人' 등으로 지칭하였다. 이 절에서는 이를 '모지인'이라 부르려 한다.[1]

---

1 중국 역사 문헌에서 '某所人'·'某地人'이 본관을 지칭하는 경우는 많다. 그 가운데 대표적으로 姚範(1702~1771, 字巳銅·號姜塢) 사례를 소개하면 다음과 같다. 청나라 시기의 학자인 요범은 그의 저서《援鶉堂筆記》에서 중국의 역대 문헌에 대해 교감을 실시하였는데, 그 가운데《後漢書》에 나오는 '和帝 永元 9년 11월 癸卯日 기사'에 관해 다음과 같이 評하였다.
　　"《후한서》화제 영원 9년 11월 계묘일의 기사를 보면, "河南人 光祿勳 呂蓋를 司徒에 임명하였다"고 기록되어 있다. 이로써 보건데, 三公을 역임하여 본서(즉,《후한서》)에 열전이 실려 있는 인물들은 모두 '모소인'을 기록하지 않고, 本書에 列傳이 실려 있지 않은 인물들의 경우에는 본 기사 보다 늦은 시기인 永元 10년 8월 丙子日 기사의 "泰山人 巢堪"의 경우나 본 기사의 "河南人 呂蓋"의 경우와 같이 '某所人'을 기록하는 게《후한서》의 일반적인 특징이었던 것으로 보인다. 하지만 (본서에 열전이 실려 있지도 않은 인물, 즉) 본 기사보다 앞선 시기인 永元 4년 8월 癸丑日 기사의 太尉 尹睦의 경우에는 '모지인'을 기록하지 않았고 또 安帝 永初 5년 5월 甲申日 기사의 李修의 경우에도 역시 '모지인'을 기록하지 않았다. 또, 본 기사의 주에 "呂蓋는 字가 君玉이요 '宛陵人'이다"라고 하였는데, 하남 지방에도 宛陵이라는 지명이 있고 丹陽 지방에도 宛陵이라는 지명이 있다." ((永元)九年十一月癸卯 光祿勳河南呂蓋 爲司徒

예를 들어, 중국 이십오사二十五史 가운데 하나인 《송사宋史》에서는 중국 송나라 때 인물로서 당·송 팔대문장가八大文章家로 유명한 구양수歐陽修(1007~1073)의 열전을 수록하면서 '여릉인廬陵人'이라고 소개하고 있으며2, 《조선왕조실록》에서는 조선 시대 유능한 정치가이자 학자로 알려진 양성지梁誠之(1415~1482)를 그의 졸기卒記에서 '남원인南原人'이라 칭하였다.3 《송사》의 '여릉인'이나 《조선왕조실록》의 '남원인'

按大約諸爲三公本書有傳者 不書某所人 其無傳者 則書如後泰山巢堪及此河南呂蓋是也 前云 太尉尹睦 亦未云某地人 順(-安帝紀의 誤字: 安註)帝紀李修 亦無之 注蓋字君玉 宛陵人 河南有宛陵 丹陽亦有宛陵)

또, 전통기 한국인들도 역시 이른바 '○○人'이라는 기록을 '某地人'이라 지칭하였다. 成海應(1760~1839, 자 龍汝·호 研經齋)은 그의 저서 《研經齋全集》에서 비문과 묘지명의 문체를 열전의 문체와 비교하며 그 특징을 설명하였다. 그에 따르면, 열전의 문체는 '其人品行氣節'에 관련된 내용을 우선적으로 기록하고 그 뒤 그와 관련된 내용이 敷衍되는 게 일반적이지만, 비문과 묘지명의 문체는 열전의 문체와 달리 매우 엄격하였다. 그리하여 비문과 묘지명에서는 아주 작은 관서에서 낮은 관직을 역임하였다고 하더라도 그 관직을 모두 기록하고, 生年月日을 기록하지 않는 대신에 나이, 卒葬年月日, 그리고 葬地를 기록하며, 장지를 기록할 때에는 '坐向'을 기록하지 않고, 子女를 기록할 때에는 비록 성인이 되기 이전에 사망한 자녀가 있다고 하더라도 빠짐없이 기록하며, 사위의 이름은 반드시 기록하되 며느리와 손자는 기록하지 않고, '母 某氏'와 외가의 가계를 기록하지 않으며, 妻의 '모지인'과 처가의 가계 그리고 그 가계에 나오는 官署를 반드시 밝히었다고 설명하였다. 그리고 비문과 묘지명에서 이러한 서술 방식이 생겨난 원인으로 다음과 같이 지적하였다.

"나이와 卒葬年月을 밝히는 것은 비문을 작성하는 기본적인 목적이기 때문이요, '坐向'을 기록하지 않는 것은 方術을 중시하지 않기 때문이며, 子女를 빠짐없이 기록하는 것은 내가 낳은 자들이기 때문이며, 사위의 이름을 기록하는 것은 나의 딸을 표시하기 위함이며, '母 某氏'와 외가의 가계를 기록하지 않는 것은 아버지의 墓誌銘에서 찾아볼 수 있기 때문이며, '某地人'을 기록하는 것은 그 태어난 곳을 중시하기 때문이며, 처가의 가계를 기록하는 것은 함께 埋葬되는 자이기 때문이다."((又(-'傳記의 文體와 달리 又'라는 뜻임: 安註)如碑誌體段甚嚴 雖小署小官 盡書其職 如生年日者無一焉 只謹於年壽及卒葬年月日及葬地 葬地亦不書坐向 書子女 雖殤無關 壻亦必書 而不書子婦及孫 不書母某氏及外系 或有事於母則書亦不書母某氏者多 韓文公以格外書數處 又必書某地人及妻世系官署 考其制也) 年壽卒葬年月 碑之所以成也 不書坐向 不重方術也 子女我所生也 壻名表其女也 母氏系從父誌而見也 書地(-앞의 '某地人'을 말함)重所生也 妻系以同葬也)

2 《宋史》卷319 列傳78 '歐陽修傳'.
3 《朝鮮王朝實錄》成宗 卷142 13년 6월 11일 2번째 기사.

은 모두 '모지인'에 해당한다.

그리고 전통기 중국사회에서는 지방지에 나오는 '모지인'이라는 기록을 일반적으로 적관籍貫이라 불렀으며, 적관 이외에도 본관으로 부르기도 하였다. 또 동시기 한국사회에서는 이 '모지인'이라는 기록을 본관으로 지칭하였는데, 한국사회에서 본관이 의미하는 바는 중국사회에서의 적관이나 본관이 가진 의미와는 다른 것이었으며 심지어 본관이라는 용어 그 자체가 가지고 있는 의미와도 전혀 다른 것이었다. 이 절에서는 중국 지방지에 나오는 '모지인'과 한국 지방지에 나오는 '모지인'을 모두 본관이라 부르려 한다.4

---

4 우리가 중국의 역사 문헌에 나오는 本貫, 本籍, 籍貫, 鄕籍과 같은 용어가 가지는 의미를 이해하려 할 때 우선적으로 전제해 두어야 하는 사실은, 이상의 용어들이 역사 문헌 속에서 그 의미가 혼용되어 쓰이고 있다는 점을 반드시 명심해 두어야 한다는 점이다. 그리하여 같은 문헌 내에서도 서로 다른 용어들이 같은 의미로 쓰이는 경우가 많다.

일반적으로, 명청 시대에 작성된 중국의 지방지에서는 '모지인'을 적관이라 칭하였다. 예를 들어, 《大淸一統志》卷490에는 운남성 昭通府에 관한 여러 가지 사실이 기록되어 있다. 그 가운데 '名宦'條에는 17명의 열전이 실려 있는데, 각 열전에는 해당 인물의 '某地人'이 기록되어 있다. 하지만 그 17명 가운데 한 인물인 袁天麟의 열전에서는 "籍貫失傳"이라 기록되어 있다. 여기서 "적관"이란 나머지 16명의 열전에 기록되어 있는 '모지인'을 말한다. 그리고 '모지인'을 적관이라 칭한 사례는 《大淸一統志》 이외에도 《雲南通志》, 《貴州通志》, 《廣東通志》 등에서도 발견된다.

하지만, 지방지를 포함한 중국의 역사 문헌에서는 '모지인'을 본관이라 부르기도 하였다. 예를 들면, 위에서 언급한 《大淸一統志》卷231에서는 하남성 西安府의 인물을 소개하고 있는데, 그 안에는 車千秋(-漢武帝 때의 大臣)의 열전도 소개되어 있다. 차천추의 열전에는 다른 인물들의 열전과는 달리 '모지인'이라는 기록이 없는데, 이에 대해 《大淸一統志》의 편찬자는 다음과 같이 말하고 있다.

"西安 지역은 한나라와 당나라의 수도가 있었던 곳이다. 사대부 가운데 관직 생활을 하며 장안 지역에 (임시로) 거주하였던 사람들은 여타의 인물들과 함께 (西安府의) 人物傳에 기록할 필요가 없다. 예를 들면, 杜延年은 하남성 南陽府의 人物傳에 이미 수록되어 있고, 韋元成은 산동성 兗州府의 人物傳에 이미 수록되어 있으며, 鄭崇은 (同省) 萊州府의 人物傳에 수록되어 있다. 또 顔師古·顔眞卿·顔杲卿·顔泉明은 (同省) 沂州府의 人物傳에 수록되어 있다. 따라서 이 (西安府의) 卷內에서는 이들을 제외하여 중복되게 기록되지 않도록 하였다. 그리고 이전의 기록에서 본관이 기록되어 있지 않아 본관을 확인할 수 없는 인물에 대해서는 이전의 기록대로 西安府의 人物傳에 그대로 기록해 두었다."(按西安爲漢唐建都之

전통기 중국사회에서 본관이 가지는 의미와 동시기 한국사회에서 본관이 가지는 의미가 서로 다르다는 사실은 일찍이 송준호의 연구에서 밝혀졌다. 송준호는 한유韓愈(768~824), 여몽정呂蒙正(944~1011), 소옹邵雍(1011~1077), 진준경陳俊卿(1113~1186), 주돈이周敦頤(1017~1073), 그리고 주희朱熹(1130~1200) 집안을 사례로 하여 전통기 중국사회에서 본관이 의미하는 바가 동시기 한국사회에서 본관이 의미하는 바와 서로 다름을 증명하였다.5 그리고 그러한 차이가 생겨난 원인으로 한국사회가 중국사회에 비해 문벌을 숭상하는 풍조가 강하였음을 지적하였다.6

송준호는 이상의 연구를 1983년에 1차로 발표하고 1986년에 《역사학보》에 정식으로 게재하였다. 우리가 잘 알다시피, 이 시기는 한국과 중국이 정치적인 이유로 서로 왕래가 자유롭지 못한 시기였기 때문에

地 士大夫之宦居長安者 以不必槪行取入人物傳内 如社延年已載河南南陽府人拘(-物의 誤字: 安註) 韋元成已載山東兗州府人物 鄭崇已載萊州府人物 顔師古顔眞卿顔杲卿顔泉明已載沂州府人物 故於卷内 悉爲删除 以省重複 其各本貫未經載入者 則仍依原本 謹附識於此)

여기서 본관이란, 西安府의 인물로써 차천추와 함께 소개되고 있는 인물들, 구체적으로는 '王翦은 '頻陽東鄕人'이요, 魏尙은 '槐里人'이요, 趙食其는 '殷䄅人'이요, 蘇武와 張安世는 '杜陵人'이요' 하는 따위의 '모지인'을 말하고 있음은 분명하다. 그리고 이러한 사례는 위에서 언급된 《廣東通志》 이외에도 《湖南通志》, 《江南通志》, 《濟南府志》 등에서도 발견된다. 또 '모지인'을 본관이라 칭하는 사례는 지방지 이외의 역사 문헌에서 얼마든지 찾을 수 있다. 요컨대, 중국 역사 문헌상에 나오는 적관이라는 용어와 본관이라는 용어는 서로 유사한 의미로 사용되었다.

아울러, 현대 중국 학자 가운데 陳國生도 그의 연구(《明史》入傳人物本貫의地理分布及形成原因芻論〉, 《中國歷史地理論叢》, 1995年 第2期, 陝西師範大學)에서 《明史》 列傳에 수록된 인물들의 적관을 분석하고 이를 본관이라 지칭하였다.

5 宋俊浩, 〈韓國의 氏族制에 있어서의 本貫 및 始祖의 問題〉, 《朝鮮社會史硏究》, 75~82쪽.

6 송준호는 이러한 내용을 그의 연구 성과 곳곳에서 피력하였는데, 그 가운데 《朝鮮社會史硏究》에 실린 〈韓國의 氏族制에 있어서의 本貫 및 始祖의 問題〉가 이 절과 많은 관련이 있을 듯하다. 이 논문은 1983년 9월 전북 내장산에서 개최된 국제세미나 A Conference on Korean Society에서 발표되었고, 이후 《역사학보》 109호에 게재되었다.

학문적으로도 활발한 교류가 이루어지지 못하였다. 그렇기 때문에 학계에서 이용할 수 있는 자료의 양도 많지 않았고 더욱이 역사의 현장을 직접 답사한다는 생각은 꿈도 꿀 수 없는 시절이었다. 이러한 시기에 부족한 자료를 통하여 전통기 한국사회와 중국사회가 가지는 근본적인 성격을 비교하였던 송준호의 연구는 한국 사학계나 중국 사학계에서 참으로 큰 업적이었다.[7]

이 절에서는, 이런 송준호의 연구를 기반으로, 전통기 한국의 지방지와 중국의 지방지, 구체적으로는 중국 강서성 길안부吉安府의 지방지인 《길안부지吉安府志》와 한국 전라도 남원부南原府의 지방지인 《용성속지龍城續志》에 실려 있는 인물지人物志[8]를 분석하여 한국사회와 중국사회에서 본관이 의미하는 바가 어떻게 달랐는지를 살펴보고 그 차이점이 의미하는 바가 무엇이었는지를 설명해 보도록 하겠다. 이러한 시도는, 유사한 역사 과정을 겪어온 듯 보이는 양국 사회가 기본적인 성격에서는 커다란 차이가 있었다는 사실, 예를 들면 양국 사회 모두 유사한 성씨를 사용하면서도 현대 한국인들은 누구나 할 것 없이 성씨와 함께 본관을 사용하고 있는 데 반해 현대 중국인들은 성씨만

---

7 송준호의 연구 이외에도 한국의 본관이 의미하는 바와 중국의 본관이 의미하는 바가 서로 달랐음을 언급한 연구로는 최양규의 연구(《한국족보발달사》, 혜안, 2011, 190-191쪽)가 있다. 최양규는 송나라 학자 朱熹의 집안인 婺源朱氏가 그 거주지 변화에 따라 張香都朱氏, 金陵朱氏, 靑陽朱氏로 변화하는 사실을 언급하였다. 또 송준호의 연구를 자신의 입장에서 정리한 常建華의 연구(〈朝鮮族譜研究綜述〉, 《朝鮮族譜研究》, 164~165쪽)와 본관의 의미에 관해서 직접적으로 언급하지 않았지만 한국 족보와 중국 족보의 성격을 비교한 미야지마 히로시(〈동아시아세계 속의 한국 족보〉, 《대동문화연구》 77, 성균관대학교 동아시아학술원 대동문화연구원, 2012)의 연구도 참고할 만하다. 婺源朱氏, 張香都朱氏, 金陵朱氏, 靑陽朱氏에 관해서는 송준호의 연구(앞의 책, 93쪽과 483~484쪽)도 참고하길 바란다.

8 중국의 학자들은 일찍부터 지방지 인물지에 관심을 가졌다. 그 대표적인 연구는 다음과 같다.
馮爾康, 《淸代人物傳記史料研究》, 商務印書館, 2000; 常建華, 〈中國地方志人物傳記〉, 《歷史月刊(臺灣)》, 1997年 8月號; _____, 〈中國地方志人物傳記〉, 《社會生活的歷史學》, 北京師範大學出版社, 2011.

을 사용하고 있는 현상, 그리고 그 현상이 가지는 사회사적 의미, 이
러한 문제에 관해서 조금만 해답을 제시할 수 있을 것으로 생각된다.

1. 《길안부지》 인물지에 나오는 본관

사실, 길안부와 남원부를 비교하는 일은 (어쩌면, 그에 더 나아가
중국사회와 한국사회를 비교하는 일까지도) 비교대상의 규모 면에서
보자면 다소 무리가 따르는 일일 수 있다. 단순히, 현재 길안시와 남
원시의 면적을 비교해 보아도 두 도시가 서로 상대가 되지 않을 만큼
커다란 차이가 나고 있음을 알 수 있다. 기록에 의하면, 길안시의 면
적은 약 25,300㎢, 남원시의 면적은 약 753㎢인데, 이 길안부의 면적
은 현재 한국의 전라북도, 전라남도, 그리고 제주도의 면적을 합한 것
보다도 넓다. 더욱이 두 도시에 살고 있는 사람의 수 즉 인구를 비교
해 보아도, 길안시가 약 470만, 남원시가 약 8만 8천명으로, 길안시가
남원시 인구의 약 60배 정도의 인구를 소유하고 하고 있음을 알 수
있다. 이렇게 단순히 수치만을 비교해 보더라도, 길안시의 사회는 (또
는 중국사회는), 면적과 인구가 많은 만큼, 보다 더 다양한 사람들이
모여 다양한 문화를 소유한, 그래서 남원사회와 비교했을 때 (또는 한
국사회와 비교했을 때) 기본적으로 훨씬 더 복잡한 구조를 가진 사회
임을 알 수 있다.[9]
또, 우리가 여기에서 주로 살펴보게 될 청나라 시대와 조선 후기,
그중에서도 동시대의 지방행정체계, 즉 중앙 정부가 지방을 통제하고
지방에서 중앙 정부에 보고하며 또 지방 통치조직 간의 상하 관계를
논하는 행정체계 내에서, 길안부와 남원부가 차지하는 위상이 서로

---

9 길안시·남원시 두 지역의 면적과 인구에 관해서는 《百度百科辭典》(http://baike.baidu.com/)
  과 《민족문화대백과사전》(http://100.nate.com/minbaek/index.html)을 참고하였다.

달랐다. 잘 알려져 있다시피, 청나라 왕조는 중국을 여러 개의 성省으로 나누어 다스렸으며, 각 성 안에는 성의 중심지인 성회省會를 포함한 여러 개의 부府가 있었으며, 다시 각 부 안에는 여러 개의 주州와 현縣이 있었다. 이를 길안부가 속하였던 강서성을 예로 하여 살펴보면, 강서성 안에는 14개의 부가 있고, 이 14개 부 가운데 하나가 길안부였으며, 길안부 내에는 9개의 주·현과 1개의 청廳이 있었다.10 이에 비하여 남원부는 조선 8개 도道 가운데 하나인 전라도, 또 전라도 내에 있던 여러 군현들 가운데 하나였다. 다시 말해, 남원부는 중앙에서 관리가 파견되는 최말단 행정조직이었지만, 길안부는 그러하지 않았다.

이러한 차이점에도 불구하고 이 절에서 길안부와 남원부를 비교하고자 하는 이유는 다음과 같다. 첫째, 청이라는 국가 그리고 조선이라는 국가 내에서, 특히 이들 국가들이 지방을 통치하기 위해 설치하였던 지방행정단위 내에서 길안부와 남원부가 차지하는 위상이 비슷하다는 점이다. 잘 알려져 있다시피, 청나라 시기 강서성의 성회는 남창부南昌府였으며, 조선 시대 전라도 감영監營은 전주부에 설치되어 있었다. 길안부와 남원부는 모두 성회나 감영 소재지가 아닌 지역에서 문화적으로나 행정적으로 중요한 역할을 담당하고 있는 도시였다. 즉 길안부는 강서성의 서남부에서, 남원부는 전라도의 중남부에서 중요한 역할을 담당하고 있었다.

둘째, 두 도시 모두 오랜 역사를 기반으로 많은 인물을 배출하고 풍부한 역사 문화유산을 가지고 있었다는 점이다. 이는 이 지역 출신자로서 과거에 급제한 사람의 수를 보아도 확인되는데, 길안부의 경우 당 이후 치러진 과거 시험에서 약 3000명의 진사를 배출하였고,

---

10 강서성과 길안부의 행정체계에 관해서는 시기에 따라 변화가 있을 수 있겠지만, 필자는 《大淸一統志》를 참고하였다.

남원부에서는 조선 시대 동안 약 120명의 문과 급제자를 배출하였다.[11] 더욱이, 길안부에서는 '당·송 팔대문장가'의 한 사람으로 불리는 구양수(1007~1073) 그리고 남송 말기 뛰어난 항몽抗蒙 투쟁으로 유명한 그리하여 중국사에서 '민족영웅'으로 칭송받는 문천상文天祥(1236~1283)과 같은 훌륭한 인물이 많이 배출되었고, 이에 비해 남원부에서는 '최崔·노盧·안安·이李'(삭녕최씨朔寧崔氏·풍천노씨豊川盧氏·순흥안씨順興安氏·전주이씨全州李氏)로 대표되는 문벌사족들이 일찍부터 자리 잡고 있으면서 풍부한 향촌문화를 꽃피웠던 곳이다.[12]

셋째, 전통기 여타의 중국 지방지와 한국 지방지가 그러하듯이, 강서성 길안부의 지방지인 《길안부지》와 전라도 남원부의 지방지인 《용성속지》에는 많은 공통점이 있다. 해당 지방의 건치 연혁과 지리 환경을 소개하고, 그 지방의 관아와 그에 딸린 관속을 나열하며, 그 지방 출신자로서 과거에 급제한 사람과 후대에 귀감이 될 만한 인물을 기록하고, 그 지방 재정에 관한 사항을 소개하는 등 《길안부지》와 《용성속지》는 그 서술 체계와 기술 방식에서 많은 공통점을 가지고 있다. 더욱이, 우리가 여기에서 주로 살펴보게 될 인물지, 그 가운데에서도 본관을 기록하는 방식인 이른바 '모지인'에 관련된 기록에서도 《길안부지》와 《용성속지》는 동일한 표현 방식을 취하고 있다.

알려진 바에 의하면, 현재까지 전해지고 있는 길안부지는 총 5종으로 알려져 있다.[13] 가정 연간에 간행된 본은 현재 상해도서관에 소장

---

11 길안부의 과거 급제자 수에 관해서는 《百度百科辭典》(http://baike.baidu.com/)을, 남원부의 과거 급제자 수에 관해서는 정훈의 연구(〈조선시대 남원 지역 문과급제자에 대한 고찰〉, 《전북사학》 29, 2006)를 참고하였다.

12 남원 지역의 사족 문화에 관해서는 아래의 연구가 참고가 된다.
宋俊浩, 〈南原地方을 例로 하여 본 朝鮮時代 鄕村社會의 構造와 性格〉, 《朝鮮社會史研究》; 宋俊浩·全炅穆, 《朝鮮時代 南原 屯德坊의 全州李氏와 그들의 文書(1)》, 전북대학교박물관, 1990; 金炫榮, 《朝鮮時代 兩班과 鄕村 社會》, 集文堂, 1999.

13 中国科學院北京天文臺 主編, 《中国地方志联合目錄》, 中華書局, 1985, 504쪽.

되어 있는데, 그 전질은 남아 있지 않고 권5~권16까지만 전해지고 있다. 1585년(만력 13)에 간행된 본과 1660년(순치 17)에 간행된 본은 총 36권이다. 그리고 1842년(도광 22)에 간행된 본은 1776년(건륭 41)에 간행한 것을 보각하여 간행한 것이며, 1876년(광서 2)에 간행된 본은 총 54권으로 이루어져 있다. 이 가운데 이 절에서는 1876년에 간행된 《길안부지》를 살펴보려 한다.[14]

1876년에 간행된 《길안부지》는 지리지地理志·건치지建置志·질관지秩官志·부역지賦役志·학교지學校志·군정지軍政志·선거지選擧志·인물지人物志·열녀지列女志·예문지藝文志·잡기雜記 총 11개의 분야로 나누어져 있다. 그 가운데 인물지는 대신大臣·서관庶官·유림儒林·문원文苑·충절忠節·효우孝友·독행篤行·의행義行·기수耆壽·은일隱逸·우현寓賢·방기方伎·선석仙釋 총 13조목에 걸쳐 길안부 출신의 인물을 소개하고 있다. 이 절에서는 인물지 내용 가운데 대신·서관·유림·문원·충절·효우·독행·의행·은일조에 나오는 인물을 중심으로 살펴보려 한다. 이상의 인물지에는 총 4113명의 인물이 소개되어 있는데, '대신'조에 120명, '서관'조에 959명, '유림'조에 132명, '문원'조에 607명, '충절'조에 359명, '효우'조에 787명, '독행'조에 129명, '의행'조에 846명, 그리고 '은일'조에 174명이 있다.

이 4113명의 인물을 이들이 활동했던 시대별로 구분하여 보면 다음과 같다. 한漢나라(B.C.206~219) 인물이 1명, 진晉나라(265~418) 인물이 2명, 유송劉宋(420~479) 인물이 1명, 남제南齊(479~502) 인물이 3명, 소량蕭梁(502~557) 인물이 1명, 수隋나라(581~618) 인물이 1명, 당唐나라(618~907) 인물이 9명, 남당南唐(937~975) 인물이 20명, 송宋나라(960~1279) 인물이 471명, 원元나라(1206~1368) 인물이 251

---

14 1876년에 간행된 《吉安府志》는 《中國方志叢書》 第251號(成文出版社, 台北, 1975)와 《中國地方志集成》, 〈江西府縣志輯〉(江蘇古籍出版社, 1996)에 실려 있다.

명, 명明나라(1368~1662) 인물이 2088명, 그리고 청淸나라(1616~1911) 인물이 1265명이다. 이는 《길안부지》의 편찬자가 한나라 시기부터 편찬 당대에 이르기까지 길안부 출신의 인물을 망라하여 수록하되, 주로 송나라 이후의 인물을 주로 기록하고 있음을 말해 준다.

그리고 이 인물지에는 이상의 4113명의 명단과 함께 각 인물에 대한 간략한 열전이 수록되어 있는데, 이 열전 안에는 이 절에서 주로 살펴보고자 하는 본관의 기록, 즉 '모지인'이라는 기록이 실려 있다. 이 '모지인'의 기록을 지명별로 나누어 보면, 태화泰和 784명, 여릉廬陵 679명, 안복安福 645명, 길수吉水 564명, 영신永新 433명, 만안萬安 368명, 영풍永豊 311명, 용천龍泉 212명, 영녕永寧 75명, 연화청蓮花廳 20명, 임강臨江 2명, 길안吉安 12명, 그리고 지명을 알 수 없는 경우가 8명이다. 이를 표로 정리해 보면 〈표 4-1〉과 같다.

〈**표 4-1**〉《길안부지》 인물지에 나오는 본관

지명	인원수	지명	인원수
泰和[15]	784	龍泉	212
廬陵[16]	679	永寧[17]	75
安福[18]	645	蓮花廳	20
吉水[19]	564	臨江	2
永新[20]	433	吉安[21]	12
萬安[22]	368	未詳	8
永豊[23]	311	합계	4113

---

15 太和로 기록된 5명을 포함하였다.
16 "其世爲廬陵禾川人"으로 기록된 1명, "禾川人"으로 기록된 1명, "石陽人"으로 기록된 1명, 그리고 廬陵으로 추정되는 7명을 포함하였다. 화천은 永新縣의 고지명으로 생각되지만 인물지의 내용에 따라 여릉으로 파악하였으며 석양은 여릉현의 고지명이다. "其世爲廬陵禾川人"으로 기록된 인물은 南唐 시기 '文苑'條의 郭昭慶, "禾川人"으로 기록된 인물은 남당시기 '庶官'條의 周彬, 그리고 "石陽人"으로 기록된 인물은 南齊시기 '孝友'條의 王鷟이다. 여릉으로 추정되는 인물은 송 시기 '大臣'條의 胡栗, 同시기 '大臣'條의 周必大, 同시기 '庶官'條의 蕭汝諧·蕭汝士, 남당 시기 '文苑'條의 歐

《대청일통지大淸一統志》에 따르면, 청 시기 강서성에는 남창부南昌府, 여주부饒州府, 광신부廣信府, 남강부南康府, 구강부九江府, 건창부建昌府, 무주부撫州府, 임강부臨江府, 서주부瑞州府, 원주부袁州府, 길안부吉安府, 감주부贛州府, 남안부南安府, 그리고 영도직예부寧都直隸州, 총 13개 부와 1개 직예주가 있었다. 길안부는 이 13개 부 가운데 하나였으며, 길안부 안에는 다시 여릉현廬陵縣, 태화현泰和縣, 길수현吉水縣, 영풍현永豊縣, 안복현安福縣, 용천현龍泉縣, 만안현萬安縣, 영신현永新縣, 영녕현永寧縣, 그리고 연화청蓮花廳, 총 9개 현과 1개의 청이 설치되어 있었다.

陽偃·歐陽儀, 송 시기 '文苑'條의 歐陽發·周必疆이다. 이들은 각기 송 시기 '大臣'條에 수록된 胡銓의 손자, 同시기 '庶官'條에 수록된 蕭定基의 아들, 남당 시기 '庶官'條에 수록된 歐陽郴의 아들, 同시기 '文苑'條에 수록된 歐陽偃의 형, 송 시기 '大臣'條에 수록된 歐陽修의 아들, 同시기 '大臣'條에 수록된 周必大의 동생이다. 그리고 周必大는 그 先親이 廬陵縣監으로 임명되면서 鄭州 管城(=지금의 河南省 鄭州市 管城區 일대)에서 여릉으로 이주하였기 때문에 여릉으로 추정하였다.

17 永寗으로 기록된 2명을 포함하였다.

18 安成으로 기록된 2명과 安福으로 추정되는 1명을 포함하였다. 안성은 안복현의 고지명으로, "安成人"으로 기록된 인물은 劉宋 시기 '文苑'條의 王孚와 晉 시기 '孝友'條의 苻表이다. 안복으로 추정되는 인물은 명 시기 '庶官'條에 수록된 劉秉監인데, 그는 명 시기 '大臣'條의 劉宣의 아들이다.

19 吉水로 추정되는 2명을 포함하였다. 길수로 추정되는 인물은 청 시기 '大臣'條에 기록되어 있는 李振裕와 명 시기 '庶官'條에 실려 있는 曾乾亨이다. 이들은 각기 청 시기 '大臣'條의 李元鼎의 아들이고 명 시기 '大臣'條의 曾同亨의 동생이다.

20 永新으로 추정되는 2명을 포함하였다. 명 시기 '儒林'條의 顔鐸과 同시기 '文苑'條의 尹啓殷으로, 이들은 각기 同시기 '庶官'條에 나오는 顔鑰의 從弟이고 同시기 '大臣'條에 나오는 尹臺의 曾孫이다.

21 吉州로 기록된 5명을 포함하였다. 길주는 吉安의 별칭이다. 길주로 기록된 인물은 송 시기 '庶官'條의 蕭渤, 同시기 '儒林'條의 歐陽守道, 同시기 '忠節'條의 張雲, 원 시기 '義行'條의 劉如翁·嚴用父이다.

22 萬安으로 추정되는 1명을 포함하였다. 만안으로 추정되는 인물은 명 시기 '庶官'條에 실려 있는 朱維京이다. 朱維京은 명 시기 '大臣'條의 朱衡의 아들이다.

23 永豊으로 추정되는 7명을 포함하였다. 영풍으로 추정되는 인물은 청 시기 '忠節'條 '王典'傳 후반부에 기록되어 있는 7명이다. 청 시기 '忠節'條 '王典'傳에는 총 15명의 인물이 수록되어 있는데, 이 가운데 전반부 8명은 '永豊人'으로 기록되어 있으나 후반부 7명은 본관에 대한 기록이 없다. 하지만 이들 15명은 모두 忠義祠에 배향된 인물들이기에 영풍으로 추정할 수 있을 것 같다.

〈**표 4-2**〉《대청일통지》에 나오는 길안부 소속 현명

縣名	縣名
廬陵縣	龍泉縣
泰和縣	萬安縣
吉水縣	永新縣
永豐縣	永寧縣
安福縣	蓮花廳

우리가 〈표 4-1〉의 내용과 〈표 4-2〉의 내용을 비교하기에 앞서 우선적으로 염두에 두어야 하는 사실은 우리가 이 절에서 주로 살펴보고 있는《길안부지》인물지에 수록된 4113명의 인물과 그 외《길안부지》인물지에 수록되어 있는 인물들은 모두 길안부 출신자들이거나 또는 길안부와 직접적인 연관이 있는 사람들이라는 점이다. 이는 전통기 한국사회와 중국사회에서 인물지를 편찬하는 의도, 즉 '후대에 모범이 될 만한 인물을 수록하여 후대의 귀감을 삼고자 하는' 의도와도 깊은 관련이 있었다.

아무튼,《대청일통지》에 나오는 길안부 소속 현명縣名과《길안부지》인물지에 실린 4113명의 '모지인'이라는 기록 즉 본관을 정리한 〈표 4-1〉을 비교해 보면, 본관을 알 수 없는 8명과 임강을 본관으로 하고 있는 2명을 제외한 4103명의 본관이 모두 길안부 내에 위치하고 있음을 알 수 있다. 이는《길안부지》에 실려 있는 4103명, 또는 길안부 출신자라 불러도 좋을 4103명의 본관이 모두 길안부에 위치해 있는 것으로, 이들에게 본관이란 바로 그들의 본적지本籍地를 의미하고 있음을 알 수 있다. 그리고 이는 오늘날 한국인들이 본관과 본적지를 전혀 별개의 개념으로 이해하고 있는 것과는 확연히 다른 것이다.

이처럼,《길안부지》에 나오는 '모지인'이라는 기록 즉, 본관이 본적지를 의미하였기 때문에 해당 인물의 거주지나 해당 인물의 선조의 거주지가 바뀌게 되면 본관 또한 바뀌는 게 일반적이었다. 우리는 이

러한 사례를 장순張順과 장귀張貴, 엄가급嚴可及, 주평일周平一, 그리고 오성吳成 5명의 열전에서 확인할 수 있다.

장순張順과 장귀張貴는 모두 남송 때 사람으로 인물지 '충절'조에 수록되어 있는데, 이들은 원나라 군대가 쳐들어오자 민병民兵을 조직하여 맞서 싸우다 사망한 것으로 알려져 있다. 이들은 인물지에 모두 '태화인泰和人'으로 기록되어 있는데, 이들의 본관이 태화가 된 이유는 그들의 선조 가운데 태화현 현령을 역임한 인물이 있었기 때문이었다.[24] 엄가급 역시 '태화인'으로 송시기 '효우'조에 실린 인물이다. 그의 선대는 본래 건강建康(즉, 남경南京의 고칭古稱)에 살던 사람들로, 5대 10국 가운데 하나인 오吳나라(902~936) 때 태화현으로 이주하였다. 그리하여 엄가급의 본관은 태화가 되었다.[25]

또 주평일周平一의 조상은 본래 '길수인吉水人'이었는데, 송나라 황실이 원의 침입을 받아 남쪽으로 천도를 하게 되자 어지러운 세상을 피하여 영신현 승향勝鄕 지역으로 이주하였다. 그래서 주평일은 인물지 '효우'조에 '영신인'으로 기록되게 되었다.[26] 오성吳成은 명나라 시기의 인물로 '은일'조에 수록되어 있다. 그의 열전에는 그의 본관을 기록하는 대신 그가 영풍현에서 여릉현으로 이주한 사실을 기록하고 있다.[27]

---

24 《吉安府志》卷34, '忠節'條 '張順·張貴'傳.
　　其先世爲太和令 遂占籍槎富(-太和는 泰和를 의미하며, 槎富는 泰和縣에 속한 지명이다).
25 위의 책 卷35, '孝友'條 '嚴可及'傳.
　　先世家建康 僞吳時 徙太和(-建康은 南京의 고칭, 僞吳는 5대10국 가운데 하나인 吳나라, 太和는 泰和이다).
26 위의 책 卷35, '孝友'條 '周平一'傳.
　　其先吉水人 靖康俶擾 避地永新之勝鄕 家焉(-靖康俶擾은 '靖康之亂'을 의미하는 것으로 宋나라가 靖康 2년에 遷都한 사건을 말한다. 勝鄕은 永新縣에 속한 지명으로 생각된다).
27 위의 책 卷37, '隱逸'條 '吳成'傳.
　　自永豊徙盧陵.

거주지가 바뀌게 되면 본관도 변하는 게 일반적이었기 때문에, 한
집안의 구성원이라고 하더라도 본관을 서로 달리하는 경우가 생겨났
다.[28] 기록에 따르면, 구양수의 집안은 본래 발해渤海(-지금의 하북성
일대) 지역에 거주하면서 크게 현달한 가문으로, 발해를 군망으로 하
는 망족으로서 즉 '발해구양씨渤海歐陽氏'로서 명성을 날리었다. 그러
다가 구양수의 24대조인 구양경달歐陽景達이 장사치중長沙治中[29]에 임
명되면서 호남성 장사 일대에 거주하게 되었고,[30] 그 후 다시 구양수
의 8대조인(즉, 구양경달의 16대손인) 구양만歐陽萬이 안복현령安福縣
令을 역임하면서 강서성 길안 일대에 정착하게 되었다.

　구양수는 이러한 자기 집안의 역사를 〈구양씨보도서歐陽氏譜圖序〉에
서 밝히고 있다.[31] 그리고 〈구양씨보도서〉 말미에 해당 가계도를 작성
해 두었다. 이 가계도는 호남성 장사에 입거한 구양경달로부터 자기
당대에 이르기까지의 인물을 수록해 두었는데, 그중에서도 특히 강서

28　한 집안의 구성원이라 하더라도 본관을 달리하는 사례는 본문에서 소개된 歐陽修
　　집안 이외에도, 南宋 시기 孝宗 대와 光宗 대 두 차례에 걸쳐 宰相을 역임한 周必
　　大(1126~1204) 집안의 경우에도 찾아진다. 주필대와 그의 동생인 周必疆은 모두 본
　　관을 廬陵으로 하는 사람들인데, 그의 조상은 '鄭州管城人'(-지금의 河南省 鄭州市
　　일대)이었다. 그들의 본관이 여릉이 된 이유는 그들의 조부인 周詵이 廬陵縣監에
　　임명되면서 그의 가족이 관성에서 여릉으로 이주하였기 때문이었다. 《吉安府志》에
　　는 "其先鄭州管城人 祖詵宣和中 倅廬陵 因家焉"으로 기록되어 있다. 이에 관해서는
　　앞의 기록 각주 16번을 참고하길 바란다.
29　"治中"은 漢나라, 晉나라, 梁나라 시대에 府와 州 단위에 설치된 佐吏名으로, 주로
　　刺史를 보좌하며 문서를 정리하는 일에 종사하였다. 刺史와 하급관료 또는 刺史와
　　일반 백성들 사이에서 "居中治事"하였기 때문에 "治中"이라 불리었다. "治中從事"라
　　불리기도 하였다(賀旭志 編著, 《中國歷代職官辭典》, 吉林文史出版社, 1991의 '治中從
　　事'條와 徐連達 編著, 《中國官制大辭典》, 上海大學出版社, 2010의 '治中'條 참고).
30　《長沙縣志》(1810年(嘉慶 15) 간행본) 卷19 人物志 '歐陽景達'傳.
　　顗之祖也 仕梁爲長沙治中 因家焉.
　　이 절에서는 成文出版社有限公司에서 影印하여 발간한 《中國方志叢書》(華中地方) 第
　　311號의 내용을 이용하였음을 밝힌다.
31　《文忠集》卷71·外集21.
　　이 절에서는 臺灣商務印書館에서 발행한 《文淵閣四庫全書》第1102册에 수록된 《文
　　忠集》의 내용을 이용하였음을 밝힌다.

성 길안에 입거한 구양만의 후손을 자세히 기록하였다(〈부록 4-1〉에 실린 가계도 참고).

이 가계도에 실린 인물 가운데, 호남성 장사부의 지방지인 《장사부지》와 강서성 길안부의 지방지인 《길안부지》에서 '모지인'이 확인되는 인물은 총 12명이다. 구양경달의 손자인 구양위歐陽頠는 '임상인臨湘人'[32]으로 기록되어 있고,[33] 구양위의 손자인 구양순歐陽詢과 구양순의 아들인 구양통歐陽通은 본관을 임상臨湘으로 추정할 수 있는 경우이다.[34] 그리고 구양수의 고조인 구양탁歐陽託, 증조인 구양침歐陽郴, 조부인 구양언歐陽偃, 부父인 구양관歐陽觀, 본인인 구양수, 그리고 아들인 구양발歐陽發은 모두 '여릉인廬陵人'으로 기록되어 있다. 또 구양수의 종조從祖인 구양의歐陽儀는 '여릉인'으로, 재종숙再從叔인 구양재歐陽載와 구양영歐陽穎은 '영풍인永豊人'으로 기록되어 있다.[35]

그리고 이들 중에는, 비록 본관이 여릉이나 영풍으로 기록되어 있다고 하더라도, 그들의 본관이 불명확한 사람들이 있었다. 《길안부지》에 따르면, 《길안부지》 편찬 당시에 구양수의 증조인 구양침의 본관에 관해서 많은 논란이 있었던 것으로 보인다. 그 이유는 관련 문헌에서 구양침의 본관에 관한 기록이 서로 달랐기 때문인데, 이를 구체적으로 살펴보면, 이 절에서 주로 살펴보고 있는 광서光緖 연간(1876년,

---

32 《大淸一統志》에 따르면, 臨湘은 長沙府에 속한 지역으로, 漢나라 때 臨湘縣이 설치되었다가 唐나라 때 長沙縣과 湘潭縣으로 나누어졌다.

33 《長沙府志》(1747年(乾隆 12) 간행본) 권28, '歐陽頠'傳.
  (이 절에서는 成文出版社有限公司에서 影印하여 발간한 《中國方志叢書》(華中地方) 第 299號의 내용을 이용하였음)

34 '歐陽詢'傳과 '歐陽通'傳(앞의 책 卷28)에서는 구양순과 구양통에 관하여 각기 歐陽頠의 손자, 구양순의 아들로 밝히고 있다.

35 歐陽託은 唐 시기 '隱逸'條, 歐陽郴은 南唐 시기 '庶官'條, 歐陽偃은 同시기 '文苑'條, 歐陽觀은 宋 시기 '庶官'條, 歐陽修는 同시기 '大臣'條, 歐陽發은 同시기 '文苑'條, 歐陽儀는 南唐 시기 '文苑'條, 그리고 歐陽載와 歐陽穎는 모두 송 시기 '庶官'條에 실려 있다. 또 歐陽偃·歐陽儀·歐陽發에 관해서는 위 각주 16번을 참고하길 바란다.

광서 2년)에 간행된《길안부지》보다 약 100년 앞선 건륭乾隆 연간(1776
년, 건륭 41년)에 간행된《길안부지》에서는 구양침을 '여릉인'이라 하
였고, 또 강서성 지방지인《강서통지江西通志》[36]에서는 '영풍인'이라 하
였으며, 송나라 명장으로 알려진 한기韓琦(1008~1075)는 구양수의 묘
지명에서 구양침이 안복安福에 살았다고 기록하였기 때문이었다. 이런
기록을 모두 참고한《길안부지》의 편찬자는 "《강서통지》에서 (구양침
을) '영풍인'이라 기록한 것은 잘못된 것임에 틀림없다. 하지만 건륭
연간의《길안부지》에서 '여릉인'이라 기록한 것 또한 명확히 고증할
수 없다."고 결론짓고 있다.[37]

　이외에도 구양수의 부父인 구양관의 본관 역시 논란이 되었다. 그
이유는 건륭 연간의《길안부지》즉 노지盧志에서 구양관을 '영풍인'으
로 기록하였기 때문이었다. 그리고 노지에서 구양관을 '영풍인'으로
기록한 까닭은 그 편찬 당시에《강서통지》의 내용을 참고하였기 때문
인데,《강서통지》에서는 구양관의 부父인 구양언歐陽偃(즉, 구양수의
조부인 구양언)이 여릉에 거주하다가 영풍현 사계沙溪 지역으로 이주
한 사실을 근거로 하여 구양언의 아들인 구양관을 '영풍인'이라 칭하

---

36 《中國地方志联合目録》(中國科學院北京天文臺 主編, 中華書局, 1985)에 따르면, 1876
　년(光緒 2) 이전에 간행된 강서성의 通志는 총 6종이다. 1525년(嘉靖 4)의《江西通
　志》, 1556년(嘉靖 35)과 1597년(萬曆 25)의《江西省大志》, 1682년(康熙 22)의《江西通
　志》, 1720년(康熙 59)의《西江志》, 그리고 1732년(雍正 10)의《江西通志》이다. 이 가
　운데 1876년(光緒 2)에 간행된《吉安府志》에 인용된《江西通志》는 1732년의《江西通
　志》를 말한다.

37 《吉安府志》卷27, '庶官'條 '歐陽郴'傳.
　　盧誌案云 據世次碑 歐陽偃 始居沙溪 則當郴時所居 尙在盧陵 可知 通志 以郴爲永豊
　人 非是 今案安陽集歐陽公墓誌載 歐陽萬爲安福令 子孫因家安福 曾祖諱郴 南唐 爲武
　昌令 祖諱偃 南唐 獻所爲文十餘萬言 試補南京御衙院判官 始徙居吉水 是郴所居 實在安
　福 通志 作永豊人 固誤 盧誌作盧陵人 亦攷核未確.
　　여기서 '盧志'는 1776년(乾隆 41)에 간행된《吉安府志》를 말하는데, 이를 '노지'라
　칭한 이유는 乾隆 연간의《길안부지》를 당시 吉安知府인 盧崧이 총괄하였으며 또
　그가 서문을 작성하였기 때문으로 생각된다. 通志는《江西通志》를, 安陽集은 韓琦의
　文集을, 武昌은 지금의 호북성 武漢市 일대를 말한다.

였다.38 하지만 광서 연간의 《길안부지》 편찬자는 구양관을 '여릉인'으로 바로 잡았다. 또 구양수의 재종숙인 구양영은 그의 열전에 '영풍인'으로 기록되어 있지만, 그의 본관 역시 명확하지 않아 본관의 기록 하단에 "一作廬陵人"이라는 주가 붙어 있다.39

이처럼 한 사람이라고 하더라도 본관이 여러 지역으로 나타나다 보니, 《길안부지》 인물지에는 본관을 고증하기 위한 기록이 자주 등장한다. 그 대표적인 경우가 당나라 시대 재상을 역임한 조경趙憬(736~796)과 노매盧邁(739~798)를 길안부의 인물로 보느냐 그렇지 않느냐를 결정하는 문제였다. 《길안부지》의 편찬자는 "열전은 모두 구지舊志의 내용을 바탕으로 기록한다. 그리고 구지에서 역사 문헌이나 전기의 내용을 그대로 수록하여 다소 번잡하게 된 경우에는 이번에 간략하게 정리하고 그 사이 보충할 내용이 있으면 추가하여 기록하되 반드시 그 근거를 주로 밝히도록 한다."〈列傳 皆依舊志 舊志全錄史傳者 今從節錄 間有參補 必註明所本〉고 전제한 뒤, 여릉구지에 실려 있는 조경과 노매를 언급하며 다음과 같이 말하고 있다.

여릉구지에는 당나라 시대 재상을 역임한 조경과 노매 두 사람의 열전이 실려 있다. 이는(즉, 이 두 사람의 열전이 여릉구지에 실리게 된 이유를 생각해 보면, 여릉구지의 편찬자가)《예장십대문헌략豫章十代文獻略》의 내용을 참고하였기 때문인데, 이 《예장십대문헌략》40의 내용은 《가화록嘉話錄》에서 (이 두 사람을) '길주인吉州人'이라 칭한 기록을 따른 것이다.41 그러나 《당

---

38 앞의 책 卷27, '庶官'條 '歐陽觀'傳.
　　盧誌注云 通志 據世次碑 偃始居沙溪 作永豊人.
39 앞의 책 卷27, '庶官'條 '歐陽穎'傳.
40 《豫章十代文獻略》은 청시기 王謨(1731~1817)가 찬하였으며 총 50卷으로 이루어진 것으로 알려져 있다. 豫章은 강서성의 古地名이다.
41 필자의 조사에 의하면, 《吉安府志》의 편찬자가 말한 《嘉話錄》의 기사는 《太平廣記》 卷152 定數7 '趙憬·盧邁'傳에 기록되어 있다.

서唐書》를 살펴보면, 조경을 '농서인隴西人'(-지금의 감숙성 정서시定西市 농
서현 일대)이라 하였고 노매를 '하남인河南人'(-지금의 하남성 서안시西安市
일대)이라 하였다.42 이로써 보건대, 노지盧志(-노지에 관해서는 각주 37번
참고: 安註)에서 이 두 사람의 열전을 수록하지 않은 것은 참으로 타당한
것으로 생각된다. (따라서 이번에 인물지를 편찬하면서도 이 두 사람의 열전
을 제외하였다.) 이 밖에 역사 문헌이나 열전, 지방지에서 관련 내용을 채록
하여 구지의 내용을 보충한 경우에는 모두 구지의 차례에 따라 정리하되
'모서某書에서 채록하여 보충하였다'는 기록을 주로써 밝히었다.43

본관을 고증하려는 예는 '충절'조에 실려 있는 유악劉鶚의 열전에서
도 발견된다.《길안부지》편찬자는 이전의 역사 문헌에서 유악의 본
관이 '영풍인'으로 기록되기도 하고 '여릉인'으로 기록되기도 한 사실
을 발견하였다. 그래서《강서통지》와《길안부지》의 기록을 인용하며
다음과 같이 말하였다.

　《강서통지》인물지 '유악'전의 발문跋文에서는 말하기를, "오초려吳草廬(-
원나라 시기의 인물로 명은 징澄, 자는 유청幼清·백청伯清이며 당대에 '초려
선생草廬先生'이라 칭해졌음: 安註)와 구양규재歐陽圭齋는 그들이 작성한 유
악의 시집에 대한 서문에서 모두 '그의 조부인 유계림옹劉桂林翁은 나이가
102세이다. 할아버지는 나이가 들어서도 인덕을 갖추었고 손자는 어려도 재
주가 있어 한 집안에 두 가지 길조가 있다'고 하면서 유악을 '여릉인'이라
칭하였다.44 하지만 임지林志(-임지는 가정 4년(1525)에 간행된 《강서통지》

42　《舊唐書》와《新唐書》모두 趙憬과 盧邁의 열전이 실려 있다.《吉安府志》의 편찬자
가 말한《唐書》는《신당서》를 말하는 것으로 보인다. 趙憬에 관해서는《舊唐書》卷
138 列傳 第88, '趙憬'傳과《新唐書》卷150 列傳 第75 '趙憬'傳에 관련 기록이 나오
며, 盧邁에 관해서는《舊唐書》卷136 列傳 第86 '盧邁'傳과《新唐書》卷150 列傳 第
75 '盧邁'傳에 관련 기록이 나온다.
43　《吉安府志》卷26, 人物志 '大臣'條.
　　廬陵舊志 載有唐相趙憬盧邁二傳 采自豫章十代文獻略 文獻略 則本之嘉話錄稱爲吉
州人 然考唐書 趙爲隴西人 盧爲河南人 盧志不采 誠非無見 外有從史傳縣志采補者
俱依次編例 註明從某書採補.

를 말하는데, 이를 '임지'라 칭한 이유는 가정 연간에 《강서통지》를 편찬할 당시 임정앙林庭㭿이 편찬을 주도하였기 때문이다: 安註)에서는 그를 '영풍인'이라 칭하였으니, 오초려와 구양규재의 서문에 의거하여 마땅히 '여릉인'으로 바로 잡아야 한다. … 따라서 임지에서 유악을 '영풍인'으로 기록한 것은 잘못이다."라고 하였다. 그런데 노지 '유악'전의 발문에서는 (임지의 내용을 따라) 《영풍현지》에 실려 있는 열전의 내용이 더 자세하다'고 하였다. 따라서 이번에(즉, 광서 연간에) 《길안부지》를 새롭게 간행하면서는 이상의 사실을 모두 참고하여 그 의문점이 풀리게 하였다.45

이외에도 "《여릉현지》와 《길수현지吉水縣志》에 모두 기재되어 있어 '여릉인'으로도 생각되고 '길수인'으로도 생각되지만 이번에는 《강서통지》의 내용을 따라 '길수인'으로 기록하겠다"고 한 왕자준王子俊, "안류顏鎛과 안균顏鈞의 아버지로 《여릉현지》에 '여릉인'이라 기록되어 있지만 이는 잘못이다"고 하고 '영신인永新人'으로 기록된 안응시顏應時, "노지盧志에는 '영신인'으로 기록되어 있지만 이는 잘못된 기록이다"고 하고 '태화인'으로 기록된 악규樂糺, 《길안부지》 인물지에는 '안복인安福人'으로 기록하지만 "《인문기략人文紀略》에는 '만안인萬安人'으로 기록되어 있다"고 밝힌 구양효歐陽曉 등 《길안부지》 인물지에는 본관을 고증하려는 기록이 여기저기 자주 등장한다.46

그리고 거주지와 본관이 일치하지 않는 경우에는 거주지를 기록하기도 하고 본관을 기록하기도 하였지만, 거주지를 기록할 경우에는 그 뒤에 본관을 밝히는 게 일반적이었다. 증삼빙曾三聘은 송나라 시기

---

44 吳澄의 기록은 그의 문집 《吳文正集》 卷17 '劉鶚詩序'에 나온다.
45 《吉安府志》 卷34 '忠節'條 '劉鶚'傳.
　　通志跋云 吳草齋及歐陽圭齋所撰劉鶚詩序 皆稱其大父桂林翁 年一百二 祖壽而德 孫少而才 爲一家二瑞 且以鶚爲廬陵人 林志云永豐人 所當依序改正 … 林志失載 盧志跋云 案永豐志傳尤詳 今竝參以釋其疑.
46 王子俊은 卷31 '儒林'條에, 顏應時는 卷35 '孝友'條에, 樂糺는 卷37 '隱逸'條에, 그리고 歐陽曉는 同卷 '隱逸條에 실려 있다.

의 인물로, 《길안부지》 인물지 '서관庶官'조에 '임강인臨江人'으로 기록
되어 있다. 《대청일통지》에 따르면, 임강부는 길안부와 함께 강서성에
속해 있는 14개 부(-그 가운데 하나는 직예주임) 가운데 하나이다. '임
강인'인 그가 《길안부지》에 실리게 된 이유는 그가 비록 임강부에 살
았다고 하더라도 그의 본적이 길수였기 때문이었다.[47]

또한 유청지劉淸之는 송나라 때 인물로, 《길안부지》 인물지 '유림儒
林'조에 실려 있다. 그도 역시, 증삼빙曾三聘과 마찬가지로 '임강인'으
로 기록되어 있는데, 그가 《길안부지》 인물지에 실리게 된 이유는 노
지盧志에서 "그 집안에 전하는 가계 기록에 따르면, 그는 여릉현 '제
사당인第四塘人'(-제사당은 여릉에 속한 지역의 지명)이다"는 기록이
있기 때문이었다.[48] 이처럼 거주지와 본관이 일치하지 않아 거주지를
기록하는 경우에는 그 뒤에 본관을 밝히는 게 일반적이었다. 이러한
사례는, 비록 길안부의 사례는 아니지만, 명말청초의 사람으로 청나라
세조가 황제로 등극하는 데 공을 세워 《청사고淸史稿》에 실린 이서봉
李棲鳳과 마명패馬鳴佩의 열전에서도 확인된다.[49]

그리고 본관은 해당 인물이 소속된 현명縣名을 밝히는 게 일반적이었
지만, 그렇지 않은 경우도 많이 있었다. 그래서 해당 인물이 소속된 부
명府名을 이용하여 '길안인吉安人'[50]·'길주인吉州人'[51]·'길주길수인吉州吉水

---

47 《吉安府志》卷27 人物志 '庶官'條.
　　盧誌註云 本籍吉水人(中國 歷史 文獻에서는 本籍도 本貫이나 籍貫과 동일한 의미
　　로 사용되는 경우가 많았다).
48 《吉安府志》卷31 人物志 '儒林'條.
　　盧志注云 據家譜係 廬陵第四塘人.
49 《淸史稿》列傳二十六 '李棲鳳·馬鳴佩' 條(劉俊文 編).
　　"李棲鳳 字瑞梧 廣寧人 本貫陝西武威 父維新 仕明爲四川總兵官 嘗官薊遼 家焉"과
　　"馬鳴佩 字潤甫 遼陽人 本貫山東蓬萊 其先世嘗爲遼東保義副將 因占籍遼陽左衛"
50 '吉安人'으로 기록된 인물은 총 7명으로, 원 시기 '庶官'條의 蕭文孫, 명 시기 '庶官'
　　條의 王希禮, 청 시기 '庶官'條의 蕭來鸞, 명 시기 '忠節'條의 王之藩·馬尊生·鄧凱, 同
　　시기 '隱逸'條의 權衡이다.
51 '吉州人'으로 기록된 인물은 앞의 각주 21번을 참고하길 바란다.

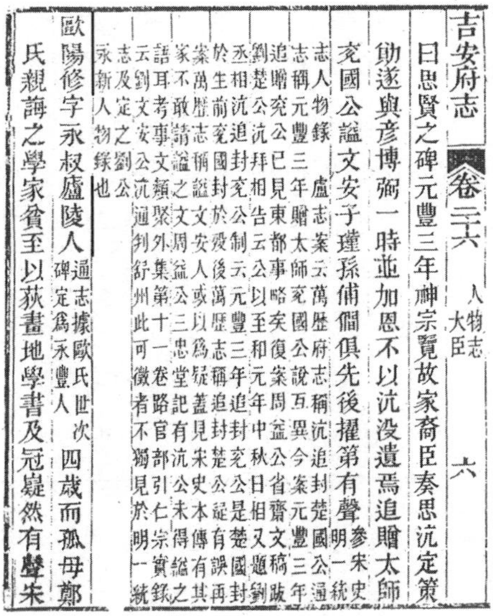

〈사진 4-1〉《길안부지》에 나오는 구양수의 '○○人'

人'⁵²·'길주용천인吉州龍泉人'⁵³·'임강신감인臨江新淦人'⁵⁴이라 기록하기도
하였으며, 같은 여릉현 사람이라고 하더라도 '여릉화천인廬陵禾川人'⁵⁵·
'여릉길양인廬陵吉陽人'⁵⁶·'여릉제사당인廬陵第四塘人'⁵⁷·'석양인石陽人'⁵⁸(-
석양石陽에 관해서는 앞의 각주 16번 참고)이라고도 하였고, 같은 안
복현安福縣이라 하더라도 '길주안복인吉州安福人'⁵⁹·'북향자계인北鄕茨溪
人'⁶⁰(-북향자계는 안복에 속한 지역의 지명으로 생각된다)·'안성인安成

---

52 《吉安府志》 卷34 人物志 '忠節'條 '楊邦乂'傳.
53 위의 책 同卷 同條 '李靚'傳과 '孫奥'傳.
54 위의 책 卷27 人物志 '庶官'條 '曾三聘'傳.
55 위의 책 卷32 人物志 '文苑'條 '郭昭慶'傳.
56 위의 책 同卷 同條 '夏寶松'傳.
57 위의 책 卷31 人物志 '儒林'條 '劉淸之'傳.
58 위의 책 卷35 人物志 '孝友'條 '王鷟'傳.
59 위의 책 卷32 人物志 '文苑'條 '劉弅'傳.
60 위의 책 卷34 人物志 '忠節'條 '劉球'傳.

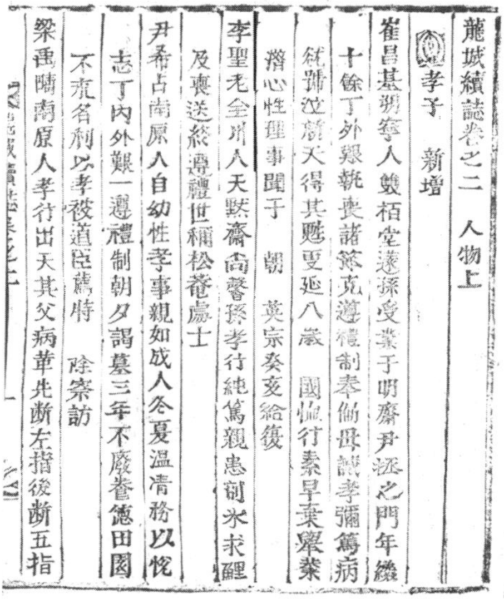
龍城續誌卷之二 人物上
孝子 新增
崔昌基朔寧人數栢堂遠孫受業于明齋尹拯之門年纔
十餘丁外艱執喪諸節克遵禮制奉偏母誠孝彌篤病
裓號泣籲天得其甦更延八歲 國恤行素早棄舉業
潛心性理事聞于 朝 英宗癸亥給復
李聖光全州人天默齋尙馨孫孝行純篤親患思氷求鯉
及喪送終遵禮世稱松菴處士
尹希占南原人自幼性孝事親如成人冬夏溫凊務以悅
志丁內外艱一遵禮制朝夕謁墓三年不廢養德田園
不求名利以孝被道臣薦特 除察訪
梁禹疇南原人孝行出天其父病革先斷左指後斷五指

〈사진 4-2〉《용성속지》에 나오는 이성로의 'ㅇㅇ人'

人'[61](-안성에 관해서는 앞의 각주 18번 참고)이라 칭하기도 하였다.

이상의 《길안부지》에 나타나는 현상, 즉 거주지가 바뀌면서 본관이 바뀐다거나, 한 집안의 구성원들끼리도 본관을 달리한다거나, 한 인물의 본관이 일정하지 않아 그를 고증하려 한다거나, 거주지와 본관이 일치하지 않아 때로는 거주지를 기록하고 때로는 본관을 기록하거나 또는 거주지를 기록하고 본관을 뒤에 덧붙여 기록한다거나, 본관을 표현하는 방식이 때로는 부명府名, 때로는 현명縣名, 때로는 향명鄕名과 촌명村名으로 한다거나 하는 현상은 한국의 지방지에서 찾아보기 힘든 경우이다. 이는 전통기 중국사회와 동시기 한국사회에서 '본관'이라는 말이 가지는 의미가 서로 달랐기 때문에 나타나는 현상이기도 하였다.

61 위의 책 卷32 人物志 '文苑'條 '王孚'傳과 卷35 人物志 '孝友'條 '苻表'傳.

2. 《용성속지》 인물지에 나오는 본관

현재까지 전해지는 남원부의 지방지로는 《용성지龍城誌》와 《용성속
지龍城續誌》가 있다. 1702년에 간행된 《용성지》는 남원부사南原府使 이
구징李耉徵이 조정의 명을 받아 남원의 사인士人인 이도李燾·최여천崔
與天과 함께 간행한 것이다. 1702년에 간행된 《용성지》의 내용에 의
하면 1702년 이전에도 남원부의 지방지가 간행된 것으로 보이지만,
그 실물이 현재 전해지지 않고 있어 그 내용을 파악할 수는 없다. 그
후 약 200여 년 뒤인 1921년에 《용성속지》가 간행되었는데, 이 절에
서는 이 《용성속지》를 위주로 살펴보려 한다.[62]

《용성속지》는 1702년에 간행된 《용성지》의 서술 체제와 성격을 그
대로 살려 편찬되었다. 그래서 그 범례에서도 "무릇 서술 항목은 모
두 구지舊誌(-《용성지》를 말함)의 내용을 따라 설정하였고 (구지에서
서술된 내용은) 중첩되게 기록하지 않았다. 하지만 혹 (구지의 내용
가운데) 빠진 내용이 있다면 이번에 (속지를 편찬하면서) 추가적으로
기록하여 (그 내용을) 참고하도록 하였다."[63]고 밝히고 있다.

이러한 사실은 여기서 우리가 살펴보고자 하는 《용성속지》의 인물
지에서도 잘 나타나 있다. 《용성속지》보다 200여 년 앞서 편찬된 《용
성지》의 내용 가운데 인물지의 '명현名賢'조와 '유일遺逸'조에는 각기
27명과 23명, 총 50명의 인물이 수록되어 있다. 하지만 이 50명의 인
물 가운데에는 《용성속지》의 '명현'조와 '유일'조에 실려 있는 인물은
하나도 없다. 그 대신 《용성속지》에는 《용성지》에서 빠진 인물을 추가
로 기록하여 '명현'조와 '유일'조의 '보유補遺'편(-'명현'조에 11명, '유일'

---

62 이 절에서는 국립중앙도서관 소장본(청구기호 BA2744-17)을 이용하였다.
63 《龍城續誌》 '凡例'.
　　凡條目次第 一從舊誌 不復疊錄 而或有遺漏事行 則今爲添補 以備籤考.

조에 12명)에 싣고 있으며, 《용성지》 편찬 이후의 인물을 '명현'조와 '유일'조의 '신증新增'편(-'명현'조에 9명, '유일'조에 11명)에 싣고 있다.

이처럼 《용성속지》는 그보다 앞서 편찬된 《용성지》의 서술 체계와 성격을 따르고 있음은 물론 그 내용 면에서도 《용성지》의 내용을 보충해 주는, 그래서 말 그대로 《용성지》의 '속집續集'으로 기능을 하고 있다. 따라서 《용성속지》가 비록 전통기의 성격을 간직한 지방지로서는 비교적 늦은 시기인 1921년에 편찬되었음에도 불구하고 그 체제와 성격, 그리고 내용 면에서는 여전히 전통기 地方志와 커다란 차이가 없었다.

더욱이, 《용성속지》에서는 우리가 살펴보고자 하는 본관의 기록 즉 '모지인'이라는 기록이 나타난다. 그 범례에서 밝힌바, "구지舊誌에서는(즉, 1702년에 편찬된 《용성지》에서는) 단지 성씨만을 밝히고 관향貫鄕을(즉, 본관을) 기록해 두지 않아 (그 내용이) 소략해 보인다. 그래서 이번에 (속지續誌를 간행하면서는) 그 관향까지도 기록해 두어서 이후 (사람들이) 참고할 수 있게 하였다."[64]고 한 것처럼 이전의 《용성지》에서 없는 '모지인'의 기록이 《용성속지》에서는 나타나고 있다.

이를 구체적으로 살펴보면, 15세기 후반 남원에 입거한 이후 남원의 '1급 양반'으로 활약한 삭녕최씨朔寧崔氏의 선조인 최항崔恒(1409~1474)의 자손 가운데 《용성지》 '명현'조와 '유일'조에 실려 있는 인물들, 즉 "최항의 6대손"이라 밝힌 최상중崔尙重, 최상중의 아들인 최연崔葕과 최온崔蘊, 그리고 최연의 아들인 최휘지崔徽之와 최온의 아들인 최유지崔攸之는 《용성지》에 본관이 기록되어 있지 않고 "領議政贈諡文靖公恒之六代孫"(-증시贈諡는 사후 시호가 주어지는 걸 말함)·"未能齋尙重之子"(-미능재未能齋는 최상중의 호임)·"左尹葕之子"(좌윤-左尹은 관직

---

64 《龍城續誌》'凡例'.
　　舊本只書姓氏 不書貫鄕 果涉疎略 故今則書其貫 以爲後攷.

명임)·"砭齋蘊之子"(-폄재砭齋는 최온의 호임)라 기록되어 있다. 하지만 똑같이 최항의 후손으로서 《용성속지》 '명현'조와 '유일'조에 실려 있는 최언수崔彦粹와 최원崔遠은 "삭녕인朔寧人"이라는 기록과 함께 "文翰林領相恒五世孫"(-문文은 문과 급제를 말함. 한림翰林과 영상領相은 모두 관직명임)·"逸敎授翰林彦粹曾孫"(-일逸은 유일遺逸로 천거薦擧됨을 말함. 교수敎授와 한림翰林은 모두 관직명임)이라 기록되어 있다.

《용성속지》는 총 12권으로 이루어져 있는데, 이 가운데 인물지는 권2와 권3에 실려 있다. 인물지는 효자孝子·효부孝婦·열녀烈女·절의節義·진적賑蹟·명현名賢·유일遺逸·학행學行·유행儒行·문과文科·음사蔭仕·무과武科·생원生員·진사進士·관안官案으로 이루어져 있다. 이 가운데 이 절에서는 효자·절의·명현·유일·학행·유행을 위주로 살펴보려 한다. 여기에 수록된 인물은 총 671명으로, 구체적으로는 '효자'조에 363명('신증新增'편 312명, '생존生存'편 51명), '절의'조에 95명('보유補遺'편 63명, '신증'편 32명), '명현'조에 20명('보유'편 11명, '신증'편 9명), '유일'조에 23명('보유'편 12명, '신증'편 11명), '학행'조에 82명('신증'편만 82명), 그리고 '유행儒行'조에 88명('신증'편만 88명)이 수록되어 있다.

앞서 살펴본 《길안부지》 인물지가 4113명에 대한 열전을 수록하고 '모지인'이라는 방식으로 그들에 대한 본관을 기록하고 있듯이, 《용성속지》 인물지에서도 또한 위 671명에 대한 간략한 열전을 수록하고 그 열전 안에 '모지인'이라는 방식으로 각 인물의 본관을 기록하고 있다. 이 《용성속지》 인물지에 나오는 본관을 정리하면 〈표 4-3〉[65]과 같다.

위 671명의 본관을 각 도별로 나누어 살펴보면, 황해도가 31명, 경

---

65 〈표 4-3〉에 나오는 군현명은, 비록 동일한 지역의 지명이라 하더라도, 《龍城續誌》의 내용을 그대로 따른 것이다. 예를 들면, 전라도 興德과 興城, 경상도 密城과 密陽은 동일한 지역이지만, 《용성속지》의 내용에 따라 각기 달리 분류하였다.

66 '孝子(新增)'條의 崔尙和와 '節義(補遺)'條의 崔汝謹은 본관에 관한 기록이 없다. 하지

〈표 4-3〉《용성속지》인물지에 나오는 본관(군현명은 가나다 순)

도명	군현명	인원수	도명	군현명	인원수
黃海道	信川	1	全羅道	全州	67
	延安	8		濟州	2
	長淵	2		咸平	4
	平山	4		和順66	22
	海州	16		興德	5
京畿道	江華	3		興城	32
	廣州	8	慶尙道	慶州67	52
	南陽68	11		高靈	1
	朔寧	15		金寧69	6
	陽川	2		金海	25
	驪州	2		達城	3
	豊壤70	3		大邱	1
	利川	5		東萊	4
	竹山	2		密城71	4
	坡平	1		密陽72	39
江原道	江陵	1		碧珍	1
	寧越	1		星山	1
	平康	3		順興	24
忠淸道	錦山	3		安東	2
	丹陽	4		梁山	3
	瑞山	8		彦陽	6
	驪陽	1		晉陽	1
	恩津	1		晉州73	57
	淸州	25		昌寧	1
	忠州	3		草溪	1
	陝溪	1		漆原	3
全羅道	錦城	3		豊山	7
	羅州	23		咸安	2
	南原74	59		咸陽	7
	南平	2		咸昌	1
	扶安	2		玄風	2
	寶城	1		陜川	2
	順天	7	漢陽		4
	寧川75	18	未詳76		9
	玉川	5	합계		671
	長水77	14			
	長興	2			

만 각기 ‘孝子(新增)’條 “崔盛和의 從弟”, ‘節義(補遺)’條 “崔汝雲의 동생”이라는 기록
을 통하여 본관을 和順으로 파악하였다.

기도가 52명, 강원도가 5명, 충청도가 46명, 전라도가 268명, 그리고 경상도가 256명이었다. 또 이들의 본관 가운데 5개 본관이 황해도에, 10개 본관이 경기도에, 3개 본관이 강원도에, 8개 본관이 충청도에, 17개 본관이 전라도에, 그리고 26개 본관이 경상도에 속해 있음을 알 수 있다. 이는 위 671명의 본관이 조선 시대 8개 도 가운데 평안도와 함경도를 제외한 6개 도에 걸쳐 있음을 말해준다.

우리가 이와 같은 남원부의 현상을 중국의 강서성 길안부와 비교하려 할 때 우선적으로 전제해 두어야 하는 사실은, 남원부의 지방지인 《용성속지》 인물지에 실린 사람들이나 길안부의 지방지인 《길안부지》

---

67 ‘孝子(新增)’條의 金元吉과 同條 金賢淇는 각기 同條 “金克喆의 동생”과 同條 “金克喆의 孫子”라는 기록을 통하여 본관을 慶州로 파악하였다.

68 ‘孝子(新增)’條의 洪鍾琦와 同條의 洪鍾鶴은 同條 “洪鍾龜의 弟”라는 기록을 통하여 본관을 南陽으로 파악하였다.

69 ‘孝子(生存)’條의 金啓淵은 ‘孝子(新增)’條 “金鎭翊의 아들”이라는 기록을 통하여 본관을 金寧으로 파악하였다.

70 ‘孝子(新增)’條의 趙秉相은 同條 “趙始東의 6世孫”이라는 기록을 통하여 본관을 豊壤으로 파악하였다.

71 ‘孝子(新增)’條의 朴桂俊은 同條 “朴桂源의 동생”이라는 기록을 통하여 본관을 密城으로 파악하였다.

72 ‘孝子(新增)’條의 朴永大와 ‘孝子(生存)’條의 朴鍾明은 각기 ‘孝子(新增)’條 “朴永吉의 동생”과 同條 “朴夏吉의 동생”이라는 기록을 통하여 본관을 密陽으로 파악하였다.

73 ‘孝子(新增)’條의 姜壽浩, 同條의 姜尙老, 同條의 姜周三, ‘孝子(生存)’條의 姜采善은 각기 ‘孝子(新增)’條 “姜壽熙의 동생”, 同條 “姜尙遇의 동생”, 同條 “姜周旭의 동생”, 同條 “姜周澤의 아들”이라는 기록을 통해 본관을 晉州로 파악하였다.

74 ‘孝子(新增)’條의 梁泌, ‘孝子(生存)’條의 尹殷鐸, 同條의 尹振鐸, ‘節義(補遺)’條의 尹應南은 각기 ‘孝子(新增)’條 “梁瀄의 동생”, ‘孝子(生存)’條 “尹經燮의 孫子”, 同條 “尹殷鐸의 동생”, 그리고 ‘節義(補遺)’條 “尹應仁의 동생”이라는 기록을 통하여 본관을 南原으로 파악하였다.

75 ‘節義(補遺)’條의 李春節은 본관에 관한 기록이 없다. 하지만 인터넷 카페 “영천이씨의 모임(http://cafe.daum.net/lee529)에서 검색하여 본관을 寧川으로 파악하였다.

76 본관이 未詳인 인물은 총 9명이다. ‘節義(補遺)’條의 梁山益은 “梁自潤의 玄孫”이라는 기록이 있지만 梁自潤의 본관을 확인할 수 없는 경우이고 나머지 8명은 《龍城續誌》의 원본 상태가 좋지 않아 본관을 확인하기 힘든 경우이다.

77 ‘節義(新增)’條의 黃戴와 同條의 黃珝繼는 同條의 “黃誠의 아들”이라는 기록을 통하여 본관을 長水로 파악하였다.

에 수록된 사람들 모두 해당 지역의 출신자라는 점이다. 물론, 한국의 경우 지방지의 인물지를 작성하면서 그 지역의 출신자보다는 그 지역을 본관으로 하고 있는 인물을 수록하기도 하였지만, 여기에서 살펴보는《용성속지》의 경우에는 그에 해당되지 않았다.

아무튼 남원부의 이러한 현상은, 우리가 앞서 살펴본바 〈길안부지〉 인물지에 실려 있는 4113명' 즉, 이를 바꾸어 말하면, '길안부 출신자인 4113명' 가운데 본관을 파악하기 어려운 8명과 임강에 거주한 2명을 제외한 4103명이 모두 길안부에 본관을 두고 있는 현상과는 분명히 다른 것이다. 위 '남원부 출신자 671명'의 본관은, 비록 그들의 본관이 평안도와 함경도에 속한 경우는 나타나지 않았지만, 가히 조선이라는 국가의 전 지역에 걸쳐 있는, 그리하여 '전국적인 분포'라 표현할 수 있을 정도로 널리 분포되어 있었다. 그리고 이 671명 가운데 남원부에 본관을 두고 있는 남원부 출신자는 59명에 불과하였다.

이는《길안부지》인물지에 수록된 사람들에게 본관이란 그들의 본적지를 말하였지만,《용성속지》인물지에 실린 사람들에게 본관이란 그들의 본적지가 아닌 '원조遠祖의 본적지'를 의미한다는 사실을 말해준다. 이들의 본관이 '원조의 본적지'를 의미하고 있기에, 이들의 본관은 수백 년 또는 천 년이라는 오랜 세월이 흘러도 변하지 않았으며, 비록 거주지를 옮겨 살게 된다고 하여도 본관만은 결코 변하지 않았다.[78]

---

78 전통기 한국사회에서도 본관이 변화하는 예는 충분히 찾아볼 수 있다. 하지만 이러한 집안은 전통기 한국사회에서 언제나 정당한 대우를 받지 못하였다. 전통기 한국사회에서 본관이 변화한 예는, 全炅穆의 연구(〈조선말기 어느 饒戶富民家의 身分上昇을 위한 노력-全羅道 求禮縣의 '절골김씨' 고문서를 중심으로-〉,《호남문화연구》31, 2002)와 安光鎬의 연구(〈朝鮮後期 求禮 五美洞 文化柳氏의 移住와 定着 過程〉,《朝鮮時代史學報》30, 2004)가 있다. '절골김씨'는 본관이 金海에서 慶州로, 慶州에서 金海로, 金海에서 後金海로, 後金海에서 金寧으로 바뀌었으며, '五美洞柳氏'는 본관이 仁同 또는 善山에서 文化로 바뀌었다.
본관이 변화한 또 다른 사례는 忠南 洪成郡 星湖里에 거주하는 '星湖里金氏'에서도 찾아진다. 성호리김씨의 선조는 중국 黑龍江 일대에 거주하다가 朝鮮에 귀화한 사

우리는 이러한 사례를 약 500년 동안 남원 지역에 세거하고 있는 세칭 '둔덕이씨屯德李氏'를 통하여 살펴볼 수 있다. 둔덕이씨의 구성원으로서 남원부에 입향한 사람은 춘성정春城正 이담손李聃孫(1490~?)이다. 춘성정 이담손은 조선의 3대 왕인 태종의 아들 효령대군孝寧大君의 증손으로, 16세기 초 서울에서 남원부 둔덕방屯德坊으로 이주하였다. 그 후 그의 후손 가운데 금헌琴軒 이대윤李大胤(1530~1596, 1585년 문과 급제)과 천묵재天黙齋 이상형李尙馨(1585~1645, 1625년 문과 급제)과 같은 인물을 배출하여 '남원의 1급 양반'으로 자리 잡으며 세상에 '둔덕이씨'로 불리게 되었다.[79]

이 둔덕이씨의 구성원으로 1921년에 간행된 《용성속지》 인물지에 수록된 사람은 총 18명이다.[80] 이 가운데 《용성속지》의 원문 상태로 인해 이름을 파악하기 힘든 3명을 제외한 15명을 살펴보면, 이상형의 손자인 이성로李聖老, 이성로의 아들인 이이근李頤根, 이이근의 증손인 이익진李益鎭, 이익진의 아들인 이섭연李涉淵, 또 "이유형李惟馨의 5세손"이라 밝힌 이덕환李德煥, 이덕환의 증손인 이속우李涑宇, 이속우의 아들인 이기조李起肇, 또 "이대윤의 후손"이라 밝힌 이최환李最煥,[81] 이최환의 아들 이치훈李致勳, 이치훈의 아들 이회진李會鎭, 이회진의 아들 이정우李理宇, 또 "이대윤의 후손"이라 밝힌 이치백李致白과 그

람들인데, 귀화 초기에는 본관을 黑龍江으로 하다가 이후 金海, 金寧으로 변하였다. '성호리김씨'에 관한 문서는 국사편찬위원회(소장번호:MF0001523)에 소장되어 있다.

79 宋俊浩·全炅穆, 《朝鮮時代 南原 屯德坊의 全州 李氏와 그들의 文書》(Ⅰ), 전북대학교박물관, 1990.
    宋俊浩, 〈南原地方을 例로 하여 본 朝鮮時代 鄕村社會의 構造와 性格〉, 《朝鮮社會史研究》, 298~299쪽.

80 屯德李氏의 구성원은 1702년에 간행된 《龍城誌》에도 실려 있다. 《龍城誌》에 실린 인물은 모두 8명으로, 이 8명은 《龍城續誌》에는 실려 있지 않다.

81 李最煥과 李㝡煥은 동일 인물로 간주하였다. 李最煥은 《龍城續誌》 인물지 '學行(新增)'條 '李最煥'傳에 나오며, 李㝡煥은 '儒行(新增)'條 '李致勳'傳·'李會鎭'傳 그리고 '孝子(生存)'條 '李理宇'傳에 나온다.

증손 이경의李璟儀, 또 "이문규李文規의 현손"이라 밝힌 이방환李邦煥, 그리고 "이대윤의 후손"이라 밝힌 이경의李景儀이다.[82]

이들 15명은 《용성속지》에 모두 '전주인全州人'으로 기록되어 있다. 그리고, 한국의 본관제도를 이해하고 있는 사람이라면 당연한 이야기일 수 있겠지만, 이 15명보다 앞선 시대에 살았던 둔덕이씨의 구성원들, 그리하여 《용성속지》보다 앞선 간행된 《용성지》의 인물지에 실려 있는 8명 또한 본관이 전주이며, 서울에서 남원 둔덕방으로 처음으로 입향한 춘성정 이담손 역시 본관이 전주이다. 그리고 춘성정 이담손의 아버지인 고림군高林君 이훈李薰, 이훈의 아버지인 서원군瑞原君 이친李案, 그리고 이친의 아버지인 효령대군 이보李補의 본관 역시 모두 전주이다.

이쯤에서 우리는 앞서 살펴본 구양수의 집안을 떠올리지 않을 수 없는데, 구양수의 집안처럼 거주지가 바뀌면서 본관이 변하는 현상, 그리하여 심지어는 아버지와 아들이 본관을 달리하는 현상은 둔덕이씨에서는 찾아지지 않았다. 그리고 구양수 집안의 현상은 비단 강서성 길안부에서만 나타나는 것이 아니요 전통기 중국사회에서 일반적으로 나타나는 현상이었으며, 둔덕이씨의 현상 또한 비단 둔덕이씨만의 현상이 아니요 같은 남원부에 존재하는 삭녕최씨, 풍천노씨, 순흥안씨는 물론이요 한국의 여타 지역의 씨족에서도 동일하게 나타나는 것이었다. 요컨대, 전통기 중국사회에서 본관이 변화하는 현상은 본관이 조상 대대로 전해져 내려오는 절대 불변의 유산인 양 믿고 살아가고 있는 한국인들에게는 다소 의아해 보이지 않을 수 없는 것이었다.

---

82 李聖老는 '孝子(新增)'條에, 李頤根은 '遺逸(新增)'條에, 李益鎭과 李涉淵은 '孝子(新增)'條에, 李德煥은 '學行(新增)'條에, 李湅宇는 '儒行(新增)'條에, 李起肇는 '孝子(新增)'條에, 李最煥은 '學行(新增)'條에, 李致勳과 李會鎭은 '儒行(新增)'條에, 李理宇는 '孝子(生存)'條에, 李致白은 '學行(新增)'條에, 李璟儀는 '儒行(新增)'條에, 李邦煥은 '學行(新增)'條에, 그리고 李景儀는 '儒行(新增)'條에 나온다.

더욱이, 남원부의 지방지인 《용성지》와 《용성속지》에는, 앞서 살펴본 《길안부지》에서 나타나는 현상, 즉 거주지가 이동하게 되면 그에 따라 본관이 변화한다거나, 한 인물의 본관을 고증하기 위해 각종 역사 문헌에 나오는 관련 기록을 이용한다거나, 거주지와 본관이 일치하지 않는 경우에는 거주지를 기록하고 그 뒤 본관을 추가로 기록한다거나, 본관의 표현 방식이 부명, 현명, 향·진명, 촌·리명 등 편의에 따라 다양하게 취한다거나 하는 현상은 전혀 나타나지 않았다.

그럼, 어찌보면 유사한 역사 과정을 거쳐 온 것처럼 보이는 전통기 중국사회와 동시기 한국사회, 그리하여 양국 사회 모두 '6부部 체제'를 기반으로 정부를 구성하고, 그 정부에 참여하는 관료는 모두 '9품관제'에 속하는 하나의 품계를 받았으며, 또 그 관료들은 유교적 소양을 기반으로 과거라는 시험을 통해 관직에 나아가는 게 일반적이었고, 그 유교적 소양을 가진 지식인이라면 누구나 '씨족제도'(-중국에서는 '종족'이라는 말을 더 자주 사용한다)를 통하여 사회를 운영하는 것이 합리적이라는 이념을 가지고 있었던 전통기 중국사회와 동시기 한국사회에서, 왜 지금까지 우리가 살펴본 《길안부지》와 《용성속지》의 차이점이 생겨나게 되었는지 궁금하지 않을 수 없다.

이는 무엇보다도, 앞서 필자가 누차 강조하였듯이, 중국사회에서 본관이 의미하는 바와 한국사회에서 본관이 의미하는 바가 서로 달랐기 때문이었다. 중국에서는 본관이 본적·적관·향적鄕籍과 같은 의미로 사용되어 '해당 인물의 원적지原籍地'를 의미하였지만, 한국에서의 본관은 '해당 인물의 원적지'와는 전혀 무관한, 그리하여 때로는 수백 년 이전에 살았던, 그리고 심지어는 천 년 이전에 살았던 '원조遠祖의 원적지'를 의미하였다. 물론, 한국사회에서도 이 본관이 의미하는 바가, 중국사회에서의 본관이 의미하는 바와 같이, '해당 인물의 원적지'를 뜻하던 시대가 분명히 있었다. 하지만 세월이 흐르면서 본관이 가지고 있는 그 본래의 의미는 사라지고 "단순한 부호, 즉 씨족 고유의 표지表識 구실을 하는 부호"로 변하게 되었다.[83]

그리고 그 다음으로는 한·중 양국 사회에서 성씨제도가 발전해 온 과정이 서로 다르다는 점을 지적할 수 있다. 여기서 한·중 양국 사회의 성씨제도 발전 과정을 자세히 논할 수는 없기에 그 대략적인 부분만 이야기하자면, 중국에서도 한국의 본관제도와 유사한 제도가 있었으며 이 제도는 삼국 시대부터 수·당 시대에 이르기까지 크게 발전하였다. 이 제도의 특징으로는 박릉최씨博陵崔氏·태원왕씨太原王氏·조군이씨趙郡李氏·낭야왕씨瑯琊王氏와 같이 성씨와 함께 특정 지역의 지명을 이용하여 서로의 씨족을 구별하고 있다는 점이다.[84] 그리고 이들 박릉최씨·태원왕씨·조군이씨·낭야왕씨는 박릉이나 태원, 조군, 낭야를 떠나 다른 지역에 거주하여도 여전히 '박릉인'·'태원인'·'조군인'·'낭야인'으로 불리었다. 하지만 송 이후로는 이러한 관행이 사라지고, 그를 대신하여 거주지에 따라 성씨를 구별하는 관행이 생겨났다.[85]《길안부

---

83 宋俊浩,《朝鮮社會史硏究》, 76~77쪽.

84 이 시기 유명 씨족에 관한 연구는 많은 연구자에 의해 이루어졌다. 그 가운데 대표적인 연구로는 다음과 같은 연구가 있다. 博陵崔氏에 관해서는 미국학자 Patricia Buckley Ebrey의 연구(The Aristocratic Families of Early Imperial China; A Case Study of the Po-ling Ts'ui Family)가, 太原王氏에 관해서는 일본학자 守屋美都雄의 연구(《六朝門閥の一硏究:太原王氏系譜考》)가, 趙郡李氏에 관해서는 미국학자 David G. Johnson의 연구(The Last Years of A Great Clan:The Li Family of Chao Chün in Late T'ang and Early Sung, Harvard Journal of Asiatic Studies vol.37, No.1)가, 그리고 瑯琊王氏에 관해서는 臺灣 學者 毛漢光의 연구(〈我國中古大士族之個案硏究-瑯琊王氏〉,《歷史語言硏究所集刊》第37本, 下冊. 이 논문은 후에《中國中古社會史論》, 上海書店出版社, 2002, 365~404쪽에 재수록되었다)가 있다.

85 송나라 시대에 이르러 성씨제도가 변화한 것은 당시 사회의 변화상과 밀접한 관련이 있었다. 송대 사회의 변화에 관해서는 Charles O. Hucker의 연구(China's Imperial Past, pp.267~268), Patricia Buckley Ebrey의 연구(Cambridge Illusrated History of China, pp.145~149와 pp.155~158)를 참고하길 바란다. 이외에도 송대 사회의 변화에 관해서는 많은 연구가 이루어졌다.
그리고 이 시기 종족제도의 변화에 관해서는 常建華의 연구를 참고하길 바란다. 상건화는 曹魏(-曹操가 세운 魏나라)시대 이후 발전하기 시작한 문벌 숭상 풍조가 隋唐 시대에 와서 크게 약해졌다고 밝히고, 그 원인으로 九品中正制가 폐지되고 과거

지》에 나오는 '태화인'이니 '여릉인'이니 '길수인'이니 하는 표현이 '해
당 인물의 본적지'를 의미하게 된 것도 바로 이 때문이었다.

하지만 한국사회에서 성씨의 발전 과정은 중국의 경우와는 달랐다.
처음 성씨를 소유한 사람들이 성씨만으로는 서로의 씨족을 구별할 수
없게 되자 성씨 앞에 자신들의 본적지 즉 본관을 칭하여 자신들의 씨
족을 드러내었다. 그리고 이 시기의 본관은 본관이 가지고 있는 본래
의 의미 즉 '해당 인물의 본적지'와 커다란 차이가 없었다. 하지만 시
간이 지나면서 본관 본래의 의미는 사라지고 하나의 '사회 제도로서
의 본관제도'로 발전하였으며, 현재까지도 그 제도는 유지되고 있다.
다시 말해, 중국에서 약 천 년 전에 이미 사라진 제도가 한국에서는
여전히, 어쩌면 그보다 더 발전된 형태로 지속적으로 존재하고 있는
것이다.[86]

제가 시행된 사실, '關隴士族'과 '山東士族' 간의 지속적인 政爭, 均田制의 폐지와
兩稅法의 시행, 그리고 당나라 말기에 일어난 農民 戰爭을 지적하였다. 그리고 송나
라 이후로는 이전과는 다른 형태의 종족제도가 발전하였으며, 이 새로운 종족제도
의 특징으로 '建祠堂'·'選族長'·'修族譜'·'設族田'·'建族學'을 통한 '宗族의 組織化'였다
고 말하였다(《宗族志》, 中華文化通志·制度文化典, 35~38쪽).
또 이 시기 사회 계층의 변화에 관해서는 錢穆의 연구를 주목할 필요가 있다. 중국
四民社會構造에서 '士' 계층의 성격 변화에 주목한 그는 '士' 계층의 성격 변화를 크
게 4시기로 구분하였는데, 춘추·전국 시대가 1시기, 량한 시대가 2시기, 위진남북조
시대부터 수·당 시대가 3시기, 그리고 송 이후 시대가 4시기이다. 그에 따르면, 3
시기의 '士' 계층은 여전히 門第(-門閥)를 숭상하였지만 이전의 귀족과는 다른 성격
의 귀족 즉 '士的新貴族'으로 변화하였으며, 4시기의 '士' 계층은 귀족적인 성격에서
벗어나 과거를 통해 사회적 지위를 획득하였다(《國史大綱》(下), 北京: 商務印書館,
2008(11次印刷本), 561쪽). 또, 錢穆의 연구 성과를 인용하며 자신의 견해를 피력한
宋俊浩의 연구(〈族譜를 통해서 본 韓·中 兩國의 傳統社會〉, 《朝鮮社會史研究》,   489
~504쪽)를 참고하길 바란다.
86 이상의 전통기 한·중 사회에서의 성씨제도의 발전 과정에 관해서는 남송 시대의
  학자인 鄭樵(1104~1162)와 조선 시대의 학자인 柳馨遠(1622~1673)의 저술에 잘 나
  타나 있다. 이에 관해서는 이 책 제4장 제2절을 참고하길 바란다.

소결론

1991년 간행된 《성씨사전姓氏詞典》(왕만방王萬邦 편, 하남인민출판
사)에는 중국의 성씨가 8155종이 실려 있다. 이 가운데 단성單姓이
4797종, 복성復姓이 2847종, 삼자성三字姓이 408종, 사자성四字姓이 75
종, 오자성五字姓이 19종, 육자성六字姓이 6종, 그리고 칠자성七字姓이
3종이었다. 한자 한 글자를 이용한 단성이 전체 성씨 수의 50% 이상
을 차지하고 있으며, 두 글자를 한 복성이 약 35%, 그리고 세 글자
이상의 성씨가 그 나머지를 차지하고 있음을 알 수 있다.

2000년 한국의 통계청에서 조사한 《인구주택총조사 : 성씨 및 본관
보고서》에 따르면, 현대 한국에는 총 286개의 성씨가 존재하고 있다.
이 가운데 복성인 13개 성씨를 제외하고 나머지가 모두 단성이다. 그
리고 이 286개의 성씨들은 모두 본관을 가지고 있으며, 이들 성씨에
딸린 본관의 개수는 총 4179개이다.

필자는 서론에서, 현대 한국인들은 성씨와 함께 본관을 사용하고
있는 데 반해 현대 중국인들은 오로지 성씨만을 사용하고 있으며, 이
는 한·중 성씨제도의 커다란 차이점 중의 하나라는 점을 지적하였다.
이는 1991년 간행된 《성씨사전》이나 2000년 발표된 《인구주택총조사
: 성씨 및 본관 보고서》에서도 명확히 확인된다. 그리고 이러한 차이
점은 단순히 현대에 와서, 또는 가까운 전통기에 이르러 우연히 생겨
난 것이 아니요, 우리가 《길안부지》와 《용성속지》를 비교하는 과정에

서 알게 된바 오랜 역사적 배경을 가지고 생겨난, 어쩌면 전통기 한
국사회와 동시기 중국사회가 가지고 있는 기본적인 성격의 차이에서
비롯된 것이었다.

〈**부록 4-1**〉《문충집文忠集》에 나오는 구양수 집안의 가계도

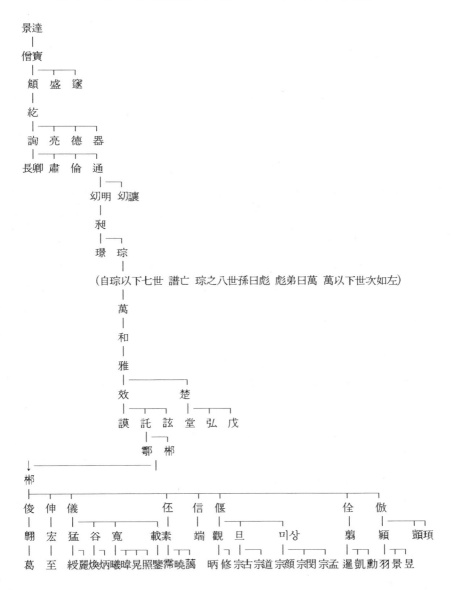

제2절 전통기 한중 성씨제도를 바라보는 두 지식인의 시각
-송나라 시대 정초鄭樵와 조선 시대 유형원柳馨遠을 중심으로

    전통기 한국사회와 동시기 중국사회에서 본관이 의미하는 바가 서
로 달랐다는 사실은 이미 여러 연구에서 밝혀졌다.[87] 그 연구에 따르
면, 전통기 중국사회에서 본관은 해당 인물의 본적지를 의미하였지만,
동시기 한국사회에서의 본관은 해당 인물의 본적지가 아닌 해당 인물
이 속한 씨족의 '원조遠祖의 본적지本籍地'를 의미하였다. 물론 한국의
본관이 의미하는 바가 중국의 본관이 의미하는 바와 같이 해당 인물
의 본적지를 의미하던 시대가 있었지만, 후대로 오면서 그런 의미는
사라지고 수백 년 이전에 살았던 '원조의 본적지'를 의미하는, 그리하
여 실질적인 의미가 없는 '단순한 부호, 즉 씨족 고유의 표지標識 구
실을 하는 부호'로 변하게 되었다.[88]

    이처럼 전통기 한국사회와 동시기 중국사회에서 본관이 의미하는
바가 서로 다르게 된 원인은 여러 가지 측면에서 살펴볼 수 있겠지
만, 우선적으로 고려해 볼 수 있는 점은 두 사회가 가지고 있는 기본
적인 성격이 서로 달랐다는 점이다. 중국사회는 삼국 시대 이후 문벌

---

87 宋俊浩, 〈韓國의 氏族制에 있어서의 本貫 및 始祖의 問題〉, 《朝鮮社會史硏究》,
    75~82쪽; 常建華, 〈朝鮮族譜硏究綜述〉, 《朝鮮族譜硏究》, 164~165쪽; 최양규, 《한국
    족보발달사》, 190~191쪽.
88 宋俊浩, 위의 책, 76~77쪽.

을 숭상하는 풍조가 발달하였고, 당나라 말기에 와서는 이러한 문벌 숭상 풍조가 크게 약화되었으며, 송나라에 이르러서는 문벌을 논하는 의식이 거의 사라지게 되었다. 하지만 전통기 한국사회에서는 중국의 이상과 같은 변화를 경험하지 못하였다.[89]

이러한 현상은 양국 사회에서 성씨제도가 발전하는 과정을 살펴보아도 확인할 수 있다. 중국의 성씨제도 발전 과정을 살펴보면, 전국 시대에 이르러서는 '성'과 '씨'를 구분하는 관행이 사라지고 '성'과 '씨'를 모두 '성씨'로 칭하는 관행이 생겨났으며, 이후 같은 성씨 안에서 다시 '군망'으로 씨족을 구분하는 관행이 생겨났다. 그리고 송나라 시기에 이르러서는 이 '군망'으로 씨족을 구분하는 관행마저 사라지고 서로의 적관籍貫으로서 씨족을 구분하는 새로운 관행이 생겨났다. 하지만 한국의 경우에는 삼국 시대 이후 '한자식漢字式 성씨'가 보급되기 시작하였고, 고려 시대에 이르러 같은 성씨 안에서 본관을 통해 서로를 구분하는 관행이 생겨났다. 그리고 같은 성씨 안에서 본관으로 씨족을 구분하는 관행은 이후 조선 시대를 거쳐 오늘날에 이르기까지 크게 변하지 않았다.

이 절에서는 이러한 전통기 한·중 양국 사회에서의 성씨 발전 과정을 송나라 시대의 학자인 정초鄭樵와 조선 시대의 학자인 유형원柳馨遠의 시각을 통해 살펴보려 한다. 정초는 그의 저술 〈씨족략氏族略〉에서 중국의 성씨제도가 변화하는 과정을 역사적으로 고찰하고 이 성씨들이 출현하게 된 배경을 32가지로 분류하였다. 그리고 유형원은 그의 저서 《동국여지지東國輿地志》에서 한국 성씨제도의 특징을 중국의 성씨제도와 비교하며 설명하고 있다.

---

89 송준호는 이러한 내용을 그의 연구 성과 곳곳에서 피력하였는데, 그 가운데 《朝鮮社會史硏究》에 실린 〈韓國의 氏族制에 있어서의 本貫 및 始祖의 問題〉와 〈族譜를 통해서 본 韓·中 兩國의 傳統社會〉가 이 절과 많은 관련이 있을 듯하다.

1. 정초의 〈씨족략氏族略〉

정초의 〈씨족략〉은 그의 대표적 저서인 《통지通志》에 실려 있다. '통지'라는 명칭은 '중국의 상고 시대인 삼황三皇 시대부터 정초가 살았던 송나라 이전 시기인 5대10국 시대까지의 역사 문헌을 종합해서 만든 책'이라는 뜻으로,[90] 그 규모 면에서 보자면 총 200권에 이르는 방대한 저술이다. 이 《통지》는 크게 5부분으로 나누어지는데, 역대 왕조의 역사를 기전체紀傳體 형식으로 정리한 '제기帝紀', 역대 황후의 열전을 기록한 '황후열전皇后列傳', 역대 왕조의 역사를 연표年表의 형식을 빌려 정리한 '연보年譜', 20가지 분야에 대한 지식을 정리한 '략略', 그리고 역대 인물의 전기를 기록한 '열전'이 그것이다.[91] 〈씨족략〉은 이 20가지 '략略' 가운데 하나로 권25~권30에 실려 있다.

정초의 〈씨족략〉은 중국 성씨의 기원과 변화 과정을 명확히 설명한 저술로 잘 알려져 있다. 이 〈씨족략〉은 중국 성씨를 그 출현 배경에 따라 32가지 종류로 분류한 것으로도 유명한데, 정초는 이러한 분류에 앞서 저 하상주 삼대三代 시대부터 자신이 살던 시대까지 중국

---

90 명나라 학자인 鄭嶽(1468~1539)이 찬한 《莆陽文獻列傳》 第28에 실린 鄭樵의 열전에 따르면, 정초는 1158년(紹興 28)에 송 高宗을 만나 본인이 저술하고 있는 《通志》의 내용 가운데 핵심이 되는 12편을 모아 만든 《脩史大例》를 바치면서 다음과 같이 말하였다.

"臣處山林三十餘年 脩書五十種 皆已成之 書其未成者 臣取歷代之籍 始自三皇 終于五季 通脩爲一書 名曰通志 粂用馬遷之體 而異馬遷之法 謹撫其要覽十二篇 名曰脩史大例(先上之-《閩中理學淵源考》에서 보충함: 安註)"(鄭嶽, 〈鄭厚鄭樵傳第二十八〉, 《莆陽文獻列傳》. '五季'는 唐나라 멸망 이후 생겨난 5代10國을 말하고, '馬遷之體'와 '馬遷之法'은 모두 司馬遷이 저술한 《史記》의 기술 방식을 말한다.)

정악은 《宋史》에 나오는 정초의 열전과 그 밖의 여러 역사 문헌에 나오는 관련 기록을 참고하여 정초의 열전을 기록하였음을 밝히고 있다.

91 《通志》의 내용 분류에 관해서는 《欽定四庫全書》에 실린 《通志》의 '提要'를 참고하길 바란다. 이 절에서는 《影印文淵閣四庫全書》(臺灣商務印書館 發行)에 실린 《通志》를 이용하였다.

성씨의 발전 과정을 통사적으로 살펴보고 있다. 그에 따르면,

> 하상주 시대에는 '성'과 '씨'가 두 개로 나누어져 있어서 각기 다른 의미
> 로 사용되었다. 그래서 남자는 (이름과 함께) '씨'를 사용하였고 여자는 '성'
> 을 사용하였다. 이른바 '씨'라는 것은 그 사람의 사회적 신분을 분별하기 위
> 해 사용되었기 때문에 귀한 신분을 가진 자들은 이름과 함께 씨를 사용하였
> 지만 그렇지 못한 사람들은 이름만 있고 씨를 가지지 못한 경우도 있었다.
> … (주나라 시대까지는 '성'과 '씨'가 각기 다른 의미를 지니고 있어서, '성'
> 을 통해서는 서로간의 동일한 씨족 여부를 표시하였기 때문에 그를 통하여
> 혼인 여부를 결정하기도 하였다. 그리고 또 동일한 '성'을 사용하는 사람들
> 사이에서도 '씨'를 통하여 서로를 구분하였는데, 일반적으로 그 '씨'는 해당
> 인물의 사회적 신분을 의미하였다. :安註) 하지만 주나라 멸망 후 전국 시대
> 에 이르러서는 '성'과 '씨'를 구별하는 관행이 사라지고 '성'과 '씨'를 합하여
> '성씨'라 부르게 되었으며, '성'이나 '씨' 모두 서로 간의 동일한 씨족 여부를
> 판단하고 혼인 여부를 결정하는 주요한 수단으로 사용되었다. 그리고 (이 시
> 기에 이르러서는 새로운 방식인) 이른바 '지망地望'을 통하여 그 사람의 사
> 회적 신분을 표시하게 되었다.[92]
>
> 三代之前 姓氏分而爲二 男子稱氏 婦人稱姓 氏所以別貴賤 貴者有氏 賤者有
> 名無氏 … 三代之後 姓氏合而爲一 皆所以別婚姻 而以地望明貴賤

　우리는, 정초의 이야기를 본격적으로 이해하려 하기에 앞서 중국의
성씨제도가 '나와 남을 구별하는 배타성'을 가지고 계속해서 변화하였
다는 사실을 염두에 두어야 한다. 중국 고대 사회에서는 '씨'라는 개
념보다는 '성'이라는 개념이 먼저 출현하였고, 이 '성'을 사용하는 집
단은 정치적으로나 사회적으로 그 사회의 최고의 엘리트 계층이었으
며, 이 집단은 규모 면에서 보자면 당시 사회 안에서 아주 극소수에

---

92 鄭樵, 〈氏族略〉'氏族序'《通志》卷25.

불과하였다. 이 극소수의 집단이 자신들끼리 서로를 구별하기 위해 '성'을 사용하였고, 시간이 지나면서 같은 '성'을 사용하는 사람들끼리 '성'만으로는 서로를 구별하기가 어렵게 되자 같은 '성' 안에서 또다시 서로를 구별하기 위하여 '씨'를 사용하게 되었다.

그리하여 하·상·주 시대에 이르러서는 '성'과 '씨'가 서로 다른 개념으로 자리 잡게 되었으며, 여자들은 '성'을 칭하여 소속 씨족을 드러내고 남자들은 '씨'를 사용하여 자신의 사회적 신분을 나타내는 게 일반적인 현상이 되었다. 그렇다고 이 시기의 남자들이 '씨'만을 사용하고 '성'을 가지지 않았다는 이야기는 아니다. 이 시기의 남자들도 '성'을 가지고 있었으며, 단지 이름 앞에 '성'을 사용하기보다는 '씨'를 사용함으로써 자신의 사회적 신분을 나타내었다. 그리하여 같은 '성'을 사용하는 사람들 사이에서도, '씨'를 소유한 사람과 그렇지 못한 사람이 생겨나서 '씨'를 사용하는 사람들은 그렇지 못한 사람들보다 사회적으로 그 신분이 높게 평가되었으며, 설령 '씨'를 소유하고 있다고 하더라도 어떠한 유형의 '씨'를 소유하였느냐에 따라 사회적으로 신분이 다르다고 생각되었다. 정초가 말하는 "三代之前 姓氏分而爲二 男子稱氏 婦人稱姓"이라는 말이나 "氏所以別貴賤 貴者有氏 賤者有名無氏"라는 표현은 바로 이러한 상황을 전제해 두고 한 말이었다.[93]

---

93 이수건은 "天子建德 因生以賜姓"이라는 문구를 "천자가 유덕한 사람을 세워 제후를 봉할 때 그 조상의 출생지로써 '성'을 주었다"로 이해하고, "胙之土而命之氏"라는 문구를 통하여 "'씨'는 지명에 의하여 命名됨" 그리하여 "'씨'란 같은 성에서도 소유한 지역으로써 분별한 것이므로 우리의 본관에 해당한다"고 주장하였다. 그리고 중국의 '氏姓'이라는 용어와 한국의 '土姓'이라는 용어에서 '씨'와 '토'는 모두 한국의 본관에 해당하는 것으로 파악하였다. 이수건은 이러한 견해를 그의 연구 곳곳에서 피력하였는데, 그 가운데 대표적인 연구로는 《韓國中世社會史研究》, 2쪽; 〈한국 성씨 연구 序說〉, 《한국의 성씨와 족보》, 2~73·76~77·79~80쪽을 들 수 있다.

하지만 필자의 견해는 다르다. "天子建德 因生以賜姓"은 천자가 유덕한 사람을 등용할 때 그 유덕한 사람의 출생지 지명에 의거하여 '성'을 하사하는 걸 말한다. 예를 들면, 堯임금이 舜을 등용하면서 순의 출생지인 嬀汭를 따라 嬀라는 '성'을 하사한 것이 이에 해당한다. 그리고 "胙之土而命之氏"라는 문구는 천자가 제후를 봉하면서 이와 같이 중국 상고 시대의 '성'과 '씨'를 구별하는 관행은, 오늘날 현대인들에게 다소 복잡하게 느껴지고 이해하기 힘든 일인 것처럼, 전통기 중국인들에게도 가끔씩 혼돈을 일으키는 문제가 되었던 것 같다. 정초는 대표적으로 사마천司馬遷(BC 145~B.C 87)과 유지기劉知幾(661~721)의 사례를 들어 그 잘못을 지적하고 있다. 사마천은 그의 저서 《사기史記》에서 주나라의 문왕文王을 '희창姬昌'이라 칭하였고, 유지기는 그의 저서 《사통史通》에서 주나라 문왕과 주공周公을 각각 '희백姬伯'과 '희단姬旦'으로 칭하였다. 하지만 이러한 역사 기술은 정초의 입장에서 보자면 잘못이었다.[94]

封地와 '씨'를 함께 주는 것을 말하는데, 일반적으로 그 '씨'는 제후의 국명과 일치하였다. 그래서 제후의 '씨'는 국명과 일치하는 경우가 많았다. 따라서 앞서 예를 든 舜의 경우 '성'이 嬀요 '씨'가 有虞였으며, 또 鄭樵가 예를 든 文王과 周公은 '성'이 姬요 '씨'가 周였다. 물론 주공의 경우 魯나라의 제후로 임명되면서 그의 '씨' 또한 魯로 바뀌었겠지만.

요컨대, 중국 상고 시대의 '성'이나 '씨'가 출생지와 제후국의 국호와 밀접한 관련이 있다는 점에서 그리고 한국의 본관이 지명과 밀접한 관련이 있다는 점에서 그 공통점을 언급할 수 있을지는 몰라도, 한국의 본관제도는 '성'과 '씨'가 분리되어 있던 중국 상고 시대의 성씨제도와는 근본적으로 그 성격이 다른 것이었다. 姓·氏·名으로 이루어진 상고 시대 중국의 제도와 유사한 제도는 한국사에서 그 유래를 찾을 수 없으며, 굳이 성·씨·명으로 이루어진 상고 시대 중국의 제도와 유사한 제도를 세계사에서 찾으려 한다면, 한국이 아닌 저 유럽의 고대 로마 제국에 있었던, Praenomen, Nomen, Cognomen으로 불렸던 제도와 견주어 볼 수 있다는 것이 필자의 생각이다. 그리고 본문에서도 밝히고 있듯이, 한국의 본관제도는 중국 역사상 존재하였던 '씨'라는 개념보다는 '군망'이라는 개념과 더욱 유사한 성격을 가지고 있었다.

《春秋左傳》('隱公 8년 12월條)에 나오는 내용은 다음과 같다.

　無駭卒 羽父請諡與族 公問族於衆仲 衆仲對曰 天子建德 因生以賜姓
　胙之土而命之氏 諸候以字爲諡 因以爲族 官有世功 則有官族 邑亦如
　之 公命以字爲展氏.

아울러, 이수건은 정초가 언급한 "三代之前 姓氏分而爲二 男子稱氏 婦人稱姓"과 "氏所以別貴賤 貴者有氏 賤者有名無氏"에 대해 그의 연구에서 여러 차례 언급하였는데, 이에 대한 해석 또한 필자의 견해와는 다소 차이가 있다. 이수건이 정초의 설명을 인용한 부분은 《韓國中世社會史研究》, 37쪽; 《한국의 성씨와 족보》, 72쪽과 77쪽이다. 이에 관해 좀 더 자세한 내용은 이 책 제3장 제1절을 참고하길 바란다.

94 鄭樵는 〈氏族略〉에서 하·상·주 三代 시대에는 '성'으로 혼인을 결정하고 '씨'로서 귀천을 판별하였기 때문에 일반적으로 남자는 '씨'를 칭하고 여자는 '성'을 칭하였다

주지하다시피, 문왕과 주공은 모두 주나라 왕실 사람들로 '희姬'를 '성'으로 사용하였다. 그리고 문왕의 이름은 '창昌'으로 은나라 말기에 '서백西伯'이라는 칭호를 하사받았으며, 주공의 이름은 '단旦'이었다. 사마천과 유지기가 문왕을 '희창'과 '희백'으로 칭하고 주공을 '희단'으로 부른 것은 바로 이 때문이었다. 하지만 이 시기 남자들은 이름과 함께 '성'을 칭하지 않는 것이 관행이었다고 믿고 있는 정초에게는 이러한 역사 기술이 오류로 보였던 것이다.

하지만 이렇게 '성'과 '씨'를 구분하여 사용하던 관행은 전국 시대에 이르러 그 자취를 감추게 되었다. 그리고 '성'과 '씨'를 구분하는 관행을 대신하여 '성'과 '씨'를 구분하지 않고 '성'이나 '씨'를 모두 '성씨'로 부르는 관행이 나타났다. 우리가 오늘날 이해하고 있는 성씨에 대한 개념은 바로 이 시기에 출현한 것이다.

앞서 이야기 하였듯이, 주나라 시기까지는 '성'과 '씨'가 구분되었기 때문에 같은 '성'을 소유한 사람들 사이에서도 '씨'를 달리 하는 집단이 있었으며, 설령 '씨'를 달리하더라도 '성'을 같이 하는 집단들끼리는 혼인을 꺼리는 것이 일반적인 현상이었다. 하지만 전국 시대에 이르러서는 '성'과 '씨'를 구분하지 않게 되었기 때문에, 설령 같은 '성'을 소유한 사람일지라도 '씨'를 달리하면 동일한 씨족으로 인정하지 않았으며, 비록 그 선대에서 동일한 '성'을 함께 하였다고 하더라도

고 설명한 뒤,

　　　　"어찌하여 司馬子長(-子長은 司馬遷의 字임)과 劉知幾는 周公을 '姬旦'이
　　　라 부르고 文王을 '姬伯'이라 칭하였단 말인가? 삼대시대에는 이런 명칭
　　　이 있을 수 없는 것인데, 삼대 시대 이후 '성'과 '씨'를 구분하지 않게
　　　되면서 사마자장과 유지기와 같이 훌륭한 역사가들도 이러한 실수를 저
　　　지르게 되었다."(奈何司馬子長劉知幾 謂周公爲姬旦 文王爲姬伯乎 三代之
　　　時 無此語也 良由三代之後 姓氏合而爲一 雖子長知幾二良史 猶昧於此.)
라고 기록하였다.
필자의 조사에 의하면, 사마천은 《史記》에서 문왕을 '姬昌'이라 칭하였고, 유지기는 《史通》에서 문왕과 주공을 각기 '姬伯'과 '姬旦'으로 기록하였다.

이 시기에 와서는 혼인을 꺼리지 않게 되었다.

이처럼 전국 시대에 와서 '성'과 '씨'를 구분하는 관행이 사라진 이유는, 물론 전국 시대라는 혼란한 사회 상황 속에서 '성'과 '씨'를 구분하는 다소 복잡한 관행이 지속되기 어려웠다고 생각해 볼 수도 있겠지만, 성씨제도의 발전과정을 살펴보고자 하는 필자의 입장에서 보자면, '성'과 '씨'를 구분하는 관행이 씨족을 분별하는 방식으로서 더 이상 의미가 없어졌기 때문이었다. 이를 바꾸어 말하면, 중국 상고 시대에 아주 극소수의 엘리트 계층이 서로를 구분하기 위하여 '성'을 사용하다가 '성'만으로는 서로를 분별하기 어렵게 되자 같은 '성' 안에서 '씨'를 통하여 다시 서로를 구분을 하게 되었고, 전국 시대에 이르러서는 같은 '성'을 소유하면 하나의 씨족이라는 의식마저 약해지면서 '성'과 '씨'를 구분할 필요가 없어지게 되었다.

그리하여 기존에는 서로 '씨'를 달리 하더라도 같은 '성'을 사용하고 있으면 동일한 씨족이라는 의식이 있었지만 이 시기에 와서는 그런 의미가 사라졌다. 그리고, 그를 대신하여 '성'이나 '씨'를 같이 하는 사람들끼리 즉 같은 '성씨'를 사용하는 사람들끼리 동일한 씨족이라는 의식을 가지게 되었고 서로 간에 혼인을 꺼리게 되었다. 그리고 다시 같은 '성씨' 안에서도 '성씨'만으로는 서로를 분별하기 어렵게 되자 같은 '성씨' 안에서 서로를 분별하는 방식으로 '군망'(-정초는 이를 두고 '지망'이라 칭하였다)을 사용하기 시작하였다. 정초의 이른바 "以地望 明貴賤"은 바로 이를 두고 하는 말이었다.

정초의 이른바 "以地望 明貴賤"하는 관행은 삼국 시대 이후로 크게 번성하였다. 정초가 말하는 '지망'이란 특정 망족이 그들이 거주하는 지역의 지명과 함께 성씨를 칭하는 것을 말하는데,[95] 이 시기 망족들

---

95 《漢語大詞典》(1988, 上海辭書出版社)에서는 '地望'을 다음과 같이 정의내리고 있다.

은 자신들의 성씨 앞에 자신들이 세거하는 군郡 단위의 지명을 붙여 사용하곤 하였다. 예를 들면, 박릉최씨博陵崔氏, 태원왕씨太原王氏, 청하최씨淸河崔氏, 농서이씨隴西李氏, 조군이씨趙郡李氏, 낭야왕씨琅琊王氏, 범양노씨范陽盧氏, 형양정씨滎陽鄭氏 등이 대표적이었다.[96] 그리고 이들은 자신들의 본거지를 떠나 다른 곳으로 이주하여도 으레 자신들의 본거지로서 자신들의 씨족을 표현하였는데, 박릉최씨의 경우 박릉이 아닌 다른 지역에 가서 살아도 여전히 '박릉최씨'요 '박릉인'이었으며, 태원왕씨의 경우 태원이 아닌 다른 지역에 이주하여 살아도 여전히 '태원왕씨'요 '태원인'이었다.[97]

이처럼 같은 성씨 안에서도 군망에 따라 서로를 분별하는 관행은 송나라 시기에 이르러 크게 변화하였다. 송나라 시기에 와서는 더 이상 군망과 함께 성씨를 표현하지 않게 되었다. 그리고 그를 대신하여 해당 인물이 살고 있는 거주지와 함께 성씨를 칭하는 새로운 관행이 생겨났다.

이처럼 송대에 와서 성씨제도가 변화하는 이유는 여러 측면에서 고찰해 볼 수 있겠지만, 우선 삼국 시대부터 발달해 온 '문벌 숭상 풍조'가 이 시기에 와서는 아주 약해졌기 때문이었다.[98] 송대에 이르러서는, 기존의 지배 계층이었던 문벌귀족과는 성격이 다른 집단이 출현

"위·진 시대 이후로 九品中正制가 실시되면서, '士族大姓'들이 지방 사회에서 인재를 추천하는 제도인 選擧制와 같은 분야에서 권력을 독점하게 되었다. 그래서 각 성씨들은 그들이 거주하는 군·현 지방과 밀접한 관계를 맺게 되었는데, 이를 '地望'이라 칭하였다."(魏晉以下, 行九品中正制, 士族大姓壟斷地方選擧等權力, 一姓與其所在郡縣相聯系, 稱爲地望).

96 이 시기 유명 씨족에 관한 연구는 많은 연구자에 의해 이루어졌다. 그 가운데 대표적인 연구에 관해서는 각주 84번을 참고하길 바란다.

97 宋俊浩,《朝鮮社會史研究》, 97쪽.

98 송준호는 이러한 내용을 그의 연구 성과 곳곳에서 피력하였는데, 그 가운데《朝鮮社會史研究》에 실린〈韓國의 氏族制에 있어서의 本貫 및 始祖의 問題〉와〈族譜를 통해서 본 韓·中 兩國의 傳統社會〉가 이 절과 많은 관련이 있을 듯하다(각주 89번과 그 본문 내용도 참고).

하게 되었는데, 이들을 중국 역사에서는 '사대부士大夫'라 부르고 있
다. 이들은 유교적 소양을 가지고 과거를 통하여 관직에 진출하였으
며, 기존에 있던 문벌귀족처럼 문벌에 의해 사회적 신분이 결정되지
않았다.[99] 그래서 더 이상 문벌을 논하는 방식인 군망을 찾지 않게
되었다.

그리고 또 다른 원인으로 살펴볼 수 있는 사실은 중국의 성씨제도
가 끊임없이 '나'와 '남'을 구분하려는 '배타성'을 가지고 변해가고 있
다는 점이다.[100] 앞서 언급하였듯이, 상고 시대 '성'을 소유한 사람들
사이에서 '성'만으로 서로를 구분하는 게 무의미해지자 '씨'를 소유한
사람들이 출현하였고, 다시 '씨'를 소유한 사람들이 많아지면서 '성'과
'씨'를 구분하는 게 무의미해지자 '성'과 '씨'를 모두 '성씨'라 부르게
되었으며, 또 같은 '성씨'를 사용하는 사람들 사이에서 '성씨'만으로
서로를 구분하는 게 무의미해지자 '군망'으로서 서로를 구분하는 관행
이 생겨났듯이, 송나라 시기에 이르러서는 '군망'으로서 자신의 씨족
을 드러내는 방식은 더 이상 사회적 의미를 갖지 못하게 되었다. 그
리하여 자신들이 살고 있는 거주지의 지명을 성씨와 함께 부르게 되

---

99 송나라 시대에 이르러 성씨제도가 변화한 것은 당시 사회의 변화상과 밀접한 관련
이 있었다. 송대 사회의 변화에 관한 연구에 대해서는 각주 85번을 참고하길 바란
다. 각주 85번에서 언급된 연구 이외에도, Patricia Buckley Ebrey는 한나라 시대부터
당나라 시대에 이르기까지 약 1000여 년 간의 博陵崔氏 역사를 고찰하였다. 이에
따르면, 박릉최씨는 한나라 시기에는 단순히 지방에서 혈연을 매개로 다양한 지역
에 흩어져 사는 집단이었으나, 북위 시대에 이르러 하나의 문벌 귀족으로 발전하였
다. 그리고 당나라 시대에 이르러서는 그들 가운데 일부가 그들의 본거지인 박릉
지역을 떠나 洛陽과 같은 다른 지역으로 이주하기도 하였지만 여전히 부계 혈연을
바탕으로 하여 사회적 지위를 유지하였다. 그리고 이들은 당나라 말기와 5代 시대
에 들어서는 박릉이라는 지명을 더 이상 그들의 성씨 앞에 칭하지 않기 시작하였
다(1978, *The Aristocratic Families of Early Imperial China; A Case Study of the Po-ling
Ts'ui Family*, pp.113·116).
100 씨족제도가 가지고 있는 '배타성'에 관해서는 송준호의 연구(《朝鮮社會史硏究》,
112~113쪽)도 참고하길 바란다.

었다. 중국의 성씨제도를 상고 시대부터 통찰하였던 정초 역시 그의 저서 〈씨족략〉에서 중국의 성씨는 "이친별소以親別疏"·"이소별대以小別大"·"이이별동以異別同"·"이차별피以此別彼"를 통하여 끊임없이 "무비변족無非辨族"을 하고 있다고 하였는데, 이 또한 중국 씨족제도와 성씨제도가 '배타성'을 기본 생리로 하여 발전하고 있음을 언급한 것이라 할 수 있다.

  이처럼 송나라 이후 성씨를 표현하는 방식으로서, 군망보다는 거주지를 우선시하다 보니 역사 문헌에 나타나는 기록이 의미하는 바도 변하게 되었다. 예를 들어, 우리는 명·청 시대 지방지에 수록된 인물지를 보다보면, 인물의 열전을 본격적으로 살피기에 앞서 'ㅇㅇ인人'이라는 표현을 발견하게 되는데, 명·청 시대 'ㅇㅇ인'이라는 기록이 의미하는 바는 해당 인물의 거주지나 본적지를 의미하였다. 그리고 이러한 명·청 시대 'ㅇㅇ인'의 의미는, 우리가 앞서 살펴보았던 '박릉최씨'와 '태원왕씨'들이 그들의 거주지와 무관하게 언제나 '박릉인'이요 '태원인'으로 불렸던 것과는 다른 것이었다.[101]

  우리는 이러한 예를 송나라 때 유명한 학자이자 정치가인 구양수歐陽修와 주필대周必大(1126~1204)에서 확인할 수 있다. 구양수와 주필대는 모두 강서성 길안부吉安府 출신으로, 길안부의 지방지인 《길안부지》의 인물지에 실려 있다. 《길안부지》의 인물지에는 이들 모두 '여릉인廬陵人'으로 기록되어 있는데, 이는 이들이 길안부 여릉현 출신이었기 때문이었다. 하지만 구양수의 집안은 본래 호남성 장사長沙 지역에 거주하던 사람들로 구양수의 8대조 대에 강서성 길안부로 이주하였다. 그리고 그의 집안은 장사 지역에 거주하기 이전에 발해渤海 지역에 거주하던 '발해구양씨'였다. 또 주필대의 집안은 본래 하남성 정주

---

101 이에 관한 좀 더 자세한 내용은 이 책 제4장 제1절을 참고하길 바란다.

부鄭州府 관성현管城縣에 살던 사람들로, 그의 조부인 주선周詵이 여릉 현감에 임명되면서 길안부 여릉현으로 이주하였다. 그리하여《길안부 지》에서는 '其先鄭州管城人'이라 기록하였다.[102]

우리는 이상의 구양수와 주필대에 관한 기록을 통하여 재미있는 역 사적 추측 하나를 할 수 있을 것 같다. 구양수와 주필대가 송나라 시 대가 아닌 그보다 앞선 시대에 살았던 사람들이라고 한다면, 그들도 저 '박릉최씨'와 '태원왕씨'가 그러했던 것처럼, 그들의 거주지에 따라 '여릉인'으로 기록되기보다는 틀림없이 그들의 군망에 따라 '발해인'이 나 '관성인'으로 기록되었을 것이다.

또, 거주지와 함께 성씨를 칭하다보니, 동일한 선조를 둔 후손들이 작성한 족보라 하더라도 그 명칭 가운데 지명을 달리하는 경우가 생 겨났다. 우리는 앞에서 구양수의 집안이 발해 지역에서 호남성 장사 지역으로 이주하였고 다시 장사 지역에서 강서성 길안 지역으로 이주 하였다는 사실을 확인하였는데, 구양수의 조상 가운데 장사 지역에 처음으로 입거한 인물은 구양수의 24대조인 구양경달歐陽景達이며 길 안 지역에 처음으로 입거한 인물은 구양만歐陽萬이었다. 구양만이 길 안 지역으로 이주한 까닭은 그가 길안부 관내에 있는 안복현安福縣의 현령을 역임하였기 때문이었는데, 이러한 이유로 그의 후손들이 작성 한 족보에는 그의 관직명을 따라 그를 '안복부군安福府君'이라 부르고 있다.

상해도서관에서 간행한《중국가보총목中國家譜總目》에 따르면, 바로

---

102 이 절에서는 1876년에 간행된《吉安府志》인물지를 참고하였으며, 1876년에 간행 된《吉安府志》는《中國方志叢書》第251號(成文出版社, 台北, 1975)와《中國地方志集 成》,〈江西府縣志輯〉(江蘇古籍出版社, 1996)에 실려 있다. 그리고 歐陽修 선대에 관 해서는 구양수가 작성한〈歐陽氏譜圖序〉(《文忠集》卷71·外集21에 수록됨)를 참고하 였다.
아울러, 1876년 간행된《吉安府志》인물지에 나오는 본관 기록에 관해서는 이 책 제4장 제1절을 참고하길 바란다.

이 '안복부군' 구양만을 시조로 삼고 있는 구양씨의 족보가 호남성, 안휘성, 강서성 일대에 남아 있다.[103] 그 가운데 호남성 영향현寧鄕縣에 살고 있는 구양씨는 자신들의 족보를 《영향구양씨족보寧鄕歐陽氏族譜》(1798년 간), 같은 성 형산현衡山縣의 구양씨는 《형산구양씨칠수통보衡山歐陽氏七修通譜》(1942년 간), 그리고 안휘성 이남현黟南縣의 구양씨는 《이남구촌구양씨족보黟南歐村歐陽氏族譜》(청 강희康熙 연간 간)라 칭하였다.

또, 동일한 시조의 후손으로 같은 현에 거주하는 사람들도 그들이 거주하는 지역에 따라 족보의 명칭 가운데 지명을 달리하였다. 예를 들면, 강서성 만재현萬載縣 심계澬溪에 거주하는 구양씨歐陽氏의 시조는 구양덕무歐陽德茂인데, 구양덕무는 송나라 시기에 만재현 심계로 이주하였다. 그리하여 심계에 거주하는 그의 후손들은 자신들의 족보를 《만재심계구양씨지보萬載澬溪歐陽氏支譜》(1937년 간)라 칭하였다. 또, 구양덕무의 후손 가운데 구양호고歐陽篪高는 명나라 시기에 심계에서 같은 현 나당螺塘으로 이주하였다. 그리하여 구양호고의 후손들은 그들의 족보를 《만재나당구양씨지보萬載螺塘歐陽氏支譜》(청 도광道光 연간 간)라 하였다.

---

103 이 절에서 언급하는 歐陽氏族譜의 명칭과 그 관련 내용은 《中國家譜總目》(2008年, 上海圖書館 編, 上海古籍出版社 刊, 4200~4213쪽)에 의거한 것임을 밝힌다. 《中國家譜總目》의 범례에 따르면, "본서는 국내외 기관에 소장되어 있는 족보와 일반인이 소장하고 있는 족보 가운데 한자로 기록된 중국 족보를 수록하되, 중국 소수민족의 족보와 해외로 이주한 중국인의 후손에 관한 족보까지도 포함하였다."〈本書收錄中外藏書機構收藏的和散見於民間的用漢字記載的中國家譜, 包括中國的少數民族家譜以及遷移海外的華裔家譜〉고 하여 그 수록 범위를 밝혔으며, 또 "서명 즉 족보의 명칭은 版心, 書籤(或 書衣), 書名頁, 卷端, 譜序 등에 기록된 題名 가운데 해당 족보에 관한 정보를 비교적 많이 포함하고 있는 제명을 택하되, 족보를 소유하고 있는 사람의 거주지, 성씨, 그리고 해당 족보의 간행 次數가 정확히 반영될 수 있도록 하였다."〈書名擇版心,書籤(或書衣),書名頁,卷端,譜序等各處題名中所含信息量較大的, 能正確反映譜主的居地,姓氏,本次纂修次數的著錄〉고 밝히고 있다. 이 절에서 언급한 족보의 명칭 이외에도 歐陽氏族譜에 관한 명칭은 다양하다.

이러한 사례는 같은 현에 거주하는 또 다른 구양씨에서도 발견된다. 만재현 백수白水에 거주하는 구양씨의 시조는 송나라 시기 유명한 학자인 구양수(1007~1073)이다. 이 구양수의 후손 가운데 구양걸歐陽傑이라는 인물은 북송 시기에 3명의 아들을 거느리고 강서성 길안부 영풍현永豊縣 사계沙溪에서 만재현 백수향白水鄕 산만山灣으로 이주하였다. 그리하여 구양걸의 후손들은 자신들의 족보를 《만재백수산만구양씨족보萬載白水山灣歐陽氏族譜》(청 옹정雍正 연간 간)와 《만재백수구양씨족보》(청시기 간)라 칭하였다. 또 구양수의 후손 가운데 구양정방歐陽定邦이라는 인물은 원나라 말기에 만재현 백수에서 같은 현 배강排江으로 이주하였고, 그의 후손들은 자신들의 족보를 《만재배강구양씨족보萬載排江歐陽氏族譜》(1819년 간)라 하였다.

우리가 이상에서 살펴본바, 열전이나 행장에 나타나는 '○○인'이라는 기록이 해당 인물의 거주지나 본적지를 의미한다거나, 동일한 조상을 둔 사람들 사이에서도 거주지가 변화하면서 족보의 명칭 가운데 지명이 변화하는 현상은 송나라 이후 생겨난 중국 성씨제도의 특징에서 비롯된 것이었다. 하지만 전통기 한국사회에서는 이러한 현상이 나타나지 않았다.

2. 유형원의 《동국여지지東國輿地志》

현대 한국인들이 사용하는 성씨와 동시기 중국인들의 성씨를 비교해봤을 때 가장 두드러진 특징 가운데 하나는 한국인들은 중국인들과 달리 성씨와 함께 본관을 사용하고 있다는 점이다. 그리하여 같은 성씨라 하더라도 그 안에는 본관에 따라 여러 씨족이 존재하게 된다. 이러한 사실을, 이씨를 예로 하여 살펴보면, 같은 이씨라 하더라도 본관이 전주全州인 전주이씨, 본관이 광주廣州인 광주이씨, 그리고 본관

이 전의全義인 전의이씨 등 여러 개의 이씨가 있으며, 이들은 서로
다른 시조를 가진 별개의 씨족이 된다. 하지만 현대 중국사회의 성씨
제도에서는 이 같은 현상이 발견되지 않는다.

이런 사실은 한·중 양국 사회의 통계 자료 통해서도 확인이 된다.
2000년 한국 통계청에서 조사한 자료에 따르면, 현대 한국사회에는
총 286종의 성씨와 4179종의 본관이 존재하고 있다.[104] 하지만 1991
년 중국에서 출판된 한 성씨 관련 사전에 따르면 중국에는 총 8155
종의 성씨가 존재할 뿐 본관에 관한 기사는 나타나지 않는다.[105]

여하튼, 현대 한국사회의 성씨제도가 가진 특징 가운데 하나는 본
관이 존재한다는 사실인데, 이 본관이 가진 특징에 관해서는 조선 시
대 학자인 유형원이 잘 설명해 주고 있다. 유형원은 그의 저서《동국
여지지》의 범례에서 한국의 지리지에서는 인물을 수록하면서 중국의
지리지와 달리 거주지가 아닌 본관에 따라 수록하고 있다는 사실을
지적하고 그와 함께 한국의 본관이 의미하는 바가 무엇인지를 설명하
고 있다.[106]

유형원에 따르면, 그가《동국여지지》를 작성한 시기보다 약 170년
앞서 편찬된《동국여지승람》에서는 인물을 수록하면서 해당 인물의
본적지에 따라 수록하지 않고 '원조遠祖의 본적지' 즉 본관에 따라 수
록하였기 때문에 현실성이 많이 결여되어 있었다. 그래서 그는《동국
여지지》에서는 해당 인물의 본관이 아닌 본적지에 따라 인물을 수록
하였다고 밝히었다.

---

104 2000년에 조사된 성씨와 본관에 관해서는 통계청,《2000 인구주택총조사: 성씨
및 본관 보고서》, 2003을 참고하길 바란다. 이 절에서 언급한 성씨와 본관의 숫자
는 2003년 통계청에서 작성한《2000 인구주택총조사: 성씨 및 본관 집계결과》의
내용을 인용하였다.
105 王萬邦 編,《姓氏詞典》, 河南人民出版社, 1991.
106 이 절에서 언급한 柳馨遠의《東國輿地志》凡例에 관한 내용은 송준호의 연구를
참고하였음을 밝힌다.

또, 그에 따르면, 이와 같은 관행 즉 지리지에서 본관에 따라 인물을 수록하는 관행은 일찍이 고려 시대부터 있어 왔던 것이었다. 하지만 고려 시대에는 본관을 떠나 다른 곳에 이주하는 사람들이 많지 않았기 때문에 지리지에서 본관에 따라 인물을 수록한다고 하더라도 현실과 동떨어진 경우가 많지 않았다. 하지만 조선 시대에 이르러서는 실제로 본관에 거주하는 사람이 많지 않아서 지리지에서 본관에 따라 인물을 수록하게 되면 현실과 전혀 다르게 되는 경우가 많았다.

그리하여 유형원은 《동국여지지》 범례에서 다음과 같이 밝히었다.

> 인물지의 경우, 《동국여지승람》에서는 각 지방의 인물을 수록함에 있어 언제나 그 원조의 본관지를 따라 기재하였기 때문에 실제로 그 지역 출신 인물이 수록되어 있지 않다. 하지만 (이번에 《동국여지지》를 편찬하는 과정에서는 《동국여지승람》에 수록된 인물 가운데) 전기와 행장 등 관련 기록을 살펴보아 그 출신지를 고증할 수 있는 한, 그 출신지에 인물을 옮겨 싣도록 하였다. 그래서 이번에 작성된 인물지는 전적으로 "生長係籍之地"에 따라 기록하였다.
>
> 人物 勝覽 皆從遠祖本貫載之 實非其地之人 其有傳狀可考者 從實移載 今續載者 則一以其人生長係籍之地云

그리고, 그에 따르면, 전통기 한국사회에서는 '문벌을 숭상하는 풍조'가 발달해서 '원조의 출신지'를 밝히는 것으로 본관을 삼고 있으며, 이 본관이라는 곳은 "자손들이 남북으로 헤어져 살고 그렇게 하기를 백대가 되어도 여전히 변하지 않는 곳"이었다. 그리하여 이 본관은 그 후손들과 실제로 직접적인 관련이 있는 지역이라기보다는, 단지 "가문의 기원지起源地"를 밝히는 부호에 불과한 것이었다. 따라서 지리지에서 이 본관에 따라 인물을 수록한다는 것은 '사실을 속이는 것'과 다를 것이 없었다.

우리 나라에서는 (옛날부터) 문벌을 중시하였기 때문에 사족들이 으레 자기들의 원조의 출신지를 밝혀 그것으로 본관으로 삼았으며 그리하여 그들의 자손들도 비록 그들이 남북으로 헤어져 살고 그렇게 하기를 백대가 되어도 여전히 그 본관을 바꾸지 않게 되었다. 그 결과 오늘날의 호적에는 본관이 있고 또 거주지가 있게 되었는데 이러한 본관은 단지 그 가문의 기원지를 밝히는 구실을 할 뿐이다. 그런데도 불구하고 저들은 마치 그 본관지의 출신인물인 양 그곳 지지에 싣는다면 이는 사실을 속이는 것이 된다.107

東國 俗重世閥 士族之家 必著遠祖所從起之地 以爲本貫 雖子孫移居南北百代
而不易其貫 今之籍案 亦著本某地 居某地是也 此只可以辨其族姓之所從出而已
若以爲其地之人 而載於地志 則誣其實矣

또, 한국의 사족들은 대부분의 경우가 본관을 벗어나 다른 곳에 정착한 지가 이미 수백 년 또는 천 년에 이르렀다. 그리하여 본관이라는 곳은, 후손의 입장에서 보자면, "足不一涉 目不一睹" 즉 '평생 동안 지역을 찾아가 단 한 번 발을 딛어 보지도, 또 단 한 차례 구경조차도 해 보지 못한 경우'가 많았다. 그럼에도 불구하고 본관이라는 이름만으로 그 지역의 출신인물인 양 지리지에 수록한다는 것은, 지리지 편찬의 의도 즉 그 지역의 지도와 고적을 살펴 그 지역의 지리와 문화를 이해하고 그 지역 출신인물들을 파악하여 그 지역의 풍토를 이해하려는 지리지 편찬의 본질적인 의도와도 다른 것이었다.

오늘날 우리나라의 사족들은 그 원조가 현달한 자들로, (그 본관지를 벗어나) 서울에 살기도 하며 혹은 (본관지가 아닌) 다른 지역에 살고, 그렇게 살아가기를 세대 수로는 수십 세요 해 수로는 수백 년, 수천 년에 이르고 있다. 그렇기 때문에 원조의 아들이나 손자 그리고 증손 대에는 비록 그들이 다른 지역에 살고 있다고 하더라도 본관지에 따라 (지리지에) 수록한다는

---

107 宋俊浩, 《朝鮮社會史研究》, 74쪽 재인용.

것은 어느 정도 이해해 줄 수는 있다. 하지만 세대가 멀어진 후손의 경우에는 본관지로부터 아득히 멀어져서 평생 동안 그 본관지라는 곳을 찾아가 단한 번도 발을 딛어 보거나 또 구경조차 해 보지 못한다. 그럼에도 불구하고 단지 본관이라는 이유만으로 해당 지역의 출신인물인 양 수록한다면 그 지역의 지도와 고적을 살펴보고 그 지역 출신인물을 논하려는 지리지 편찬의 의도에 어떤 도움이 되겠는가?

今夫三韓之族 其遠祖起家貴顯 或家於京 或散居他處 皆數十世 亦且數百千年矣 其子若孫曾之世 則雖居他處 附載於本貫 猶或可矣 至於後裔 則渺漠荒遠於其地 足不一涉 目不一睹 而徒以本貫之故 而仍作其地之人 其於考圖籍論人物之意 果如何耶

유형원은 이어서 중국에서는 송씨宋氏와 공씨孔氏가 은나라 탕왕湯王의 후손이라고 해서 그들을 탕왕의 기원지인 호毫땅의 지리지에 기록한다거나 주나라 시대 제후의 후손들이 모두 문왕과 무왕의 후예라하여 주왕실의 기원지인 기岐땅의 지리지에 수록하지 않는다는 점을 지적하고 한국의 관행은 이런 중국의 관행과 다르다고 말하였다. 신라 시대에 그 기원이 시작된 씨족이라 하더라도 고려가 건국된 후로는 고려의 수도인 개경開京으로 이주하여 500년을 살았고 또 조선이 건국된 이후로는 조선의 수도인 한양漢陽으로 이주하여 300년을 살았음에도 불구하고 여전히, 신라의 수도인 경주慶州의 지명을 따라, 지리지에서는 그들을 경주편에 싣고 있으며 또 전기와 열전에서는 그들을 '경주인'이라 칭하고 있다는 것이다.

이러한 관행은 한국의 씨족들이 원조로부터 크게 멀어지지 않았던 시대인 고려 시대에는 타당한 것일 수 있지만, 실제로 본관에 거주하는 사족들이 많지 않은 조선 시대에 이르러서는 잘못된 것일 수밖에 없었다. 그래서 이번에 《동국여지지》를 편찬하면서 그 관행을 바로잡았다고 밝히고 있다.

신라의 경주에서 그 기원이 시작된 씨족이라 할지라도 고려 건국과 동시에 개경에 이거하여 그곳에서 벼슬하면서 이미 500년 간이나 살았으며 아조我朝가 건국된 후로는 다시 한양으로 이거하여 그곳에서 또 300년이나 살았는데, 지리서를 작성하는 사람들은 여전히 저들을 경주편에 싣고 또 전기나 행장을 짓는 사람들도 저들을 으레 '경주인'이라 하고 있으니 이 또한 (중국과) 다른 관습이다. 그리고 저들이 (개경 또는 한양이 아닌) 다른 지방에 가서 살아도 역시 다 그런 식으로 하고 있다. … 고려조의 인물들은 자기들의 (본관지에 살았던) 조상들과 연대상으로 그리 멀리 떨어지지도 않았고 또 그들 중에는 실지로 본관지에 눌러 사는 자들도 왕왕 있었으므로 (지리서에서) 그들을 일률적으로 본관지편本貫地篇에 싣는다 해도 무방한 사람들이 많다. 그러나 아조에 들어와서는 사대부의 후예로서 자기들의 본관지에 눌러 사는 사람은 거의 없는(絶鮮) 형편이다. 따라서 마땅히 사실대로 시정하여야 한다.108

… 東國 則系出新羅者 麗朝之初 移仕居松京五百年 入我朝後 居漢陽且三百年 而作志者 猶皆載於慶州 作傳若狀者 猶直日 慶州人 其亦異矣 至於他處無不皆然 … 前朝之人 則離祖未遠 往往仍居其鄕 雖以本貫 而不甚失實者 多矣 至於我朝以後 則士夫之後 仍居本貫者 絶鮮矣 尤當從實改正 …

더욱이, 한국에서 본관에 따라 인물을 기록하는 관행은 중국의 《명일통지明一統志》에서 인물을 수록하는 방식과 비교해 보아도 다른 것이었다. 그래서 유형원은 당나라 시기의 인물인 한유韓愈(768~824), 그리고 송나라 시기의 인물인 여조겸呂祖謙(1137~1181)과 소옹邵雍(1011~1077)을 예로 들어 한국에서 인물지 편찬 방식이 잘못되었음을 지적하였다.

《명일통지》에 나오는 한유, 여조겸, 소옹 세 인물에 관한 기사를 통하여

---

108 宋俊浩, 《朝鮮社會史硏究》, 74~75쪽 재인용.

다음과 같은 사실을 알 수 있다. 한유의 선조는 본래 창려昌黎 지역에 세거
하던 사람들로 이른바 '창려인'이었다. 하지만 한유의 증조가 창려에서 하양
河陽으로 이주하였기 때문에, 옛 창려 지역이라 할 수 있는 오늘날의 (하북
성) 영평부永平府, 그 '인물'조에서는 한유를 수록하지 않고 있으며 옛 하양
지역에 해당하는 오늘날의 (하남성) 회경부懷慶府, 그 '인물'조에서는 그를
수록하고 있다.109 또, 여조겸의 선조는 본래 동래東萊 지역에 세거하던 사
람들로 이른바 '동래인'이었다. 그래서 여조겸의 6대조인 이간夷簡은 옛 동
래 지역에 해당하는 오늘날의 래주부萊州府, 그 '인물'조에 수록되어 있
다.110 하지만, 여조겸의 증조인 호문好問이 송 고종高宗을 따라 남으로 이주

---

109 柳馨遠이 《明一統志》에서 참고한 韓愈의 선대기록은 다음과 같을 것으로 추정된다.
  《明一統志》卷5 '永平府'篇 '祠廟'條 '韓昌黎祠'.
    在昌黎縣治西北 唐韓愈 其先昌黎人 愈歷官吏部侍郎 其文章佐六經 學者仰之 卒
    謚曰文 後封昌黎伯 本朝洪武中建祠祀焉.
  같은 책, 같은 권, '永平府'篇 '陵墓'條 '韓氏祖墳'.
    在昌黎縣西五里 唐韓愈高祖以上之葬地 自其曾祖泰任曹州司馬 因家於河陽 而子
    孫不復在此.
  같은 책, 卷28 '懷慶府'篇 '人物'條 '韓愈'傳.
    南陽人 即今修武縣北南陽城是也 七歲讀書 日記數千百言 比長 盡通六經百家之學
    擢進士第 累官刑部侍郎 時憲宗迎佛骨 愈上表極諫 貶潮州刺史 除鱷魚患 尋改袁
    州 召拜國子祭酒 歷轉吏部侍郎 卒贈禮部尚書 謚曰文 愈爲文粹 然一出於正佐佑
    六經 學者仰之 如泰山北斗云('除鱷魚患'은 韓愈가 潮州刺史로 있으면서 鱷溪의
    鱷魚를 쫓아낸 일을 말함).
110 《明一統志》에 따르면, 呂祖謙의 선조 가운데 '萊州人'으로 기록되어 있는 사람은
  그의 9代祖인 呂夢奇이다. 그리고 그의 6代祖인 呂夷簡은 '萊州府'篇의 '인물'조가
  아닌 '鳳陽府'篇의 '인물'조에 실려 있으며, '壽州人'(壽州는 鳳陽府에 속함)으로 기록
  되어 있다. 呂夷簡이 '壽州人'으로 기록된 이유는 呂夢奇의 아들이자 呂夷簡의 조부
  인 呂龜祥이 東萊 지역에서 壽州 지역으로 이주하였기 때문으로 생각된다. 이에 관
  해서는 아래의 '呂夢奇'傳을 참고하길 바란다.
  《明一統志》卷25 萊州府 '人物'條 '呂夢奇'傳.
    萊州人 仕唐累官至户部侍郎 子龜圖周起居郎 徙家河南 龜圖弟龜祥 仕宋以殿中丞知
    壽州 因家焉 龜圖子蒙正 爲宰相 蒙休擧進士 官至殿中丞 龜祥子蒙亨擧進士高等 累
    官大理寺丞 夢(-蒙의 誤字)異虞部負外郎 蒙周進士及第 蒙亨子 即宰相夷簡(周는 后
    周(951~960), 起居郎은 관직명임).
  같은 책, 卷7 鳳陽府 '人物'條 '呂夷簡'傳.
    壽州人 進士及第 通判濠州知開封府 治嚴辨 真宗識姓名於屏風 仁宗時 累官同中書
    門下平章事 進昭文館大學士 手疏陳八事 語甚切 以使相出判陳州 後再相 進位司空
    封許國公 卒謚文靖 自仁宗初立太后臨朝十餘年 天下晏然 夷簡之力爲多 有集二十卷
    子公綽公弼公著公孺 皆有名(使相과 司空은 모두 관직명임).

하여 금화金華 지역에 살았기 때문에, '래주부'편의 '인물'조에서는 여조겸을
수록하지 않고 '금화부金華府'편의 '인물'조에서 그를 수록하였다.111 그리고,
소옹은 본래 '범양인范陽人'이었다. 하지만 그가 (하남성) 하남 지역에 와서

또, 呂夷簡의 아들인 公著는 '鳳陽府'篇의 '인물'조에 수록되어 있으며, 公著의 아들
인 希哲, 희철의 아들인 好問, 호문의 아들인 本中은 모두 '河南府'篇의 '인물'조에
수록되어 있다. 희철, 호문, 본중이 '河南府'篇에 수록된 이유는 공저가 開封 지역과
懷慶 지역에서 관직 생활을 하면서 壽州 지역에서 개봉과 하남 일대로 이주하였기
때문으로 생각된다. 이에 관해서는 이 절에서 인용하지는 않았지만《明一統志》의
내용(卷26 '開封府上'篇 '陵墓'條 '呂公著墓'와 같은 篇 '名宦'條 '呂公著'傳, 卷28 '懷慶
府'篇 '名宦'條 '呂公著'傳, 卷29 '河南府'篇 '古蹟'條 '呂公著宅'와 같은 篇 '流寓'條 '呂
公著'傳)을 참고하길 바란다. 아울러 아래 각주의 가계도도 참고하길 바란다.
111 《明一統志》卷42 '金華府'篇 '人物'條 '呂祖謙'傳.
　　夷簡六世孫 祖好問 隨高宗南渡 仕至尚書右丞 卜居金華 祖謙早擢高第 歷官著作郎
　　直秘閣 倡道於婺 爲一代宗師 號東萊 著書立言 並行於世 卒諡成(著作郎과 直秘閣
　　은 모두 官職名, 婺는 婺州 즉 金華의 異名임).
《明一統志》에서 呂祖謙의 선조에 관한 기사를 살펴보면, 呂好問은 여조겸의 조부가
아닌 증조부임을 알 수 있다.《明一統志》의 내용을 기반으로 여조겸의 가계를 정리
하면 아래와 같다.
〈呂祖謙의 家系圖〉

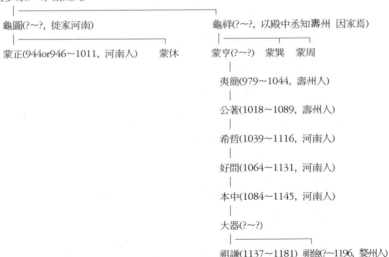

呂夢奇(?~?, 萊州人)
　├─────────────────────────────┐
龜圖(?~?, 徙家河南)　　　　　　　　龜祥(?~?, 以殿中丞知壽州 因家焉)
　│　　　　　　　　　　　　　　　　　│
蒙正(944or946~1011, 河南人)　蒙休　蒙亨(?~?)　蒙巽　蒙周
　　　　　　　　　　　　　　　　　　　│
　　　　　　　　　　　　　　　　　夷簡(979~1044, 壽州人)
　　　　　　　　　　　　　　　　　　　│
　　　　　　　　　　　　　　　　　公著(1018~1089, 壽州人)
　　　　　　　　　　　　　　　　　　　│
　　　　　　　　　　　　　　　　　希哲(1039~1116, 河南人)
　　　　　　　　　　　　　　　　　　　│
　　　　　　　　　　　　　　　　　好問(1064~1131, 河南人)
　　　　　　　　　　　　　　　　　　　│
　　　　　　　　　　　　　　　　　本中(1084~1145, 河南人)
　　　　　　　　　　　　　　　　　　　│
　　　　　　　　　　　　　　　　　大器(?~?)
　　　　　　　　　　　　　　　　　　　├──────────────┐
　　　　　　　　　　　　　　　　　祖謙(1137~1181) 祖儉(?~1196, 婺州人)

* 'ㅇㅇ人' 기록은《明一統志》에 나오는 것을 정리한 것임.
* 생몰년은《中國歷代人名大辭典》(張撝之 等 主編, 上海古籍出版社, 1999)을 따랐음.

우거하였기 때문에, (옛 범양 지역인) '순천부順天府'편 '인물'조에서도 그를 수록하고 '하남부'편 '유우流寓'조에서도 그를 수록하였다. 하지만, 소옹의 아들인 백온伯溫은 '하남부'편 '인물'조에만 실려 있다.112

按一統志 韓愈先世 昌黎人 而其曾祖 自昌黎移河陽 故昌黎人物 不載韓愈 而載於今懷慶府(卽故河陽) 呂祖謙先世 東萊人 其六代祖夷簡 載萊州府 而(曾)祖好問 隨高宗南渡 居于金華 故萊州不載祖謙 而載於金華府 邵雍 范陽人 而寓居河南 故順天府人物 載邵雍 而又載河南府流寓 子伯溫 則載於河南府人物〉

《명일통지》에 따르면, 한유는 그의 문장이 육경六經의 문장에 버금 간다는 평을 받을 만큼 뛰어났기 때문에 많은 학자들로부터 추앙을 받았다. 그리고 사후에는 문文이라는 시호를 받고 창려백昌黎伯으로 봉해지기도 하였다. 이런 한유의 선조들은 본래 창려 지역에 거주하던 사람들로 증조부가 조주曹州(=지금의 산동성 하택시菏澤市 일대) 지역의 사마司馬를 역임하면서 하양河陽 지역에 정착하였다. 그리고 《명일통지》가 편찬될 당시까지도 한유의 선조 가운데 고조 이상의 장지

---

112 《明一統志》卷1 '順天府'篇 '人物'條 '邵雍'傳.
　　范陽人 年三十 從父古徙居河南 雍高明英邁 於書無所不讀 每尚友古人 及見李之才 聞性命之學 乃自探蹟索隱 洞見天地運化古今事變萬物性情 逐衍宓羲先天之旨 著皇極經世諸書 程子稱爲振古之豪傑也(李之才(980~1045)은 송나라 시기 학자, 宓羲는 上古時代 伏羲임)..
　　같은 책, 卷29 '河南府'篇 '流寓'條 '邵雍'傳.
　　其先范陽人 雍遊河南 葬其親伊水上 逐家焉 受學李之才 探蹟索隱 逐衍先天之旨 尤精數學 著書十餘萬言 富弼司馬光呂公著二程子雅敬雍爲市園宅 自名其居曰安樂窩 春秋時 乘小車出遊 城中賢者悅其德 不肖者服其化 擧遺士補潁州團練推官 不就 卒諡康節.
　　같은 책, 卷29 '河南府'篇 '人物'條 '邵伯溫'傳.
　　洛陽人 雍入聞父教 出與司馬光二程子交 故所聞日博 以薦授大名府助人 調長子尉 章惇爲相薦之 伯溫願補外 得監永興鑄錢監 徽宗初 上書數千言 欲復祖宗制度 辨宣仁誣謗 觧元祐黨錮 出知靈寶 徙芮城縣 後遷利路轉運副使 所著有河南集聞見錄及皇極觀物諸觧(大名府는 지명, 助人은 관직명, 長子尉는 長子縣尉, 章惇(1035~1105)는 송나라 정치가, 永興은 永興軍으로 송나라 시기 행정구역명, 鑄錢監은 관직명, 宣仁은 송 英宗 妃인 宣仁太后, 靈寶는 지명, 利路轉運副使는 관직명임).

葬地가 창려 지역에 남아 있었다. 그리하여 《명일통지》에서는 한유의 선조를 '창려인'으로 기록하고 한유를 '남양인南陽人'(-회경부懷慶府에 속해 있던 지명)으로 칭하였다.

여조겸은 남달리 총명하여 어린 나이에 과거에 급제하였으며, 관직에 나아가서는 저작랑著作郎과 직비각直秘閣을 역임하였다. 그리고 무주婺州(-금화金華 지역의 이명) 지역에서 유학儒學을 강학하는 데 힘써 '일대一代 종사宗師'가 되었다. 그의 선조는 본래 동래東萊 지역에서 살았는데, 수주壽州를 거쳐 하남으로 이주하였다가 금화에 정착하였다. 그리하여 《명일통지》에서는 여조겸의 9대조인 여몽기呂夢奇를 '래주인萊州人'으로, 6대조와 5대조인 여이간呂夷簡과 여공저呂公著를 '수주인壽州人'으로, 고조인 여희철呂希哲, 증조인 여호문呂好問, 조부인 여본중呂本中을 '하남인'으로, 그리고 동생인 여조검呂祖儉을 '무주인婺州人'으로 기록하였다.

소옹은 이지재李之才(980~1045)를 만나 성리학에 심취하게 되었고 이후 피나는 노력으로 '伏羲先天之旨' 즉 '중국 상고 시대 삼황 가운데 한 인물인 복희가 천리天理를 예측하였다는 원리'를 깨달아 《황극경세皇極經世》 등을 저술하였다. 그는 본래 범양范陽 지역에 살았는데, 그의 나이 30세 때 아버지를 따라 하남 지역으로 이주하여 그곳에 우거하였다. 그리하여 《명일통지》에서는 그를 '순천부順天府'편 '인물'조와 '하남부'편 '유우流寓'조에 모두 수록하였다. 하지만 그의 아들인 소백옹邵伯溫은 '하남부'편 '인물'조에만 수록하였다. 또 《명일통지》에서는 소옹을 '범양인'으로, 그의 아들을 '낙양인洛陽人'(-하남부 낙양현)으로 기록하였다.

유형원의 지적 때문인지는 몰라도, 조선 후기에 작성된 대부분의 지리지에서는 '해당 인물의 본관'이 아닌 '해당 인물의 본적지'에 따라 인물을 수록하였다. 하지만, 유형원이 지적한 또 다른 관행, 즉 '신라의 경주에서 그 기원이 시작된 씨족이라 하더라도 개경에서 500년, 한양에서 300년을 살았음에도 불구하고 그들의 전기와 행장에서는 여전히 그들을 '경주인'이라 하는 관행'은 그 이후에도 계속해서 유지되었다.

이를 유형원이 예시한 중국의 한유나 여조겸 그리고 소옹의 사례와 비교해서 이야기하자면, 한유와 같이 자신의 선조는 '창려인'이요 자신은 '남양인'이며, 여조겸과 같이 그의 선조는 '래주인', '수주인', '하남인'이요 그는 '무주인'이며, 소옹ㄹ과 같이 자신은 '범양인'이요 아들은 '낙양인'인 현상, 즉 한 집안의 구성원들 사이에서 거주지가 변화하면서 이른바 'ㅇㅇ인'을 달리하는 현상은 유형원 이후의 시대에도 한국 사회에서는 나타나지 않았다.

이러한 사실은 전통기 한중 양국 사회에서 작성된 지방지의 내용을 비교해 보아도 쉽게 알 수 있다. 중국 강서성 길안부吉安府의 지방지인 《길안부지》, 이 인물지에 실려 있는 4113명의 이른바 'ㅇㅇ인'이라는 기록을 살펴보면, 4113명 가운데 해당 지명이 파악되지 않는 8명과 길안부 인근 지역인 임강臨江에 해당하는 2명을 제외한 4103명의 지명이 모두 길안부 관내에 위치하고 있다. 하지만 한국 전라도 남원부南原府의 지방지인 《용성속지龍城續誌》에 실려 있는 671명의 경우에는 남원부에 해당하는 사람이 59명에 불과하고 나머지 사람들은 모두 남원 이외의 지역으로 기록되어 있다.[113]

이러한 차이는, 《길안부지》에 실려 있는 4103명의 'ㅇㅇ인'이 해당 인물의 본적지를 기준으로 기록된 것인데 반해, 《용성속지》의 671명의 'ㅇㅇ인'은, 유형원이 한국 본관제도의 특징으로 언급한 것처럼, "(대수代數가 멀어진 후손의 입장에서 보자면) 일평생 단 한 번도 가보지 못한 곳"일 때가 많고, 그럼에도 불구하고 "자손들이 남북으로

---

113 이에 관한 좀 더 자세한 내용은 이 책 제4장 제1절을 참고하길 바란다.

헤어져 살고 그렇게 하기를 백대가 되어도 여전히 변하지 않는 곳"을 기준으로 기록하였기 때문에 나타나는 현상이었다.

앞서 필자는, 중국의 성씨제도가 송나라 시대에 이르러 크게 변화하였으며, 송나라 시대에 이르러서는 정초가 말한 '지망地望'(즉, 군망)보다는 해당 씨족 구성원들이 거주하는 거주지가 중시되었다는 말을 하였고, 또 구양씨를 사례로 들어, 중국의 족보는 그 씨족 구성원들의 거주지가 이동하면 그 족보의 명칭 가운데 지명이 변한다는 이야기를 하였는데, 이처럼 족보의 명칭 가운데 지명이 변하는 현상은 한국 족보에서는 나타나지 않았다. 그리고 한국의 족보에서는 그 지명이 변하지 않는 대신에, 분파分派가 이루어질 경우, 그 파조派祖의 관직명이나 호(-시호諡號와 봉군호封君號도 포함)가 족보의 명칭에 추가되곤 하였다.[114]

이러한 모습은 경기도 광주廣州에 세거하던 세칭 '궁말이씨'와 전라도 남원에 살던 이른바 '둔덕이씨屯德李氏'에서 확인된다. 궁말이씨는 전주이씨 '광평대군파廣平大君派'에 속하는 사람들로, 조선 시대에 경기도 광주부 서부면西部面 궁촌宮村(-현 서울시 강남구 수서동 일대)에 세거하였다. 광평대군(1425~1444)은 조선 왕실의 4대 왕인 세종(1397~1450)의 아들인데, 광평대군의 손자인 남천군南川君 이쟁李崝, 청안군淸安君 이영李嶸, 회원군會原君 이쟁李崝 3명이 궁촌에 입거한 이후로 그 자손이 그 지역에서 크게 번창하여 조선의 1급 양반으로 성장하였다.[115] 그리하여 세간에서는 그들을 '궁말이씨'로 칭하였다.

---

114 宋俊浩, 《朝鮮社會史研究》, 93~94쪽.
   중국 종보의 명칭과 조선 족보의 명칭을 비교한 연구로는, 송준호의 연구 이외에도, 최양규의 연구(〈中國 宗譜와 朝鮮 族譜의 比較 研究〉, 홍익대학교 박사학위논문, 2006, 196~198쪽)와 《한국족보발달사》, 189~191쪽)를 참고하길 바란다.
115 廣平大君의 세 孫子인 南川正 李崝, 淸安君 李嶸, 會原君 李崝이 宮村에 입거한 사실은 《全州李氏 1千 3百年史 全州李氏大觀》, 社團法人全州李氏大同宗約院, (株)뿌리文化社, 2002, 1291쪽을 참고하길 바란다.

둔덕이씨는 전라도 남원부 둔덕방屯德坊(-현 전라북도 임실군任實郡 둔남면屯南面 일대)에 세거하던 사람들로, 전주이씨 '효령대군파孝寧大君派'에 속하였다. 효령대군은 조선의 3대 왕인 태종(1367~1422)의 아들인데, 효령대군의 증손인 춘성정春城正 이담손李聃孫(1490~?)이 둔덕에 입거하면서 그 자손들이 그곳에 살게 되었다. 그리고 조선 후기에는 남원 지방의 1급 양반으로서 세상에 '둔덕이씨'로 알려졌다.116

궁말이씨와 둔덕이씨가 이른바 '피가 갈리는 시기'는 조선 3대 왕인 태종(1367~1422) 때였으며, 더우기 궁말이씨의 입향조라 할 수 있는 남천군 이쟁, 청안군 이영, 회원군 이쟁 3명이 궁촌에 입거한 시기와 둔덕이씨의 입향조인 춘성정 이담손이 둔덕으로 낙향한 시기만 보아도 지금으로부터 약 500년 전이었다. 그리고 궁말이씨와 둔덕이씨는 이 500년 동안 하나의 씨족으로서의 삶보다는 서로 다른 씨족으로서의 삶을 영위하는 경향이 훨씬 강하였다. 그럼에도 불구하고 그들은 '전주'라는 자신들 '원조遠祖의 본적지'를 결코 버리지 않았다. 그래서 일반적으로, 궁말이씨와 둔덕이씨의 족보는 그 명칭 가운데 지명은 변하지 않았으며 그들 파조인 광평대군과 효령대군의 봉호를 따라 《전주이씨광평대군파세보全州李氏廣平大君派世譜》와 《전주이씨효령대군파세보全州李氏孝寧大君派世譜》라 불리었다(궁말이씨와 둔덕이씨의 분파 관계는 〈부록 4-2〉의 궁말이씨와 둔덕이씨 분파도를 참고).

또, 경기도 여주驪州에 세거하던 세칭 '이포홍씨梨浦洪氏'와 전라도 남원에 살던 이른바 '회정홍씨槐亭洪氏'에서도 이상의 현상을 확인할 수 있다. 이포홍씨와 회정홍씨는 모두 남양홍씨南陽洪氏 '남양군파'에 속하는 사람들이다. 주지하다시피, 남양홍씨는 당나라에서 건너온 '홍학

---

116 屯德李氏의 역사에 관해서는 宋俊浩·全炅穆의 연구(《朝鮮時代 南原 屯德坊의 全州 李氏와 그들의 文書(1)》, 전북대학교박물관, 1990)를 참고하길 바란다.

사洪學士'(-이름은 천하天河로 알려져 있음)의 후예로 알려진 홍은열洪殷悅을 시조로 하는 '당홍계唐洪系'와 고려 고종 때 금오위별장金吾衛別將을 지낸 홍선행洪先幸을 시조로 하는 '토홍계土洪系'로 나누어진다. 이포홍씨와 회정홍씨는 모두 '당홍계'에 속하며, 그들의 파조가 되는 남양군은 시조인 홍은열의 12대손인 홍주洪澍(?~1342)[117]를 말한다.

남양군파의 구성원 가운데 경기도 여주목驪州牧 금사면金沙面 이포梨浦에 처음으로 정착한 인물은 홍성민洪聖民(1536~1594)으로 알려져 있다.[118] 홍성민이 이포에 정착한 이후 그의 손자인 홍명구洪命耉 (1596~1637)가 병자호란 때 순절한 공으로 이포 일대를 '사패지지賜牌之地'로 받기도 하였다. 그 후 이포홍씨 집안에서는 다섯 명의 정승을 포함하여 많은 인물이 배출되었고, 세상에서는 그들을 '이포홍씨'로 부르게 되었다.[119] 정약용(1762~1836)이 그의 아들들에게 '고가세족故家世族'은 모두 명승지를 점유하고 있다는 점을 강조하며 그 대표적인 집안으로 미음김씨渼陰金氏, 궁말이씨, 금탄정씨金灘鄭氏와 함께 이포홍씨를 예로 들고 있는데, 이러한 기록에서도 이포홍씨가 조선 사회에서 차지하는 지위를 알 수 있다.[120]

---

117 南陽洪氏의 인물들에 대한 생몰년은 《南陽洪氏南陽君派世譜》(刊南陽洪氏南陽君派大宗中會, 2003)와 《민족문화대백과사전》(한국정신문화연구원 간)의 내용을 참고하였음을 밝힌다.

118 南陽洪氏 丙申譜(1716年 刊)에 따르면, 洪聖民 대부터 묘지가 梨浦에 위치해 있다. 그리고 南陽洪氏 南陽君派 집안에서도 홍성민이 이포에 입거한 것으로 전해지고 있다.
또, 이포홍씨의 역사에 관해서는 정승모·이해준·양선아가 공동을 집필한 《驪州郡史》 제2권 '성씨와 인물'(여주군사편찬위원회, 2005, 29쪽·39쪽·43쪽·48쪽·81~84쪽)도 참고하길 바란다.

119 梨浦洪氏에서 배출한 5명의 정승은 洪命耉(1596~1637), 洪重普(1612~1671), 洪致中(1667~1732), 洪淳穆(1816~1884), 洪英植(1855~1884)이다.

120 《與猶堂全書》 1集 卷18 "示二子家誡"(《韓國文集叢刊》 281冊 수록본).
故家世族 各占上游名勝 如渼陰之金 宮村之李 梨厓之洪 金灘之鄭 如古江黃蔞六之據漢東也 不保其基則如亡國 我家之馬峴亦然 雖田疇絶貴 水火不便 不忍便離 矧今喪亂之餘哉 苟有材幹 此地亦足起家 若怠侈不悛 雖廬於腴地 不免飢凍 堅守故基可也.

회정홍씨는 전라도 남원부 동계면東溪面 회정槐亭(-현 전라북도 순창군 적성면赤城面 회정리槐亭里)에 세거하던 사람들이다. 전하는 바에 의하면, 그들의 선조는 본래 경기도 양주楊州 일대에 살았는데, 남양군 홍주(?~1342)의 5대손인 홍휴洪休(1426~1492)가 그의 처가인 보안한씨保安韓氏의 전장田庄이 있는 전라도 임실현 옥전玉田 지역으로 낙향하였다. 그 후 홍휴의 8대손인 홍제명洪濟明(1678~1753)이 그의 외가인 광주이씨廣州李氏가 살던 회정으로 다시 이주한 후, 그 후손들이 그곳에서 번창하였다. 그리하여 세칭 '회정홍씨'가 되었다.

기록에 따르면, 이포홍씨와 회정홍씨는 남양군 홍주의 손자인 홍상부洪尙溥(?~?, 고려 시대인 1383년 문과 급제) 이후로 공동의 조상을 가진 적이 없었다. 그리고 홍상부의 6대손인 홍성민洪聖民(1536~1594)이 경기도 여주목 이포에 정착하고 홍상부의 증손인 홍휴(1426~1492)가 전라도 임실현 옥전으로 낙향한 이후로, 이들은 하나의 씨족으로서 긴밀한 유대 관계를 갖지 못하였다. 하지만 이들도 역시, 앞서 살펴본 궁말이씨와 둔덕이씨의 경우와 같이, 자신들의 '원조의 본적지'인 '남양'을 결코 버리지 못하였다. 그리하여 이포홍씨와 회정홍씨의 구성원들은 모두《남양홍씨남양군파세보》에 함께 실려 있다. 이 또한, 위의 궁말이씨나 둔덕이씨와 같이, 족보의 명칭 가운데 지명은 변화하지 않으며 그 파조인 남양군 홍주의 봉호를 따른 것이었다(이포홍씨와 회정홍씨의 분파 관계는 〈부록 4-3〉의 이포홍씨와 회정홍씨 분파도를 참고).

궁말이씨와 둔덕이씨가 본인들의 거주지인 '궁말'이나 '둔덕'보다도 '전주'라는 지명을 족보의 명칭에 사용하는 이유나 이포홍씨와 회정홍씨가 그들의 거주지인 '이포'나 '회정'보다도 '남양'이라는 지명을 족보의 명칭에 사용하는 이유는, 앞서 유형원이 이야기한 것처럼, 한국의 본관제도가 가지고 있는 기본적인 특성, 즉 "(대수가 멀어진 후손의 입장에서 보자면) 평생 동안 그곳을 찾아가 단 한 번 발을 딛어 보지도 또 구경조차도 해 보지 못한 곳"일 때가 많으며, 그럼에도 불구하고 "자손들이 남북으로 헤어져 살고 그렇게 하기를 백대가 되어도 여전히 변하지 않는 것"이 바로 한국의 본관제도가 가지고 있는 특성이었기 때문이었다.

만일, 궁말이씨나 둔덕이씨, 그리고 이포홍씨와 회정홍씨가 한국사회가 아닌 중국사회에 존재하였더라면, 그들이 편찬한 족보의 명칭은 그들의 거주지에 따라 '광주궁촌이씨족보廣州宮村李氏族譜(또는 궁촌이씨족보)', '남원둔덕이씨족보南原屯德李氏族譜(또는 둔덕이씨족보)', '여주이포홍씨족보 驪州梨浦洪氏族譜(또는 이포홍씨족보)', '순창회정홍씨족보淳昌槐亭洪氏族譜(또는 회정홍씨족보)'라 불렸을 것이며, 또 우리가 앞서 살펴본 중국의 구양만의 후손과 구양수의 후손이 중국 사회가 아닌 한국 사회에 존재하였더라면, 그 후손들의 소유한 족보의 명칭은 그들의 관직명과 시호를 따라 '발해구양씨안복공파족보渤海歐陽氏安福公派族譜'와 '발해구양씨문충공파족보渤海歐陽氏文忠公派族譜'라고 불릴 수 있다는 것을 우리는 충분히 생각해 볼 수 있을 것이다. 어디까지나 가정을 전제하고서.

소결론

우리가 한·중 양국 사회에서 성씨제도가 발전하는 과정을 이해하려 할 때, 기본적으로 염두에 두어야 하는 사실 가운데 하나는 양국 사

회의 성씨제도가 모두 '나'와 '남'을 구분하는 '배타적 성격'을 가지고
계속해서 변화하였다는 점이다. 이러한 사실을 우리가 이 절에서 살
펴본 정초의 말을 빌려 다시 표현해 보자면, 한·중 양국 사회의 성씨
제도가 "이친별소以親別疏"·"이소별대以小別大"·"이이별동以異別同"·"이
차별피以此別彼"하는 방식을 통하여 끊임없이 "무비변족無非辨族"하는
형태로 변화하였다는 사실이다. 중국의 성씨제도와 한국의 성씨제도
가, 비록 그들이 토대를 둔 사회의 성격에 따라 그 제도가 가지고 있
는 성격이나 발전 형태에서 다소간의 차이가 나타날지는 몰라도, 두
사회의 성씨제도가 '배타성'에 기반을 두고 발전하였다는 사실은 크게
다르지 않았다.

　이를 중국의 성씨제도가 발전하는 과정 속에서 확인해 보면, 상고
시대에 '성'을 소유한 사람들이 출현하였고, 시간이 흐르면서 '성'을
소유한 사람들 사이에서 '성'만으로 서로를 구분하는 게 무의미해지자
'씨'를 소유한 사람들이 나타났으며, 다시 '씨'를 소유한 사람들이 많
아지면서 '성'과 '씨'를 구분하는 게 무의미해지자 '성'과 '씨'를 구분하
지 않고 모두 '성씨'라 칭하게 되었다. 그리고 다시 '성씨'를 소유한
사람들 사이에서 '성씨'만으로 서로를 구분하는 게 의미가 사라지자
정초의 이른바 '지망'을 통하여 서로를 구별하게 되었다. 그러다가, 송
나라 시대에 이르러서는 '지망'으로서 자신이 소속된 씨족을 드러내는
방식이 더 이상 사회적으로 의미를 갖지 못하게 되자, 자신들의 본적
지의 지명을 성씨와 함께 부르게 되었다. 우리가 이 절에서 살펴본,
전통기 중국 사료에 등장하는 '○○인'이라는 표현이 의미하는 바와
중국 족보의 명칭에서 지명이 변화하는 현상은 모두 이러한 중국의
성씨제도가 변화하는 과정 속에서 생겨난 역사적 산물이었다.

　또, 성씨제도가 '배타성'에 기반하여 변화하는 현상은 한국사회에서
도 찾아진다. 한국사회에서 '한자식 성씨'가 사용되기 시작한 시기는

신라 시대로 알려져 있다. 그리고 고려 시대에 이르러 '한자식 성씨'
를 사용하는 사람들 사이에서 '한자식 성씨' 하나만으로 자신의 씨족
을 드러내는 것이 사회적으로 큰 의미를 가지지 못하게 되자, 자신들
의 본적지를 성씨와 함께 사용하기 시작하였다. 이를 한국사회에서는
'본관'이라 부르고 있다.

본관이 한국사회에서 처음 사용되던 시기에는 그 의미하는 바가,
중국사회에서 본관이 의미하는 바와 같이 해당 인물의 본적지를 의미
하였다. 하지만 시간이 흘러 조선 시대에 이르러서는, 즉 유형원이 말
한 바와 같이 "조상들과 연대상으로 그리 멀리 떨어지지도 않았고 또
그들 중에서 실지로 본관지에 눌러 사는 자들도 왕왕 있었으므로 (지
리서에서) 그들을 일률적으로 본관지편本貫地篇에 싣는다 해도 무방한
사람들이 많았던" 고려 시대를 지나서 "사대부의 후예로서 자기들의
본관지에 눌러 사는 사람은 거의 없는(絶鮮)" 조선 시대에 이르러서는
그 본관이 의미하는 바가, "(대수가 멀어진 후손의 입장에서 보자면)
일평생 단 한 번도 가보지 못한 곳", 또 "자손들이 남북으로 헤어져
살고 그렇게 하기를 백대가 되어도 여전히 변하지 않는 곳"으로 변하
게 되었다. 한국 사료에 나오는 'ㅇㅇ인'이 의미하는 바가 중국의 그
것과 달랐던 이유와 한국 족보의 명칭에서 지명이 변화하지 않는 이
유는 바로 이 때문이었다.

그리고 또다시 시간이 흘러, 본관과 성씨만으로 서로를 구분하는
게 사회적으로 커다란 의미를 갖지 못하게 되자, 같은 씨족 내에서도
그들이 세거하고 있는 세거지의 지명과 성씨를 함께 칭하기 시작하였
다. 우리가 이 절에서 살펴본 궁말이씨, 둔덕이씨, 이포홍씨, 회정홍씨,
그리고 조선 후기의 대학자인 정약용이 언급한 미음김씨와 금탄정씨
는 바로 이러한 역사적 배경에서 출현한 명칭들이었다(송준호는 이를
'제2의 본관'이라 칭하였다. 위의 책, 108쪽 참고). 하지만, 전통기 한

국사회에서 세거지의 지명과 성씨를 함께 칭하는 관행이 동시기 중국
의 그것과 달랐던 점은 중국의 관행이 하나의 '사회적 제도'로서 발전
한 데 비하여 한국의 관행은 하나의 '사회적 제도'로서가 아닌 하나의
'관습'으로서 지속되었다는 점이다. 이 또한 전통기 한국사회가 가지
고 있는 성격과 동시기 중국사회가 가진 성격이 서로 다른 데에서 연
유한 것이었다.

〈**부록 4-2**〉 궁말이씨와 둔덕이씨 분파도

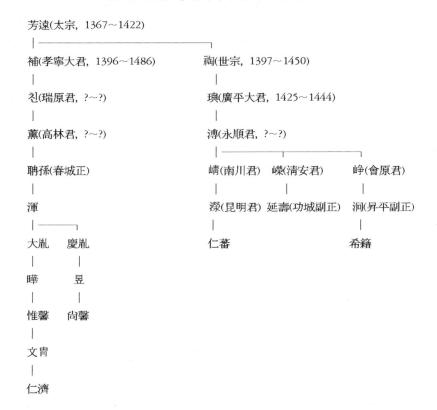

芳遠(太宗, 1367~1422)
│
補(孝寧大君, 1396~1486)　　　　　祹(世宗, 1397~1450)
│　　　　　　　　　　　　　　　　　│
친(瑞原君, ?~?)　　　　　　　　　璵(廣平大君, 1425~1444)
│　　　　　　　　　　　　　　　　　│
薰(高林君, ?~?)　　　　　　　　　溥(永順君, ?~?)
│
聘孫(春城正)　　　　　　嶠(南川君)　嶸(淸安君)　　　峥(會原君)
│　　　　　　　　　　　　│　　　　　│　　　　　　　│
渾　　　　　　　　　　　濚(昆明君) 延壽(功城副正)　泂(昇平副正)
│　　　　　　　　　　　　│　　　　　　　　　　　　　│
大胤　　慶胤　　　　　　仁蕃　　　　　　　　　　　希籍
│　　　│
曄　　　昱
│　　　│
惟馨　　尙馨
│
文冑
│
仁濟

〈**부록 4-3**〉 이포홍씨와 회정홍씨 분파도

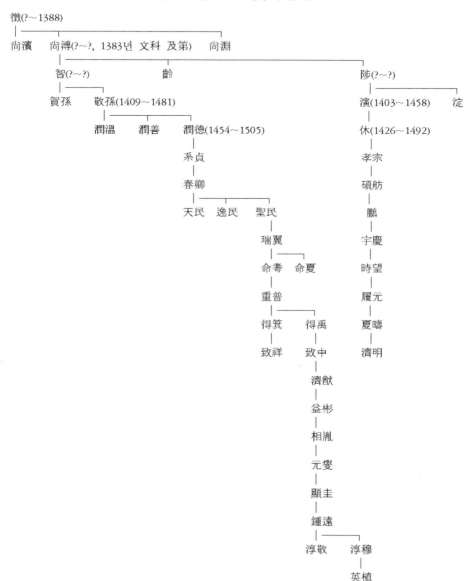

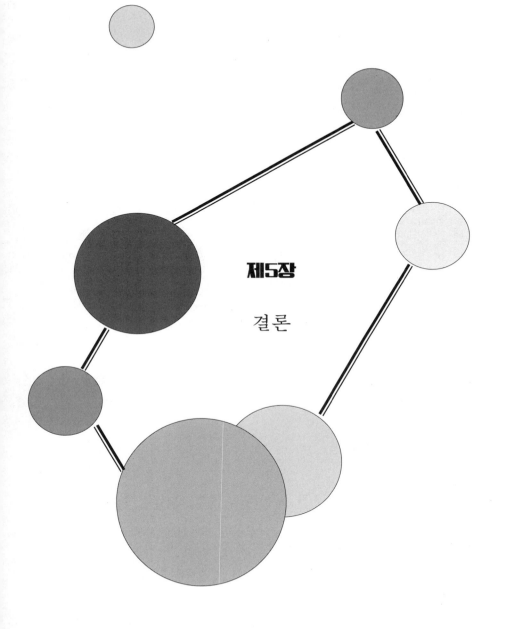

제5장

결론

이 책은 크게 세 부분으로 구성되어 있다. 첫 번째 부분에서는 중국의 군망제도와 한국의 본관제도를 비교해 보고 이 두 사회적 제도 사이에 어떠한 유사점이 있는지를 살펴보았다. 두 번째 부분에서는 중국 역사 문헌 속에 나오는 '본관'이라는 용어가 의미하고 있는 바와 한국 씨족제도에서 불리는 '본관'이라는 용어가 의미하는 바를 서로 비교하고 하나의 용어가 서로 다른 의미를 가지게 된 원인을 규명하였다. 그리고 세 번째 부분에서는 전통기 중국사회에서 적관이 기록되는 방식과 동시기 한국사회에서 본관이 기록되는 방식을 비교해 보고 이 두 기록 방식이 동일한 형식으로 기록되어 있으면서도 서로 다른 의미를 지니게 된 배경을 분석하였다.

이 책에서는 중국의 군망제도와 한국의 본관제도가 어떠한 유사점을 가지고 있는지 살펴보기 위하여, 위진남북조 시기부터 당나라 말기까지 '문벌사족門閥士族'으로 존재하였다고 알려진 청하최씨淸河崔氏와 한국의 삼국 시대부터 현재까지 존재하고 있는 남양홍씨南陽洪氏를 제시하였다. 청하최씨와 남양홍씨는 그들이 청하 지역이나 남양 지역을 떠나 다른 지역으로 이주하고 그곳에서 수백 년 동안 또는 1천 년 이상을 생활하였어도 그들 조상의 근거지였던 청하와 남양을 결코 버리지 않았다. 이는 그들이 '청하 지역에서 시작된 망족의 후손' 그리고 '남양 지역에서 비롯된 망족望族의 후손'이라는 사실을 밝히기 위함이었다.

필자는 중국의 군망제도와 한국의 본관제도를 비교하는 동안, 군망에 대한 기존 학계의 견해에서 한 가지 문제점을 발견할 수 있었다. 그것은 현대에 들어와 편찬된 한자어 사전에서 정의 내리고 있는 군망이라는 용어의 의미가 중국 역사 문헌에 등장하는 군망이라는 용어가 의미하고 있는 바와 많은 경우 일치하지 않고 있다는 점이었다. 즉, 현대에 편찬된 대부분의 한자어 사전에서는 군망이라는 용어를

'한 군郡 단위 내의 망족'이라는 뜻으로 정의 내리고 있으나, 실제로 중국 역사 문헌에 나오는 군망이라는 용어를 살펴보면 그러한 뜻이 아니라는 사실을 알 수 있다. 따라서 이 책에서는 현대에 들어와 편찬된 한자어 사전에서 군망이라는 용어에 대하여 정의하고 있는 바를 검토해 보고, 중국 역사 문헌 속에서 군망이라는 용어는 '원조遠祖의 본적지本籍地'라는 뜻으로 쓰이고 있음을 증명하였다.

아울러, 이 책에서는 전통기 중국의 지식인들이 군망에 대하여 어떠한 견해를 가지고 있는지를 살펴보기 위하여 청나라 시기에 활동하였던 방동수方東樹의 견해를 제시하였다. 방동수에 따르면, 안휘, 복건, 절강, 강소, 사천, 호북과 호남, 그리고 광동과 광서 지역에 살고 있는 방씨들이 대부분 자신들의 군망으로 하남河南을 칭하고 있으나 이를 증명할 만한 자료는 없었다. 그 이유는 중국사회는 역사적으로 여러 차례의 '세변世變'과 '서실書失'(-'세변'과 '서실'에 관해서는 이 책의 내용을 참고하길 바란다)을 겪어야 했고, 그 '세변'과 '서실'을 경험하면서 중국사회에는 '千年可徵之氏族'이 존재할 수 없게 되었기 때문이었다. 아 책에서는 이러한 방동수의 견해를 통하여, 그가 살았던 시대의 중국사회에 존재하였던 씨족의 모습은 그와 동시기에 있었던 한국사회에 존재하는 씨족의 모습이나 당나라 말기 이전의 중국사회에 존재하였던 씨족의 모습과는 그 존재 형태부터가 달랐음을 언급하였다.

또 이 책에서는 중국 역사 문헌에 나오는 본관이라는 용어의 의미와 한국 씨족제도에서 말하는 본관이라는 용어의 의미를 비교하기 위하여, 현재 한국 사학계에서 언급되고 있는 '토성분정土姓分定'설을 우선적으로 검토하였다. 이 '토성분정'설에 따르면, 한국의 본관제도는 10세기 초에 국가에서 제정制定 분배分配된 '토성'에 의해서 생겨난 것으로 이후 지방을 통치하기 위한 목적으로 실시된 것이다. 하지만 이 '토성분정'설에서 언급되고 있는 '토성'이나 '본관제도'는 역사적으로 그 실체를 확인할 수 없을 뿐만 아니라 오늘날 한국사회에 존재하고 있는 본관제도와도 너무나 이질적인 것이다. 따라서 이 책에서는 한국사회에서 본관이라는 용어는 처음에는 중국 역사 문헌에 등장하는 본관이라는 용어와 동일한 의미로 사용되다가 이후 중국의 군망제도와 같은 성격으로 변하여 갔다고 언급하였다.

이를 위하여 이 책에서는 중국 송나라 시대에 관련된 역사 문헌인 《소흥십팔년동년소록紹興十八年同年小錄》과 《경원조법사류慶元條法事類》에 나오는 본관의 의미를 분석하였다. 《소흥십팔년동년소록》은 1148년(소흥 18)에 실시된 진사시에서 급제한 사람들의 명단과 그 인적 사항을 기록해 놓은 것으로, 그 인적 사항 안에는 급제자들의 본관도 기록되어 있다. 이 책에서는 이 급제자들의 본관에 관한 기록을 분석하여 송나라 시대 본관의 의미를 밝혀 보았다.

《경원조법사류》는 1202년(가태嘉泰 2)에 편찬된 송나라 법률집이다. 이 책 안에는 송나라 시대에 개인의 신상을 증명하려 할 때 관에 제출하였던 '가장家狀'이라는 문서 형식이 실려 있는데, 이 가장 안에는 본관을 기록하는 방식도 소개되어 있다. 그리고 북송 말기 서북 변경 지역에서 작성된 문서에서도 《경원조법사류》에서 소개되고 있는 가장과 유사한 문서가 발견되었다. 이 책에서는 이 가장에 나오는 본관 기록을 통하여 송나라 시대에 본관이라는 용어가 의미하였던 바를 밝히었다.

그리고 이 책에서는 전통기 중국사회에서 적관籍貫이 기록되는 방식과 동시기 한국사회에서 본관이 기록되는 방식을 비교해 보기 위하여, 청나라 시기에 작성된 강서성 길안부吉安府의 지방지인 《길안부지》와 20세기 초기에 작성된 전라도 남원부南原府의 지방지인 《용성속지龍城續誌》를 분석하였다. 즉, 《길안부지》와 《용성속지》는 모두 'ㅇ

○인人'이라는 동일한 방식으로 적관과 본관을 기록하고 있지만,《길안부지》에 실려 있는 4113명은 그들이 살고 있는 지역의 지명을 기준으로 적관을 기록하고 있는 데 비하여,《용성속지》의 671명은 그들 '원조의 본적지'를 기준으로 본관을 기록하였다.

또 이 책에서는 송나라 시기 정초와鄭樵 조선 시기 유형원柳馨遠의 시각을 통하여,《길안부지》와《용성속지》에 수록된 내용을 분석하여 나온 내용 즉 전통기 한·중 양국 사회에서 작성된 지방지에서는 적관과 본관을 모두 동일한 방식으로 기록하고 있으면서도 그들이 의미하는 바는 각기 다르게 된 원인을 분석하였다. 정초는 그의 저서 〈씨족략氏族略〉에서 '중국의 성씨는 본래 '성'과 '씨'가 각기 다른 의미를 지니고 있었는데 전국 시대에 이르러 '성'과 '씨'를 모두 '성씨'라 칭하게 되었다'고 언급한 뒤, '동일한 '성씨'를 칭하던 사람들 사이에서 서로를 구분하기 위하여 또다시 성씨와 함께 '지망地望'(-군망을 의미함)을 칭하게 되었으며 성씨와 함께 '지망'을 칭하는 관행은 송나라 이후 사라지게 되었다'고 말하였다. 또 유형원은 그의 저서《동국여지지東國輿地志》에서 한국 본관제도가 가지고 있는 성격을 소개하며, '한국 사람들은 그들의 조상이 살던 지역을 벗어나 다른 곳으로 이주하여 살고 그곳에서 수백 년 또는 수천 년이 흘렀어도 그 본관을 바꾸지 않는다'고 말하였다.

이상의 연구를 통하여, 우리는 중국의 군망제도와 한국의 본관제도가 그 명칭에 있어서는 서로 다를지 몰라도 그 성격에 있어서는 참으로 유사하다는 사실, 그리고 중국의 군망제도는 중국 역사상 일찍이 송나라 이후 이미 사라진 데 비하여 한국의 본관제도는 현재까지 계속해서 존재하고 있다는 사실을 확인할 수 있었다. 그럼, 중국사회에서는 약 1천 년 전에 사라진 사회적 제도가 어떠한 역사적 원인으로 인하여 한국사회에서는 지금까지, 그것도 중국의 그것보다도 더 발전

된 형태로 현재까지 남아 있는 것일까? 이러한 질문에 대하여 필자는
중국의 군망제도나 한국의 본관제도 모두 '문벌을 숭상하는 풍조가
발달하였던 사회의 산물이다'는 점을 다시 한 번 더 강조하고 싶다.

중국사회에서는 위魏나라 시대에 '구품중정제九品中正制'가 실시되면
서 개인이 소속된 가문의 문제門第에 따라 그 사람의 신분을 결정하
려는 풍조가 크게 발달하였고, 이러한 문벌 숭상 풍조는 남북국 시대
를 지나 당나라 말기까지 지속되었다. 그리고 이 시기 중국사회를 이
끌었던 지배계층은 그들이 소속된 가문의 문제에 따라 일정한 관직에
나아갔고 또 그 가문의 문제에 걸맞는 집안들과 혼인을 하는 게 일반
적이었다. 하지만 송나라 시대에 이르러서는 이러한 문벌 숭상 풍조
가 크게 약화되었고, 그로 인해 군망제도 또한 사회적으로 그 자취를
감추게 되었다.

그리고 조선 시대의 지배계층인 양반 또한 위진남북조 시기의 지배
계층과 유사한 성격을 가지고 있었다. 이 양반 사회에서는 한 개인의
신분이 그가 속한 가문의 사회적 지위에 따라 결정되었고, 그 신분을
결정하는 가장 주요한 요인 가운데 하나가 바로 '누구의 후손인가' 하
는 혈통의 문제였다. 그리고 이 양반들은 이러한 혈통의 문제를 해결
하기 위하여 자신들의 가격에 걸맞는 집안과 혼인을 하는 것이 일반
적이었다. 그래서 서양 학자의 눈에는 조선 시대의 양반 계층이
"Aristocratic Bureaucracy"(귀족적 관료계층)로 보여졌다.[1]

---

1 중국 中古 시대의 씨족제도를 연구한 閻愛民은 "송나라 이전의 중고 사회에서는 문
 벌을 중시해서, 사족들이 혼인을 할 때에는 반드시 가계를 살펴보았고, 또 족보를
 만들 때에도 딸들을 반드시 기록하였으며 혼인하는 집안에 대해서도 그 족보에 기
 록하였다"고 말하고, 이러한 송나라 이전 중국사회의 모습은 조선 전기에 편찬된
 한국의 족보에서도 발견된다고 밝히고 있다. 閻愛民은 이 부분에서 대만 학자 陳捷
 先과 중국 학자 常建華의 연구를 인용하고 있다. 閻愛民,〈淸代族譜譜例中關于女性
 的入譜〉,《湊聚之道:古代的家族與社會群體》, 天津古籍出版社, 2012, 160쪽n1. 또 閻愛
 民의 주요한 저서로는《漢晉家族硏究》, 上海人民出版社, 2005가 있다.

사실, 조선 시대 양반 사회가 가지고 있는 이러한 성격은 과거 실시 횟수에서도 어느 정도 확인이 된다. 전통기 한국사회나 동시기 중국사회는 모두 '과거'라는 관료 선발 시험을 통하여 관료를 선발하였고 그 과거는 '삼년일시三年一試'를 기준으로 실시하는 게 원칙이었다. 명나라 시기 동안에는 진사시進士試가 총 89회가 실시되었고 그 가운데 1회만이 '은과恩科'라는 명목으로 '삼년일시'의 원칙에서 벗어나 실시되었으며, 청나라 시기 동안에는 진사시가 총 112회 실시되었고 그 가운데 25회만이 '은과'라는 명목으로 '삼년일시'의 원칙에서 벗어나 실시되었다. 하지만 명나라 시기와 동일한 시기의 한국사회에서는 326회의 문과文科(-명·청시대의 진사시에 해당함)가, 청나라 시기와 동일한 시기의 한국사회에서는 454회의 문과가 실시되었다. 그 가운데 '삼년일시'의 원칙에 따라 실시된 문과는 명나라 시기와 동일한 시기에 87회, 청나라 시기와 동일한 시기에 84회에 불과하였으며 그 나머지는 모두 '삼년일시'의 원칙에서 벗어나 실시된 과거였다.[2]

이러한 수치를 다른 방식으로 표현해 보면, 명·청 시대에는 전체 진사시의 87.1%(-명나라 시기 98.09%, 청나라 시기 77.7%)가 "삼년일시"의 원칙에 따라 치러진 데 비하여, 동시기 한국사회에서는 약 22%(명나라 시기와 동일한 시기 26.7%, 청나라와 동일한 시기 18.5%)만이

조선 시대의 양반 계층을 "Aristocratic Bureaucracy"라 칭한 연구자들은 주로 미국에서 한국사를 연구하는 학자들이다. 그 가운데 대표적인 연구로는 James B. Palais, *Confucian statecraft and Korean Institutions : Yu Hyongwon and the Late Choson Dynasty*, Univ. of Washington Press, 1996가 있다. "Aristocratic Bureaucracy"라는 말에서 "Aristocratic"이라는 용어는 위진남북조 시기 중국사회의 지배 계층을 지칭할 때 쓰이는 용어인 "귀족"을 영역한 것이다. 위진남북조 시기 지배 계층을 지칭하는 역사 용어에 관해서는 이 책 제2장 각주 4번을 참고하길 바란다.

2 명·청 시대에 실시된 진사시 횟수와 동시기 한국사회에서 실시된 문과 횟수에 대해서는 宋俊浩,〈明·淸代 中國에서의 進士에 관한 基本資料〉,《전북사학》제6집, 1982의 내용을 참고하였음을 밝힌다. 아울러, 宋俊浩·宋萬午,《朝鮮時代 文科白書(上: 太祖~仁祖)》, 삼우반, 2008; 宋萬午,《朝鮮時代 文科白書(中:孝宗~英祖)》, 조인출판사, 2017도 참고하길 바란다.

"삼년일시"의 원칙에 따라 실시되었다는 이야기가 되는데, 이처럼 한·중 양국 사회에서 실시된 과거 횟수가 서로 상반되리만큼 나타나는 이유는, 무엇보다도 명·청시대의 과거제도는 '인재 선발'이라는 과거제도의 1차적인 목적에 비교적 부합되어 실시된 반면에, 동시기 한국사회의 과거제도는 단순히 '인재 선발'에만 목적을 두고 실시된 것이 아니기 때문이다. 그리고 필자는, 전통기 한국사회에서 과거제도가 단순히 '인재 선발'에만 목적을 두고 실시되지 않은 이유가 바로 "Aristocratic Bureaucracy"(귀족적 관료계층)로 표현되는 조선 시대 양반 계층의 성격과 밀접한 관련이 있다고 생각하고 있다.

사실, 위진남북조 시대 지배 계층의 모습과 조선 시대 양반 계층의 성격이 서로 유사하다는 점이나, 또는 한·중 양국 사회에서 과거제도가 유사한 듯싶으면서도 서로 다른 방식으로 실시되었다는 사실은 이미 역사학계에 일반적으로 알려져 있는 사실이기도 하다. 하지만 현재 역사학계에서 이루어진 연구 성과를 살펴보면, 그에 관한 연구가 거의 전무한 실정이다. 따라서 필자는, 하나의 연구를 마치는 입장에서, 언젠가는 반드시 그에 관한 보고서를 세상에 내놓으리라 다짐해 두고 싶다.

끝으로, 역사는 상대적인 것이라는 점을 분명히 밝혀두고 싶다. 역사가 상대적이라는 것은 어떠한 절대적인 기준으로 모든 역사를 평가할 수 없다는 이야기이기도 하다. 현재 역사학계의 일부에서는 특정 역사이론에 입각해서 특정 사회의 역사를 평가하려는 경향이 있다. 예를 들면, 어느 사회는 봉건 사회를 경험하지 못하였기 때문에 후진 사회라는 둥, 또는 어떤 사회는 자본주의를 보다 일찍 경험하였기 때문에 선진 사회라는 둥, 이런 식의 평가가 이루어지고 있다.

그래서 자칫 중국사회에서 약 1천 년 전에 사라진 사회적 제도가 현재 한국사회에 계속해서 존재하고 있다고 해서, 그리고 조선 시대 양반 계층의 성격이 그보다 약 1천 년 전에 존재하였던 중국사회의 지배 계층과 유사하다고 해서, 전통기 한국사회를 동시기 중국사회에 비하여 후진사회로 이해하거나 발달이 더딘 사회로 바라봐서는 안 된다. 유럽사회에는 유럽사회의 성격에 맞는 역사가 존재하고, 미주美洲사회에는 미주사회의 성격에 따른 역사가 존재하듯이, 중국에는 중국사회의 성격에 적합한 역사가 존재하고, 한국사회에는 한국사회의 성격에 어울리는 역사가 존재한다.

중국사회의 역사와 비교했을 때, 한국사회의 역사에서 나타나는 특징은 안정성이다. 그리고 그 안정성은 단순히 짧은 세월 동안에 급격히 이루어진 것이 아니라 오랜 세월 동안 축적되어 이루어진 '고도의 안정성'이기도 하다. 한국사회가 5000년이라는 세월 동안 지속되면서, 그것도 중국이라는 거대한 제국을 옆에 두고 있으면서도 그들에게 끝내 흡수되거나 복속되지 않고 언제나 독립된 사회로 계속해서 존재해오고 있는 역사적 요인이나, 또 현대에 들어 한국 전쟁으로 피폐가 된 사회가 세계사적으로 유래를 찾아보기 힘들 정도로 빠른 기간 동안에 세계적인 경제 강국으로 성장할 수 있었던 역사적 요인이나, 그리고 수십 년 간 지속된 독재 정권에 맞서 커다란 충돌 없이 '선거選擧'라는 평화로운 방식으로 민주화를 이루어낸 역사적 요인도 바로 고도로 축적된 안정성에 있다고 필자는 생각하고 있다.

참고 문헌

1. 원전 자료

(先秦) 左丘明 著, 韋昭 注, 《國語》(《文淵閣四庫全書》(臺灣商務印書館, 1984) 수록본)

(先秦) 左丘明, 《春秋左傳》(楊伯峻, 《春秋左傳注》, 中華書局, 1981.)

(漢) 司馬遷, 《史記》(点校本二十四史精裝版(中華書局, 2011.) 수록본)

(漢) 班固, 《漢書》(点校本二十四史精裝版(中華書局, 2011.) 수록본)

(漢) 王充, 《論衡》(《文淵閣四庫全書》(臺灣商務印書館, 1984) 수록본)

(晉) 陳壽, 《三國志》(点校本二十四史精裝版(中華書局, 2011.) 수록본)

(北齊) 魏收, 《魏書》(点校本二十四史精裝版(中華書局, 2011.) 수록본)

(南朝宋) 范曄, 《後漢書》(点校本二十四史精裝版(中華書局, 2011.) 수록본)

(南朝梁) 沈約, 《宋書》(点校本二十四史精裝版(中華書局, 2011.) 수록본)

(唐) 房玄齡, 《晉書》(点校本二十四史精裝版(中華書局, 2011.) 수록본)

(唐) 姚思廉, 《梁書》(点校本二十四史精裝版(中華書局, 2011.) 수록본)

(唐) 姚思廉, 《陳書》(点校本二十四史精裝版(中華書局, 2011.) 수록본)

(唐) 李百藥, 《北齊書》(点校本二十四史精裝版(中華書局, 2011.) 수록본)

(唐) 令孤德棻, 《周書》(点校本二十四史精裝版(中華書局, 2011.) 수록본)

(唐) 魏征, 《隋書》(点校本二十四史精裝版(中華書局, 2011.) 수록본)

(唐) 李延壽, 《南史》(点校本二十四史精裝版(中華書局, 2011.) 수록본)

(唐) 李延壽, 《北史》(点校本二十四史精裝版(中華書局, 2011.) 수록본)

(唐) 林寶, 《元和姓纂》(《文淵閣四庫全書》(臺灣商務印書館, 1984) 수록본)

(唐) 孔穎達, 《尙書注疏》(《十三經注疏》(藝文印書館, 1982) 수록본)

(唐) 孔穎達, 《春秋左傳正義》(《十三經注疏》(藝文印書館, 1982) 수록본)

(五代) 劉昫, 《舊唐書》(点校本二十四史精裝版(中華書局, 2011.) 수록본)

(宋) 歐陽修, 《新唐書》(点校本二十四史精裝版(中華書局, 2011.) 수록본)

(宋) 司馬光, 《資治通鑑》(岳麓書社, 2009.)

(宋) 鄭樵,《通志》(《文淵閣四庫全書》(臺灣商務印書館, 1984) 수록본)

(宋) 鄧名世,《古今姓氏書辯證》(《文淵閣四庫全書》(臺灣商務印書館, 1984) 수록본)

(宋) 謝深甫,《慶元條法事類》(《續修四庫全書》(上海古籍出版社, 2002) 수록본)

(宋) 談鑰,《嘉泰吳興志》(《宋·元方志叢刊》(中華書局, 2006) 수록본)

(宋) 陳傅良,《淳熙三山志》(《宋·元方志叢刊》(中華書局, 2006) 수록본)

(宋) 歐陽修,《文忠集》(《文淵閣四庫全書》(臺灣商務印書館, 1984) 수록본)

(宋) 李昉,《太平廣記》(《文淵閣四庫全書》(臺灣商務印書館, 1984) 수록본)

(宋) 謝枋得,《新鍥簒纓必用增補秘笈新書別集》(《四庫全書存目叢書》 수록본)

(元) 脫脫,《宋史》(点校本二十四史精裝版(中華書局, 2011.) 수록본)

(元) 吳澄,《吳文正集》(《文淵閣四庫全書》(臺灣商務印書館, 1984) 수록본)

(明) 楊愼,《丹鉛總錄》(《文淵閣四庫全書》(臺灣商務印書館, 1984) 수록본)

(明) 周祈,《名義考》(《文淵閣四庫全書》(臺灣商務印書館, 1984) 수록본)

(明) 董斯張,《吳興備志》(《四庫全書珍本九集》(臺灣商務印書館) 수록본)

(明) 嚴衍,《資治通鑑補》(《續修四庫全書》(上海古籍出版社, 2002) 수록본)

(明) 李賢,《明一統志》(《文淵閣四庫全書》(臺灣商務印書館, 1984) 수록본)

(明) 凌迪知,《萬姓統譜》(《文淵閣四庫全書》(臺灣商務印書館, 1984) 수록본)

(明)《瀹川方氏族譜》(明 萬曆 연간 筆寫, 安徽大學 徽學研究中心 資料室 소장본)

(淸) 錢大昕,《十駕齋養新錄》(《續修四庫全書》(上海古籍出版社, 2002) 수록본)

(淸) 王昶,《金石萃編》(《續修四庫全書》(上海古籍出版社, 2002) 수록본)

(淸) 方東樹,《考槃集文錄》(《續修四庫全書》(上海古籍出版社, 2002) 수록본)

(淸) 陳毅,《魏書官氏志疏證》(《四庫全書未收書輯刊》 수록본)

(淸) 定祥修·劉繹,《吉安府志》(《中國方志叢書》(成文出版社, 1975) 수록본)

(淸) 趙文在 等 修, 易文基 等 纂,《長沙縣志》(《中國方志叢書》(成文出版社, 1975) 수록본)

(淸) 趙爾巽 等,《淸史稿》(中華書局, 1977)

(淸) 馬其昶,《桐城耆舊傳》(《續修四庫全書》(上海古籍出版社, 2002) 수록본)

(淸) 方宗誠,《桐城魯谼方氏族譜》(安徽省圖書館 소장본)

(淸) 方傳理,《桐城桂林方氏族譜》(安徽省圖書館 소장본)

(淸)《祁門方氏宗譜》(淸 道光 연간, 安徽大學 徽學研究中心 資料室 소장본)

(淸)《祁門方氏宗譜》(淸 同治 연간, 安徽大學 徽學研究中心 資料室 소장본)

(民國)《閭政方氏族譜》(安徽大學 徽學研究中心 資料室 소장본)

(民國)《府前方氏族譜》(安徽大學 徽學研究中心 資料室 소장본)

(民國) 《積溪城南方氏宗譜》(安徽大學 徽學研究中心 資料室 소장본)

(民國) 《安徽桐城金紫方氏族譜》(安徽大學 徽學研究中心 資料室 소장본)

具羲書, 《百氏通譜》(한국학중앙연구원 장서각 소장본)

金敎友 등, 《龍城續誌》(국립중앙도서관 소장본, BA2744-17)

金安國, 《慕齋集》(《韓國文集叢刊》 수록본)

朴趾源, 《燕巖集》(《韓國文集叢刊》 수록본)

成海應, 《研經齋全書》(《韓國文集叢刊》 수록본)

申光漢, 《企齋集》(《韓國文集叢刊》 수록본)

安鼎福, 《順菴集》(《韓國文集叢刊》 수록본)

俞拓基, 《知守齋集》(《韓國文集叢刊》 수록본)

柳馨遠, 《東國輿地志》(《韓國地理志叢書》(亞細亞出版社, 1982) 수록본)

李圭景, 《五洲衍文長箋散稿》(明倫堂, 1977)

李德懋, 《青莊館全書》(《韓國文集叢刊》 수록본)

丁若鏞, 《與猶堂全書》(《韓國文集叢刊》 수록본)

趙從耘, 《氏族源流》, 豊壤趙氏花樹會, 1985.

洪聖民, 《拙翁集》(《韓國文集叢刊》 수록본)

黃胤錫, 《頤齋遺藁》(《韓國文集叢刊》 수록본)

남양홍씨남양군파대종중회 편, 《南陽洪氏南陽君派世譜》, 2004.

《星湖里金氏古文書》(국사편찬위원회 소장본, MF0001523)

조선총독부중추원 편, 《慶尙道地理志》, 弗咸文化社, 1976.

末松和保 편, 《李朝實錄》, 學習院 東洋文化研究所, 1953~1967.

2. 저술

唐長孺 외 編, 《汪籛隋唐史論稿》, 中國社會科學出版社, 1981년.

唐長孺, 《魏晉南北朝史論拾遺》, 中華書局, 2011.

唐長孺, 《魏晉南北朝史論叢續編》, 中華書局, 2011.

唐長孺, 《魏晉南北朝隋唐史三論》, 中華書局, 2011.

戴建國, 《慶元條法事類》(《中國珍稀法律典籍續編》第1册-慶元條法事類-,) 黑龍江人民出版社,

2002.

毛漢光, 《中國中古社會史論》, 上海世紀出版集團　上海書店出版社, 2002.

常建華, 《宗族志》, 中華文化通志·制度文化典, 上海人民出版社, 1998.

常建華, 《朝鮮族譜研究》, 天津古籍出版社, 2005.

常建華, 《社會生活的歷史學》, 北京師範大學出版社, 2011.

常建華, 《宋以后宗族的形成及地域比較》, 人民出版社, 2013.

上海圖書館 編, 《中國家譜總目》, 上海古籍出版社, 2008.

俄羅斯科學院東方研究所聖彼得堡分所·中國社會科學院民族研究所·上海古籍出版社 編, 《俄
　　藏黑水城文書》, 上海古籍出版社, 1996.

閻愛民, 《漢晉家族研究》, 上海人民出版社, 2005.

閻愛民, 《湊聚之道: 古代的家族與社會群體》, 天津古籍出版社, 2012.

王力平, 《中古杜氏家族的變遷》, 商務印書館, 2006.

王力平 点校, 《古今姓氏書辯證》, 江西人民出版社, 2006.

王毓銓, 《王毓銓史論集》, 中華書局, 2005.

王毓銓, 《王毓銓集》, 新華書店, 2006.

岑仲勉, 《隋唐史》, 中華書局, 1982.

岑仲勉, 《唐史餘瀋》, 中華書局, 2004.

錢穆, 《國史大綱》, 商務印書館, 2008.(11次印刷本)

鄭子瑜, 《〈阿Q正傳〉鄭箋》, 中國社會出版社, 1998.

趙超, 《新唐書宰相世系表集校》, 中華書局, 1998.

朱保炯·謝沛霖, 《明淸進士題名碑錄索引》, 上海古籍出版社, 1980.

周一良, 《魏晉南北朝史論集》, 北京大學出版社, 1997.

中国科學院北京天文臺 主編, 《中国地方志聯合目錄》, 中華書局, 1985.

陳寅恪, 《唐代政治史述論稿》, 商務印書館, 2012.

馮爾康, 《中國宗族制度與譜牒編纂》, 天津古籍出版社, 2011.

夏炎, 《中古世家大族淸河崔氏研究》, 天津古籍出版社, 2004.

金斗憲, 《朝鮮家族制度研究》, 乙酉文化社, 1949.

金炫榮, 《朝鮮時代 兩班과 鄕村 社會》, 集文堂, 1999.

박종기, 《새로 쓴 5백년 고려사: 박종기 교수의 살아 있는 역사 읽기》, 푸른역사,
　　2008.

宋萬午, 《朝鮮時代 文科白書(中: 孝宗~英祖)》, 조인출판사, 2017.

宋俊浩, 《朝鮮社會史硏究》, 一潮閣, 1987.

宋俊浩·全炅穆, 《朝鮮時代 南原 屯德坊의 全州李氏와 그들의 文書(1)》, 전북대학교
　　박물관, 1990.

宋俊浩·宋萬午, 《朝鮮時代 文科白書(上:太祖~仁祖)》, 삼우반, 2008.

朴元熇, 《明淸徽州宗族史硏究》, 지식산업사, 2002.

李樹健, 《韓國中世社會史硏究》, 一潮閣, 1984.

이수건, 《한국의 성씨와 족보》, 서울대학교출판부, 2003.

蔡雄錫, 《高麗時代의 國家와 地方社會-本貫制의 施行과 地方支配秩序-》, 서울대학교
　　출판부, 2000.

최양규, 《한국족보발달사》, 혜안, 2011.

통계청, 《2000 인구주택총조사:성씨 및 본관 보고서》, 2003.

許興植, 《高麗社會史硏究》, 亞細亞文化社, 1981.

魯迅, 許世旭 역, 《阿Q正傳》(범우문고 194), 범우사, 2013.

《全州李氏 1千 3百年史 全州李氏大觀》, 社團法人全州李氏大同宗約院, 2002.

Edward W. Wagner·宋俊浩·宋萬午, 《(Wagner-宋 文科프로젝트)文科譜》(미간행)

谷川道雄, 《中國中世社會と共同體》, 國書刊行會, 1976.

宮崎市定, 《九品官人法の硏究》, 同朋舍, 1977.

近藤一成, 《宋代中國科擧社會の硏究》, 汲古書院, 2009.

今村鞆, 《朝鮮の姓名氏族に關する硏究調査》, 朝鮮總督府中樞院, 1934.

守屋美都雄, 《六朝門閥の一硏究:太原王氏系譜考》, 東洋大學學術叢書, 日本出版協同, 1951.

Charles O. Hucker, *China's Imperial Past*, Stanford Univ. Press, 1975.

David G. Johnson, *The Medieval Chinese Oligarchy*, Westview Press, 1977.

James B. Palais, *Confucian statecraft and Korean Institutions : Yu Hyongwon and the
　　Late Choson Dynasty*, Univ. of Washington Press, 1996.

Patricia Buckley Ebrey, *The Aristocratic Families of Early Imperial China; A Case
　　Study of the Po-ling Ts'ui Family*, Cambridge Univ. Press, 1978.

Patricia Buckley Ebrey, *Cambridge Illustrated History: China*, Cambridge Univ. Press,
　　1996.

3. 논문

顧誠, 〈談明代的衛籍〉, 《北京師範大學學報》 1989年 第5期.

高壽仙, 〈關于明朝的籍貫與戶籍問題〉, 《北京聯合大學學報》 2013年 01期.

高升記, 〈試論北魏孝文帝定姓族〉, 《山西大學學報》 1995年 1期, 山西大學.

孔學, 〈《慶元條法事類》研究〉, 《史學月刊》 2000年 2月, 河南省歷史學會.

金榮濟, 〈試析《慶元條法事類》關于運輸費的規定〉, 《宋史研究論叢》 2010年, 敎育部省屬
     高校人文社會科學重点研究基地河北大學宋史研究中心.

金衛國, 〈從桐城桂林方氏家族看淸朝前期滿漢民族磨合〉, 《安徽史學》 2009年 6期.

金衛國, 《桐城桂林方氏家族與明淸政治及文化硏究》, 南開大學博士學位論文, 2011.

唐耕耦, 〈敦煌四件唐寫本姓望氏族譜殘卷硏究〉, 《敦煌吐魯番文獻硏究論集》 第2輯, 北
     京大學出版社, 1983.

陶善才·方寧勝·張勇, 〈桐城方氏:中國文化世家的絶唱〉, 《書屋》 2011年 7期.

董文靜, 《《紹興十八年同年小錄》與南宋初年的科擧社會硏究》, 北京大學 博士學位論文, 2010.

馬泓波, 〈淺談地方志中人物的籍貫問題〉, 《中國地方志》 2004年 第10期.

毛漢光, 〈我國中古大士族之個案硏究-瑯琊王氏〉, 《歷史語言硏究所集刊》 第37本, 下册, 臺
     北: 中央硏究院, 1967(中華民國56年).

方金友, 〈《魯銶方氏族譜》的歷史社會學解讀〉, 《合肥學院學報(社會科學版)》 2013年 6期.

卜幼平, 〈郡望≠籍貫〉, 《語文學習》 1997年 第10期.

謝波, 〈從《慶元條法事類;蠻夷門》看南宋民族法制〉, 《思想戰線》 2010年 4期, 雲南大學.

常建華, 〈中國地方志人物傳記〉, 《歷史月刊》(臺灣), 1997年 8月號.

常建華, 〈宋明以來宗族制形成理論辨析〉, 《宋以后宗族的形成及地域比較》, 人民出版社, 2013.

孫繼民, 〈黑水城所出宋趙德誠家狀試釋〉, 《宋史研究論叢》 2003年, 保定: 敎育部省屬高
     敎人文社會科學重点研究基地河北大學宋史研究中心.

沈登苗, 〈明代雙籍進士的分布·流向與明代移民史〉, 《歷史地理》 第20輯, 中國地理學會
     歷史地理專業委員會《歷史地理》編委會, 上海人民出版社, 2004.

吳業國, 〈南宋前期州縣稅賦安全考述-以《慶元條法事類》爲中心〉, 《廣東農工商職業技術學
院學報》 2004年 3期, 廣東農工商職業技術學院.

王毓銓, 〈籍·貫·籍貫〉, 《文史知識》 1988年 第2期.

王仲犖, 〈《新集天下姓望氏族譜》考釋〉, 《敦煌吐魯番文獻研究論集》 第2輯, 北京大學出版社,
     1983.

章群, 〈論唐開元前的政治集團〉, 《(中華叢書)唐代研究論集》, 臺北: 中國唐代學會, 1992.

張鳳雨, 〈地方志記人籍貫存在問題及其對策〉, 《廣西地方志》 2008年 第5期.

蔣淑薇, 〈從《慶元條法事類》看宋代的文書制度〉, 《湘潭大學學報(哲學社會科學版)》 1989
　　年 2期, 湘潭: 湘潭學院.

張旭華, 〈北魏州中正在定姓族中的作用與地位-兼論孝文帝定姓族的意義-〉, 《鄭州大學學報》 1989
　　年 6期, 鄭州大學.

葬衛榮, 〈《慶元條法事類;文書門》中所涉文檔立法述語考述〉, 《檔案學通訊》 2008年 2期,
　　中國人民大學.

張箭, 〈籍貫·祖居地·出生地〉, 《辭書研究》 2003年 第4期.

丁超睿, 〈清代科擧家族桐城方氏研究〉, 遼寧大學 碩士學位論文, 2012.

趙彦昌·于紅濱, 〈從《慶元條法事類;文書門》看南宋的文書檔案管理制度〉, 《浙江檔案》 2008年
　　5期, 浙江省檔案局·浙江省檔案學會.

陳衛蘭, 〈《慶元條法事類》中的四柱結算法及相關述語考釋〉, 《嘉興學院學報》 2011年 5期,
　　嘉興: 嘉興學院.

陳衛蘭, 〈《慶元條法事類》"式"研究〉, 《台州學院學報》 2012年 1期, 臨海: 台州學院.

陳淑玲, 〈郡望·祖籍·貫〉, 《昌吉師專學報》 2000年 第2期.

陳長文, 〈進士登科錄探源-兼與傳璇琮先生就'金花帖'問題商榷〉, 《浙江社會科學》 2007年 第
　　5期.

馮爾康, 《清代人物傳記史料研究》, 商務印書館, 2000.

金壽泰, 〈高麗 本貫制度의 成立〉, 《震檀學報》 52, 震檀學會, 1981.

金壽泰, 〈高麗初期의 本貫制度-本貫과 姓의 관계를 중심으로-〉, 《한국중세사연구》
　　8, 한국중세사학회, 2000.

미야지마 히로시, 〈동아시아세계 속의 한국 족보〉, 《大同文化研究》 77, 성균관대
　　학교 동아시아학술원 대동문화연구원, 2012.

宋俊浩, 〈明·清代 中國에서의 進士에 관한 基本資料〉, 《전북사학》 제6집, 1982.

安光鎬, 〈朝鮮後期 求禮 五美洞 文化柳氏의 移住와 定着 過程〉, 《朝鮮時代史學報》
　　30, 2004.

安光鎬, 〈李圭景의 '姓氏譜牒辨證說'에 나오는 중국 譜牒의 종류와 성격〉, 《역사
　　학보》 229, 역사학회, 2016.

安光鎬, 〈朝鮮後期 綜合譜의 종류와 그 성격: 李圭景의 '姓氏譜牒辨證說'을 중심으
　　로〉, 《한국동양정치사상사연구》 17(2), 한국동양정치사상사학회, 2018.

安光鎬, 〈한국학중앙연구원 藏書閣 소장 《百氏通譜》의 편찬 시기에 대한 고찰〉,

《서지학연구》 76, 한국서지학회, 2018.

常建華, 원정식 역, 〈송·명 이래 종족제의 형성 이론에 대합 辨析〉, 《강원사학》 22·23, 강원사학회, 2008.

李樹健, 〈〈土姓〉研究(其一)〉, 《東洋文化》16, 嶺南大學校 東洋文化研究所, 1975.

李樹健, 〈後三國時代 支配勢力의 姓貫分析-〈土姓〉研究(其二의 Ⅰ〉, 《大丘史學》 10, 大丘史學會, 1976.

李樹健, 〈高麗時代 〈土姓〉研究(上)-土姓 研究(其二의 Ⅱ)-〉, 《亞細亞學報》 12, 亞細亞 學術研究會, 1976.

李樹健, 〈高麗前期 土姓研究〉, 《大丘史學》 14, 大丘史學會, 1978.

李泰鎭 評, 〈李樹健 著, 《韓國中世社會史研究》, 一潮閣〉(서평), 《사회과학평론》 4, 한 국사회과학연구협의회, 1986.

全炅穆, 〈조선말기 어느 饒戶富民家의 身分上昇을 위한 노력-全羅道 求禮縣의 '절 골김씨' 고문서를 중심으로-〉, 《호남문화연구》 31, 2002.

정훈, 〈조선시대 남원 지역 문과급제자에 대한 고찰〉, 《전북사학》 29, 전북사학 회, 2006.

蔡雄錫, 〈고려의 중앙 집권과 지방자치, 본관제를 통한 지배〉, 《역사비평》 통권 65호, 2003.

崔陽奎, 〈中國 宗譜와 朝鮮 族譜의 比較 研究〉, 弘益大學校 博士學位論文, 2006.

江原正昭, 〈新羅末·高麗初期의 豪族-學術史的檢討〉, 《歷史學研究》 287, 靑木書店, 1964.

旗田巍, 〈高麗王朝成立期의 府와 豪族〉, 《法制史研究》 10, 法制史學會, 1960.

失野主稅, 〈北朝における民望의 意義について〉, 《長崎大學教育學部社會科學論叢》 第6號, 長崎大學教育學部 編, 1956.

失野主稅, 〈郡望과 土斷〉, 《史學研究》 第113號, 廣島史學研究會, 1971.

失野主稅, 〈望의 意義について〉, 《長崎大學教育學部社會科學論叢》 第21號, 長崎大學 教育學部 編, 1972.

失野主稅, 〈望의 意義について〉, 《長崎大學教育學部社會科學論叢》 第21號, 長崎大學 教育學部 編, 1972.

失野主稅, 〈北朝における郡望의 性格(上)〉, 《第一經大論集》 第10卷 1號, 第一經濟大學 經濟研究會 編, 1980.

失野主稅, 〈北朝における郡望의 性格(下)〉, 《第一經大論集》 第10卷 2號, 第一經濟大學 經濟研究會 編, 1980.

越智重明, 〈魏晉南朝의 士大夫について〉, 《創立四十九周年紀念論文集》, 九州大學出版部,

1966.

竹田龍兒, 〈唐代士人の郡望について〉, 《史學》 第24卷 第4號, 慶應義塾大學文學部內
    三田史學會, 1951.

中嶋敏, 〈宋進士登科題名錄と同年小錄〉, 《汲古》 26, 汲古書院, 1994.

中嶋敏, 〈追論〉, 《汲古》 27, 汲古書院, 1995.

中嶋敏, 〈寶祐登科錄における宗室〉, 《東洋研究》 116, 東洋文化大學東洋研究所, 1995.

中嶋敏, 〈《紹興十八年同年小錄》·《寶祐四年登科錄》對校表〉, 《東洋史學論集 續編》, 汲
    古書院, 2002.

池田溫, 〈唐代の郡望表(上)-九·十世紀の敦煌寫本を中心として-〉, 《東洋學報》 第42卷
    3號, 東洋文庫, 1960.

池田溫, 〈唐代の郡望表(下)-九·十世紀の敦煌寫本を中心として-〉, 《東洋學報》 第42卷
    4號, 東洋文庫, 1960.

David G. Johnson, The Last Years of A Great Clan:The Li Family of Chao
    Chün in Late T'ang and Early Sung, *Harvard Journal of Asiatic Studies* vol.37,
    No.1, 1977.

John W. Chaffee, Status, Family and Locale: An Analysis of Examination Lists
    from Sung China, 《劉子健博士頌壽紀念宋史研究論集》, 同朋舍, 1989.

John W. Chaffee, 양종국 옮김, 《배움의 가시밭길, 송대 중국인의 과거 생활》,
    신서원, 2001.

4. 공구서

龔延明, 《宋代官制辭典》, 中華書局, 1997.

檀國大學校 東洋學研究所 編, 《漢韓大辭典》, 檀國大學校出版部, 2008.

譚其驤 主編, 《中國歷史地圖集》, 中國地圖出版社, 1996.

辭海編輯委員會 編, 《辭海》, 上海世紀出版股份有限公司, 2010.

商務印書館編輯部 編, 《辭源》, 商務印書館, 1979.

徐連達 編著, 《中國官制大辭典》, 上海大學出版社, 2010.

王萬邦 編, 《姓氏詞典》, 河南人民出版社, 1991.

諸橋轍次,《大漢和辭典》, (株式會社)大修館書店, 1986.

中國大百科全書出版社編輯部 編,《中國大百科全書》, 1992.

中文大辭典編纂委員會 編,《中文大辭典》, 中國文化大學出版部, 1993.

平凡社 編,《アジア歷史事典》, 平凡社, 1985.

賀旭志 編著,《中國歷代職官辭典》, 吉林文史出版社, 1991.

漢語大詞典編輯委員會 編,《漢語大詞典》, 漢語大詞典出版社, 1992.

5. 인터넷 자료

《百度百科》(https://baike.baidu.com/)

《中國基本古籍庫》(爱如生数字化技术研究中心)

《승정원일기》(http://sjw.history.go.kr/main.do, 국사편찬위원회)

《朝鮮王朝實錄》(http://sillok.history.go.kr/main/main.do, 국사편찬위원회)

《한국고전종합DB》(http://db.itkc.or.kr/, 한국고전번역원)

《한국민족문화대백과사전》(http://encykorea.aks.ac.kr/, 한국학중앙연구원)

찾아보기

ㄱ

386

ㅊ